LA FRANCE

LE ROYAUME-UNI

LA MER DU NORD

LES PAYS-BAS (m.)

Langues maternelles
- Le français langue maternelle majoritaire
- Le français langue maternelle d'une minorité importante

Langues officielles
- Le français est la seule langue officielle
- Le français est une des langues officielles
- Le français est la langue de culture ou des affaires pour une partie importante de la population

LA MANCHE

Dunkerque
Calais
Boulogne
Lillie
LA PICARDIE
Amiens

LA BELGIQUE
la Wallonie

LE LUXEMBOURG

Cherbourg
Dieppe
Le Havre
Rouen
LA NORMANDIE
St. Malo
le Mont-St. Michel
Brest
LA BRETAGNE
Rennes
Caen

LA CHAMPAGNE
Reims
Verdun
Metz

LA LORRAINE
Nancy
Strasbourg

la Seine
Paris
l'ÎLE-DE-FRANCE
Versailles
Chartres
Fontainebleau
Troyes

L'ALSACE
LES VOSGES
Colmar

L'ALLEMAGNE

Le Mans
Angers
Nantes
la Loire
Tours
Blois
Orléans
la Loire
Bourges

Dijon
la Saône
Besançon

LA TOURAINE
LA VENDÉE
Poitiers
LA FRANCE

LA BOURGOGNE

LE JURA

LA SUISSE

La Rochelle
LE POITOU
Limoges
Clermont-Ferrand
Lyon

le Val d'Aoste

L'OCÉAN ATLANTIQUE (m.)

L'AUVERGNE
Rocamadour
Bordeaux

L'ITALIE

Grenoble
LES ALPES
LE DAUPHINÉ

LE MASSIF CENTRAL
le Rhône

la Garonne
Moissac
Albi
Nîmes
Avignon
Nice
Montpellier
LA PROVENCE
Cannes
Arles
Marseille

MONACO

Biarritz
LE PAYS BASQUE
Toulouse
Carcassonne
Lourdes
LE LANGUEDOC
LES PYRÉNÉES
Perpignan

la Corse

LA MER MÉDITERRANÉE

L'ANDORRE

L'ESPAGNE (f.)

0   50   100 MILLES
0   50   100   150 KILOMÈTRES

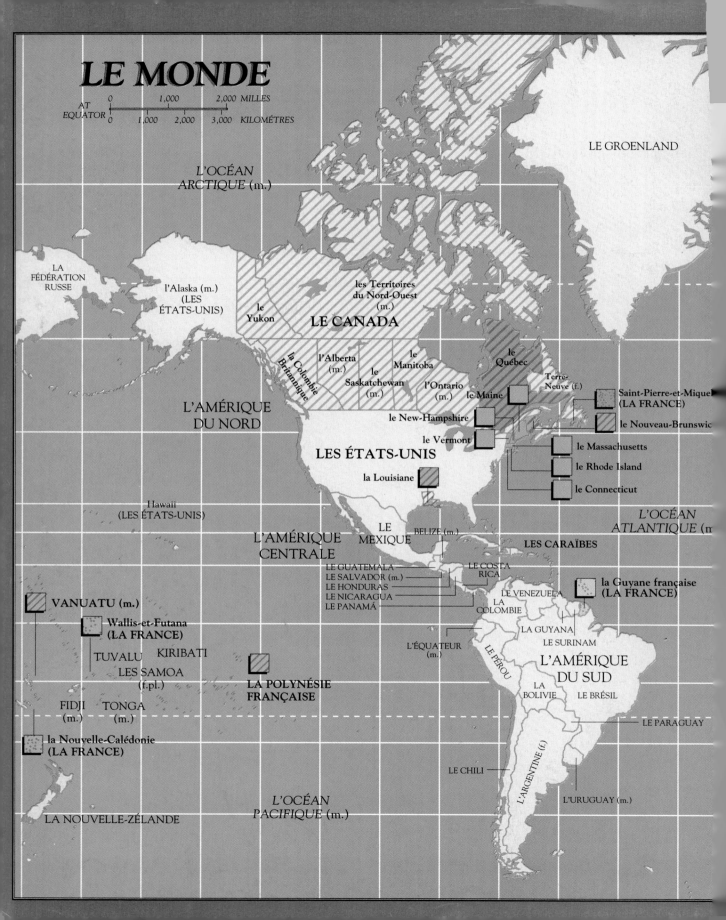

LE MONDE

AT 0 1,000 2,000 MILLES
EQUATOR 0 1,000 2,000 3,000 KILOMÉTRES

LE GROENLAND

L'OCÉAN
ARCTIQUE (m.)

LA
FÉDÉRATION
RUSSE

l'Alaska (m.)
(LES
ÉTATS-UNIS)

le
Yukon

les Territoires
du Nord-Ouest
(m.)

LE CANADA

la Colombie
Britannique

l'Alberta
(m.)

le
Saskatchewan
(m.)

le
Manitoba

l'Ontario
(m.)

le Québec

Terre-
Neuve (f.)

le Maine

Saint-Pierre-et-Miquel
(LA FRANCE)

L'AMÉRIQUE
DU NORD

le New-Hampshire

le Nouveau-Brunswic

le Vermont

LES ÉTATS-UNIS

le Massachusetts

le Rhode Island

la Louisiane

le Connecticut

Hawaii
(LES ÉTATS-UNIS)

L'OCÉAN
ATLANTIQUE (m

LE
MEXIQUE

BELIZE (m.)

LES CARAÏBES

L'AMÉRIQUE
CENTRALE

LE GUATEMALA
LE SALVADOR (m.)
LE HONDURAS
LE NICARAGUA
LE PANAMÁ

LE COSTA
RICA

la Guyane française
(LA FRANCE)

LE VENEZUELA

VANUATU (m.)

LA
COLOMBIE

LA GUYANA

Wallis-et-Futana
(LA FRANCE)

L'ÉQUATEUR
(m.)

LE SURINAM

TUVALU

KIRIBATI

L'AMÉRIQUE
DU SUD

LES SAMOA
(f.pl.)

LE
PÉROU

LA POLYNÉSIE
FRANÇAISE

LA
BOLIVIE

LE BRÉSIL

FIDJI
(m.)

TONGA
(m.)

LE PARAGUAY

la Nouvelle-Calédonie
(LA FRANCE)

L'ARGENTINE (f.)

LE CHILI

L'URUGUAY (m.)

LA NOUVELLE-ZÉLANDE

L'OCÉAN
PACIFIQUE (m.)

LA SUÈDE
LA FINLANDE
LA NORVÈGE
LA MER
DU NORD
L'ISLANDE (f.)
LE
ROYAUME
UNI
L'IRLANDE
(f.)
LA FÉDÉRATION RUSSE
LA FRANCE
L'EUROPE
L'AZERBAIDJAN
(m.)
L'ARMÉNIE (f.)
LA GÉORGIE
LA TURKMÉNIE
LE KAZAKHSTAN
LA ROUMANIE
L'OUZBÉKISTAN
LA MONGOLIE
LA CORÉE
DU NORD
L'ANCIEN
SAHARA
OCCIDENTAL
(m.)
LA KIRGHIZIE
LA CHINE
LA GAMBIE
LE TADJIKISTAN
LE MAROC
LA
TUNISIE
LA TURQUIE
L'AFGHANISTAN (m.)
LE JAPON
LE
SÉNÉGAL
L'ALGÉRIE
L'IRAQ
(m.)
L'IRAN
(m.)
LE NÉPAL
LE BHOUTAN
LE LAOS
LA CORÉE
DU SUD
LA LIBYE
L'ÉGYPTE
(f.)
L'ARABIE
SAOUDITE
(f.)
LE
PAKISTAN
L'INDE (f.)
LE
VIÊT-NAM
TAÏWAN
LA
MAURITANIE
L'AFRIQUE
LE MALI LE NIGER
LE
TCHAD
LE SOUDAN
L'OMAN
LE YÉMEN
LE
BANGLA
DESH
LA THAÏLANDE
LE KAMPUCHÉA
LE BURKINA-FASO
L'OUGANDA
(m.)
L'ÉTHIOPIE
(f.)
DJIBOUTI
L'UNION
DE MYANMAR
LES PHILIPPINES
(f.pl.)
LA
PAPOUASIE-
NOUVELLE
GUINÉE
LE
NIGERIA
LA GUINÉE-
BISSAU
LA
RÉPUBLIQUE
CENTRAFRICAINE
LE
CAMEROUN
LA FÉDÉRATION
DE MALAISIE
LA GUINÉE
LE SRI LANKA
Pondichéry
LA SIERRA
LEONE
LE CONGO
LE ZAÏRE
LE KENYA
LE GABON
LE RUANDA
LE LIBERIA
LA CÔTE D'IVOIRE
LE BURUNDI
LA
TANZANIE
LA ZAMBIE
L'INDONÉSIE (f.)
LE GHANA
LE TOGO
L'ANGOLA
(m.)
LE MALAWI
LE BÉNIN
LA GUINÉE-
ÉQUATORIALE
LA
NAMIBIE
LE
BOTSWANA
MADAGASCAR
L'AUSTRALIE (f.)
LE
LESOTHO
LE ZIMBABWE
L'AFRIQUE DU SUD (f.)
LE
SWAZILAND
LE MOZAMBIQUE

Langues maternelles

- ☐ Le français langue maternelle majoritaire
- ☐ Le français et un créole français langues maternelles
- ☐ Créole français langue maternelle majoritaire
- ☐ Le français langue maternelle d'une minorité importante

Langues officielles

- ☐ Le français est la seule langue officielle
- ☐ Le français est une des langues officielles
- ☐ Le français sert de langue administrative ou dans l'enseignement
- ☐ Le français est la langue de culture ou des affaires pour une partie importante de la population

L'EUROPE

Langues maternelles

Le français langue maternelle majoritaire

Le français langue maternelle d'une minorité importante

Langues officielles

Le français est la seule langue officielle

Le français est une des langues officielles

Le français est la langue de culture ou des affaires pour une partie importante de la population

LA FINLANDE

LA NORVÈGE

LA SUÈDE

LE DANEMARK

LA MER DU NORD

LES PAYS-BAS (m.)

LE ROYAUME-UNI

LA MER BALTIQUE

LA FÉDÉRATION RUSSE

L'ESTONIE (f.)

LA LETTONIE

LA LITUANIE

LA FÉDÉRATION RUSSE

LA BIÉLORUSSIE

LA POLOGNE

L'UKRAINE (f.)

L'ALLEMAGNE

LA BELGIQUE

la Wallonie

LE LUXEMBOURG

LA TCHÉCOSLOVAQUIE

LA MOLDAVIE

L'AUTRICHE (f.)

LA HONGRIE

LA ROUMANIE

LA SUISSE

LA FRANCE

le Val d'Aoste

L'OCÉAN ATLANTIQUE (m.)

LA SLOVÉNIE

LA CROATIE

LA BOSNIE-HERZÉGOVINE

LA SERBIE

LA BULGARIE

MONACO

LE MONTÉNÉGRO

LA MACÉDOINE

L'ITALIE (f.)

L'ALBANIE (f.)

LA TURQUIE

L'ANDORRE

la Corse

MONACO

L'ESPAGNE (f.)

la Sardaigne

LA GRÈCE

CHYPRE

LA MER MÉDITERRANÉE

0   50   100 MILLES

0   50   100   150 KILOMÈTRES

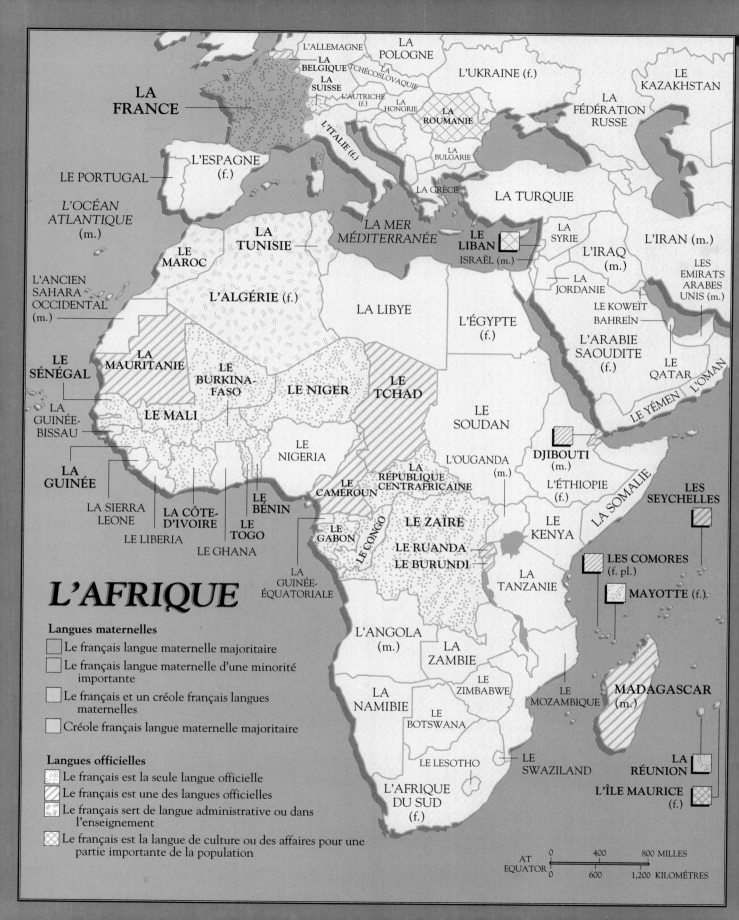

L'ALLEMAGNE
LA POLOGNE
LA BELGIQUE
LA TCHÉCOSLOVAQUIE
L'UKRAINE (f.)
LE KAZAKHSTAN
LA SUISSE
L'AUTRICHE (f.)
LA HONGRIE
LA ROUMANIE
LA FÉDÉRATION RUSSE
LA FRANCE
L'ITALIE (f.)
LA BULGARIE
L'ESPAGNE (f.)
LA GRÈCE
LA TURQUIE
LE PORTUGAL
L'OCÉAN ATLANTIQUE (m.)
LA MER MÉDITERRANÉE
LE LIBAN
LA SYRIE
L'IRAN (m.)
LA TUNISIE
ISRAËL (m.)
L'IRAQ (m.)
LE MAROC
LA JORDANIE
LES EMIRATS ARABES UNIS (m.)
L'ANCIEN SAHARA OCCIDENTAL (m.)
L'ALGÉRIE (f.)
LA LIBYE
L'ÉGYPTE (f.)
LE KOWEÏT
BAHREÏN
L'ARABIE SAOUDITE (f.)
LE QATAR
L'OMAN
LE SÉNÉGAL
LA MAURITANIE
LE BURKINA-FASO
LE NIGER
LE TCHAD
LE YÉMEN
LA GUINÉE-BISSAU
LE MALI
LE SOUDAN
DJIBOUTI (m.)
LA GUINÉE
LE NIGERIA
L'OUGANDA
L'ÉTHIOPIE (f.)
LES SEYCHELLES
LA SIERRA LEONE
LA CÔTE-D'IVOIRE
LE BÉNIN
LE CAMEROUN
LA RÉPUBLIQUE CENTRAFRICAINE
LA SOMALIE
LE LIBERIA
LE TOGO
LE GABON
LE ZAÏRE
LE KENYA
LES COMORES (f. pl.)
LE GHANA
LA GUINÉE-ÉQUATORIALE
LE CONGO
LE RUANDA
LE BURUNDI
MAYOTTE (f.)
LA TANZANIE
L'ANGOLA (m.)
LA ZAMBIE
MADAGASCAR (m.)
LA NAMIBIE
LE ZIMBABWE
LE MOZAMBIQUE
LA RÉUNION
LE BOTSWANA
LE LESOTHO
LE SWAZILAND
L'ÎLE MAURICE (f.)
L'AFRIQUE DU SUD (f.)

L'AFRIQUE

Langues maternelles

☐ Le français langue maternelle majoritaire

☐ Le français langue maternelle d'une minorité importante

☐ Le français et un créole français langues maternelles

☐ Créole français langue maternelle majoritaire

Langues officielles

▨ Le français est la seule langue officielle

▨ Le français est une des langues officielles

▨ Le français sert de langue administrative ou dans l'enseignement

▨ Le français est la langue de culture ou des affaires pour une partie importante de la population

AT EQUATOR

0   400   800 MILLES

0   600   1,200 KILOMÉTRES

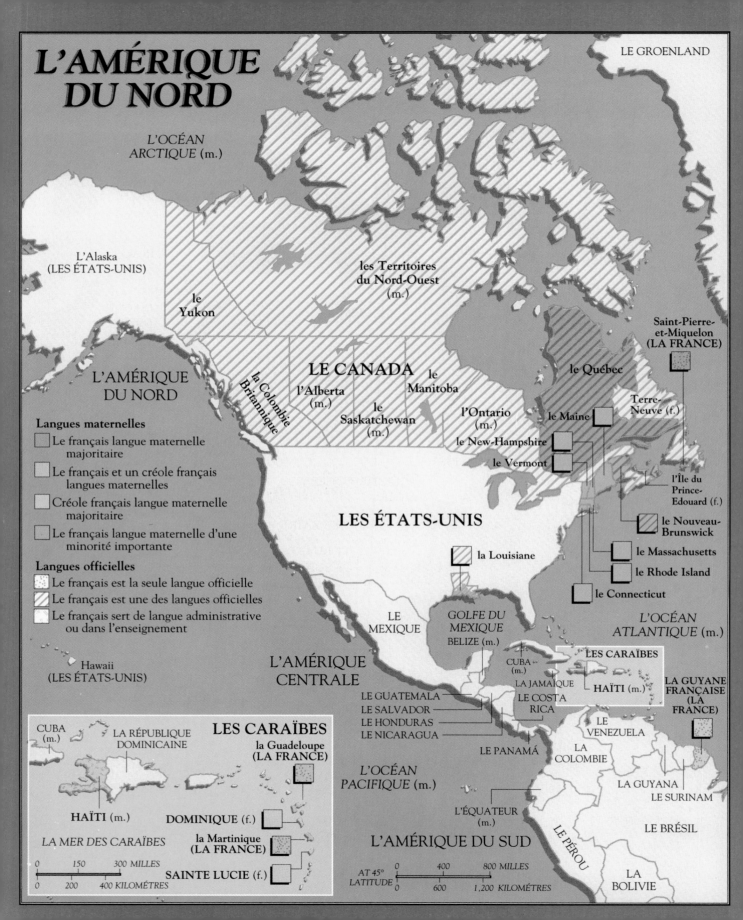

Invitation

Contextes, culture et communication

Fourth Edition

Gilbert A. Jarvis
The Ohio State University

Thérèse M. Bonin
The Ohio State University

Diane W. Birckbichler
The Ohio State University

Holt, Rinehart and Winston
Harcourt Brace College Publishers
Fort Worth · Philadelphia · San Diego · New York · Orlando · Austin · San Antonio
Toronto · Montreal · London · Sydney · Tokyo

Editor-in-Chief	Ted Buchholz
Senior Acquisitions Editor	Jim Harmon
Developmental Editor	Mary K. Bridges
Project Editor	Erica Lazerow
Senior Production Manager	Kathleen Ferguson
Book Designer	Terry Rasberry
Photo Researcher	Greg Meadors
Illustrator	Susan Swan
Composition and Film Work	Monotype Composition

Photo and realia credits appear at the end of the book.

ISBN 0-03-072399-X

Library of Congress Catalog Number 92-74892

Printed in the United States of America

3 4 5 6 7 8 9 0 1 2 036 9 8 7 6 5 4 3 2

Invitation: Contextes, culture et communication develops communicative proficiency in French. Beyond this practical goal, this basic textbook also helps students understand the richness and diversity of cultures and the wonder of the communicative process. It views language learning as the heart of the humanities.

The fourth edition retains the successful features and conceptualization of the first three editions while incorporating new developments in learning theory, sociolinguistics, and language curriculum design. It has also benefited from the insights and recommendations of the many students and instructors who have used previous editions.

Invitation immediately engages the learner in functional use of French in contexts that represent genuine communicative situations and needs. At the same time, it capitalizes on the instructional efficiency that structural patterns can provide.

Invitation is designed for use in two-year and four-year colleges and universities and is equally suitable for semester and quarter systems. Most importantly, it provides features that benefit students with varying learning styles and preferences, as well as a flexible organization that accommodates various teaching approaches.

Accompanying the student textbook are an Instructor's Edition, a laboratory cassette program, a combined workbook and laboratory manual (***Invitation à écouter et à écrire***), an Instructor's Resource Manual, a Testing Program, IBM and Macintosh computer test banks, and a text-specific video component: **Causons vidéo**.

The fourth edition of ***Invitation*** is a significant revision. The chapter sections entitled **Point de départ, Premiers pas,** and **C'est la vie!** all represent new conceptualizations of third-edition components. A variety of language functions is depicted in the **Situation** conversations that accompany each function and structure. Thus, students see the functional role of the new pattern in lively, realistic situations that represent a panorama of French life.

In this edition, changes and modifications have been made to further enrich its communicative potential. New communication activities have, for example, been added throughout the book. Priority has been given to vocabulary and to structures that contribute most to the students' ability to communicate in French. Grammar has been streamlined to reduce the learning load and to provide more time for the development of language skills. The vocabulary sections in the fourth edition provide a rich and cohesive lexical framework that will enhance the students' ability to communicate successfully.

Invitation provides a sequence of practice that leads students from awareness of a vocabulary cluster or grammatical concept through practice within authentic contexts to meaningful and communicative use of that vocabulary or grammar in everyday communication situations. The meaningful use of French is not relegated to end-of-section personalized questions or to drills disguised as communication; it is present on every page. Instead of promising students that they will be able to communicate someday, ***Invitation***—more than ever before—creates the opportunity to communicate immediately.

Invitation also offers insights into French-speaking cultures and is therefore a vehicle for the understanding and appreciation of differences and similarities among humans and cultures in a pluralistic, interdependent world. Cultural content is integrated throughout the text. The **Vie et culture** sections, which appear twice in each chapter, provide information about many aspects of French-speaking cultures. They are not restricted to "student topics" but deliberately reflect much of the rich and fascinating life in French-speaking cultures.

The authors of this textbook are keenly aware that each student enrolls in a French class with his or her own purposes, goals, and interests. Each instructor likewise has instructional goals that, within the context of a particular course and program, mean "teaching French." ***Invitation*** has been carefully crafted to accommodate this diversity and to permit instruction that has complete integrity. It is a textbook that views *every* instructor—from the most senior professor to the newest teaching assistant—as a professional who wants to help students learn as much as they can. To this end, ***Invitation*** provides the kind of instructional support that will help produce positive language outcomes with a maximum of instructor and student satisfaction.

The goal of communication

The primary goal of ***Invitation*** is to help students acquire proficiency in communicating within culturally significant contexts. "Communication" refers not only to the ability to express ideas orally or in writing but also to the capacity to understand meaning while reading or listening to French. To achieve these communication aims with the greatest possible flexibility, ***Invitation*** includes the following features.

1. *Emphasis on communication and role-playing activities throughout each chapter.* Varied activities provide meaningful practice of each new topic. Students, therefore, communicate at once in French rather than at some specified time in the future and learn in an environment where communication is emphasized.

2. *Presence of culture throughout the book.* Cultural content is integrated into various activities throughout the book: in the informative **Vie et culture** sections; in culturally authentic conversations and readings; and in communication activities that take place within a cultural context. Additional cultural information is found in the marginal annotations of the Instructor's Edition.

3. *Language learning in context.* Context is an integral part of every stage of the learning process. Language learning and practice take place in contexts that demonstrate ways in which the language could be used in authentic cultural settings and in communication situations typically encountered in daily life. For example, the **Situation** conversations that accompany each structural topic take place in a culturally authentic context designed to illustrate real-life use of the topic. In addition, the role-playing activities for each **Situation** illustrate additional language functions and potential communication contexts. Authentic documents provide additional contextual support.

4. *Streamlining of grammar coverage.* Grammar presentations have been streamlined and simplified in order to increase active student mastery. ***Invitation*** emphasizes common structures and patterns useful for beginning language learners; more complex, low-frequency grammar points have been omitted or presented for recognition only.

5. *Thematic organization of chapters.* Each chapter in **Invitation** is organized around a broad chapter theme, designed to maximize communicative potential and facilitate learning. Each chapter begins with a special section that provides vocabulary and expressions related to the chapter's theme.

6. *Careful sequencing.* The sequencing of topics and structures in terms of learning difficulty and usefulness in communication allows students to quickly acquire a genuine feeling of being able to speak and understand French. Each chapter is also carefully structured, starting with the introduction of words and phrases related to the chapter theme in the **Point de départ** section. Each grammar topic is presented with ample examples, practiced carefully in structured activities, and then applied in more open-ended role plays.

7. *Emphasis on functional language use.* Throughout **Invitation,** the emphasis is on functional, realistic language use. Grammar presentations have been written to emphasize the functions inherent in each structure and often include related functional vocabulary and phrases. Communication activities, situations, and role plays all emphasize a variety of language functions and illustrate a wide range of speakers.

8. *Flexible organization.* Abundant exercises and activities are provided so that instructors and students can select those that are best suited to their purposes, emphasizing some and omitting others. In addition, the organization of the book is flexible, and each section of the book can be used in a variety of ways.

Organization of the book

The fourth edition of **Invitation** has a preliminary chapter, sixteen regular chapters, a final chapter that focuses on the *passé simple* (**Invitation à la lecture**), and appendixes. Each of the sixteen chapters includes the following sections.

Point de départ: This section introduces new vocabulary centered around a topic that is related to the chapter theme. Varied communication activities involve the student in the active use of this newly presented vocabulary.

Vie et culture: Cultural topics related to the chapter theme are discussed in this section. The cultural notes are in English in the first seven chapters and in French thereafter.

Fonctions et structures: Each chapter introduces four grammar topics that are presented, practiced, and expanded upon in the following phases.

Présentation: This section introduces a grammar topic and its functional use and presents sample sentences that illustrate the structure.

Premiers pas: The activities in this section give students the opportunity to use the newly presented structures to communicate about a wide variety of topics in structured to semistructured exercises and role plays. The Instructor's Edition contains simple mechanical drills for each topic.

C'est la vie!: This section consists of two parts. The first part, a short situational conversation (**Situation**) not only shows how a particular structure can be used in a real-life setting but also introduces numerous language functions, cultural settings, and conversational patterns that can be used by students. The second section, **C'est votre tour,** provides survival situations and role plays that enable students to see how well they would get along in a French-speaking country.

Intégration et perspectives

Lecture: This reading recombines and integrates the grammar and vocabulary used in the chapter and provides additional cultural and/or human interest perspectives. It also provides reading practice and introduces new words in context. **Compréhension** and **Vie et culture** sections follow this end-of-chapter reading.

Communication et vie pratique: This final section presents more open-ended communication and role-play situations that are related to the chapter theme and which require students to further integrate and use in new contexts the language they have already learned. The use of realia and authentic documents and the inclusion of survival and role-playing situations are an important aspect of these activities. The variety of survival and communication situations and the varied cultural settings in which they take place help develop the student's range of expression. A listening comprehension passage is included in each **Intégration et perspectives** section. Students listen to short conversations, narratives, announcements, etc., and then answer comprehension questions. The conversations are available on cassettes, and the scripts appear in the Instructor's Edition.

Prononciation et orthographe: The most significant features of

spoken French (and their written counterparts) are described in each of the first ten chapters. Practice of both individual sounds and short conversations is included.

Vocabulaire: Each chapter is followed by a list of vocabulary words intended

for active use in that chapter and in subsequent chapters. The lists contain the most important noncognate and cognate vocabulary used in the lesson or page references for thematically grouped vocabulary. Where appropriate, the vocabulary lists are organized in thematic clusters (e.g., sports, food).

Appendix: The appendix contains a key to the phonetic alphabet, a glossary

of grammar terminology, verb charts for regular, irregular, and spelling-changing verbs, vocabularies (French-English; English-French), and a grammar index. Because students are not always aware of appendix material, it may be a good idea to point out the different components. The glossary of grammar terms may be particularly helpful to students who lack a knowledge of such terminology.

The supplementary materials

*Student workbook/laboratory manual and tape pro-

gram:* The combined workbook and laboratory manual (**Invitation à écouter et à écrire**) contains written and oral activities for each of the book's sixteen chapters. The first half of each chapter contains writing activities; the second half oral exercises.

The workbook component has been designed to expand the students' ability to communicate in writing. Each chapter of **Invitation** has accompanying exercises in the student workbook section of this manual. A series of exercises and communication activities ranging from simple to more complex is coordinated with each section of the chapter. This sequencing allows the instructor to assign all or part of the exercises, depending upon the needs of the class or individual students. Workbook assignments can be made on a daily basis, used for end-of-chapter review, or given to students experiencing difficulty with a specific topic.

The tape program and laboratory section of the manual provide students with the opportunity to practice their oral skills outside of class. The taped material includes (1) one or two activities for the **Point de départ** section; (2) a reading of the **Situation** conversations; (3) two or three activities for each grammar point; (4) an end-of-chapter section that includes a listening passage and a dictation; and (5) pronunciation sections for chapters 1–10.

The lab section of the manual is the student guide to the tape program. Like the workbook, each chapter of the main text has accompanying exercises in the tape program. The lab section includes directions and models for listening tasks that involve writing in the manual. Space is provided for students to complete the listening tasks, write out dictation sentences, and answer the comprehension questions on the listening passage. Page references are given for those exercises and pronunciation sections that are taken from ***Invitation***. These exercises are marked with an asterisk.

Answer keys for the workbook and lab exercises as well as the tapescript for the tape program are available from the publisher.

Acknowledgments

Special thanks are owed to the students, instructors, and teaching assistants at The Ohio State University who have used the first three editions of **Invitation** and whose comments have helped shape this fourth edition. We are also grateful to our colleagues Professor Linda Harlow for her suggestions for this fourth edition and Professor Micheline Besnard for her patience in being consulted on various cultural and linguistic matters.

We would also like to thank Gabrielle Chesneau for preparing a revision of the Instructor's Resource Manual, again filled with activities that enhance the student's enjoyment of French and increase their communicative abilities. To Melissa Gruzs special thanks are again due—for her keen proofreader's eye and for her continued inspiration in finding interesting and creative formats to use in the workbook/laboratory activities and test formats. Thanks are also due to Melissa Gruzs and Patricia Myhren for the revision of the testing program.

We would also be remiss if we did not thank Mary K. Bridges who has patiently guided the revision of this book. Her patience, positive attitude, and useful ideas have been much appreciated.

We also want to acknowledge and to thank the following reviewers whose insights, queries, and comments about various aspects of the revision of **Invitation** have helped shape this fourth edition:

Wendy Allen, St. Olaf's College; Michael F. Bassman, East Carolina University; Susan J. Benwood, State University of New York-Brockport; Jonathan Brand, University of California, Riverside; Nicole Buffard-O'Shea, Oakland University; Jennie Celona, Worcester State College, MA; Diane Dansereau, University of Colorado at Denver; Jean-Jacques d'Aquin, University of South Alabama; Dominick A. De Filippis, Wheeling Jesuit College, WV; Susan B. Dirstine, George Washington University; Jeffrey A. Foster, College of Charleston; Nancy Beth Geilen, Tarrant County Junior College, Fort Worth, TX; Amy B. Millstone, University of South Carolina; Roger A. Noël, Monmouth College, IL; Wendell McClendon, Texas Tech; Louis Marvick, University of Nevada, Reno; Josy McGinn, Syracuse University; M. J. Muratore, University of Missouri; Mary Martin Perramond, James Madison University; Lettong Phan, University of California, Riverside; Nguyen Phuong, Lansing Community College, MI; Janet L. Solberg, Kalamazoo College; Danielle M. Thompson, Kentucky State University; Nancy Wall, Mobile College; and Benné Willerman, University of Texas at Austin.

Invitation

CHAPITRE
PRÉLIMINAIRE

Découverte du monde francophone

French is the main language of 130 million people and is widely spoken in North and West Africa, Southeast Asia, the Middle East, and the Caribbean. It is also an official language of Belgium, Switzerland, Luxembourg, and Canada. In the Canadian province of Quebec alone, there are more than five million French speakers. In the United States, 2.5 million people speak French, especially in the Northeast and in Louisiana.

French was the language of diplomacy for centuries. Today, it is an official language of the United Nations and of many other international organizations. It is also an important language of the European Economic Community. The world map inside the cover shows the countries in which French is an official or an important language.

Premiers contacts avec les gens

Petites conversations

You can use the following phrases to begin speaking French with your instructor
and with other students in your class.

Two students greet each other and introduce themselves.

Madame Durand greets two students and asks their names.

MICHELINE	Salut. Je m'appelle Micheline. Et toi?
CLAUDE	Je m'appelle Claude.

Greet and introduce yourself to other students in your class.

MADAME DURAND	Bonjour, monsieur. Comment vous appelez-vous?
CLAUDE	Bonjour, madame. Je m'appelle Claude Legrand.
MADAME DURAND	Et vous, mademoiselle? Comment vous appelez-vous?
MICHELINE	Je m'appelle Micheline Dubourg.

Greet your professor and introduce yourself.

Micheline asks her friends how they are.

MICHELINE	Comment ça va?
CLAUDE	Ça va bien, merci. Et toi?
MICHELINE	Pas mal. Et toi, Gérard, ça va?
GÉRARD	Oui, assez bien.

Ask another student how she or he is.
The other student in turn asks how you are.

Micheline greets Madame Durand and asks how she is today.

formal

MICHELINE	Bonjour, madame. Comment allez-vous aujourd'hui?
MADAME DURAND	Très bien, merci. Et vous?
MICHELINE	Ça va très bien.

Greet your instructor and ask how he or she is.

Claude says good-bye to Gérard and indicates he will see his friend later.

informal

CLAUDE	Au revoir. À tout à l'heure.
GÉRARD	Au revoir.

Say good-bye to another student and say that you will see him or her later.

Micheline says good-bye to her instructor, who tells her that she will see her tomorrow.

formal

MICHELINE	Au revoir, madame.
MADAME DURAND	Au revoir, Micheline. À demain.

Say good-bye to your instructor and say that you will see him or her tomorrow.

Faisons connaissance. Use the phrases you have learned to get acquainted with other students and your instructor. Ask another person what his or her name is and how he or she is. Then say good-bye and tell the person that you'll see him or her tomorrow.

Premiers contacts avec la langue
L'alphabet français

You have noticed that although French and English use the same written alphabet, their pronunciations are different. Practice repeating the French alphabet with your instructor and note how the alphabet is used in the names of countries or international organizations (e.g., les USA, la CEE—la Communauté économique européenne). Then practice spelling the names of these famous French people.

Albert Camus	Simone de Beauvoir	Louis Pasteur
Colette	Victor Hugo	Jean Renoir
Marie Curie	Lafayette	Charlemagne

Les accents

Written French also includes certain accent marks that should be considered a part of spelling.

1. The **accent aigu** (´) appears over the vowel **e: Gérard, Véronique.**
2. The **accent grave** (`) appears over the vowels **e** and **a** and in the word **où: Michèle, Hélène, à Paris, où.**
3. The **accent circonflexe** (^) appears over the vowels **a, e, i, o,** and **u: Jérôme, les îles, la forêt, le château.**
4. The **cédille** (ç) appears under the letter **c: François, Françoise, français, le garçon.**
5. The **tréma** (¨) appears over the second of two vowels to indicate that both are pronounced: **Joël, Noëlle, naïf.**

A.   Comment vous appelez-vous? The following names are among the most popular first names in France. Pronounce and spell each of them.

FEMMES			HOMMES		
1. Janine	6. Françoise		1. Daniel	6. Philippe
2. Jacqueline	7. Jeanne		2. René	7. André
3. Nathalie	8. Isabelle		3. Bernard	8. Pierre
4. Catherine	9. Monique		4. Jacques	9. Jean
5. Sylvie	10. Marie		5. Alain	10. Michel

B.   Et vous? Now spell your full name and have another student write it down. Verify the spelling when you have finished.

C.   La Francophonie. With your instructor, repeat and spell the names of the French-speaking countries on the map.

Faites le premier pas

What you know about English can help you as you begin to study French. First, see if you can get the general ideas in the following advertisements from a French-Canadian newspaper.

A good example of the head start that you have in learning French is the large number of words that are similar in French and English. These words (e.g., **qualité, politique, plans, éditorial**) are called cognates. You may also have noted the need to be flexible when you encounter an unfamiliar word. In the ad for homes, for example, you see the word **terrain,** which would not be the English word used in this context. A synonymn that makes more sense in this context is *ground* or *land.* Learning to guess the meanings of words is also important. In the item about Loto Bingo, for example, a noncognate word, **gagner,** appears. In this particular context you know that the idea of winning money is important. Thus, from the context, you can guess that **gagner** means *to win.*

Dans la salle de classe

Il y a . . .

A. Qu'est-ce que c'est? The illustration shows objects typically found in a classroom. Name them when your instructor or another student asks you what they are.

> EXEMPLE   Qu'est-ce que c'est?
> **C'est une chaise.**

B. Petit dessin. Draw a rough sketch of a classroom that includes six or more of the items given in activity A. Another student will try to guess what you have included in your sketch. Answer **oui** or **non.**

> EXEMPLE   **Est-ce qu'il y a une affiche?**
> **Non.**
> **Est-ce qu'il y a un ordinateur?**
> **Oui.**

Les nombres de 0 à 20

With your instructor, practice repeating the numbers from zero to twenty.

0 zéro	7 sept	14 quatorze
1 un	8 huit	15 quinze
2 deux	9 neuf	16 seize
3 trois	10 dix	17 dix-sept
4 quatre	11 onze	18 dix-huit
5 cinq	12 douze	19 dix-neuf
6 six	13 treize	20 vingt

[handwritten note: x followed by a vowel loose the last syllable]

A. Quelques adresses. Read the following addresses.

> EXEMPLE 14, rue Berlioz
> **quatorze, rue Berlioz**

1. 3, place de Rome
2. 6, rue du Pavillon
3. 8, rue des Remparts
4. 19, rue du Palais
5. 12, boulevard Victor-Hugo
6. 5, rue Pasteur
7. 16, avenue Maréchal-Foch
8. 1, rue Émile-Zola

B. Les notes. In France students are graded on a 0-to-20-point scale. Give the grades of each of the following students.

> EXEMPLE Lamartine, Julien 13/20
> **treize sur vingt**

1. Verdur, Mathieu 8/20
2. Maréchal, Nicole 11/20
3. Démonet, Patrick 15/20
4. Verron, Annick 17/20
5. Roche, Caroline 9/20
6. Rosset, Pierre 14/20
7. Perron, Céline 12/20
8. Marcel, Jacques 10/20

C. Codes postaux. Read aloud the following Canadian postal codes.

1. M3C 2T8
2. V5A 156
3. G1G 1F2
4. G1R 3Z3
5. H4T 1E3
6. H3A 1Y2
7. H3A 2J4
8. J3L 2M1
9. M1P 2J7
10. L4C 3G5

Les jours de la semaine

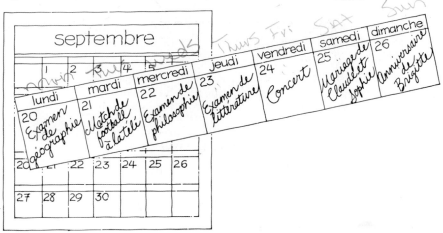

A. Quel jour? Look at Véronique's calendar for the week (on page 7), and tell what day the following activities take place.

> EXEMPLE   Quel jour est l'anniversaire de Brigitte?
> **C'est dimanche.**

1. Quel jour est le match de foot?
2. Quel jour est l'examen de philosophie?
3. Quel jour est le concert?
4. Quel jour est l'examen de littérature?
5. Quel jour est le mariage de Claude et Sophie?
6. Quel jour est l'examen de géographie?
7. Quel jour est l'anniversaire de Brigitte?

Quelques expressions utiles

A. Dites-le en français. The following expressions will be useful to you in communicating in French.

Est-ce que vous comprenez?	Do you understand?
Oui, je comprends.	Yes, I understand.
Non, je ne comprends pas.	No, I don't understand.
Je ne sais pas.	I don't know.
Répétez, s'il vous plaît.	Please repeat that.
Qu'est-ce que ça veut dire?	What does that mean?
Ça veut dire . . .	That means . . .
Comment dit-on . . . en français?	How does one say . . . in French?
On dit . . .	One says . . .
Comment est-ce que ça s'écrit?	How is that spelled?
Merci.	Thank you.
De rien.	You're welcome.
Pardon.	Pardon me.
Excusez-moi.	Excuse me.

what is it want to say — (handwritten annotation next to "Qu'est-ce que ça veut dire?")

B. Écoutez bien. Learn the following expressions that your instructor will use in class.

Allez au tableau.	Go to the board.
Écrivez votre nom.	Write your name.
Ouvrez votre livre (à la page . . .).	Open your book (to page . . .).
Fermez votre livre.	Close your book.
Écoutez bien.	Listen carefully.
Asseyez-vous.	Sit down.
Faites attention.	Pay attention.
Remettez vos devoirs.	Hand in your homework.

Activités

A. Dans la salle de classe. What would you say in the following situations?

1. You don't understand what your teacher has said.
2. You want to ask how to say *calculator* in French.
3. You don't know the answer to a question.
4. You want to ask what something means.
5. You want your teacher to repeat something.
6. You want to tell your teacher that you don't understand.

B. Écoutez le professeur. What will you do when your instructor tells you the following?

1. Ouvrez votre livre à la page 20.
2. Écrivez votre nom au tableau.
3. Asseyez-vous.
4. Faites attention.
5. Remettez vos devoirs.
6. Fermez votre cahier.

CHAPITRE 1

La vie à l'université

Fonctions

Point de départ
Pour identifier les gens et les choses
Pour parler de vos activités
Pour contraster le positif et le négatif
Pour poser des questions

Structures

Activités et préférences
Les noms et les articles définis
Les verbes du premier groupe
La forme négative
La forme interrogative

Point de départ:
Activités et préférences

Qu'est-ce que vous étudiez (*study*)?

MIREILLE	J'étudie les maths, la physique, et l'informatique (*computer science*).
PHILIPPE	Moi, j'étudie l'anglais, l'espagnol, et l'histoire.

Autres sujets:

les langues étrangères
la biologie
le commerce
la musique

la chimie
le français
la littérature
la psychologie

les sciences
la physique

Qu'est-ce que vous aimez (*like*)?

STEPHANIE	J'aime le campus, les cours, et les professeurs.
	Je n'aime pas les devoirs (*homework*) et les examens.
	Je préfère les vacances et le sport.

GILBERT Après (*after*) les cours . . .
J'aime travailler (*work, study*) et écouter la radio.
J'aime beaucoup parler avec des amis (*friends*).
Je déteste regarder la télévision.

NATHALIE Pendant (*during*) le week-end . . .
J'aime nager et danser.
J'aime beaucoup marcher et faire du sport.
Mais je n'aime pas étudier.

Conjugated verb

Quelle est votre (*your*) opinion?

ALAIN   J'aime les maths. C'est facile (*easy*)!
DENISE   Moi aussi, je trouve (*find*) ça facile.
GÉRARD   Pas moi! Moi, je trouve ça difficile.

Autres possibilités:

C'est . . . *It is*
Je trouve ça . . . *I find it*

intéressant   agréable (*enjoyable*)   utile (*useful*)
ennuyeux (*boring*)   désagréable (*unpleasant*)   inutile (*useless*)

Communication et vie pratique

A. **Qu'est-ce que tu étudies?** Introduce yourself to another student, tell what you are studying, and ask what he or she is studying.

EXEMPLE   **Bonjour. Je m'appelle Anne. J'étudie la chimie et la physique. Et toi, qu'est-ce que tu étudies?**

B. **Préférences.** Tell whether you like or dislike the following activities.

EXEMPLE   marcher
J'aime marcher.
Je n'aime pas marcher.

1. regarder la télévision
2. travailler
3. parler français
4. faire du sport
5. marcher
6. nager
7. étudier les sciences
8. écouter la radio
9. danser
10. étudier la littérature

C. **Activités et préférences.** Make a list of things you like to do. Another student will give his or her reactions to the items on your list.

EXEMPLE   **J'aime regarder la télé.**
Moi aussi, je trouve ça intéressant.
ou: **Pas moi, je trouve ça ennuyeux.**

✳ Vie et culture: Les universités en France

Conditions d'admission: Students have to pass the **baccalauréat** in order to attend French universities. The **bac** is a demanding nationwide examination taken by French students in the last year of the **lycée** (high school).

Options: There are three major types of postsecondary educational opportunities for French students, each leading to different career possibilities and different diplomas.

❑ **Instituts universitaires de technologie: I.U.T.**

Private — handwritten · *See Page 15* — handwritten

- **Baccalauréat** required
- Areas of study: general and technical studies
- Two-year course of study leading to the D.U.T. (**Diplôme universitaire de technologie**)

❑ **Universités** (there are 71 **universités**; 13 are in the Paris region)

Public — handwritten · *Don't pay for tuitions* — handwritten

- **Baccalauréat** required
- Areas of study: law, medicine, arts, and sciences
- Two-year course of study leading to the D.E.U.G. (**Diplôme universitaire d'études générales**) followed by an optional one- to two-year course of study leading to the **licence** or **maîtrise**. Further options leading to more specialized research degrees are also available, with the highest degree the **doctorat.**

❑ **Grandes écoles,** still the most prestigious higher education institutions. *See pg 15* — handwritten

Private — handwritten

- **Baccalauréat** (preferably with honors) required, along with two years of **classes préparatoires** before taking the extremely difficult and competitive entrance examinations
- Areas of study: varied but related to career options (e.g., education—**École Normale Supérieure**; government and diplomacy—**École Nationale d'Administration**; business—**Hautes Études Commerciales**; national defense—**École polytechnique**; arts—**École des Beaux-Arts**)

Formalités: Near the end of July, students must obtain a **dossier** from the university of their choice and fill out the necessary paperwork. Once this is done, the student's space is assured. Because of space limitations, however, students are advised to avoid Paris and to attend universities in their home areas.

Coûts: Approximate yearly costs are (l) tuition, 600 francs; (2) library/medical fees, 50–60 francs; and (3) health insurance (**sécurité sociale**), 640 francs. Single rooms cost approximately 610 francs per month and meals cost around 10 francs each.

Cours et examens: Students choose their classes in the autumn and generally take the same courses throughout the year. Evaluation of course mastery takes place in recitation and lab sections (**travaux pratiques et travaux dirigés**), but passing or failing depends on the examinations taken at the end of the year. Because students have taken general education courses during the years in the **lycée**, they concentrate on courses in their area of specialization at the university, unlike American students who often wait until their junior year to declare a major.

Université de Bordeaux 1	droit	économie	gestion	sciences sociales et politiques	sciences et techniques
Université de Bordeaux 2	sciences humaines et sociales	biologie	biochimie	œnologie	santé	sport
Université de Bordeaux 3	lettres	langues	arts	sciences humaines	communi-cation	

Fonctions et structures

Pour identifier les gens et les choses

Les noms et l'article défini

Nouns are used to name things and people. These nouns are useful in talking about campus life:

  la bibliothèque (*library*)
  la résidence universitaire
  le restaurant universitaire
  le bâtiment de l'administration
    (*administration building*)
  le bureau du professeur (*the
    professor's office*)
  le laboratoire de langues
  le cours (*class*)
  la leçon (*lesson*)
  les devoirs (m) (*homework*)
  l'examen (m)
  la note (*grade*)

Whenever you use a noun, you have to know its gender (masculine or feminine) and its number (singular or plural) because all adjectives and articles, such as the definite article, must match the number and gender.

Les articles définis

	Singular	**Plural**
Masculine before a consonant	**le** professeur	**les** professeurs
Feminine before a consonant	**la** classe	**les** classes
Masculine or feminine before any vowel sound	**l'**étudiant (m), **l'**étudiante (f)	**les** étudiants, **les** étudiantes

A. The definite article can be used much like *the* in English.

Je regarde **le** livre. — *I'm looking at the book.*
J'aime écouter **la** radio. — *I like to listen to the radio.*

It also precedes nouns used in a general sense and abstract nouns.

J'aime **le** sport. — *I like sports.*
J'étudie **la** chimie. — *I'm studying chemistry.*

B. The definite article is used with days of the week to say that you usually do the same thing on a particular day. Compare:

Le lundi je mange avec des amis. — *On Mondays I eat with friends.*
Lundi je mange avec des amis. — *(This) Monday, I'm eating with friends.*

Premiers pas

A. Les études universitaires. Several of your French friends are preparing for the **D.E.U.G.**'s. Tell what courses they are taking.

EXEMPLE Sophie: biologie, psychologie
Sophie étudie la biologie et la psychologie.

1. Danielle: histoire, économie
2. Marc: espagnol, anglais
3. Véronique: physique, chimie, biologie
4. Jean-Claude: maths, informatique
5. Édouard: littérature, musique

B. Et toi? Now tell what courses you are taking and use the scale to tell how much you like them. Find out what courses another student is taking and his or her impressions of them.

EXEMPLE **J'étudie le français, l'anglais, et la biologie.**
J'aime le français et la biologie, mais je n'aime pas beaucoup le cours d'anglais.

Je déteste	Je n'aime pas	J'aime	J'aime beaucoup

C. **Opinions.** Discuss your impressions of university life with another student. Try to find out where you agree or disagree.

EXEMPLE   **Est-ce que tu aimes l'université?**
Oui, j'aime beaucoup l'université. Et toi?
Moi aussi.

1. université
2. professeurs
3. bibliothèque
4. résidence

5. examens
6. étudiants
7. restaurant universitaire
8. cours

C'est la vie!

Situation: Visite du campus

Monique is showing a friend around the University of Strasbourg and is telling her what various buildings are. Practice repeating their conversation.

MONIQUE   Regarde. *Voici* la résidence *où j'habite.*
ANNE   Et ça, qu'est-ce que c'est?
MONIQUE   C'est le bâtiment des sciences.
ANNE   Et ça?
MONIQUE   C'est le restaurant universitaire.
ANNE   Tu aimes la *vie à* l'université?
MONIQUE   Oui, *assez.*

Mots et structures à noter

Voici *Here is;* **où** *where;* **habite** *live;* **vie** *life;* **à** *at;* **assez** *pretty much, rather*

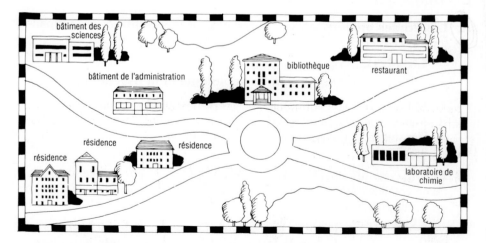

C'est votre tour. Imagine you are studying in France and are showing a friend around the French university. Answer your friend's questions about the different buildings that you see. Use the **Situation** and the map as guides.

Pour parler de vos activités

Les verbes du premier groupe

To express what we do and like, we use verbs such as the following:

aimer	manger (*to eat*)
aimer mieux (*to prefer*)	marcher (*to walk*)
chercher (*to look for*)	nager (*to swim*)
danser (*to dance*)	parler
détester	préférer
écouter (*to listen to*)	regarder (*to look at*)
étudier	travailler (*to work*)
expliquer (*to explain*)	trouver *to find*
habiter	voyager (*to travel*)

[handwritten: ger- slightly irregular]

[handwritten: Read ↓]

They can be modified with adverbs to express. . .

❑ **How frequently we do something:**

> J'étudie rarement. (*rarely*)
>   souvent. (*often*)
>   quelquefois. (*sometimes*)
>   tout le temps. (*all the time*)
>   toujours. (*always*)

❑ **When we do something:**

> J'étudie le lundi. (*on Mondays*)
> J'étudie pendant la semaine. (*during the week*)
> J'étudie tous les jours. (*every day*)

❑ **How well we do something:**

> Je danse bien. (*well*)
>   très bien. (*very well*)
>   assez bien. (*fairly well*)
>   mal. (*badly*)
>   très mal. (*very badly*)

Frequently, we use subject pronouns, rather than nouns, before verbs. As shown in the **er** verb chart, choices depend on number or gender. The verb endings also change according to the subject.

travailler			
Singular		**Plural**	
(*I*)	**je** travaille[1]	(*we*)	**nous** travaill**ons**
(*you*)	**tu** travaill**es**	(*you*)	**vous** travaill**ez**
(*he/she/one*)	**il/elle/on** travaille	(*they*)	**ils/elles** travaill**ent**

[1] *The present tense in French can express several meanings:* I work; I am working; I do work.

Note the following:

- **Tu** is used to address a close friend, relative, child, or pet; **vous** is used in all other cases.
- **On** is an impersonal pronoun that means *one, they, we,* or *people.* In conversation, it often replaces **nous.**
- **Ils** is used with mixed masculine and feminine nouns.
- **J'** replaces **je** before a vowel sound (**j'étudie**).
- **Voyager** and **manger** are like other **er** verbs, except that **eons** is the ending for the **nous** form (**nous mangeons**).

Tu danses bien, Pierre!
Vous parlez anglais, madame?
On parle français en Belgique.
Henri et Julie étudient les maths.

Premiers pas

A. Après les cours. Several of your friends are talking about what they do when classes are over for the day. What do they say?

> EXEMPLE   nous/ étudier
> **Nous étudions.**

1. Michel/ nager
2. je/ travailler
3. vous/ travailler aussi
4. Elise et Stéphane/ étudier
5. tu/ étudier aussi
6. nous/ regarder la télé
7. on/ manger
8. Véronique/ parler avec les copains

B. Et toi? Tell what you and people you know do after class. The question mark is an invitation to add the names of people you know.

> EXEMPLE   nous
> **Après les cours, nous écoutons la radio.**

1. je
2. nous
3. les étudiants
4. le professeur de français
5. ?

C. Rarement ou souvent? Ask another student how often he or she does the following activities. Use the words **rarement, quelquefois,** and **souvent** in your questions and answers.

> EXEMPLE   parler français?
> **Tu parles souvent français?**
> **Non, je parle rarement français.**

1. étudier?
2. regarder la télé?
3. écouter la radio?
4. travailler?
5. nager?
6. parler avec les copains?
7. marcher?
8. voyager?

D. Emploi du temps. Tell when Sébastien is doing the following activities based on his weekly calendar. Use the days of the week, **pendant la se-**

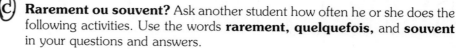

maine, **pendant le week-end,** and **tous les jours** as you describe his schedule.

EXEMPLE **Il étudie tous les jours.**

lundi	mardi	mercredi	jeudi	vendredi	samedi	dimanche
étudier avec anne	étudier	étudier	étudier	étudier	étudier avec anne	étudier
	marcher		marcher		marcher	
nager		nager		nager		
travailler		travailler	travailler			
manger avec les amis			manger avec les amis			
	parler avec le prof de chimie					

E. Quand? Make out your own typical weekly schedule and describe it to another student who will fill out a schedule form according to your specifications.

lundi	mardi	mercredi	jeudi	vendredi	samedi	dimanche

C'est la vie!

Situation: Tu es libre?

Alain is calling a friend to find out what she is doing. Practice repeating their conversation.

ALAIN   *Allô,* Michèle?
MICHÈLE   Oui, j'écoute.

ALAIN	*Est-ce que tu es libre ce soir?*
MICHÈLE	Non, *je regrette.* Je travaille.
ALAIN	Et Denis?
MICHÈLE	Il travaille avec moi.
ALAIN	Ah, vous étudiez *ensemble?*
MICHÈLE	Oui . . . nous étudions souvent ensemble.

Mots et structures à noter

allô *hello (on the phone);* **Est-ce que tu es** *are you;* **libre** *free;* **ce soir**
tonight; **je regrette** *I'm sorry;* **ensemble** *together*

C'est votre tour. You can't work tonight and you need to find a substitute to
work for you. You call several friends to find out if they (or other friends that you
know) can take your place for the evening, but everyone is busy. Use the **Situation** as a guide to role-play the conversation.

Pour contraster le positif et le négatif
La forme négative

In communicating with others we often indicate that we agree or disagree with
what someone else is saying. The following expressions are useful in indicating
agreement:

Moi aussi, . . .	*Me too, . . .*
Je pense que oui.	*I think so.*
Je suis d'accord.	*I agree.*
C'est vrai.	*That's true.*

To disagree, we often use a negative structure. **Ne . . . pas, ne . . . pas du
tout,** and **ne . . . jamais** are frequently used.

Nous **ne** nageons **pas** souvent.	*We don't swim often.*
Tu **ne** travailles **jamais**.	*You never work.*
Nous **ne** parlons **pas du tout** espagnol.	*We don't speak Spanish at all.*

When an infinitive follows a conjugated verb, the negative structure surrounds the conjugated verb.

Nous **n'**aimons **pas** voyager.
Gilbert **n'**aime **pas** danser.

Here are other expressions that are useful in disagreeing:

Pas moi, . . .	*Not me, . . .*
Je pense que non.	*I don't think so.*
Je ne suis pas d'accord.	*I don't agree.*
Ce n'est pas vrai.	*It's not true.*

Premiers pas

A. **Non, malheureusement.** You are asking Jean-Michel how well he likes university life. Unfortunately, he's not very happy. What does he say?

> EXEMPLE   Tu aimes l'université?
> **Non, je n'aime pas beaucoup l'université.**

1. Tu aimes les professeurs?
2. Tu aimes les cours?
3. Tu aimes les étudiants?
4. Tu aimes les salles de classe?
5. Les étudiants trouvent le campus agréable?
6. Les profs expliquent bien?
7. Les étudiants écoutent en classe?
8. Les étudiants aiment le restaurant universitaire?

B. **Commentaires.** Several of your friends are discussing a history class they are taking. Agree with what they say by using the words given in parentheses.

> EXEMPLE   Régine n'aime pas le professeur. (pas du tout)
> **C'est vrai. Elle n'aime pas du tout le professeur.**

1. Agnès et Benoît ne travaillent pas beaucoup. (jamais)
2. Caroline n'aime pas les livres. (pas beaucoup)
3. Véronique n'écoute pas en classe. (pas souvent)
4. Amandine n'aime pas les examens. (pas du tout)
5. Le professeur n'écoute pas les étudiants. (jamais)
6. Le professeur n'explique pas bien les leçons. (pas toujours)

C. **Opinions.** Answer the following questions and another student will tell whether he or she agrees with you.

> EXEMPLE   Les étudiants aiment les examens?
> **Non, ils n'aiment pas du tout les examens.**
> **Je suis d'accord. Ils détestent les examens.**

1. Tu trouves le campus agréable?
2. Tu aimes les cours ici?
3. Tu aimes les professeurs?

4. Tu trouves le cours de français ennuyeux?
5. Les étudiants écoutent bien en classe?
6. Les étudiants étudient beaucoup pendant le week-end?
7. Les professeurs expliquent toujours bien?
8. Tu aimes le restaurant universitaire?

D. Impressions. Some French friends have asked you what Americans are like. What would you say about the following? Compare your impressions with those of other students.

> EXEMPLE **aimer le sport**
> **Les Américains aiment beaucoup le sport.**

1. aimer regarder la télé
2. manger
3. étudier les langues étrangères
4. nager
5. voyager
6. marcher
7. travailler tout le temps
8. aimer parler ensemble

C'est la vie!

Situation: Réticence
Serge is trying to call Charles, but Christine answers the phone. Practice repeating their conversation.

SERGE	Allô, allô, Charles?
CHRISTINE	Non, c'est Christine *à l'appareil.*
SERGE	Charles travaille ce soir?
CHRISTINE	Non, pas ce soir.
SERGE	Tu regardes la télé?
CHRISTINE	Non, je n'aime pas regarder la télé.
SERGE	Tu ne regardes jamais la télé?
CHRISTINE	Non, *presque* jamais.

Mots et structures à noter

à l'appareil *on the phone;* **presque** *almost*

C'est votre tour. Imagine that you are in a bad mood when a friend calls to find out what you are doing. Each time your friend asks a question you respond negatively. Use the **Situation** as a guide to role-play this situation with another student.

Pour poser des questions
La forme interrogative

Questions are used to get information, to clarify meaning, or to indicate that we do not understand. If we do not understand, we can also respond with expressions like these:

Répétez, s'il vous plaît.	*Please repeat that.*
Je ne comprends pas.	*I don't understand.*

Pardon?   *Pardon me?*
Excusez-moi, mais . . .   *Pardon me, but . . .*

Questions can be asked in several ways:

- By intonation alone

  Vous parlez anglais?
  Il aime nager?

- By placing **est-ce que** before a statement

  Est-ce que vous parlez anglais?
  Est-ce qu'il aime nager?

- By adding **n'est-ce pas** to the end of a statement

  Vous parlez anglais, **n'est-ce pas?**
  Il aime nager, **n'est-ce pas?**

Note that **n'est-ce pas** never varies in French, as confirmation questions do in English. (You're tired, *aren't you?* He doesn't speak French, *does he?*)

A. **Oui** and **non** are followed by **madame**, **monsieur**, and **mademoiselle** in polite responses to questions.

Est-ce que vous parlez anglais?
Non, monsieur.

B. To ask someone else to ask a question:
Demandez à . . . si . . .

Demandez à Michelle si elle parle espagnol.
Michelle, est-ce que vous parlez espagnol?

C. To ask for elaboration:

Pourquoi?   *Why?*
Pourquoi pas?   *Why not?*
Parce que . . .   *Because . . .*

Premiers pas

A. **N'est-ce pas?** You're fairly certain you know what your French friends are studying at the university but, to be sure, you ask them. What do you say?

> EXEMPLE   Michel/ sciences
>
> **Michel étudie les sciences, n'est-ce pas?**

1. vous/ maths
2. Emmanuel/ espagnol
3. Elise/ chimie
4. Michel et Roger/ musique
5. tu/ psychologie
6. Gabrielle/ anglais
7. François/ informatique
8. tu/ histoire

B. **Et les autres étudiants?** Based on what you already know about the students in your class, see if you know what they are studying.

> EXEMPLE   **David, tu étudies la chimie, n'est-ce pas?**
> **Oui, c'est vrai.**
> ou: **Non, j'étudie la physique.**

C. À la recherche de . . . Ask questions to find out which students in your class like to do the following activities in their spare time.

> EXEMPLE   aimer beaucoup nager
> **Est-ce que tu aimes beaucoup nager?**

1. nager tous les jours
2. regarder souvent la télé
3. parler avec des amis
4. aimer faire du sport
5. manger dans un restaurant
6. écouter la radio
7. marcher tous les jours
8. aimer danser

D. Petites conversations. Using vocabulary you know, ask another student questions about his or her likes and dislikes, typical activities, and courses that he or she is taking.

> EXEMPLES   **Est-ce que tu regardes souvent la télé?**
> **Non, je ne regarde jamais la télé.**
>
> **Tu étudies l'histoire, n'est-ce pas?**
> **Oui, c'est vrai.**

C'est la vie!

Situation: Anglais ou français?
Marcelle has just found out that Brigitte has an American roommate and is asking questions about her. Practice their conversation.

MARCELLE	Est-ce qu'elle parle bien français?
BRIGITTE	Oui, assez bien.
MARCELLE	Elle aime bien l'université, n'est-ce pas?
BRIGITTE	Je pense que oui.
MARCELLE	Vous parlez anglais ensemble?
BRIGITTE	Non, rarement.
MARCELLE	Pourquoi pas?
BRIGITTE	Parce qu'elle aime mieux parler français.

C'est votre tour. Imagine that you are talking with some French students who are spending the year on your campus. You want to find out more about them. Ask the following questions and others that you want to ask (using vocabulary you know).

> EXEMPLE   if they like the university
> **Est-ce que vous aimez l'université?**

1. if they like the dorm
2. if they eat together
3. if they study a lot on the weekend
4. if they speak English well
5. if they find English difficult
6. if they like music
7. if they travel often
8. ?

Intégration et perspectives: Faisons connaissance

Several students from different French-speaking countries are getting acquainted at a neighborhood café in Paris.

TAHAR BEN YOUSSEF (de Tunis)

Je m'appelle Tahar. J'étudie la médecine *ici* à Paris. J'aime beaucoup Paris, *surtout* le Quartier latin. Mais je déteste le climat. Je ne regarde jamais la télévision, mais j'écoute quelquefois la radio. J'aime beaucoup la musique classique.

[handwritten annotations: especially; here; neighborhood]

ANNE-MARIE DUCLERC (de Lausanne)

Moi, je m'appelle Anne-Marie Duclerc. J'adore Paris. Je travaille ici comme secrétaire bilingue. La vie à Paris—les films, les monuments, les concerts, les *musées*—je trouve ça *formidable*.

[handwritten annotations: as; wonderful, great]

MONIQUE ET ANDRÉ DUCHEMIN (de Québec)

Nous habitons *maintenant* à Paris. André étudie l'informatique et moi, j'étudie le *droit* et les sciences politiques. Nous aimons bien Paris, mais nous préférons la vie à Québec.

[handwritten annotations: now; law]

CATHERINE SIMON (de Saint-Étienne)

Est-ce que je préfère Paris ou Saint-Étienne? Paris, *bien sûr!* J'adore marcher *dans* les *rues*, regarder les *gens* et les *magasins*. Mais je déteste le *métro*.

[handwritten annotations: of course; In the streets; People + stores; subway]

Mots et structures à noter

ici *here;* **surtout** *especially;* **musées** *museums;* **formidable** *great;* **maintenant** *now;* **bien sûr** *of course;* **dans** *in;* **rues** *streets;* **gens** *people;* **magasins** *stores;* **métro** *subway*

Compréhension. For each of the students described in the reading, give the following information:

1. nom
2. pays d'origine
3. études
4. activités
5. préférences

Faisons connaissance. Using the reading as a guide and using vocabulary you know, introduce yourself to the class or to another student in your class.

Vie et culture: Paris et le reste de la France

The richness of Parisian history, architecture, and cultural life has always attracted visitors, students, and artists from all over the world. Among the well-known attractions of Paris are its famous museums (**le Louvre, le Centre Pompidou, le musée d'Orsay**); its landmarks (**la tour Eiffel, Notre Dame, le Sacré-Cœur, l'Arc de Triomphe**); its prestigious schools (**la Sorbonne, l'École polytechnique**); its world-renowned restaurants (**la Tour d'Argent, Maxim's**); and its interesting areas (**le Quartier latin, Montmartre**).

This same diversity exists in its population, which includes native Parisians, **provinciaux** who have moved to Paris from the provinces, and people who have immigrated to Paris from abroad. Sizable groups of Indochinese, North Africans, and black Africans are among the most recent ethnic groups to establish themselves in Paris.

In recent years, there has been considerable decentralization of economic, political, and cultural affairs in France, shifting more power to several major urban centers, such as Lyon, Marseille, Lille, and Bordeaux. Nonetheless, Paris still remains the hub of most aspects of French life.

Communication et vie pratique

A. Petites annonces. The following ads were placed on bulletin boards by students looking for roommates. After reading each of them, match them with the descriptions of the American students who are also looking for roommates. Notice how easily you recognize the cognates found in these ads.

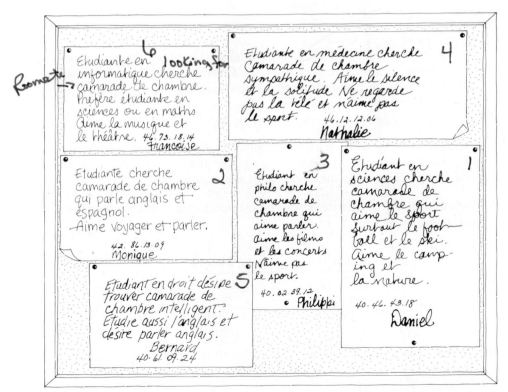

Les étudiants américains

1. Richard likes sports and the outdoors, especially camping.
2. Katie wants a roommate who shares her interests in languages and in traveling.
3. Michael is somewhat intellectual and wants to enjoy various cultural activities while in France.
4. Susan is nearing the end of her year of study in France and needs to have peace and quiet while studying for her exams.
5. Joseph has just arrived in France and is looking for a roommate who speaks some English.
6. Elizabeth is majoring in math. In addition to her interest in computer science, she enjoys movies and music.

B. Au téléphone. Carolyne Menton is looking for a new roommate. She calls Annick Lesage who has placed an ad on the student bulletin board. Listen to their conversation and then tell why Carolyne is not happy with her current living arrangements and why Annick and Carolyne are probably compatible as roommates.

C. Interview. Imagine you have just arrived in Strasbourg and you want to find a roommate. Call possible French roommates (played by other students in your class), introduce yourself, and ask questions to find out if you would want to room with the person. Talk with at least three students before making your choice; the French students will also decide which caller seems the most promising. Compare the results.

D. Lettre. From the ads in activity A, choose the student that you would prefer to room with and then write a letter in which you introduce yourself to that person. Include information about the interests you share. Begin your letter with **Chère** . . . (for a feminine name) or **Cher** . . . (for a masculine name); end the letter with **Cordialement** and your signature.

Prononciation et orthographe

The French and English vowel systems differ in significant ways. Contrary to English, French is essentially a vocalic language, that is, vowels play a more important role. This affects the language in several ways.

A. Syllabic division of words. In French, syllables within a word generally end in a vowel sound.

Compare:

English	French
A-mer-i-can	A-mé-ri-cain
A-ma-zon	A-ma-zone
her-i-tage	hé-ri-tage
in-ter-est	in-té-rêt

B. Vowel enunciation. A clear enunciation of vowel sounds is much more important in French than in English. French vowels are never "glided" or "swallowed" as English vowels are.

Compare:

English	French
key	qui
may	mais
oh	oh
probable	probable
sensible	sensible
probability	probabilité

C. **Accentuation.** The sharp differentiation among vowels is partly because French is not a stressed language, whereas English is. In an English word, one particular syllable is stressed and it remains stressed, regardless of the position the word occupies in a group of words. In French the last syllable in a word or group of words is the only accentuated syllable.

Compare:

English	French
music	la musique
residence	la résidence
university	l'université

Repeat:

Bonjour.
Bonjour, monsieur.
Bonjour, Monsieur Delaporte.

D. **Intonation**. Note the difference in the intonation patterns of different types of sentences.

In a declarative sentence or statement, the voice goes down at the end.

Les étudiants travaillent beaucoup.

In yes/no questions by intonation, the voice goes up.

Les étudiants travaillent beaucoup?

In yes/no questions with **est-ce que,** the emphasis is on **est-ce que** and the voice goes up again slightly at the end of the sentence.

Est-ce que les étudiants travaillent beaucoup?

E. **Répétez.** Practice repeating this short conversation.

Bonjour, Claude.
Bonjour, Madame Michaud.
Tu étudies?
Non, je regarde un film.
Est-ce que c'est un film intéressant?
Oui, très.

Vocabulaire

Les activités et la vie universitaire (Voir pp. 12–14 et p. 16)
Les verbes du premier groupe (Voir p. 19)
Les adverbes (Voir p. 19)

Noms

l'**activité** (f)......*activity*
l'**ami(e)** (m, f)......*friend*
le **climat**......*climate*
le **copain** (m), la
   copine (f)......*pal, buddy*
le **droit**......*law*
le **film**......*movie*
la **fin**......*end*
les **gens** (m)......*people*
le **magasin**......*store*
le **métro**......*subway*
le **monument**......*monument*
le **musée**......*museum*
le **quartier**......*neighborhood*
la **radio**......*radio*
la **rue**......*street*
la **télévision**......*television*
les **vacances** (f)......*vacation*
la **vie**......*life*
la **visite**......*visit*

Verbes

adorer......*to really like, adore*
préférer......*to prefer*
regretter......*to be sorry*

Adjectifs

formidable......*great, wonderful*
libre......*free*

Adverbes

aussi......*also, too*
ensemble......*together*
ici......*here*
maintenant......*now*
presque......*almost*
surtout......*especially*

Divers

allô......*hello (on the phone)*
après......*after*
assez......*rather, pretty much*
avec......*with*
bien sûr!......*of course!*
c'est vrai......*that's right*
comme......*like, as*
dans......*in*
en......*in, at, to*
être d'accord......*to agree*
mais......*but*
ou......*or*
où......*where*
parce que......*because*
pendant......*during*
pourquoi......*why*
que......*that*
sûr......*sure, certain*
voici......*here is*

Vola – where is

CHAPITRE 2

Identité

Fonctions

Point de départ
Pour établir votre identité
Pour identifier les gens et les choses
Pour décrire les gens et les choses
Pour utiliser les nombres

Structures

Nationalité, état civil, et profession
*Le verbe **être** et les adjectifs*
Les articles indéfinis
Les adjectifs qualificatifs
Les nombres de 20 à 99

Point de départ: Nationalité, état civil, et profession

Les pièces d'identité

la carte d'identité
le permis de conduire
le passeport
la carte d'électeur
la carte d'assuré social

La carte d'identité de Céline Lambert

Q. Quel est votre nom?
R. Je m'appelle Céline Lambert.
Q. Quelle est votre date de naissance?
R. Je suis née le 12 mai 1969 à Nantes.
Q. Vous êtes mariée ou célibataire?
R. Je suis célibataire.
Q. Quelle est votre profession?
R. Je suis étudiante en médecine.

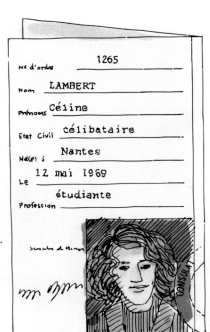

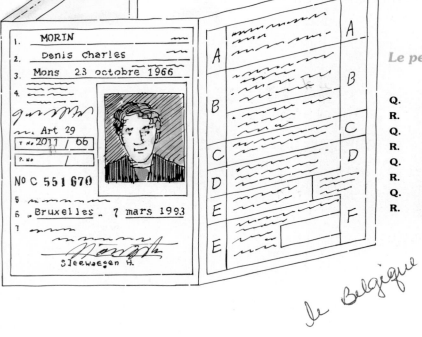

Le permis de conduire de Denis Morin

Q. Quel est votre nom?
R. Je m'appelle Denis Morin.
Q. Quelle est votre nationalité?
R. Je suis belge.
Q. Quelle est votre date de naissance?
R. Je suis né à Mons le 23 octobre 1966.
Q. Où est-ce que vous habitez?
R. J'habite maintenant à Bruxelles.

Quelques autres nationalités

Il est . . .	Elle est . . .
américain	américaine
suisse	suisse
canadien	canadienne
allemand (German)	allemande
italien	italienne
espagnol	espagnole
russe	russe
japonais	japonaise
chinois	chinoise

Quelques autres professions

Il est architecte.

Il est dentiste.

Elle est avocate.
lawyer

Elle est commerçante.
Store Keeper

Il est journaliste. *reporter*

Elle est psyschologue.

Elle est comptable. *Accountant*

Il est médecin.

Elle est informaticienne. *Computer analyst*

Il est homme d'affaires. *business man*

Elle est vétérinaire.

Il est . . .	Elle est . . .
avocat	avocate
architecte	architecte
commerçant	commerçante
dentiste	dentiste
comptable	comptable
journaliste *reporter*	journaliste
psychologue	psychologue
médecin	médecin
informaticien	informaticienne
homme d'affaires	femme d'affaires
vétérinaire	vétérinaire

Communication et vie pratique

A. **Et vous?** Ask another student the following questions. Then he or she will ask you these same questions. When you have finished, verify that each of you has the appropriate information.

Quel est votre nom? *what is your last name> Je m'appelle <same*
Quel est votre prénom? *first name>*
Quelle est votre profession? *Proffession> Je suis*
Quelle est votre nationalité? *nationality> Je suis*
Où est-ce que vous habitez? *where do you live> J'habite*

B. **Cartes de visite.** The **cartes de visite** of various people are shown here. Describe each of these people by giving the information required in the **Renseignements à donner.**

Renseignements à donner:

nom et prénom	Il/Elle s'appelle . . .
adresse	Il/Elle habite . . .
profession	Il/Elle est . . .
ville d'origine	Il/Elle est de . . .

Jacques Lebrun
Dentiste
93, avenue de Saxe
69006 Lyon

Denis Journeau
Comptable
44, rue de la Poste
33018 Bordeaux

Sabine Mercier
Psychologue
39, promenade des Anglais
06002 Nice

Armand Simon
Avocat
18, cours Franklin-Roosevelt
44005 Nantes

Sylvie Jobert
Architecte
3, quai Saint-Hubert
45001 Orleans

JEAN-CLAUDE ANDRÉ
MÉDECIN
25, AVENUE JEAN-JAURES
29421 BREST

Christine Latour
Vétérinaire
55, boulevard de la République
59002 Lille

André Seguin
Commerçant
79, rue du Mont-Blanc
74061 Annecy

Jacqueline Bertrand
Journaliste
68, rue du Port
13001 Marseille

Vie et culture: L'Identité française

Identité ethnique: The current French population is descended from the intermingling of ethnic groups that settled long ago on French territory: the Gauls, the Celts, the Romans, the Francs, and the Vikings. Even today the population of France is composed of a substantial number of foreigners (8 percent of the population).

Identité nationale: France is an important country in European and international affairs. Long considered the language of diplomacy, French is one of the official languages of the United Nations and many other international organizations. In addition, France is one of the original six members of the European Economic Community (now numbering twelve countries) and will continue to play a leading role in the reorganization of European economic and political affairs.

Identité culturelle: Although we must be careful in any description of national characteristics, we can safely say that the French are a people united by a common history and a shared pride in their cultural and intellectual heritage. When asked what values are central to the French identity, survey respondents mentioned the following:

Freedom of thought	51%
Democracy	33%
Culture	26%
Tolerance	26%
Language	18%
Separation of church and state	13%
Patriotism	13%
Religion	6%

Papiers d'identité: Some of the important identification documents that French people carry are the following:

1. **Une carte d'identité:** Used for all major identification purposes and for travel in countries of the CEE (**Communauté économique européenne**).
2. **Un passeport:** needed for travel to countries outside the CEE.
3. **Une carte d'électeur:** obtained at age 18 and required in order to vote.
4. **Un permis de conduire:** obtained at age 18 after taking special courses at an **auto-école** and passing a difficult driving test.
5. **Une carte d'assuré social:** includes the enrollment number of the individual and allows coverage in a variety of areas (e.g., health insurance, maternity leave, disability insurance, retirement, accident insurance).

Fonctions et structures

Pour établir votre identité

Le verbe être et les adjectifs

To tell who or where you are, where you are from, or what you are like, the verb **être** can be used.

être	
je **suis**	nous **sommes**
tu **es**	vous **êtes**
il/elle/on **est**	ils/elles **sont**

—Est-ce que vous **êtes** étudiant?
—Non, je **suis** professeur.
—Ils **sont** à la bibliothèque?
—Non, ils ne **sont** pas à la bibliothèque.

A. Être is often used with adjectives, which agree in number and gender with the nouns they modify. A few French adjectives that end in **e** have identical masculine and feminine forms and simply add an **s** for the plural form.

Je suis optimiste.	Nous sommes optimistes.
Tu es optimiste.	Vous êtes optimiste(s).
Il/Elle/On est optimiste.	Ils/Elles sont optimistes.

Here are some useful adjectives of this type:

agréable (*pleasant*)	moderne
bête (*stupid*)	modeste
célèbre (*famous*)	optimiste
confortable	pauvre (*poor*)
désagréable	pessimiste
difficile	possible
facile (*easy*)	riche
formidable (*great*)	sévère (*strict*)
honnête *honest*	simple
impossible	sympathique (*nice*)
injuste (*unfair*)	timide
irrésistible	triste (*sad*)
juste (*fair*)	

An adjective usually follows the noun it modifies.

Il n'aime pas les examens **difficiles.**
Nous préférons la musique **moderne.**

C'est . . . (*it's/that's . . .*) is used to refer to a general idea. Because no specific noun is referred to, any adjective that follows is always masculine singular.

C'est bête.
Ce n'est pas possible.
J'aime bien parler français, mais **ce n'est pas facile.**

B. Adjectives can also be modified by adverbs.

pas assez	assez	très	trop
not enough	*enough*	*very*	*too (much)*

Il est **assez** timide.
Les professeurs sont **trop** sévères.
Ce n'est pas **très** difficile.

Premiers pas

A. À la résidence universitaire. Students at Laval University in Quebec are telling where they are from. What do they say?

EXEMPLE Geneviève/ Trois-Rivières
Geneviève est de Trois-Rivières.

1. tu/Québec
2. vous/Saint-Jean
3. Robert/Jonquière
4. François et Jacques/Montréal
5. elle/Toronto
6. vous/Beauport

B. Et toi? Ask questions to find out where other students in your class are from. See if you can find people who come from the same town.

> EXEMPLE **De quelle ville est-ce que tu es?**
> **Je suis de Détroit.**
> **Ah, oui? Moi aussi, je suis de Détroit.**

C. Quelle est ta nationalité? Imagine you are taking courses at the **Alliance Française** in Paris and want to get acquainted with your fellow students. Ask what their nationalities are.

> EXEMPLE Anne et Pierre, vous êtes canadiens, n'est-ce pas?
> **Oui, nous sommes canadiens.**

1. Gabriella est italienne, n'est-ce pas?
2. Cédric et vous, vous êtes anglais, n'est-ce pas?
3. René est suisse, n'est-ce pas?
4. Stéphane et Denise sont belges, n'est-ce pas?
5. Mari, tu es japonaise, n'est-ce pas?
6. Et toi, Miguel, tu es espagnol, n'est-ce pas?

D. Opinions. Using the cues provided, ask other students their opinions about different aspects of campus life. Use adverbs such as **assez, très,** and **trop** in your answers.

> EXEMPLE professeurs / sympathiques
> **—Est-ce que les profs sont sympathiques?**
> **—Oui, les profs sont assez sympathiques.**
> **—Non, les profs ne sont pas très sympathiques.**

1. français/facile
2. étudiants/sympathiques
3. cours/difficiles
4. profs/sévères
5. examens/difficiles
6. campus/moderne
7. climat/agréable
8. restaurants universitaires/ formidables

C'est la vie!

Situation: À l'aéroport

Florence Martin and her friends Pierre and Suzanne are awaiting the arrival of Dennis Johnson, a member of a group of American students who are going to spend a quarter at the **École de Commerce de Nantes.**

FLORENCE	Excusez-moi . . . Dennis Johnson, c'est vous?
DENNIS	Oui, c'est moi.
FLORENCE	Bonjour, Dennis. *Bienvenue* à Nantes.
DENNIS	Merci. Je suis *content* d'être ici.
FLORENCE	Dennis, *je vous présente* Pierre et Suzanne. Nous sommes de la *même école.*
DENNIS	*Enchanté.* Bonjour, Pierre. Bonjour, Suzanne.

Mots et structures à noter

bienvenue *welcome;* **content** *glad;* **je vous présente** *Let me introduce . . . to you;* **même** *same;* **école** *school;* **enchanté** *pleased to meet you*

C'est votre tour. You are going to an international student dinner and have prepared a name tag with your name, nationality, and hometown. (You may use your own identity or create a French identity.) Once you get to the dinner, you are asked to sit at a table of four or five people. The host or hostess will ask someone at each table to make the appropriate introductions. Then ask each other questions about university life.

Pour identifier les gens et les choses

Les articles indéfinis

To ask what something is, use the question **Qu'est-ce que c'est?** To ask who someone is, use **Qui est-ce?** To answer, use **C'est** (he/she/it is) or **ce sont** (they are) followed by a noun with the correct indefinite article or a proper name. The indefinite articles correspond to *a, an,* and *some* in English.

	Singular	Plural
Masculine	un étudiant	des étudiants
Feminine	une étudiante	des étudiantes

—**Qu'est-ce que c'est?** *What is that/it*
—**C'est un** musée. **Ce n'est pas un** magasin.
—**Qui est-ce?** *Who is it/that*
—**C'est** Jacques. **C'est un** étudiant.

A. To identify people, the following vocabulary is useful.

une personne (*person*)
un homme (*man*)
une femme (*woman*)
un garçon (*boy*)
une fille (*girl*)
un(e) enfant (*child*)

B. When talking about people's professions, nationalities, and religions, the indefinite article must be used with **c'est** and **ce sont.** It is also used whenever the profession is modified by an adjective.

It is C'est **un** professeur.
C'est **un** professeur formidable.
they are Ce sont **des** professeurs belges.

The indefinite article is not used when the name of the profession follows any other pronoun or a noun and the verb **être.**

Catherine est journaliste.
Elle est journaliste.

Premiers pas

A. Professions. What is the profession of each of the people shown here?

EXEMPLE

C'est un comptable.

B. Présentations. You are introducing the following people to your French friends. How would you introduce them?

> EXEMPLE   Vincent? (médecin/Toronto)
> **—Je vous présente Vincent. Il est médecin à Toronto.**
> **—Enchanté.** — *glad to meet you*

1. Michelle? (comptable / Paris)
2. Roger? (journaliste / Montréal)
3. Anne? (professeur/ Grenoble)
4. David? (avocat / Bordeaux)
5. Martine? (médecin/ Bruxelles)
6. Sophie? (architecte/ Lyon)

C. Visite de Paris. You're working as a tour guide in Paris. What would you say to identify the Parisian monuments and buildings on the next page?

> EXEMPLE   le centre Pompidou / musée
> **C'est le centre Pompidou. C'est un musée.**

1. la Sorbonne / université
2. la Tour d'Argent / restaurant
3. la Bibliothèque Nationale / monument
4. les Galeries Lafayette / magasin
5. le Louvre / musée
6. les Champs-Élysées / rue

D. Célébrités. Make a list of famous people or television actors who have professions that have been introduced up to this point (see, especially, p. 38). As you name them, other students will identify their professions.

> EXEMPLE   **Donald Trump**
> **C'est un homme d'affaires.**

C'est la vie!

Situation: Qu'est-ce que tu fais maintenant?

Jean and Marianne are school friends who have not seen each other for a long time. They are talking about what they and their friends are doing.

what are you doing now

JEAN	Qu'est-ce que tu *fais* maintenant?
MARIANNE	Je suis ingénieur.
JEAN	Où ça? Ici, à Lyon?
MARIANNE	Oui, je travaille dans une *usine* de la région. Et toi?
JEAN	Je travaille dans un *bureau*.
MARIANNE	C'est un *travail* intéressant?
JEAN	Non, pas très. Et Céline?
MARIANNE	Elle est *infirmière* dans un hôpital *pour* les enfants.

Mots et structures à noter

fais *are doing;* **usine** *factory;* **bureau** *office;* **travail** *job, work;* **infirmière** *nurse;* **pour** *for*

C'est votre tour. Imagine you are one of the people whose **cartes de visite** are found on page 39. You meet a former classmate who asks you about yourself and about mutual friends whose **cartes** are on that same page. Using the **Situation** as a guide, answer his or her questions.

Pour décrire les gens et les choses

Les adjectifs qualificatifs

Adjectives often directly describe people and things. They agree in number (an **s** is usually present in the plural form) and in gender (an **e** is usually present in the feminine form) with the person or thing they describe.

regular adjectives

	Singular	Plural
Masculine	Il est patient.	Ils sont patient**s**.
Feminine	Elle est patient**e**.	Elles sont patient**es**.

If the masculine singular form ends in **s** or **x**, no additional **s** is added in the plural form.

> Il est **français.**
> Ils sont **français.**

An adjective that describes a combination of masculine and feminine nouns is always masculine plural.

> Alain et Yvonne sont **intelligents.**

The major learning task with adjectives involves differentiating between masculine and feminine forms. Adjectives fall into the following general patterns.

A. Many adjectives end in a consonant that is not pronounced in the masculine form but is pronounced in the feminine form when an **e** is added.

> Marc est patient, mais Monique n'est pas patient**e.**

Some useful adjectives of this type are as follows:

amusant(e) *(funny)*   excellent(e)
compétent(e)   embêtant(e) *(annoying)*
content(e) *(glad)*   fascinant(e)

fort(e) (*strong*)   intéressant(e)
français(e)   parfait(e) (*perfect*)
impatient(e)   passionnant(e) (*exciting*)
indépendant(e)   prudent(e) (*careful*)
intelligent(e)   violent(e)

B. Adjectives whose masculine form ends in a pronounced vowel are pronounced the same in the feminine form.

Paul est **fatigué.**
Jeanne est **fatiguée.**

Here are some useful adjectives of this type:

compliqué(e) (*complicated*)   poli(e) (*polite*)
fatigué(e) (*tired*)   vrai(e) (*true*)

C. Some adjectives follow a slighty different pattern. *slightly irregular*

	Singular	Plural
Masculine	impulsif	impulsifs
Feminine	impulsive	impulsives

actif, active
naïf, naïve
sportif, sportive (*athletic*)
compréhensif, compréhensive
(*understanding*)

	Singular	Plural
Masculine	sérieux	sérieux
Feminine	sérieuse	sérieuses

ambitieux, ambitieuse
courageux, courageuse
heureux, heureuse (*happy*)
paresseux, paresseuse (*lazy*)

	Singular	Plural
Masculine	parisien	parisiens
Feminine	parisienne	parisiennes

ancien, ancienne (*old*)
canadien, canadienne
italien, italienne

	Singular	Plural
Masculine	naturel	naturels
Feminine	naturelle	naturelles

exceptionnel, exceptionnelle
intellectuel, intellectuelle
personnel, personnelle
quel, quelle (*what* or *which*)
sensationnel, sensationnelle

Premiers pas

A. Et les femmes alors? You overhear a conversation between Hubert, who thinks that men are superior to women, and Suzanne, who doesn't agree at all. What do they say?

EXEMPLE ambitieux
Les hommes sont ambitieux.
Les femmes aussi sont ambitieuses.

1. sérieux   3. intelligent   5. fort   7. amusant
2. sportif   4. courageux   6. indépendant   8. parfait

B. Et toi? Decide what general characteristics you think men and women have. Then find other students in the class who agree or disagree with you and tell which opinions are the same and which are different.

> EXEMPLE **Je pense que les hommes ne sont pas assez patients.**
> **Je ne suis pas d'accord. Ils sont très patients.**

C. Qualités et défauts. Alain is talking about the good (and bad) qualities of some of his friends and professors. What does he tell you?

> EXEMPLE Francine? personne / très amusant
> **C'est une personne très amusante.**

1. Emmanuel?   ami /formidable
2. Annick Legrand?   femme /exceptionnel
3. Lucienne?   personne /trop prudent
4. Christian Delcroix?   prof /compétent
5. Anne et Marc?   gens /intéressant
6. Hervé?   garçon /très embêtant
7. Micheline?   fille /très intelligent
8. M. et Mme Morin?   gens /très sérieux

D. Préférences. Ask other students what types of professors, courses, and so on, they prefer.

> EXEMPLE les professeurs
> **Quelle sorte de profs est-ce que tu aimes?**
> **J'aime les profs compétents, mais je n'aime pas les profs trop sévères.**
> **Je suis d'accord, mais j'aime mieux les profs amusants.**

1. les professeurs   4. les hommes
2. les cours   5. les femmes
3. les examens   6. les gens

E. Description. Prepare a brief description of yourself using adjectives you know and words like **en général, assez, and trop.** Give the description to your instructor. Your instructor will then hand out the descriptions to other students. Your task is to try to find the identity of the person whose description you have been given.

> EXEMPLE **Est-ce que tu es très sportive?**
> **Non, je ne suis pas du tout sportive.**

F. Vingt questions. Think of a famous person and see if other students can guess the person you have chosen by asking yes/no questions.

> EXEMPLE **C'est une femme?**
> **Non.**
> **C'est un Français?**
> **Non.**

jouer

C'est la vie!

Situation: Possibilité de promotion
Several employees are up for a promotion. Mme Mermet, the personnel director, asks her assistant, Gilbert Lacoste, his opinion of the candidates.

MME MERMET	*Que pensez-vous de* Gérard Silvestre?
GILBERT	*À mon avis,* c'est *un type* assez compétent, mais *sans plus.*
MME MERMET	Et Elisabeth Marsiani?
GILBERT	C'est une personne exceptionnelle. Elle est intelligente. Elle est ambitieuse. Elle est *gentille.* Elle est . . .
MME MERMET	O.K. Et Alain Dampierre?
GILBERT	C'est un homme fascinant. Il a toujours des *idées* passionnantes, mais il n'est pas très réaliste.

Mots et structures à noter

Que pensez-vous de . . . *What do you think of . . . ;* **à mon avis** *in my opinion;* **un type** *a guy;* **sans plus** *nothing more;* **gentil/gentille** *nice, kind;* **idées** *ideas*

C'est votre tour. You work for a French computer company and your boss needs to divide her employees into groups of three or four people to work on special projects. Make a list of your positive qualities and your negative ones in order to find several people with whom you would work well. Then you attend a large group meeting where you will circulate among the other employees (played by other students in your class). Ask questions to find several people that you would like to work with. Your boss will ask you to justify your choices.

Pour utiliser les nombres

Les nombres de 20 à 99

To ask how much something costs, use the question **Combien est-ce que ça coûte?** or the more conversational **Combien est-ce que ça fait?** (*How much does that make?*), **Ça fait combien?,** or **C'est combien?**

—**Combien est-ce que ça coûte?**
—**Ça coûte huit francs.**
—**Combien est-ce que ça fait?**
—**Ça fait douze francs.**

For basic mathematical operations, **plus** is used for *plus,* **moins** for *minus,* **fois** for *times,* and **divisé par** for *divided by.* **Ça fait** (*that makes*) can be used to express the result.

—Neuf **plus** cinq? Combien est-ce que **ça fait?**
—**Ça fait** quatorze.
—Dix-huit **moins** huit? **Ça fait** combien?
—**Ça fait** dix.

Learn these

Here are the numbers from 20 to 69:

20 vingt	29 vingt-neuf	50 cinquante
21 vingt et un	30 trente	51 cinquante et un
22 vingt-deux	31 trente et un	52 cinquante-deux
23 vingt-trois	32 trente-deux	. . .
24 vingt-quatre	. . .	60 soixante
25 vingt-cinq	40 quarante	61 soixante et un
26 vingt-six	41 quarante et un	62 soixante-deux
27 vingt-sept	42 quarante-deux	. . .
28 vingt-huit	. . .	

quinze

100 — cent

The numbers from 70 to 99 follow a slightly different pattern:

70 soixante-dix	80 quatre-vingts	91 quatre-vingt-onze
71 soixante et onze	81 quatre-vingt-un	92 quatre-vingt-douze
72 soixante-douze	82 quatre-vingt-deux	99 quatre-vingt-dix-neuf
. . .	. . .	
79 soixante-dix-neuf	90 quatre-vingt-dix	

Premiers pas

A. Distances. Your friends are telling how far they have to commute each day to the **Université de Caen.** What do they tell you?

> EXEMPLE 25
> **J'habite à vingt-cinq kilomètres de l'université.**

1. 99
2. 34
3. 25
4. 77
5. 61
6. 86
7. 42
8. 93
9. 91
10. 39

B. Mais non! A salesclerk at **Prisunic** is not doing a good job of making change. Play the roles of the clerk and the customers.

> EXEMPLE 20 − 3 = 15
> **—Vingt moins trois, ça fait quinze.**
> **—Mais non! Ça fait dix-sept.**

1. 15 − 1 = 3
2. 20 − 5 = 16
3. 68 − 10 = 57
4. 45 − 5 = 41
5. 12 + 3 = 16
6. 50 − 6 = 43
7. 13 + 7 = 17
8. 39 + 10 = 48
9. 60 − 2 = 55

C. Le Minitel. You have looked up the following phone numbers on the Minitel telephone database. Give the numbers. Note that French phone numbers are said as four pairs of numbers (eight digits). The first two digits represent the local exchange.

> EXEMPLE Madame Martin (29.43.32.15)
> **C'est le vingt-neuf, quarante-trois, trente-deux, quinze.**

1. Monsieur Humbert (74.82.53.46)
2. Mademoiselle Lacoste (40.96.75.84)
3. Madame Seurat (21.49.13.79)
4. Monsieur Picot (28.45.41.99)
5. Mademoiselle Granville (94.69.71.17)
6. Madame Arnaud (53.51.81.85)

D. Sondages. Prepare questions to find out characteristics of different students in your class (e.g., En général, est-ce que vous êtes assez content(e)?) and try to come up with a class personality profile.

> EXEMPLE **Quinze étudiants dans la classe sont assez optimistes.**
> **Les autres sont assez pessimistes.**

C'est la vie!

Situation: Demande d'emploi.

Mireille Rivière is applying for a job. The interviewer is asking her questions to fill out the firm's personnel form.

L'EMPLOYEUR	Quelle est votre adresse?
MIREILLE	75, rue Voltaire.
L'EMPLOYEUR	Code postal?
MIREILLE	69006.
L'EMPLOYEUR	Numéro de téléphone?
MIREILLE	C'est le 78.22.44.62.
L'EMPLOYEUR	Nom et adresse de votre employeur précédent?
MIREILLE	Agence Publicis, 63, rue de la République. Téléphone 78.91.35.33.

C'est votre tour. You are applying for a summer internship in a French firm. The employer (played by another student) will ask you questions similar to those in the **Situation.** Answer the questions based on your own experience.

Intégration et perspectives: Identité

The following song was written by Claude Gauthier, a French-Canadian singer. Its words evoke, with great simplicity, what it is like to be a French Canadian. It also reveals the need that many French Canadians feel to find their own identity and cultural heritage apart from the rest of Canada.

Je suis de lacs et de rivières.
Je suis de **gibier,** de **poissons.**
Je ne suis pas de grandes **moissons.**
Je suis de **sucre** et d'**eau d'érable,**
    de **pater noster,** de **credo.**
Je suis de dix enfants à table.
Je suis de **janvier sous** zéro.
Je suis d'Amérique et de France.
Je suis de **chômage** et d'exil.
*Je suis d'octobre et d'*espérance.**
Je suis l'énergie qui **s'empile** d'Ungava à Manicouagan.
Je suis Québec **mort** ou **vivant.**

Mots et structures à noter

Je suis de *I come from, I am made up of;* **gibier** *wild game;* **poissons**
fish; **moissons** *harvests;* **sucre** *sugar;* **eau d'érable** *maple sap;* **pater**
noster, credo *Roman Catholic prayers;* **janvier** *January;* **sous** *below;*
chômage *unemployment;* **espérance** *hope;* **s'empile** *piles up;* **mort** *dead;*
vivant *alive*

A. **Compréhension.** Tell whether the following statements are true or false
based on Claude Gauthier's song and what you know about Quebec. In each
case, give the line that justifies your response.

   1. Quebec is a land of many lakes and rivers.
   2. Wild game is still plentiful in Quebec.
   3. There are large grain harvests in Quebec.
   4. Making maple sugar is a traditional activity in Quebec.
   5. Quebec is noted for its mild winters.
   6. The Catholic religion has had little influence on the life of French
      Canadians.
   7. Quebec is a blend of French and American cultures.
   8. French Canadians are torn between a sense of futility and hope for
      the future.
   9. The production of electricity is an important aspect of Quebec's
      economy.
  10. French Canadians feel a sense of pride in and loyalty for their
      heritage.

B. **Qu'est-ce que c'est?** The following names are familiar to French Canadians. Can you identify them and match them with the appropriate description
from the list of possibilities?

   EXEMPLE   Trois-Rivières
                 C'est une ville.

1. *Saint-Anne de Beaupré*	A. *un lac*
2. *le Québec*	B. *une basilique*
3. *Québec*	C. *une prière catholique*
4. *Saint-Jean*	D. *une tribu indienne*
5. *Chicoutimi*	E. *un livre*
6. *Champlain*	F. *une université*
7. *pater noster*	G. *un film*
8. *Maria Chapdelaine*	H. *un explorateur*
9. *le château Frontenac*	I. *une province*
10. *Laval*	J. *un monument historique*
	K. *une région*
	L. *une ville*

Vie et culture: Vive le Québec

«**Je me souviens**» (I remember) is the official motto of Quebec, and even today, many French Canadians have not forgotten their French heritage and the political, social, and economic domination of the British. «**Vive le Québec libre**» (Long live a free Quebec) has been the rallying cry of the Quebec separatist movement, and the **parti québécois** is the political party working toward independence for Quebec. For the separatists, the preservation of their French culture and heritage is an important goal. Perhaps the most serious problems facing French Canadians are the lack of social mobility and the difficulty of gaining access to high-paying jobs that have traditionally been given to English-speaking Canadians. In a book entitled *Les Nègres blancs d'Amérique,* Pierre Vallières compared the situation of French Canadians to that of black Americans. On the other hand, there are those who believe that the separatist movement will lead to cultural and economic isolation. In their opinion, certain businesses have left Quebec because of laws establishing French as the only official language in Quebec.

Communication et vie pratique

A. Cours pour étrangers. David, an American student, is registering for courses at the **Cours pour étrangers** of the **Université de Nice.** Elise Martel is helping him fill out the forms. Listen to their conversation and give the following information.

Nom: _____

Prénom: _____

Nationalité: _____

Adresse: _____

  Rue: _____

  Ville: _____

  Pays: _____

B. Le système D. Le système «D» refers to the ability to find creative ways of getting out of difficult situations. As a language learner, you may find yourself in situations where you do not know or have forgotten a word you need to know. For instance, how would you answer questions about your date of birth or your address when you can only count up to ninety-nine? Use the strategies suggested here to help you complete Activité D, **Fiche d'inscription.**

Stratégies

Show your passport or some other form of identification and say:

  Regardez, c'est indiqué ici.

Write the needed information on a piece of paper and say:

  Voici mon adresse et mon numéro de téléphone.

Give your date of birth, being sure to note the way dates are given in French. April 25, 1976, becomes 25/4/76.

  C'est le vingt-cinq / quatre / soixante-seize.

Give the numbers of your address one by one. For instance, if your address is 2145 Broadway, you could say:

  C'est le numéro deux / un / quatre / cinq, avenue Broadway.

You can give telephone numbers by saying the number one by one or by doing it the French way, grouped in twos. If the number where you are staying in France is 66.15.50.30 you would say:

  C'est le soixante-six / quinze / cinquante / trente.

C. Comment sont les Américains? French friends have asked you to describe typical Americans and what they like to do. With another student or group of students, make up a survey to find out what members of your class think Americans are like (e.g., **Est-ce que les Américains aiment regarder la télé? Est-ce qu'ils sont très sportifs?**). After taking the survey, tabulate the results and present an oral or written summary to the class.

```
✧✧✧✧✧✧✧✧✧✧✧✧✧✧✧✧✧✧✧✧✧✧✧✧✧✧✧✧✧✧✧✧✧✧✧✧✧✧✧✧✧✧✧✧✧✧✧✧✧✧✧✧✧✧
```

FICHE D'INSCRIPTION
REGISTRATION FORM

à remplir par l'étudiant
(to be filled in by the student)

NOM : M. Mme Mlle,. . . . .
(Surname)

NOM DE JEUNE FILLE. . . . .
(Maiden name)

PRÉNOM. . . . .
(First name)

	Photo
	d'identité

NATIONALITÉ. SEXE . . . .
(Nationality)

DATE DE NAISSANCE . . . .
(Date of birth)   JOUR *(day)*   MOIS *(month)*   AN *(year)*

ADRESSE DANS VOTRE PAYS . . . .
(Home address)

               N° RUE . . . .
               (N°, street)
               VILLE . . . .
               (Town)
               PAYS . . . .
               (Country)

Désire participer à la session de : *(wishes to attend the following session)*

1ère SESSION : 7 au 31 JUILLET   **2ème SESSION : 4 au 28 AOUT**

ou une quinzaine du : . . . . .au . . . .
(or two weeks, from: *to)*

```
✧✧✧✧✧✧✧✧✧✧✧✧✧✧✧✧✧✧✧✧✧✧✧✧✧✧✧✧✧✧✧✧✧✧✧✧✧✧✧✧✧✧✧✧✧✧✧✧✧✧✧✧✧✧
```

D. Fiche d'inscription. Imagine you are planning to study in France. Another student will play the role of the university employee who is helping you fill out the form above.

Prononciation et orthographe

A. Liaison refers to a consonant sound that is added to link one word to another. In French a liaison may occur when a word that normally ends in a silent consonant (e.g., **s, t, x,** or **n**) is followed by a word that begins with a vowel sound. For a liaison to occur, the first word must in some way modify or qualify the second.

Articles	**Subject pronouns**
les͜ étudiants	vous͜ êtes
un͜ Américain	ils͜ habitent
les͜ examens	on͜ aime

Adverbs or adjectives	**Numbers**
très͜ intéressant	deux͜ hommes
bien͜ agréable	trois͜ Anglais
mon͜ adresse	six͜ enfants

Être (third-person singular)

C'est͜ intéressant.
C'est͜ assez facile.
Il est͜ optimiste.

B. Note the difference in pronunciation between **un** /œ̃/ and **une** /yn/. Note also how a /n/ sound is added to **un** when it is followed by a word that begins with a vowel sound. No change occurs in the feminine because the **n** is already pronounced.

Masculine	Feminine
/œ̃/	/yn/
un commerçant	une commerçante
un journaliste	une journaliste
un Français	une Française
/œ̃/ + /n/	/yn/
un‿employé	une employée
un‿avocat	une avocate
un‿infirmier	une infirmière

C. Masculine and feminine adjectives differ in sound as well as in spelling. The spoken form of the feminine adjective ends in a pronounced consonant; the consonant sound is dropped in the masculine. Note, however, that there is no difference in pronunciation between the masculine and feminine forms of adjectives that end in **el / elle** (**naturel / naturelle**).

Feminine	Masculine
/ãt/	/ã/
amusante	amusant
prudente	prudent
/øz/	/ø/
sérieuse	sérieux
courageuse	courageux
/ɛn/	/ɛ̃/
canadienne	canadien
italienne	italien

D. Note the patterns of pronunciation of the following numbers.

deux /dø/	cinq /sɛ̃k/	huit /ɥ
deux‿enfants	cinq enfants	huit‿enfants
deux livres	cinq̸ livres	hui̸t livres

trois	six /sis/	dix /dis/
trois‿enfants	six‿enfants	dix‿enfants
trois livres	si̸x livres	di̸x livres

Note the pronunication of the following numbers. (Unpronounced consonants are crossed out.)

vingt	quatre-vingts	soixante et onze
vingt et un	quatre-vingt-un	quatre-vingt-onze
vingt-deux	quatre-vingt-deux	

E. Practice repeating this short conversation, paying special attention to liaisons.

Vous habitez à Annecy?
Oui, c'est une ville très intéressante. Voici mon adresse.
Merci, vous êtes bien aimable.

Vocabulaire

Les pièces d'identité (Voir p. 36)
Les nationalités (Voir p. 37)
Les professions (Voir p. 37–38)
Les adjectifs (Voir p. 42 et 47–48)
Les gens (Voir p. 44)
Les nombres de 20 à 99 (Voir p. 51)

Noms

la **bienvenue**......*welcome*
le **bureau**......*office*
le **chômage**......*unemployment*
l'**école** (f)......*school*
l'**idée** (f)......*idea*
l'**infirmier/ière** (m, f)......*nurse*
le **sucre**......*sugar*
le **travail**......*job, work*
le **type**......*guy, character*
l'**usine** (f)......*factory*

Adjectifs

content......*happy*
enchanté......*pleased (to meet you)*
même......*same*

Divers

à mon avis......*in my opinion*
combien......*how much, how many*
je te (vous) présente......*let me introduce . . . to you*
pour......*for*
que pensez-vous de......*what do you think of*
sans plus......*nothing more*
sous......*below, under*

La maison et la famille

Fonctions

Point de départ
Pour indiquer ce que vous avez
Pour expliquer les rapports entre les gens et les choses
Pour parler de votre famille et de vos possessions
Pour décrire les gens et les choses

Structures

La maison et les possessions
*Le verbe **avoir***
*La famille et l'utilisation de la préposition **de***
Les adjectifs possessifs

Quelques adjectifs prénominaux

CHAPITRE 3

Point de départ:
La maison et les possessions

Le logement: Les options

Louer (*rent*) ou être propriétaire (*owner*)

Habiter dans une maison ou dans un appartement

La maison: L'extérieur et le plan général de la maison des Dubois

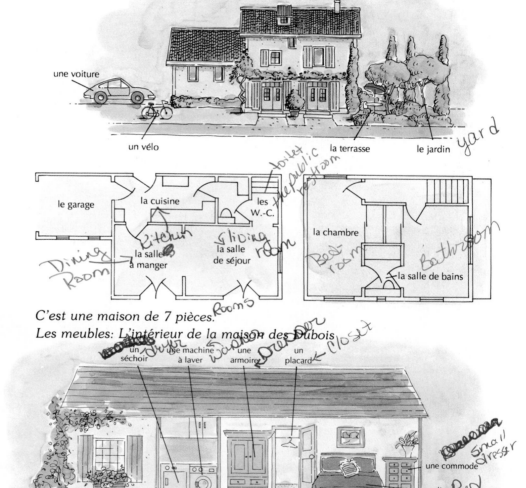

une voiture

un vélo

la terrasse

le jardin *yard*

le garage

la cuisine *kitchen*

les W.-C. *toilet the public restroom*

la chambre *Bedroom*

la salle à manger *Dining Room*

la salle de séjour *living room*

la salle de bains *Bathroom*

C'est une maison de 7 pièces. rooms

Les meubles: L'intérieur de la maison des Dubois

un séchoir *dryer*

une machine à laver *washer*

un armoire *Dresser*

un placard *closet*

Couch - un devan

une commode *small dresser*

un lit *Bed*

un réfrigérateur *fridge*

un lave-vaisselle *Dishwasher*

une cuisinière *Stove*

un fauteuil *Chair*

une lampe

un chat

un chien

L'équipement audio-visuel: *La vitrine d'un magasin*

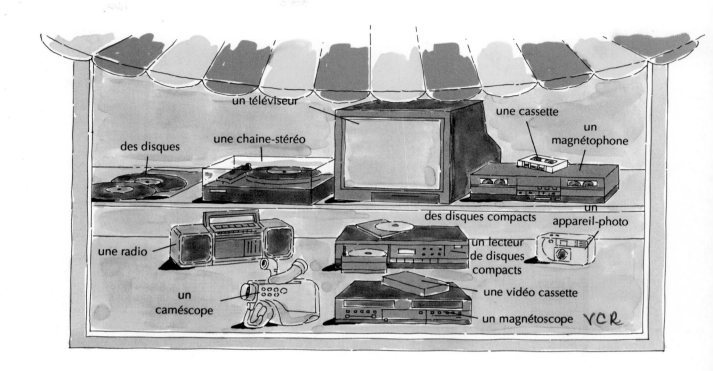

store
the window

un téléviseur

une cassette

un magnétophone

des disques

une chaine-stéréo

des disques compacts

un appareil-photo

une radio

un lecteur de disques compacts

une vidéo cassette

un caméscope

un magnétoscope   VCR

L'équipement de bureau:

Le bureau de Jean-Claude Dubois

une étagère   Bookshelf

type writer

un ordinateur   Computer

un téléphone

une machine à écrire

une calculatrice

Communication et vie pratique

A. Agence immobilière. You are working for a real estate agency and are showing clients through homes. Tell them what each room is.

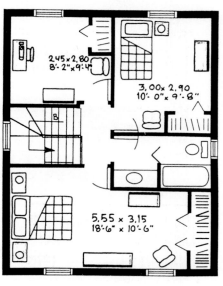

Étage:

Rez-de-chaussée:

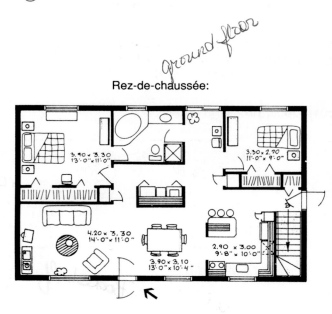

Rez-de-chaussée:

Rez-de-chaussée:

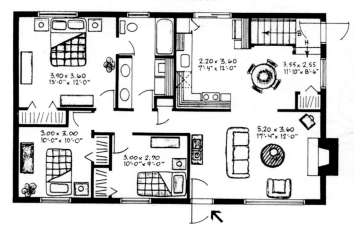

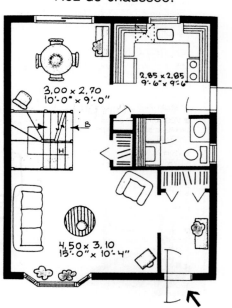

EXEMPLE: **Voici la cuisine. Voici la salle à manger.**

to move out

B. On déménage. You are moving into a new apartment. Make a list of at least ten items that a friend will help you move. Then give this list to your friend who will ask where each item goes.

EXEMPLE: **Et la table?**
Dans la cuisine, s'il te plaît.

C. Votre chambre. Tell what you have or don't have in your room. You might also want to tell what you would like to have.

EXEMPLE: **J'ai une chaîne-stéréo, mais je n'ai pas de lecteur de disques compacts. Je voudrais avoir un ordinateur.**

D. Annonces classées. Tell what items are being advertised in the classified ads of this week's edition of **Pub Hebdo Angers.** Although you will not understand every word in these ads, you will be able to understand what is being advertised.

EXEMPLE **Il y a des magnétoscopes, un caméscope. . .**

Meubles antiquités

■ VENDS canapé 1.300.F. armoire 3 portes 500.F, lit 1 pers. +sommier +matelas 400.F, bon état Tél. 41.87. 00.19 le soir.

■ Affaire intéressante cause déménag, canapé longueur 2 mètres, 1.000.F, Tél. 41.86.15.36.

■ VENDS 2 fauteuils modernes, état neuf, lit enfant en bois. Tél. 41.36.12.46.

■ A VENDRE chambre à coucher, salle à manger chaises bureau noires. Tél.41.87.27.53 le soir après 19h.

■ VENDS lit métal rouge 190x90 +matelas 400.F. Tél. 41.88.07.33.

■ VDS Armoire 3 portes + bureau secrétaire armoire 1.200.F, bureau 300.F. Tél 41.54.63.15.

■ Ensemble pin massif, 1 bureau, 1 chaise, 1 glace 1.700.F. Tél. 41.88.07.33.

■ VDS canapé 3 pl. + 2 fauteuils, 500.F. Tél. 41.69.05.46 TRELAZE.

■ VDS table rustique + 3 chaises. Tél. 41.60.53.12.

■ VDS table séjour ronde + 4 chaises, très bon état. 1.700 F. Tél. 41.36.05.56.

■ VENDS salle à manger, 6 chaises, buffet 4 p. 2 t., table rallonges chêne rustique, fauteuil, parfait état. Tél. 41.78.71.01.

Micro-informatique

■ VDS Amstrad PC 1512 DD + imprimante DMP 3160 + logiciels. Tél. av. 9h et ap. 21h au 41.87.83.50.

■ VENDS Apple IIE 128 K + horloge + souris + carte super série du-disk. 5 1/4 + écran monochrome. Tél.41.68.39.62. après 20 h 30.

■ VDS PC15 12 Amstrad couleur D.D. + sourix + nbx logiciels insal. possible, 5.000.F, Tél. 41.91.93.21 dès 18h.

■ VDS ordinateur Amstrad PC1512 SD monochrome + imprimante DMP3160 + 3 logiciels 4.500. F. Appeler le 41.34.55.56.

■ Urgent VD Amstrad CPC 464 + cassettes jeux, 800.F. Tél. 41.68.20.68 après 19h.

■ VENDS Commode 128 D, nombreux jeux (30) + lecteur de k7 + moniteur. 2.500. F. Tél. 41.88.33.43.

■ VDS Atari 520 STF + péritel + joystick + disks. 2.400. F. Tél. 41.86.01.13.

■ VDS ordinateur Amstrad CPC 464. Tél. 41.45.09.50.

Son · hi-fi

■ VDS disques 33 Tours, année 60-70-80. Tél. 41.36.12.46.

Matériel de bureau

■ VDS bureau ministre 1,50x0,75, 6 tiroirs, parfait état. Tél. 41.34.33.80.

■ VDS machine à écrire Olympia Olympiette, 200.F. Tél. 41.34.55.56 ap. 18h.

■ VDS machine à écrire électronique Canon, prix 1.000.F. Tél. 41.79.20.59.

Tv magnétoscopes

■ VDS télé couleur Hitachi stéréo, grand écran, prix 3.000.F. Tél. 41.87.97.56 soir.

■ VDS télé n.-b. 63 cm avec table, 600.F. Tél. 41.78.81.01. le soir.

■ VDS camescope CCDV88 Sony, 2 ans, zoom x6, 495000 Pixels. Tél. 41.60.10.73.

■ VENDS magnétoscope VHS Philips type VR 6461, TBE, 2.500.F. Tél. 41.73.03.60.

Arts ménagers

■ VDS four micro-ondes Philips, garantie 2 ans. Tél. après 18h 41.69.09.30.

■ VENDS congélateur 4001, bon état, 700.F. 41.69.60.69 après 18h.

■ VENDS sèche-linge Philips électronique sous garantie 2.000.F. Tél. 41.86.03.74.

■ VDS cause déménagement sèche linge garanti 2 mois. 41.47.39.96.

■ VDS lave-linge état neuf valeur 2.890.F. vendu 1.500.F. Tél. 41.43.82.01 le soir.

■ VENDS frigidaire, lave-vaisselle. Tél. 41.68.22.50.

■ Congélateur 1.000.F. Tél. 41.69.77.42, 12 h à 16 h ou après 21 h.

■ VDS congélateur arm., 3501, année 91, garantie 2 ans. Tél. 41.60.40.29.

Vie et culture:
La famille française

Many changes in recent years are altering the way French people view the family, marriage, and divorce. The typical family averages two children. The number of unmarried couples living together has increased substantially in recent years; the number of unwed mothers has also increased. In addition, changes in divorce laws have altered the traditional marriage. In 1960, for instance, one out of ten marriages ended in divorce; today that figure is one out of three.

Despite these changes, young people remain optimistic. There is renewed interest in establishing a family and in staying close to one's parents and grandparents. In addition, the French government has continued its support of the family, offering financial benefits such as **allocations familiales** and the **complément familial.** The **allocations familiales** are money given to families by the government; the amount varies depending on the number of children in the family and its income. The **complément familial** is an additional subsidy given to families with more than three children or with a very young child.

Fonctions et structures

Pour indiquer ce que vous avez

Le verbe avoir

To talk about possessions, age, and the presence or absence of things, the verb **avoir** (*to have*) is often used. It is an irregular verb.

avoir	
j'**ai**	nous **avons**
tu **as**	vous **avez**
il/elle/on **a**	ils/elles **ont**

Est-ce que tu **as** un frère?
Nous **avons** trois chats.

A. When the verb **avoir** is used in the negative, any indefinite article (**un, une, des**) that follows it becomes **de** or **d'**. Compare:

Il a **une** moto.   Il n'a pas **de** moto.
J'ai **des** amis.   Je n'ai pas **d'**amis.

B. **Avoir** is used in many common expressions such as **il y a** (*there is* or *there are*) and in talking about someone's age.

Il y a vingt étudiants dans la classe.   *There are twenty students in the class.*
Il n'y a pas de métro à Québec.   *There isn't any subway in Quebec City.*

Quel âge est-ce que vous **avez?**   *How old are you?*
J'**ai** dix-neuf **ans.**   *I'm nineteen years old.*

Premiers pas

A. Une soirée sympa. Some of your friends are planning a party. Tell what each guest can bring.

> **EXEMPLE**   Richard/chaîne-stéréo
> **Richard a une chaîne-stéréo.**

1. nous/disques
2. Michel et Anne/radio
3. tu/disques compacts
4. vous/cassettes
5. André/magnétoscope
6. je/magnétophone

B. Et toi? With another student or group of students, decide what each of you can bring to a party.

C. Une salle de classe impossible. Geneviève is complaining about the overcrowded, sparsely furnished room where she is taking an English class. Based on the illustration, tell whether or not the following items are found in the classroom.

EXEMPLE   tableau   **Il y a un tableau.**
          carte   **Il n'y a pas de carte.**

1. fenêtre
2. porte
3. affiches
4. carte

5. magnétophone
6. table
7. chaises
8. bureau

D. Sondage. Some French friends have asked you about the types of audio-visual equipment and materials owned by American students. Based on an informal poll you take in your class, what will you tell them?

EXEMPLE   téléviseur
          Est-ce que tu as un téléviseur?
          Oui, j'ai un téléviseur.
          Résultats: Quinze étudiants sur vingt ont un
              téléviseur.

1. magnétoscope
2. micro-ordinateur
3. chaîne-stéréo
4. machine à écrire
5. caméscope

6. appareil-photo
7. lecteur de disques compacts
8. disques compacts
9. cassettes
10. téléviseur

E. Interview. Ask questions to find out if other students have the following things. Report the results of your conversation to the class.

> EXEMPLE   un chien ou un chat
> **Est-ce que tu as un chien ou un chat?**
> **Je n'ai pas de chien, mais j'ai deux chats.**

1. un chien ou un chat
2. une chambre dans une résidence ou un appartement
3. un vélo ou une voiture
4. une machine à écrire ou un micro-ordinateur
5. des disques ou des cassettes
6. un magnétophone ou un lecteur de disques compacts
7. un appareil-photo ou un caméscope

F. Les étudiants américains. Imagine that French friends have asked you about things that American students typically have. Give information about students in general and about yourself. Include information about the following categories: **logement, meubles, équipement audio-visuel, animaux domestiques.**

> EXEMPLE   **En général, les étudiants américains ont une chambre dans une résidence ou un appartement en ville. Moi, j'ai une chambre dans une résidence.**

C'est la vie!

Situation: Au magasin de disques.
Barbara is in a record store looking for a particular record.

BARBARA	Est-ce que vous avez le *dernier* disque de Patricia Kaas?
LA VENDEUSE	Oui, bien sûr.
BARBARA	Est-ce que vous avez ça sur disque compact?
LA VENDEUSE	Non, *seulement* sur disque ordinaire ou sur cassette.
BARBARA	Et il y a le *texte* des chansons?
LA VENDEUSE	Un instant, s'il vous plaît, je regarde. Non, je regrette . . . *very much*
BARBARA	*C'est dommage.* Je *voudrais* bien avoir le texte.
LA VENDEUSE	Regardez à Discorama, ils ont *peut-être* ça.

✳ Mots et structures à noter

dernier *last;* **seulement** *only;* **texte** *words;* **c'est dommage** *that's too bad;* **Je voudrais** *I would like;* **peut-être** *perhaps*

C'est votre tour. You work in a French record shop and have recordings by the following singers on sale (**en solde**). Be sure to indicate whether you have them on record, on cassette, and/or on compact disc. Help your customers (played by other students in the class) make the purchases they want.

En solde

Vanesse Paradis	Patricia Kaas
Patrick Bruel	Georges Brassens
Mylène Farner	Jacques Brel
Jean-Jacques Goldman	Johnny Halliday
François Feldman	Edith Piaf

Pour expliquer les rapports entre les gens et les choses

La famille et l'utilisation de la préposition de

Important words for identifying family members are as follows:

les parents	le frère (*brother*)	la belle-mère (*mother-in-law*)
la mère (*mother*)	l'oncle (*uncle*)	la grand-mère (*grandmother*)
le père (*father*)	la tante (*aunt*)	le grand-père (*grandfather*)
le fils (*son*)	le (la) cousin(e)	les grands-parents
la fille (*daughter*)	le mari (*husband*)	la nièce
la sœur (*sister*)	la femme (*wife*)	le neveu (*nephew*)
	le beau-père (*father-in-law*)	

A. To express relationships between people, **de** is used.

C'est le père **de** Suzanne.
Les parents **de** Patrick sont sympas.

B. De is also used to express possession.

C'est la chambre **de** Claire.
Le vélo **de** Jean-Louis ne marche pas bien.

C. De is used to express many relationships among things. When it is used with the definite article, the following forms occur:

de + **le** becomes **du**	C'est la porte **du** bureau.
de + **les** becomes **des**	Voici la chambre **des** enfants.
de + **la** remains **de la**	C'est une amie **de la** mère de Monique.
de + **l'** remains **de l'**	Où est la voiture **de l'**oncle Jean?

Premiers pas

A. Arbre généalogique. Working in groups of two, ask and answer questions about Pierre's family tree. One student will ask who different family members are; the other will give the relationship between Pierre and that person.

EXEMPLE   Qui est Monique Lefèvre?
C'est la tante de Pierre.

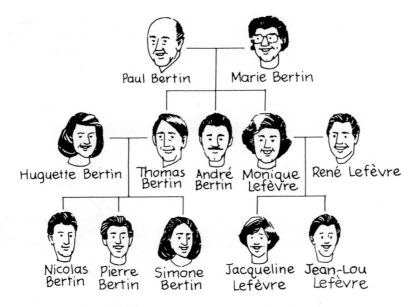

B. **Qui est-ce?** Give the names of well-known people and have other students tell how that person is related to another famous person.

> EXEMPLE **Qui est Caroline Kennedy?**
> **C'est la fille de Jacqueline Kennedy Onassis et de John F. Kennedy.**

C. **Carte de séjour.** You have gone to help an American family who doesn't speak French get their **cartes de séjour** (*residence permits*). An employee (played by another student) at the **préfecture** asks you questions about the family; you answer the questions based on the information provided.

Renseignements: père, Richard Jackson—avocat; mère, Marilyn—professeur; trois enfants—deux filles, Kathryn, 10 ans, et Julie, 12 ans, un garçon, David, 5 ans; adresse: 41, rue de Flandres, Angers, 49100.

> EXEMPLE père/profession
> **Quelle est la profession du père?**
> **C'est un avocat.**
> ou: **Il est avocat.**

1. nom/parents
2. profession/père
3. profession/mère
4. adresse/famille
5. nationalité/famille
6. prénom/garçon
7. âge/fils
8. âge/filles

D. **Trousseau de clés.** You have a set of six keys (**les clés**), each of which you have numbered. Your friend, who is going to stay in your house, asks what each key is for. How do you answer his questions?

> EXEMPLE Le numéro 1, c'est quelle clé?
> **C'est la clé de la voiture.**

1. Numéro 4 (garage)
2. Numéro 2 (maison)
3. Numéro 1 (voiture)

4. Numéro 3 (chambre)
5. Numéro 6 (porte du jardin)
6. Numéro 5 (sous-sol)

C'est la vie!

Situation: Où sont les clés?

Marianne and Daniel are returning home from a trip and cannot find their house keys.

MARIANNE	Tu as la clé de la maison?
DANIEL	Non, j'ai la clé des *valises,* mais je n'ai pas la clé de la maison.
MARIANNE	*Alors,* elle est *encore* dans la chambre de l'hôtel!
DANIEL	Qu'est-ce qu'on va faire? *what are we going to do*
MARIANNE	*Entre par* la porte du garage . . .
DANIEL	Impossible! Elle est *fermée.*
MARIANNE	Tu n'as pas la clé du garage?
DANIEL	Non, elle est sur la table du bureau!

Mots et structures à noter

valises *suitcases;* **alors** *well, then;* **encore** *still;* **entre** *go in;* **par** *through;* **fermée** *locked, closed*

C'est votre tour. Imagine you have lost the key to your car (your room, the house, your suitcases, etc.) and are asking a friend if he or she knows where the key is. Use the **Situation** as a guide and role-play the conversation.

Pour parler de votre famille et de vos possessions

Les adjectifs possessifs

In addition to using **de,** ownership or relationship can be indicated by possessive adjectives (such as *my, your, their,* etc. in English). Like all French adjectives, they agree in number and gender with the nouns they describe.

	Singular		Plural
	Masculine	*Feminine*	*Masculine and Feminine*
my	**mon** frère	**ma** sœur	**mes** parents
your	**ton** frère	**ta** sœur	**tes** parents
his/her/its/one's	**son** frère	**sa** sœur	**ses** parents
our	**notre** frère	**notre** sœur	**nos** parents
your	**votre** frère	**votre** sœur	**vos** parents
their	**leur** frère	**leur** sœur	**leurs** parents

A. Because possessive adjectives agree with the nouns they modify, they contrast with English usage, especially **son, sa,** and **ses,** each of which can mean *his, her, its,* or *one's.*

Robert travaille avec **son frère** et **sa sœur**.

Suzanne travaille avec **son frère** et **sa sœur**.

Robert works with his brother and his sister.

Suzanne works with her brother and her sister.

B. **Mon, ton,** and **son** are used not only with masculine singular nouns but also with feminine singular nouns that begin with vowels or vowel sounds.

Est-ce que tu aimes **mon affiche?**

Ton amie Françoise est très sympathique.

Premiers pas

A. **Album de photos.** Imagine you are showing a friend your photo album. How would you answer your friend's questions about the photos?

> EXEMPLE C'est la maison de tes parents?
> **Oui, c'est leur maison.**

1. Ce sont tes parents?
2. C'est ton frère?
3. C'est l'appartement de ta sœur?
4. C'est la voiture de tes parents?
5. C'est le vélo de ton frère?
6. Ce sont les amis de tes parents?
7. C'est votre chat?
8. Ce sont vos chiens?

B. **Descriptions.** Jean-Paul is talking about his relatives. With the example as a guide, use the appropriate form of the possessive adjective to complete his descriptions.

> EXEMPLE Mon oncle et _ma_ tante habitent à Strasbourg.
> **Mon oncle et ma tante habitent à Strasbourg.**

1. J'ai un cousin qui est avocat. _Sa_ femme est journaliste.
2. Mon oncle Pierre travaille à Montréal. _Sa_ fille est étudiante à l'Université Laval.
3. Mes grands-parents habitent dans notre quartier. _Mon_ grand-père aime parler avec _ses_ amis et _ma_ grand-mère aime marcher et nager.
4. Mon oncle Robert a deux enfants. _Son_ fils est étudiant et _sa_ fille travaille à Bruxelles.
5. Mon oncle et _ma_ tante ont deux enfants. _leur_ fille Geneviève est étudiante en droit à Paris et _leur_ fils Maurice étudie l'informatique.

C. **Réunion de famille.** You are showing some friends a photo of your French friend, André, taken at a family reunion. In order not to forget, you have marked the people in the photo with numbers. Your friends point to different people and ask who they are. What would you tell them?

> EXEMPLES **Qui est-ce?**
> **C'est la sœur de mon ami.**
>
> **C'est sa grand-mère?**
> **Non, c'est sa tante.**

Key:
1. his father
2. his cousin
3. his mother
4. his sister's son
5. his sister
6. his sister's husband
7. his sister
8. his sister's friend

D. Famille et amis. Describe your family and friends to another student, including information about what they do and what they are like.

> EXEMPLE **J'ai un frère et deux sœurs. Mon frère a dix-huit ans et il est étudiant à l'université. Quel âge a ta sœur?**

E. Parlons un peu. Use the following words and phrases to ask other students questions about things they have or about people they know.

> EXEMPLE cours/intéressants
> **Est-ce que tes cours sont intéressants?**
> **Oui, en général, mes cours sont assez intéressants, mais j'aime surtout mon cours d'histoire.**

1. amis / amusants
2. chambre / agréable
3. camarade de chambre / sympathique
4. cours / intéressants

5. professeurs / sévères
6. examens / difficiles
7. travail / intéressant
8. frères et sœurs / gentils

Est-ce que

C'est la vie!

Situation: Qui est-ce?

Jacques is showing his mother some photos of his new friend, Catherine Dupré, and her family.

SA MÈRE	Tu as des photos de sa famille?
JACQUES	Oui, regarde. Voici ses parents. Sa mère est prof d'anglais.
SA MÈRE	Et son père?
JACQUES	Il travaille avec ses deux frères. Ils ont un magasin de *vêtements*.
SA MÈRE	Et ici, c'est la maison des Dupré?
JACQUES	Non, c'est la maison de leurs cousins. Ils habitent dans le même *quartier*.

[handwritten annotations: Do you have some photos of her family / Here are her parents / works with brothers they have clothing store / It's their cousins house]

Mots et structures à noter

vêtements *clothing;* **quartier** *neighborhood*

C'est votre tour. Imagine you and a friend (played by another student) are talking about your roommate, your classrooms, your room in the **résidence,** and so on. Using the **Situation** as a guide, show him or her some pictures and describe the people and places in the photos. You can use the pictures as a guide or you can bring in personal photos.

Pour décrire les gens et les choses

Quelques adjectifs prénominaux

Several adjectives that are often used to describe people and things are usually placed before the noun and have irregular forms.

Masculine	Masculine before a vowel sound	Feminine
un **beau** magasin	un **bel** appartement	une **belle** maison
un **bon** magasin	un **bon** appartement	une **bonne** maison
un **nouveau** magasin	un **nouvel** appartement	une **nouvelle** maison
un **vieux** magasin	un **vieil** appartement	une **vieille** maison

(handwritten: beautiful; good; new; old)

A. Other adjectives that are placed before the noun follow the regular pattern:

grand(e)	*tall, large*	Nous habitons dans une **grande** ville.
joli(e)	*pretty*	Vous avez un très **joli** appartement.
mauvais(e)	*bad*	C'est une **mauvaise** idée.
petit(e)	*small*	Je préfère habiter dans une **petite** maison.

Jeune (*young*) has the same masculine and feminine forms.

B. In formal and written French, when one of these adjectives precedes a plural noun, the indefinite article **des** becomes **de: de bons magasins, de vieilles maisons.** In conversational French, however, **des** is often used.

Premiers pas

A. Agent immobilier. A real estate agent is showing some clients through a home and comments on various rooms of the house. Tell what the clients say.

> EXEMPLE La cuisine est très grande.
> **Oui, c'est une très grande cuisine.**

1. La salle de séjour est très petite.
2. Le bureau est assez petit.
3. La salle à manger est belle.
4. Le jardin est joli.
5. La chambre est petite.
6. La maison est assez vieille.
7. Le garage est nouveau.
8. Le sous-sol est assez grand.

B. Conversation. You meet your old friend Robert and ask him how things are going. What does Robert answer based on the cues given?

> EXEMPLE **Vous** Est-ce que tu as un appartement?
> **Robert** (petit)
> **J'ai un petit appartement.**

VOUS	Est-ce que tu as un appartement?
ROBERT	(très beau)
VOUS	Tu as des camarades de chambre?
ROBERT	(sympathique)

VOUS	Tu as un travail?
ROBERT	(bon)
VOUS	Tu as des profs sympas?
ROBERT	(très sympa)
VOUS	Tu as une voiture?
ROBERT	(vieux)
VOUS	Tu as une chaîne-stéréo?
ROBERT	(nouveau)
VOUS	Est-ce que tu as des amis?
ROBERT	(très intéressant)

C. **Votre chambre.** Use vocabulary you know to describe your room, apartment, home, or the home you would like to live in some day.

D. **Compliments.** Imagine you are with a French friend and want to compliment him about the following. Use the examples as a guide.

> **EXEMPLES** appartement
> **Tu as un très bel appartement.**
> ou: **Ton appartement est très beau.**

1. parents
2. sœur
3. frère
4. maison

5. ville
6. amis
7. grands-parents
8. chambre

C'est la vie!

Situation: De vieux amis.
Laurent is surprised to see his old friend Nicolas in his neighorhood. They catch up on each other's news.

LAURENT	*Tiens,* Nicolas! Qu'est-ce que tu fais ici?
NICOLAS	Je cherche un nouvel appartement. Mon *loyer* est trop *cher* où je suis maintenant.
LAURENT	Il y a un petit appartement à *louer* dans mon *immeuble.*
NICOLAS	C'est *meublé?*
LAURENT	Je pense que oui. Parle au propriétaire. C'est un vieil ami de mes parents.
NICOLAS	Merci. C'est une bonne idée.
LAURENT	Alors, *bonne chance, mon vieux.*

Mots et structures à noter

tiens *say;* **loyer** *rent;* **cher** *expensive;* **louer** *rent;* **immeuble** *apartment building;* **meublé** *furnished;* **bonne chance** *good luck;* **mon vieux** *old buddy*

C'est votre tour. You meet some French friends on campus and discover they are looking for an apartment. Using ads from your campus or local paper, tell them what is available in the university area and answer their questions. You might also want to describe available dorm rooms.

Intégration et perspectives: La vie de Louis Duvivier

Ma vie? Bah, vous *savez,* il n'y a pas beaucoup à *dire* au sujet de ma vie. C'est une vie bien ordinaire. Je travaille, je *dors,* je mange. Je passe mon *temps* libre avec ma femme et mes trois enfants. Les enfants sont grands maintenant. Michel a dix-sept ans; il prépare son bac dans un *lycée d'enseignement professionnel.* C'est un bon garçon, mais il n'est pas très *doué* pour les études. Je suis un peu *inquiet à son sujet.* . . . Anne-Marie, *par contre,* travaille très bien à l'école. Elle a maintenant quatorze ans. Et puis, il y a Paulette qui a seulement neuf ans. Elle est gentille *comme tout.* . . . Moi, j'ai maintenant quarante ans. Je travaille toujours dans la même *usine,* mais je suis maintenant *contremaître.* C'est un assez bon travail et je *gagne* bien ma vie. Ma vie n'est pas très passionnante, c'est vrai, mais en général, je suis assez content.

Ma femme, Sylviane, ne travaille pas maintenant; elle est *au chômage.* Elle est impatiente de trouver quelque chose, même un travail à *temps partiel.* Elle n'aime pas *rester* à la maison, surtout maintenant que les enfants sont grands. Vous savez, moi, je ne suis pas *vraiment* d'accord. Deux salaires, bien sûr, c'est toujours agréable à avoir, mais pourquoi travailler quand on n'est pas obligé de *le* faire? . . . Nous ne sommes pas riches, c'est vrai, mais nous ne sommes pas pauvres. Nous avons un appartement qui est modeste mais confortable. Nous avons tout le confort moderne. Nous habitons dans un quartier agréable et nous avons de très bons *voisins.*

Après le travail, j'aime bien parler avec les voisins ou regarder la télévision. Je suis trop fatigué pour faire *autre chose.* Et pour les vacances et les weekends, nous avons notre voiture. Nous avons une vieille tante qui habite à la *campagne* et nous passons souvent le dimanche avec elle.

Mon *rêve* est de posséder une petite maison dans un *endroit* tranquille, une petite maison *toute* simple, mais avec un grand jardin. . . . Je voudrais aussi avoir un chien, mais dans un petit appartement, c'est impossible.

Mots et structures à noter

savez *know;* **dire** *to say;* **dors** *sleep;* **temps** *time;* **lycée d'enseignement professionnel** *technical school;* **doué** *gifted;* **inquiet** *anxious;* **à son sujet** *about him;* **par contre** *on the other hand;* **comme tout** *as anything;* **contremaître** *foreman;* **gagne** *earn;* **au chômage** *unemployed;* **à temps partiel** *part time;* **rester** *stay;* **vraiment** *really;* **le** *it;* **voisins** *neighbors;* **autre chose** *anything else;* **campagne** *country;* **rêve** *dream;* **endroit** *place;* **toute** *quite*

Compréhension: Fiche de renseignements. Provide the following information about Louis Duvivier based on what he said about himself during the interview:

Situation de famille (marié, célibataire, ou divorcé?) *marié*
Nombre d'enfants *trois*
Logement (maison ou appartement?) ~~maison~~ *appartement*
Profession *foreman en ~~ford~~ usine*
place Lieu de travail *usine*
Principales distractions
Rêves et aspirations *posséder une petite maison*

Vie et culture:
La classe ouvrière

Although the expression **métro-boulot-dodo** (subway-work-sleep) is often used to symbolize the working person's frustration with the predictable routine of daily life in a large city, the standard of living of French working-class and middle-class families has improved steadily since the end of World War II. For a long time, housing was expensive and in short supply, but many of these families now live in **cités ouvrières** (housing developments) or in **HLMs (habitations à loyer modéré).** The **HLMs** are government-sponsored, moderate-rent apartment buildings that have been built on the outskirts of French cities during the last thirty years. Individual apartments are small, but even in the most modest, a refrigerator, a washing machine, and a color television set are now considered necessities.

Many French employees belong to labor unions. The three major unions are based on political affiliation rather than on craft or industry as in the United States. Some major firms, however, including leading automobile manufacturers, have nonpolitical "house" unions.

Communication et vie pratique

A. **Plan d'une maison.** Imagine that you have some French friends who are planning to work in the United States for a year. You have found a house for them and need to describe it to them. Include as much information as you can based on the floor plans already given.

> EXEMPLE   **C'est une assez grande maison. Il y a huit pièces. . .**

B. **Choix.** Look at the ads (on the next page) for rooms and apartments taken from a French newspaper. Then decide which apartment or room you would like to rent and why.

C. **Louer un appartement.** Imagine you are going to talk with the owner about renting the room or apartment that you have selected. Another student will play the role of the owner. Use the questions below to help you role-play the situation.

Questions du client

—Est-ce que l'appartement est meublé?
—Combien de pièces est-ce qu'il y a?
—Est-ce que les pièces sont grandes?
—Est-ce qu'il y a un garage?
—Est-ce que c'est dans un quartier agréable?
—Combien d'appartements est-ce qu'il y a dans l'immeuble?
—Combien est le loyer?

Questions du propriétaire

—Est-ce que vous avez un(e) camarade de chambre?
—Est-ce que vous travaillez?
—Est-ce que vous êtes étudiant(e)?
—Est-ce que vous avez un chien ou un chat?
—Est-ce que vous êtes marié(e)?
—Est-ce que vous êtes une personne tranquille?

Californie, Bas Fabron, studio récent, cuisinette équipée, bains, 1.500 + 200. GERANCE IMMOBILIERE, CNAB, 38, rue de France, 93.87.78.74, Nice.

Frédéric-Mistral, studio impeccable, 32 m2, séjour et vraie cuisine sur terrasse ensoleillée, vue mer, cave, 1.800 + charges. MICHAUGERANCE, Nice, 93.87.10.88.

Hauts Vaugrenier : superbe 60 m2, jardin, vue, situation privilégiée, 4.400 charges comprises. SAINT-PIERRE, 93.07.40.20.

Promenade : beau 2 pièces 68 m2, excellent état, grands balcons, bains, dressing, cave, garage, 3.000 plus charges. LOCASSISTANCE, 93.82.01.02, Nice.

Haut Cessole, studio avec cuisinette, balcon, 1er étage, 1.350 + charges. BARTOLOTTA, 93.84.08.74, Nice.

Victor-Hugo Alphonse-Karr : bel appartement, 2e, sud, balcon, 2.600 + charges. URBANICE, 93.44.76.47, Nice.

Parc Chambrun Saint-Maurice : beau 2 pièces, garage, cave, 2.500 F + charges. Tél. 93.84.90.72, Nice.

D. Accueil France. An employee of Accueil France Famille, an organization that finds host families for foreign students, is taking a call from Mme Lenorman. Listen for information regarding the kind of accommodations Mme Lenorman has to offer. Then answer the following questions.

1. Pourquoi est-ce que l'employée d'Accueil France est contente de parler avec Madame Lenorman?
2. Combien d'enfants est-ce qu'elle a et quel est leur âge?
3. Qui parle anglais dans la famille?
4. Quelle est la profession de Madame Lenorman?
5. Quel type de logement a la famille Lenorman?
6. Pourquoi est-ce que Madame Lenorman a maintenant une chambre libre?

E. Et vous? You are in contact with a French organization that sends French students to live with families in the United States. You write to the person in charge because you are interested in signing up as one of the host families. Describe yourself, the members of your family, where you live and what it's like, what you are like and what you like to do.

Prononciation et orthographe

A. In French the letter **a** is pronounced /a/. Compare the pronunciation of the following pairs of words, each containing the letter **a,** and practice repeating the French words.

English	French
Barbara	Barbara
Daniel	Daniel
lake	lac
patient	patient
education	éducation
geography	géographie
radio	radio

B. Note the difference between the third-person plural of **avoir (ils ont)** with a /z/ sound and the third-person plural of **être (ils sont)** with an /s/ sound. Practice repeating the following:

Ils ont des amis; ils sont contents.
Ils ont vingt ans; ils sont jeunes.
Ils ont des problèmes; ils sont tristes.

C. There are three basic nasal vowel sounds in French : /ɔ̃/ as in **mon;** /ɛ̃/ as in **magasin;** and /ɑ̃/ as in **étudiant.** Practice repeating words containing the sound /ɔ̃/.

mon	maison	mon livre	mon ami
ton	leçon	ton vélo	ton oncle
son	concert	son chien	mon affiche

D. Note the difference between the pronunciation of **bon** /bɔ̃/ with a nasal sound and **bonne** /bɔn/. Note also that **bon** /bɔ̃/ becomes /bɔn/ (the same pronunciation as the feminine form **bonne**) when it is followed by a vowel sound.

/ɔ̃/	/ɔn/	/ɔn/
un bon prof	un bon élève	une bonne classe
un bon camarade	un bon hôtel	une bonne amie
un bon travail	un bon emploi	une bonne santé

E. Practice repeating this short conversation, paying special attention to the vowel sounds.

—Comment sont tes parents?
—Ils sont en bonne santé et papa a un bon emploi.
—Et ta maman?
—En ce moment, elle est au Canada avec mon oncle et ma tante.

Vocabulaire

La maison et les possessions (Voir pp. 62–63)
La famille (Voir p. 70)
Les adjectifs possessifs (Voir p. 72)
Les adjectifs prénominaux (Voir p. 76)

Noms

la **campagne**......*country*
la **clé**......*key*
l'**endroit** (m)......*place*
l'**immeuble** (m)......*apartment building*
le **loyer**......*rent*
la **photo**......*photograph*
le **rêve**......*dream*
le **temps**......*time*
la **valise**......*suitcase*
les **vêtements** (m)......*clothing*
le **voisin/la voisine** (m, f)......*neighbor*

Verbes

dire......*to say, tell*
entrer......*to go in, enter*
gagner......*to earn, win*
louer......*to rent*
rester......*to stay*

Adjectifs

cher/ère......*expensive, dear*
dernier/ière......*last*
fermé......*closed, locked*
inquiet/iète......*anxious*
meublé......*furnished*

Adverbes

encore......*still*
peut-être......*perhaps*
seulement......*only*
vraiment......*really*

Divers

alors......*well, then*
autre chose......*something else*
avoir ... ans......*be ... years old*
bonne chance!......*good luck*
c'est dommage......*that's too bad*
il y a......*there is, there are*
mon vieux......*old buddy*
par......*by, through*
par contre......*on the other hand*
tiens......*say*
tout......*quite*
vous savez......*you know*

CHAPITRE 4

En vacances

Fonctions

Point de départ
*Pour indiquer votre destination et vos
  intentions*
*Pour indiquer où vous êtes et où vous
  allez*
*Pour indiquer quand un événement a
  lieu*
Pour identifier l'origine des gens

Structures

Les vacances et les voyages
*Le verbe **aller***

Les noms de lieux

Les jours, les mois, et les saisons

Les nationalités

Point de départ: Les vacances et les voyages

Pour les Français, les vacances sont une chose sérieuse. Il y a beaucoup de décisions à prendre.

1. **Que** *(what)* **faire?**

   Prendre des vacances ou rester à la maison?
   Voyager ou rester dans le même *(same)* endroit *(place)* pendant toutes les vacances?
   Rester *(stay)* dans son pays ou visiter un pays étranger?

2. **Où passer ses vacances?**

   À la montagne ou à la plage?
   À la campagne ou dans une ville?

3. Quand (*when*) prendre ses vacances?

En été ou en hiver?
summer   *winter*

Au printemps ou en automne?
Spring   *fall*

4. Comment voyager?
how

En voiture? . . . en train? . . . ou en avion?
Airplane

En moto? . . . à bicyclette? . . . ou à pied?
on foot

5. Où rester?

À l'hôtel ou chez (*at the home of*) des amis?

Dans une auberge de jeunesse (*youth hostel*) ou dans un camping?

6. Avec qui voyager? *Who do you travel with*

Alone
Seul(e) ou en groupe?
Avec des amis ou avec sa famille?

7. Comment occuper son temps? *How do you occupy your time*

Visiter des musées et des monuments?
Prendre des photos?
Buy Acheter[1] des souvenirs?
Marcher dans les rues?
Parler avec les gens?
Passer son temps sur la plage?
Manger au restaurant?
Faire des excursions dans la région?

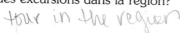
tour in the region

Communication et vie pratique

A. Et toi? Answer the following questions or use them to talk with another student about his or her vacation preferences.

1. Où est-ce que tu préfères passer tes vacances?
2. Comment est-ce que tu préfères voyager?
3. Avec qui est-ce que tu préfères voyager?
4. Est-ce que tu préfères rester à l'hôtel ou chez des amis?
5. Quand tu voyages, quelles sont tes activités préférées?

[1] *See conjugation of* acheter *in Appendix C*

B. Petit sondage. Some French friends have asked you about the vacation preferences of American students. In order to answer them, you take an informal survey of the vacation patterns of students in your class.

> EXEMPLE leur saison préférée pour les vacances
> **En quelle saison est-ce que tu préfères prendre tes vacances?**

1. La ville ou la région où les étudiants de votre classe préfèrent passer leurs vacances
2. Leur saison préférée pour les vacances
3. Leur moyen (*means*) de transport préféré
4. Le type de logement qu'ils préfèrent
5. Leurs activités préférées

Vie et culture: En vacances

En vacances

Vacations are very important to French people. Every employee is guaranteed by law a minimum of five weeks of paid vacation. In the past, the traditional vacation pattern included an extended summer vacation of three to four weeks, often at the beach.

Although vacation patterns seem to be changing (i.e., more frequent but less extended vacations, or taking a vacation in the winter), a majority of French people still take their vacations in the summer. Most still prefer vacationing at the beach, especially along **la Côte d'Azur.** Those who stay at home do so because of financial reasons, dislike of the crowds at peak vacation times, or projects that need to be completed at home. City dwellers are most likely to leave on vacation. Thus, it has often been said that in August the only people in Paris are tourists. According to the latest statistics, the vast majority of French people take their vacations in France.

Sports vacations are becoming increasingly popular, and travel agencies often offer special sports packages for their clients. Also, many vacationers are rediscovering the French countryside on foot, on horseback, on bicycle, on river barges, and even by horse-drawn carriages. Others rent old houses in the many villages that dot the countryside or stay with a farm family. Camping remains a popular vacation option.

For children and teenagers, a variety of summer camps, called **colonies de vacances,** are available. These camps are sponsored and subsidized by government agencies, industries, cities, and religious or social groups. Students can also attend **stages** or summer camps sponsored by the **Ministère de la Jeunesse et des Sports,** where they participate in such activities as sailing, mountain climbing, scuba diving, arts and crafts, and theater. The tradition of summer jobs, so popular with American high school students, is less common in France.

Fonctions et structures

Pour indiquer votre destination et vos intentions

Le verbe aller

To indicate movement or travel to a place or to express future plans or intentions, the verb **aller** (*to go*) is used. It is irregular.

aller	
je **vais**	nous **allons**
tu **vas**	vous **allez**
il/elle/on **va**	ils/elles **vont**

A. When used to express future plans or intentions, a conjugated form of **aller** is followed by an infinitive.

Nous **allons voyager** en train.
Il **va faire** ses études à Montpellier.
Je **vais acheter** un micro-ordinateur.

Here are some useful expressions in talking about future plans or intentions:

aujourd'hui (*today*)
demain (*tomorrow*)
le week-end prochain (*next weekend*)

la semaine prochaine (*next week*)
pendant les vacances (*during vacation*)

B. To indicate movement to a place, **aller** is often used with the preposition **à** (*to, at*). Note how **à** combines with the definite article, whether it is used with **aller** or with other verbs.

à + **le** become **au**
à + **les** become **aux**
à + **la** remain **à la**
à + **l'** remain **à l'**

Je vais **au** concert.
Il parle **aux** enfants.
Nous restons **à la** maison.
Ils sont **à l'**hôtel.

Premiers pas

A. Projets. Your French friends all have plans for this weekend. Using the cues provided, tell where they are going.

> EXEMPLE   Catherine/concert
> **Catherine va au concert.**

1. Rémi/plage
2. Bernard/restaurant
3. Christiane/bibliothèque
4. Frédéric/cinéma

5. Julie/théâtre
6. Martine/musée
7. Robert/montagne
8. Serge/campagne

B. Suggestions. Imagine you and some friends are making plans for the weekend. Ask them if they would like to do the following things. They will indicate whether or not they like the idea.

> EXEMPLE   —**On va à la montagne?**
> —**Oui, c'est une bonne idée.**
> ou: —**Non, je préfère rester ici.**

C. La Fête du Travail. You're trying to find something to do over the three-day **Fête du Travail** (May 1), and your friends tell you about their plans.

> EXEMPLE   Serge/rester à la maison
> **Serge va rester à la maison.**

1. nous/faire du camping
2. Claudine/aller à la plage
3. mes amis/aller au théâtre
4. vous/regarder la télé
5. tu/aller chez tes parents
6. mon frère/aller à la montagne

D. Le week-end prochain. Ask other students what they plan to do next weekend. Use the following ideas to formulate your questions.

> EXEMPLE   aller à la bibliothèque
> **Est-ce que tu vas aller à la bibliothèque?**
> **Non, je vais étudier à la maison.**

1. aller au concert
2. aller à la campagne
3. aller au cinéma
4. étudier pour un examen
5. écouter des disques
6. regarder la télé
7. aller chez tes parents
8. rester à la maison

C'est la vie!

Situation: Les grands départs
Paris, July 31. Monsieur and Madame Leblanc are one of many families leaving Paris for their summer vacation. A reporter interviews them while they are stuck in a traffic jam on the **Autoroute du Sud.**

LE REPORTER	Bonjour, monsieur. Bonjour, madame. Où est-ce que vous allez en vacances *cette année?*
M. BLANC	Nous allons à Antibes, sur la Côte d'Azur.
LE REPORTER	C'est la *première* fois que vous allez à Antibes?
MME BLANC	Oui. *D'habitude,* nous passons nos vacances en Bretagne.
LE REPORTER	Eh bien, *bonnes vacances!*

Mots et structures à noter

cette année *this year;* **première** *first;* **d'habitude** *usually;* **bonnes vacances** *have a good vacation*

C'est votre tour. You are a reporter interviewing French families leaving on vacation (played by other students) about where they are going and what they are going to do. Using the map of France on page 93, each "family" group decides on its destination, itinerary, and plans.

Pour indiquer où vous êtes et où vous allez

Les noms de lieux

In a world that is increasingly interconnected, knowledge of country names becomes important. The French names of some of the countries of the world are as follows:

l'Algérie *Algeria* ~~en~~ *fem*	Les Pays-Bas (la Hollande) ~~en~~	le Brésil *Brazil* ~~la~~ *au*
l'Allemagne (Germany)	l'Inde *India*	le Canada
l'Angleterre (England)	l'Irlande	le Danemark
l'Australie	l'Italie	les États-Unis *United States*
l'Autriche (Austria)	la Norvège *Norway*	le Japon
la Belgique	la Pologne (Poland)	le Maroc *Morocco*
la Chine	la Russie	le Mexique *Mexico*
l'Égypte	la Suède (Sweden)	le Portugal
l'Espagne (Spain)	la Suisse (Switzerland)	le Sénégal
la France	la Tunisie *Tunisia*	le Viêt-nam
la Grèce	la Yougoslavie	le Zaïre

Note that all the countries in the first two columns are feminine and those in the third column are masculine. Continents are feminine: **l'Afrique, l'Amérique du Nord, l'Amérique du Sud, l'Antarctique, l'Asie, l'Australie, l'Europe.**

Talking about going to a destination requires a choice of the correct preposition for the type of destination:

à + city		**à Paris**
		à Chicago
en + feminine country or continent		**en France**
		en Afrique
au + masculine country		**au Canada**
		aux États-Unis
chez + person's name		**chez Madame Ménard**
+ a person noun		**chez des amis**
+ pronoun		**chez moi**
+ person's profession or business		**chez le dentiste**

Premiers pas

A. À l'auberge de jeunesse. Some students have met in an **auberge de jeunesse** (*youth hostel*). Using the model as a guide, tell how each introduces himself or herself.

> **EXEMPLE** Brigitte/Nice/France
> **Je m'appelle Brigitte. J'habite à Nice . . . en France.**

1. Pablo/Séville/Espagne
2. Maria/Lisbonne/Portugal
3. Juanita/Acapulco/Mexique
4. Karl/Vienne/Autriche
5. Théo/Athènes/Grèce
6. Érik/Oslo/Norvège
7. Djenat/Alexandrie/Égypte
8. Bob/Philadelphie/États-Unis
9. Keiko/Tokyo/Japon
10. Amadou/Dakar/Sénégal

B. Projets de voyage. Where are the following people going this summer? Use the cues provided to tell what they say.

> **EXEMPLE** Henri/Espagne et Portugal
> **Henri va en Espagne et au Portugal.**

1. mes amis/Sénégal et Zaïre
2. Monsieur Robert/Suisse et Italie
3. je/Algérie et Maroc
4. nous/Canada et États-Unis
5. vous/Pologne et Russie
6. tu/Angleterre et Irlande

C. Et toi? Decide which countries you would like to visit. Then find out if another student would like to visit those countries also.

> **EXEMPLE** **Je voudrais aller en Grèce. Et toi?**
> **Pas moi. Je voudrais aller en Suède et en Norvège.**

D. Bonnes vacances! What would be a good vacation spot abroad for the following people?

> **EXEMPLE** Pour ma camarade de chambre, des vacances . . .
> **Pour ma camarade de chambre, des vacances en Italie.**

1. Pour mon prof de français, un voyage . . .
2. Pour ma famille, quinze jours . . .
3. Pour mes amis, trois semaines . . .
4. Pour les étudiants de notre classe, des vacances . . .
5. Pour moi, des vacances . . .

E. **Villes et pays.** Tell where the following cities are located. Then give the names of other cities and see if other students can give the name of the country where each is located.

>   **EXEMPLE**   Dakar
>   **Où est Dakar?**
>   **C'est au Sénégal.**

1. Bruxelles
2. Genève
3. Londres
4. Berlin
5. Moscou *la russie*

6. Montréal *au canada*
7. Alger
8. Strasbourg
9. Rome *en italie*
10. Lisbonne

C'est la vie!

Situation: Projets

Neighbors in a Parisian apartment building are comparing their plans for Easter (**Pâques**) weekend.

MONSIEUR SIMON	Vous restez à Paris pendant le week-end?
MADAME PESSIN	Non, nous allons chez mes parents.
MONSIEUR SIMON	Ils habitent en province?
MADAME PESSIN	Oui, ils ont une petite maison en Bourgogne. Et vous, vous avez des projets?
MONSIEUR SIMON	Pas vraiment. Ma femme est en *voyage d'affaires* au Danemark et les enfants sont en *voyage scolaire* en Angleterre.

Mots et structures à noter

voyage d'affaires *business trip;* **voyage scolaire** *school trip*

C'est votre tour. Imagine you are an experienced world traveler and are talking with other jet set travelers. You discuss where you usually go and where you stay as well as where you plan to go this summer.

Pour indiquer quand un événement a lieu

Les jours, les mois, et les saisons

To talk about future plans or events, we often refer to dates, days of the week, months, and seasons.

Les mois de l'année		Les saisons
janvier	juillet	l'automne
février	août	l'hiver
mars	septembre	le printemps
avril	octobre	l'été
mai	novembre	
juin	décembre	

A. To ask what day it is, use these expressions:

Quel jour est-ce aujourd'hui?	*What day is it today?*
Quel jour sommes-nous?	*What day is it today?*
C'est lundi.	*It's Monday.*
C'est aujourd'hui lundi.	*Today is Monday.*

B. To indicate that an event is occurring on a particular day, use the day alone.

Il y a un match de football samedi.	*There is a soccer game Saturday.*

To indicate that an event occurs repeatedly or regularly on a certain day, the definite article is used with the day.

J'ai un cours de français le mardi.	*I have a French class on Tuesdays.*

C. To ask what the date is, one says:

Quelle est la date aujourd'hui?	*What is today's date?*
C'est le 11 février.	*It's February 11.*
C'est aujourd'hui le premier mai.	*Today is May 1.*

Note that dates are expressed by **le** plus a number, except for the first of the month, where **le premier (le 1er)** is used. Note also that the day always precedes the month; thus, 22/4/92 refers to April 22, 1992.

D. **En** is used to indicate that an event occurs in a particular month or season, except for **le printemps** where **au** is used.

En quel mois est son anniversaire?	*In what month is his birthday?*
Son anniversaire est **en** novembre.	*His birthday is in November.*
Je n'aime pas voyager **en** hiver.	*I don't like to travel in winter.*
Nous avons dix jours de vacances **au** printemps.	*We have ten days of vacation in the spring.*

Premiers pas

A. C'est quand ta fête? Many Catholic French people celebrate their saint's day (**la fête**) as well as their birthdays. Tell when the following have their saint's day.

    EXEMPLE   Didier 23/5
           La fête de Didier est le vingt-trois mai.

1. Gilles 1/9
2. Germaine 15/6
3. Jacqueline 8/2
4. Vincent 22/1
5. Albert 15/11
6. Valérie 28/4
7. Dominique 7/8
8. Colette 6/3
9. David 30/12
10. Serge 7/10
11. Olivier 12/7
12. Yves 19/5

B. Et toi? Ask yes/no questions to try to find out the birthdays of other students in your class.

    EXEMPLE   **Est-ce que ton anniversaire est au printemps?**
           Non, ce n'est pas au printemps.
           Est-ce que ton anniversaire est au mois
           d'octobre?
           Oui, c'est en octobre.

C. Et chez toi? Plan a week of activities for several French visitors to your university and region.

    EXEMPLE   **Lundi, nous allons visiter le musée des sciences**
           naturelles.

D. Parlons un peu. Ask another student the following questions.

1. Quel jour de la semaine est-ce que tu préfères? Pourquoi?
2. Quand est-ce que tu as tes différents cours?
3. D'habitude, qu'est-ce que tu fais le vendredi? Et le samedi? Et le dimanche?
4. Quel mois de l'année est-ce que tu préfères?
5. En quel mois est ton anniversaire?
6. En quel mois commencent les cours à ton université?
7. Quelle saison de l'année est-ce que tu préfères?
8. Qu'est-ce que tu aimes faire en été?
9. D'habitude est-ce que tu vas à l'université en été?

E. Jours fériés en Europe et aux USA. Based on the following calendar, tell when the following French holidays occur. Then ask other students to indicate the dates of holidays in other countries.

    EXEMPLE   la Toussaint
           C'est quand la Toussaint?
           C'est le premier novembre.

1. l'Assomption
2. la Fête du Travail
3. le Jour de l'An
4. Noël
5. Pâques
6. la Pentecôte
7. le Saint Sylvestre
8. la fête nationale

JOURS FÉRIÉS EN EUROPE ET U.S.A.

Jour	Date	Fête	ALLEMAGNE	BELGIQUE	CANADA	ESPAGNE	ÉTATS-UNIS	FRANCE	GDE-BRETAGNE	ITALIE	LUXEMBOURG	PAYS-BAS	SUISSE
Lundi	2 septembre	Labor Day			•		•						
Jeudi	5 septembre	Jeûne Genevois											•(5)
Lundi	16 septembre	Jeûne Fédéral											•(3)
Jeudi	3 octobre	Tag der Dt. Einheit	•										
Samedi	12 octobre	Fête Nationale				•							
Lundi	14 octobre	Columbus Day					•						
Vendredi	1 novembre	Toussaint	•	•	•	•		•		•	•		•(2)
Lundi	11 novembre	Armistice 1918		•				•					
Lundi	11 novembre	Veterans' Day					•						
Mercredi	20 novembre	Buß- und Bettag	•										
Jeudi	28 novembre	Thanksgiving Day					•						
Lundi	9 décembre	Immaculée Conception				•				•			
Mardi	24 décembre	Veillée de Noël	•										
Mercredi	25 décembre	Noël	•	•	•	•	•	•	•	•	•	•	•
Jeudi	26 décembre	Lendemain de Noël	•	•	•	•		•(8)	•	•	•	•	•
Mardi	31 décembre	Saint-Sylvestre	•							•			•(5)
Mercredi	1 janvier	Jour de l'An	•	•	•	•	•	•	•	•	•	•	•
Lundi	6 janvier	Épiphanie	•(6)			•				•			•(1)
Lundi	20 janvier	Martin Luther King Jr.'S					•						
Lundi	17 février	Washington's Birthday					•						
Jeudi	19 mars	San José				•							
Jeudi	16 avril	Jeudi Saint			•	•	•						
Vendredi	17 avril	Vendredi Saint	•		•	•	•	•(8)	•		•	•	
Dimanche	19 avril	Pâques	•	•	•	•			•	•	•	•	•
Lundi	20 avril	Lundi de Pâques	•	•	•			•	•	•	•	•	•
Samedi	25 avril	Anniv. de la Libération								•			
Jeudi	30 avril	Anniv. de la Reine										•	
Vendredi	1 mai	Fête du Travail	•			•		•		•	•	•	
Lundi	4 mai	May Day Holiday							•				
Vendredi	8 mai	Anniversaire 1945						•					
Lundi	25 mai	Memorial Day					•						
Lundi	25 mai	Late Spring Holiday							•				
Jeudi	28 mai	Ascension	•	•				•			•	•	•
Mardi	2 juin	Fête Nationale								•			
Dimanche	7 juin	Pentecôte	•	•				•			•	•	
Lundi	8 juin	Lundi de Pentecôte	•	•				•		•	•	•	
Jeudi	18 juin	Fronleichnam	•(7)										•(2)
Jeudi	18 juin	Corpus				•							
Mardi	23 juin	Fête Nationale									•		
Mardi	23 juin	Anniv. du Grand Duc									•		
Mercredi	24 juin	St-Jean-Baptiste (Québec)			•								
Mercredi	1 juillet	Confédération Canada			•								
Samedi	4 juillet	Independence Day					•						
Mardi	14 juillet	Fête Nationale						•					
Mardi	21 juillet	Fête Nationale		•									
Samedi	25 juillet	Santiago				•							
Samedi	1 août	Fête Nationale											•(4)
Samedi	15 août	Assomption	•(6)	•		•		•		•	•		•(2)
Lundi	31 août	Late Summer Holiday							•				

Cantons de: (1) TESSIN-URI et SCHWYZ seulement, (2) cantons Catholiques seulement, (3) VAUD seulement, (4) ZURICH, SHAFFAUSEN, THURGAU et TESSIN seulement, (5) GENÈVE seulement, (6) BAVIÈRE seulement, (7) sauf BERLIN, (8) ALSACE-LORRAINE seulement.

C'est la vie!

Situation: Fermeture annuelle

A friend is wondering when Mme Dubourg's neighorhood pharmacy is going to close this summer.

L'AMIE	Vous n'allez pas fermer cet été?
MME DUBOURG	Si, on va *fermer* en août. Mais seulement pendant huit jours.
L'AMIE	Vous allez sur la Côte, *comme d'habitude?*
MME DUBOURG	Oui, mais nous allons aussi prendre une semaine en hiver et une semaine au printemps, pour des vacances de *neige.*
L'AMIE	Les enfants ont des vacances scolaires à ce moment-là, n'est-ce pas?
MME DUBOURG	Oui, ils ont *quinze jours* à *Noël* et huit jours à *Pâques.*

(handwritten annotations: "only", "the week", "on the coast")

Mots et structures à noter

si *yes (used to disagree with a negative statement or question);* **fermer** *to close;* **huit jours** *une semaine;* **comme d'habitude** *as usual;* **neige** *snow;* **quinze jours** *deux semaines;* **Noël** *Christmas;* **Pâques** *Easter.*

C'est votre tour. Imagine you are working as an English-language assistant in a **lycée** in Caen and are making vacation plans with your French friends (played by other students). Use the **vacances scolaires** calendar to determine when you have vacation time and then decide what you will do and where you will go.

VACANCES SCOLAIRES

	zone A	zone B	zone C	
Rentrée	Mardi 10 Septembre 1991 *au matin*			
TOUSSAINT	du Samedi 26 Octobre 1991 *après la classe* au Lundi 4 Novembre 1991 *au matin*			
NOËL	du Samedi 21 Décembre 1991 *après la classe* au Lundi 6 Janvier 1992 *au matin*			
HIVER	du Samedi 15 Février *après la classe* au Lundi 2 Mars *au matin*	du Samedi 22 Février *après la classe* au Lundi 9 Mars *au matin*	du Samedi 29 Février *après la classe* au Lundi 16 Mars *au matin*	
PRINTEMPS	du Samedi 11 Avril *après la classe* au Lundi 27 Avril *au matin*	du Samedi 18 Avril *après la classe* au Lundi 4 Mai *au matin*	du Samedi 25 Avril *après la classe* au Lundi 11 Mai *au matin*	
ETE	du Mercredi 8/07 *après la classe* au Jeudi 10/09 *au matin*			

Zone A
Caen, Clemont-Ferrand, Grenoble*, Montpellier, Nancy-Metz, Nantes, Rennes, Toulouse.
Zone B
Aix-Marseille, Amiens, Besançon, Dijon, Lille, Limoges, Lyon, Nice, Orléans-Tours, Poitiers, Reims, Rouen, Strasbourg.
Zone C
Bordeaux, Créteil, Paris, Versailles.

Pour identifier l'origine des gens
Les nationalités

The creation of the European Community is changing both the economic and the political relationships among the participating countries. At this time, the participating countries and their inhabitants are:

L'Allemagne: Les Allemands / Les Allemandes
L'Angleterre: Les Anglais / Les Anglaises
La Belgique: Les Belges / Les Belges
Le Danemark: Les Danois / Les Danoises
L'Espagne: Les Espagnols / Les Espagnoles
La France: Les Français / Les Françaises
La Grèce: Les Grecs / Les Grecques
La Hollande:[1] Les Hollandais / Les Hollandaises
L'Irlande: Les Irlandais / Les Irlandaises
L'Italie: Les Italiens / Les Italiennes
Le Luxembourg: Les Luxembourgeois / Les Luxembourgeoises
Le Portugal: Les Portugais / Les Portugaises

[1] *Sometimes referred to as «Les Pays-Bas»*

Some other countries of the world are as follows:

En Asie

La Chine: Les Chinois / Les Chinoises
L'Inde: Les Indiens / Les Indiennes
Le Japon: Les Japonais / Les Japonaises

En Europe

La Russie: Les Russes / Les Russes
La Suède: Les Suédois / Les Suédoises
La Suisse: Les Suisses / Les Suisses

En Afrique

L'Algérie: Les Algériens / Les Algériennes
Le Maroc: Les Marocains / Les Marocaines
Le Sénégal: Les Sénégalais / Les Sénégalaises
La Tunisie: Les Tunisiens / Les Tunisiennes
Le Zaïre: Les Zaïrois / Les Zaïroises

En Amérique du Nord

Le Canada: Les Canadiens / Les Canadiennes
Les USA (les États-Unis): Les Américains / Les Américaines

En Amérique du Sud

L'Argentine: Les Argentins / Les Argentines
Le Brésil: Les Brésiliens / Les Brésiliennes
La Colombie: Les Colombiens / Les Colombiennes

Adjectives that indicate nationality have the same form as the nouns but are not capitalized.

C'est un film **italien.**
Gilles a une auto **japonaise.**

Premiers pas

A. À la résidence internationale. The staff of the **résidence internationale** is counting the number of students from different countries who are living there. Tell what they say based on the following information.

> EXEMPLE   Angleterre (3)
> **Il y a trois Anglais.**

1. Canada (9)
2. Espagne (4)
3. Sénégal (6)
4. Zaïre (7)
5. États-Unis (14)
6. Hollande (7)
7. Chine (2)
8. Maroc (8)
9. Japon (15)
10. Allemagne (10)

B. Le Tour de France. Annually, cyclists from all over the world participate in the **Tour de France,** the month-long bicycle race that takes place in July.

Tell how many representatives of the following nationalities are represented in the list of the top forty finalists for one of the days of the race.

EXEMPLE Russie (URS)
Il y a deux Russes.

Classement général

1. Greg LeMond (E-U - Z) 41h03'01.
2. Djamol. Abdujaparov (URS) à 1 : 09.
3. Erik Breukink (P-B) 1 : 13.
4. Miguel Indurain (Esp) 2 : 17.
5. J.-François Bernard (Fra) 3 : 11.
6. Sean Kelly (Irl) 3 : 51.
7. Gianni Bugno (Ita) 3 : 51.
8. Thierry Marie (Fra) 4 : 10.
9. Raul Alcala (Mex) 4 : 14.
10. Luc Leblanc (Fra) 4 : 20.
11. Rolf Golz (All) 4 : 24.
12. Pedro Delgado (Esp) 4 : 30.
13. Melchor Mauri (Esp) 4 : 41.
14. Laurent Fignon (Fra) 5 : 12.
15. Pascal Lance (Fra) 5 : 42.
16. Marco Giovannetti (Ita) 5 : 45.
17. Philippe Louviot (Fra) 5 : 46.
18. Massimiliano Lelli (Ita) 5 : 53.
19. Eric Vanderaerden (Bel) 6 : 03.
20. Vladimir Pulnikov (URS) 6 : 11.
21. Claudio Chiappucci (Ita) 6 : 18.
22. Bruno Cornillet (Fra) 6 : 20.
23. Olaf Ludwig (All) 6 : 27.
24. Maurizio Fondriest (Ita) 6 : 38.
25. Rolf Jaermann (Sui) 6 : 57.
26. Gilles Delion (Fra) 7 : 12.
27. Werner Stutz (Sui) 7 : 15.
28. Nico Emonds (Bel) 7 : 17.
29. Jelle Nijdam (P-B) 7 : 28.
30. Steven Rooks (P-B) 7 : 29.
31. Jesper Skibby (Dan) 7 : 34.
32. Alvaro Mejia (Col) 7 : 34.
33. Philippe Casado (Fra) 7 : 53.
34. Roberto Conti (Ita) 7 : 54.
35. Eric Boyer (Fra) 7 : 55.
36. Fabrice Philipot (Fra) 8 : 09.
37. Inaki Gaston (Esp) 8 : 10.
38. Reynel Montoya (Col) 8 : 10.
39. Uwe Ampler (All) 8 : 19.
40. Andrew Hampsten (E-U) 8 : 25.
41. Pascal Simon (Fra) 8 : 26.
42. Laurent Jalabert (Fra) 8 : 26.
43. Charly Mottet (Fra) 8 : 34.
44. Michel Vermote (Bel) 8 : 34.
45. Rudy Dhaenens (Bel) 8 : 36.
46. Johan Bruyneel (Bel) 8 : 44.
47. Oscar de Jesus Va...

95. Andy Bishop (E-U) 11 : 28.
96. Jésus Montoya (Esp) 11 : 29.
97. Marc Sergeant (Bel) 11 : 38.
98. Alberto Elli (Ita) 11 : 39.
99. Johnny Weltz (Dan) 11 : 43.
100. Gerrit Solleveld (P-B) 11 : 51.
101. Alessandro Giannelli (Ita) 11 : 53.
102. Dominik Krieger (All) 12 : 00.
103. G. Duclos-Lassalle (Fra) 12 : 01.
104. Mauro Ribeiro (Bré) 12 : 04.
105. Abelardo Rondon (Col) 12 : 16.
106. Andreas Kappes (All) 12 : 21.
107. Marino Alonso (Esp) 12 : 29.
108. Peter Stevenhaagen (P-B) 12 : 30.
109. Yvon Madiot (Fra) 12 : 41.
110. Thierry Laurent (Fra) 12 : 48.
111. Wilfried Peeters (Bel) 12 : 53.
112. Steve Bauer (Can) 12 : 57.
113. Manuel Dominguez (Esp) 12 : 59.
114. Patrick Verschueren (Bel) 13 : 14.
115. Dominique Arnaud (Fra) 13 : 15.
116. Eric Van Lancker (Bel) 13 : 24.
117. Bruno Cenghialta (Ita) 13 : 50.
118. Thierry Claveyrolat (Fra) 13 : 54.
119. Vassili Jdanov (URS) 13 : 59.
120. Marc Van Orsouw (P-B) 14 : 10.
121. M. Martinez Torres (Esp) 14 : 11.
122. Gerrit De Vries (P-B) 14 : 13.
123. Etienne De Wilde (Bel) 14 : 16.
124. Jan Nevens (Bel) 14 : 17.
125. Giancarlo Perini (Ita) 14 : 25.
126. Remig Stumpf (All) 14 : 31.
127. Valerio Tebaldi (Ita) 14 : 36.
128. B. Van Itterbeeck (Bel) 14 : 49.
129. Atle Pedersen (Nor) 14 : 53.
130. Carlo Bomans (Bel) 14 : 58.
131. Robert Millar (G-B) 15 : 02.
132. Javier Murguialday (Esp) 15 : 20.
133. J. Rodriguez Magro (Esp) 15 : 41.
134. Guido Winterberg (Sui) 15 : 42.
135. Dimitri Jdanov (URS) 15 : 54.
136. Stephen Hodge (Aus) 15 : 55.
137. Urs Zimmermann (Sui) 15 : 57.
138. Patrick Jacobs (Bel) 16 : 07.
139. Henri Abadi...

1. États-Unis (E-U)
2. Espagne (Esp)
3. France (Fra)
4. Italie (Ita)
5. Belgique (Bel)
6. Suisse (Sui)
7. Hollande (P-B)
8. Irlande (Irl)
9. Mexique (Mex)
10. Allemagne (All)

C. Cours d'été pour étrangers. The following foreign students have registered for summer courses in a French university. Based on the information given, tell what their nationality is.

EXEMPLE **David Martin (États-Unis)**
Quelle est la nationalité de David Martin?
C'est un Américain.

1. Marc Sergeant (Belgique)
2. Anne Dubé (Canada)
3. Ying Wong (Chine)
4. Suzanne Long (États-Unis)
5. Werner Schmidt (Allemagne)
6. Diana Harris (Angleterre)
7. Yvonne Fleur (Hollande)
8. Maria Sanchez (Mexique)
9. Luciano Botelli (Italie)
10. Bridget O'Casey (Irlande)

D. Contacts internationaux. Using the following categories, tell about people from other countries with whom you have contact.

EXEMPLE dans votre université
Dans mon université, il y a des Français, des Allemands, des Espagnols, et des Japonais.

1. dans votre université
2. dans votre famille
3. dans votre ville
4. dans votre région
5. dans votre pays
6. dans votre résidence

E. Qui est-ce? Make a list of well-known figures from other countries. Then give the names on your list to another student or group of students to see if they can identify the nationality of the person.

EXEMPLE François Mitterrand
Il est français.

C'est la vie!

Situation: La saison marche bien?

Two hotel clerks on the Côte d'Azur are comparing notes.

M. DUJARDIN	La saison *marche* bien?
MME CHRISTOPHE	Oui, l'hôtel est *complet*. Nous avons un grand nombre de clients étrangers. Et vous?
M. DUJARDIN	Nous avons surtout des Anglais et des Hollandais.
MME CHRISTOPHE	Chez nous, il y a surtout des Allemands, des Norvégiens, et des Suédois.
M. DUJARDIN	Les gens qui parlent au *patron,* ce sont des Italiens?
MME CHRISTOPHE	Oui et non. Le mari est italien mais sa femme est espagnole.

Mots et structures à noter

marche *is going;* **complet** *filled;* **patron** *boss*

C'est votre tour. Imagine you and other hotel managers (played by students in your class) are bragging about your international clientele. The first person names two nationalities currently represented in his or her hotel: **"Chez nous il y a des . . . et des . . . ."** The second says that he or she has not only those nationalities but also more: **"Chez nous, il y a non seulement des . . . et des . . . ; il y a aussi des . . . et des . . . ."** See how long you can continue.

Intégration et perspectives: Une semaine au Canada

1er jour

Départ à destination de MONTRÉAL. Arrivée à l'aéroport international de Mirabel. **Accueil** par un guide de Groupes Voyages Québec, Transfert à OTTAWA, la capitale nationale du Canada. A l'arrivée, installation à l'hôtel. Le soir, visite de la colline parlementaire illuminée.

2e jour

Petit déjeuner, tour de ville incluant le Canal Rideau, le marché Byward, Sussex Drive, et le quartier des **ambassades**. Départ pour Kingston, une ville au riche passé militaire.

3e jour

Après le petit déjeuner, départ pour TORONTO. **Déjeuner** à l'arrivée, **ensuite** un tour de ville incluant **l'Hôtel de Ville**, le quartier chinois, le quartier des affaires. Départ pour NIAGARA. Installation à l'hôtel, visite des **chutes** illuminées.

4e jour

Petit déjeuner. En option: croisière à bord du Maid-of-the-Mist **au pied des chutes**. Temps libre. **L'après-midi**, visite des jardins de NIAGARA.

5e jour

Petit déjeuner. Départ pour MONTRÉAL, la métropole cosmopolite du Québec. Installation à l'hôtel.

6e jour

Petit déjeuner. Ensuite tour de la ville incluant le Vieux-Montréal, la Basilique Norte-Dame, le Mont Royal, et le Parc olympique. Transfert à QUÉBEC, le **berceau** de la civilisation française en Amérique du Nord.

7e jour

Petit déjeuner. Tour de ville incluant la Place Royale, la Place d'Armes, le Vieux Québec, les Plaines d'Abraham, l'Hôtel du Parlement, et les Fortifications. Transfert à l'aéroport international de Mirabel pour départ du **vol** Montréal/Paris.

8e jour

Arrivée à Paris.

Le vieux Québec et le château Frontenac

Mots et structures à noter

accueil *welcome;* **colline** *hill;* **petit déjeuner** *breakfast;* **ambassades** *embassies;* **déjeuner** *lunch;* **ensuite** *then;* **l'Hôtel de Ville** *City Hall;* **chutes** *falls;* **au pied des** *at the foot of;* **l'après-midi** *afternoon;* **berceau** *cradle;* **vol** *flight*

Compréhension. One of the members of the tour group has written brief notes about each day's activities to put in his travel diary. Put them in the right order for him.

3 *Voici les chutes du Niagara. Elles sont très belles quand elles sont illuminées.*

1 *Nous sommes bien installés dans notre hôtel, ici dans la capitale.*

5 *Aujourd'hui, c'est le départ pour Montréal.*

1 *Aujourd'hui, nous allons visiter le célèbre «berceau de la civilisation française» en Amérique du Nord.*

4 *Aujourd'hui, c'est la visite des chutes du Niagara et des jardins de la ville.*

8 *C'est aujourd'hui notre départ pour la France.*

2 *Nous sommes maintenant dans la capitale nationale et nous allons visiter le quartier des Ambassades.*

6 *Nous allons partir pour Québec après le tour de la ville.*

Vie et culture: Comment voyager en France

Traveling in France is relatively easy and fast because of France's extensive network of railroads, highways, and airlines. Paris is the transportation hub of France, and it is very easy to go from there to other points in the country.

Railroads continue to be a popular way to travel and to transport goods. This popularity is, to a large extent, due to the excellent reputation of the **SNCF (société nationale des chemins de fer)** whose trains run frequently and on time. The first **TGV (train à grande vitesse)** line between Paris and Lyon was so successful that other lines have been added (e.g., Paris-Marseille; Paris-Nantes), and still others are in the planning stage.

HORAIRES ET SUPPLEMENTS TGV   HORAIRES ET S...

PARIS → LYON → VALENCE → MARSEILLE →

Nº du TGV		803	843	807	813	809/811	▲ 845	815
Restauration		🍴	1/2	🍴		🍴 1/2	🍴	🍴
Paris - Gare de Lyon	D	7.00	7.30	7.40	10.13	10.23	10.41	11.42
Le Creusot TGV	A			9.05				
Lyon - Part-Dieu	A	9.00	9.30				12.43	
Valence	A	9.54		10.39	13.11			14.33
Montélimar	A			11.02	b			b
Avignon	A	10.50		11.40	14.11	14.08		15.27
Marseille	A	11.46		12.37	15.11	15.03		16.22
Toulon	A	a	12.44	a	16.10	15.52	15.56	a
St-Raphaël	A		13.35	a		c	16.46	a
Cannes	◖ A		13.59	a		c	17.09	a
Antibes	◖ A		14.09	a		c	17.21	a
Nice	A		14.25	a		c	17.37	a

A   Arrivée   D   Départ
▲   TGV 845 en Iʳᵉ classe uniquement, tous les jours du 24 juin au 4 septembre, ainsi que les 4, II et 18 juin, 10, 17 et 24 septembre ; Iʳᵉ et 2ᵉ classes, les autres jours.
(1) Attention, ce TGV circule tous les jours du 24 juin au 4 septembre.
◖ Montée interdite à Cannes et Antibes

Pour Valence, Montélimar et Avignon, voir également le tableau de la page 26.

Because of its flexibility, road travel remains the preferred method of everyday and vacation travel. Most of France's major highways are now four-lane expressways **(autoroutes)** or tollways. The speed limit is 130 kilometers an hour on freeways. Freeways are particularly congested during the peak departure times during summer vacations, for example, around July and August 1. Newspapers, television, and radio warn travelers about highly traveled areas and suggest favorable departure hours, both for those leaving the particularly congested Parisian areas and for the rest of France. These peak traffic days are called **jours oranges.**

There are three major airlines in France: **Air France, UTA,** and **Air Inter,** which is limited to domestic flights. France is ranked fifth in the world for passenger airline travel, with domestic flights accounting for one-third of the total number of passengers.

Le TGV

Le Concorde

Le Mont-Saint-Michel et Saint-Malo

Départ vers RENNES, capitale de la Bretagne, puis DINAN, la ville de Du Guesclin, passage du barrage marémoteur de la Rance. Visite et tour des remparts de SAINT-MALO, cité corsaire, LE MONT-SAINT-MICHEL. (🚢). Puis visite de l'abbaye et de son cloître suspendu. Temps libre avant retour par PONTORSON et RENNES.

| 5 Mai/13 Juillet |
| 17 Août/15 Septembre |

**Prix, Transport,
Déjeuner et Visite
360F***

Holiday On Ice à Nantes

Départ en début d'après-midi pour NANTES et le Palais de la Beaujoire, où nous assistons aux représentations de "Holiday on Ice": deux heures féériques de patinage artistique, spectacle coloré, dansé et chanté... Retour direct après le spectacle.

| 6, 12, 13 Octobre |

**Prix Transport et Spectacle :
Renseignements
dans nos Agences**

Paris - Parc d'Astérix

1er JOUR : RÉGION - PARIS
Départ en direction de LA FLÈCHE (🐾) puis LE MANS et son célèbre circuit automobile. Autoroute pour CHARTRES et arrivée à PARIS en fin de matinée (🚢). Visite de la capitale : Le quartier Latin et le Luxembourg, les bords de Seine avec Notre-Dame, le Louvre et la Concorde : l'Opéra puis la Cité des Sciences et de l'Industrie pour découvrir le planétarium, l'inventorium, la médiathèque et la Géode. Deux heures de folles pérégrinations dans les domaines les plus novateurs de la recherche contemporaine. (🚢 ; 🔭).

2eme JOUR : PARIS - PARC D'ASTÉRIX - RÉGION
Au nord de PARIS, passé ROISSY, s'étend le parc Astérix, encore bordé de l'ancestrale forêt de SENLIS. Nous lui consacrons une journée absolument magique, au cours de laquelle petits et grands perdent littéralement notion du temps ; laissez-vous aller au gré des jeux, des pavillons et remontez les siècles en compagnie du Petit Gaulois aux moustaches blondes. Déjeuner

libre dans le parc. Émerveillement, rêves et éclats de rires garantis jusqu'au départ prévu aux alentours de 16 h., puis retour direct par l'autoroute: PARIS, ORLÉANS, TOURS...

| 2 Jours |
| 13-14 Juillet/31 Août-1er Septembre |

**Prix Voyage Hôtels
et Visites** (Sauf déjeuner du 2eme jour)
980F
(Assurances annulation, assistance et bagages incluses).
Supplément chambre individuelle 155F
Réduction pour les Enfants de 3 à 12 ans partageant la chambre des parents **160F**

Communication et vie pratique

A. En vacances! Answer the following questions or use them to ask another student about his or her vacation preferences.

1. Où est-ce que tu aimes aller en vacances?
2. Qu'est-ce que tu aimes faire quand tu es en vacances?
3. Est-ce que tu préfères voyager en été ou en hiver?
4. Quels pays est-ce que tu désires visiter?
5. Est-ce que tu désires visiter la France un jour?

6. Quelles villes françaises est-ce que tu désires visiter?
7. Quels monuments parisiens est-ce que tu désires visiter?
8. Quel est le voyage de tes rêves?

B. À l'agence de voyages. Three friends, Michel, Raymonde, and Mathieu, are consulting a travel agent. Listen to their conversation and then answer the questions.

1. Les trois amis désirent passer leurs vacances. . .
   a. en France.
   b. dans un pays étranger.
   c. chez leur oncle canadien.
2. Ils préfèrent prendre leurs vacances. . .
   a. en juillet ou en août.
   b. en décembre ou en janvier.
   c. en juin ou en septembre.
3. Pour leurs prochaines vacances, ils pensent que c'est préférable. . .
   a. de prendre un voyage organisé.
   b. de voyager seuls.
   c. d'étudier la langue du pays.
4. Les pays que Michel désire visiter sont situés. . .
   a. en Amérique du Nord.
   b. en Europe.
   c. en Afrique du Nord.
5. Le voyage que l'agent propose est un voyage de. . .
   a. dix jours.
   b. deux semaines.
   c. huit jours.
6. Ils vont être obligés de prendre leurs vacances en septembre parce que. . .
   a. tout est complet pendant les autres mois.
   b. Mathieu n'est pas libre pendant les autres mois.
   c. l'agence a des voyages organisés seulement pendant l'été.

C. Questions. You are working for a French travel agent who has asked you to make travel arrangements for some clients. What questions would you ask to find out the following information?

1. what countries they are going to visit
2. if they are going to travel by train or by plane
3. if they are going to rent a car
4. if they have their passports
5. in what month they prefer traveling
6. if they are going to stay in a small or a big hotel
7. if they are going to leave on Friday or Saturday

D. Vous êtes agent de voyages. The ads shown on page 108 represent different vacations that your company offers. Look them over to make sure you know about each trip. Then tell prospective clients about these vacations and answer their questions.

Prononciation

A. Note that the letters **a** + **n** or **m** (or **e** + **n** or **m**) combine to form the nasal vowel /ã/ as in **danser.** Note also the main spelling patterns associated with this sound.

vacances	camping	enfant	emplois
chanson	chambre	parents	ensemble
Angleterre	lampe	intelligent	embêtant

If, however, a vowel follows the **n** or **m** or if there is a double **n** or **m,** the vowel is not a nasal sound.

Annie	Amélie	homme

B. Note the difference in pronunciation between the **ent** ending when it is silent in the third-person plural verb ending (e.g., **ils voyagent**) and when it is the last syllable of a noun (e.g., **appartement**), an adjective (e.g., **content**), or an adverb (e.g., **vraiment**). Practice repeating the following phrases.

Ils dansent; ils sont contents.
Ils étudient; ils sont prudents.
Ils pensent; ils sont intelligents.
Ils achètent un appartement.
Ils aiment vraiment leurs parents.

C. Practice repeating the nasal sound /ɛ̃/ as in **province** and note the different letter combinations associated with this sound.

matin	impossible	copain	chien
médecin	simple	train	bien
intéressant	sympathique	prochain	

D. Note the difference in the pronunciation of the masculine and feminine forms of nouns and adjectives whose masculine form ends in /ɛ̃/. This change occurs whenever **in, ain,** or **ien** is followed by a vowel or by another **n** or **m.**

/ɛ̃/	/ɛn/	/ɛ̃/	/in/
américain	américaine	cousin	cousine
mexicain	mexicaine	voisin	voisine
un médecin	la médecine		
canadien	canadienne		

E. Practice repeating this short conversation:

—Mon cousin et ma cousine arrivent demain matin.
—Ils vont rester longtemps?
—Non, seulement jusqu'à la semaine prochaine.

Vocabulaire

Les vacances et les voyages (Voir pp. 86–88)
Les pays (Voir pp. 92–93)
Les mois et les saisons (Voir p. 96)

Noms

l'**aéroport** (m)......*airport*
l'**après-midi** (m)......*afternoon*
l'**arrivée** (f)......*arrival*
le **bureau**......*office*
les **chutes** (f)......*falls*
la **colline**......*hill*
le **déjeuner**......*lunch*
le **départ**......*departure*
le **marché**......*market*
la **neige**......*snow*
le **patron**......*boss*
le **petit déjeuner**......*breakfast*
la **semaine**......*week*
le **vol**......*flight*
le **voyage d'affaires**......*business trip*
le **voyage scolaire**......*school trip*
le **week-end**......*weekend*

Verbes

fermer......*to close*
passer......*to spend, to pass*

Adjectifs

complet/ète......*filled*
international......*international*
premier/ère......*first*
prochain......*next*

Adverbes

aujourd'hui......*today*
demain......*tomorrow*
d'habitude......*usually*

Divers

au pied de......*at the foot of*
ensuite......*then*
si......*yes (to a negative question)*

La vie quotidienne: La nourriture et les repas

Fonctions

Point de départ

Pour identifier et préciser
Pour acheter et consommer
Pour commander un repas
Pour préciser les quantités désirées

Structures

*La nourriture et les magasins
  d'alimentation*
Les adjectifs démonstratifs
Le partitif
Le verbe **prendre** *et le verbe* **boire**
Les poids, les mesures, et les nombres

CHAPITRE 5

Point de départ: La nourriture et les magasins d'alimentation

La nourriture occupe une place importante dans la vie des Français. Certains préfèrent acheter (*to buy*) leurs provisions dans des supermarchés; d'autres chez les marchands de leur quartier.

Les principaux magasins d'alimentation (food) et les produits qu'on achète dans ces magasins

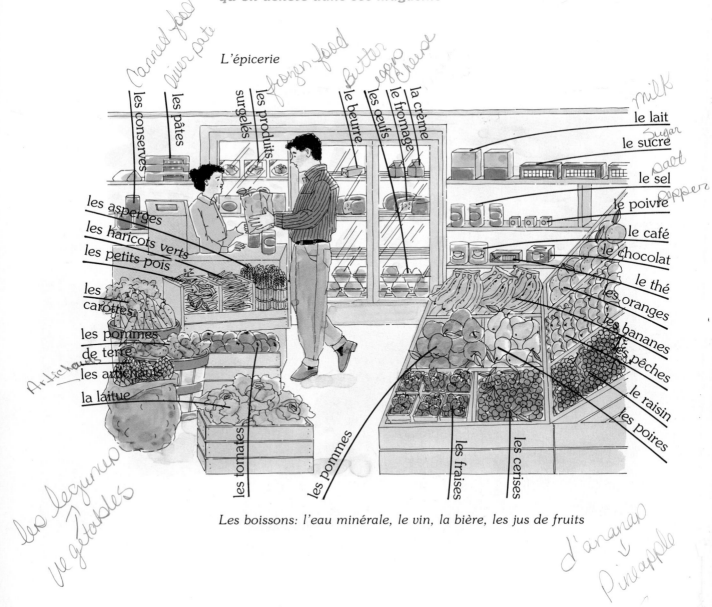

Les boissons: l'eau minérale, le vin, la bière, les jus de fruits

La boulangerie ou la boulangerie-pâtisserie Bread+pantry shop

une tarte — fruit pie

une baguette

un croissant

une couronne

des glaces — ice cream

des petits gâteaux — cupcakes

un gâteau — cake

les pommes frittes → french fries

La boucherie ou la boucherie-charcuterie — Butcher / Butcher / Pork

le saucisson — salami

les saucisses — sausage

le porc — Pork chop

le jambon — ham

le pâté — liver

le poulet — chicken

le veau — veal

le bœuf — Beef

le lapin — Rabbit

les plats cuisinés

LA VIANDE — Meat

LES CHARCUTERIES — Pork

Communication et vie pratique

A. C'est à quel rayon, s'il vous plaît? Imagine that you are working in a supermarket and customers frequently ask in which departments they can find certain items. Another student will play the role of the customer. Use the map of **Super Monoprix** to respond to the queries.

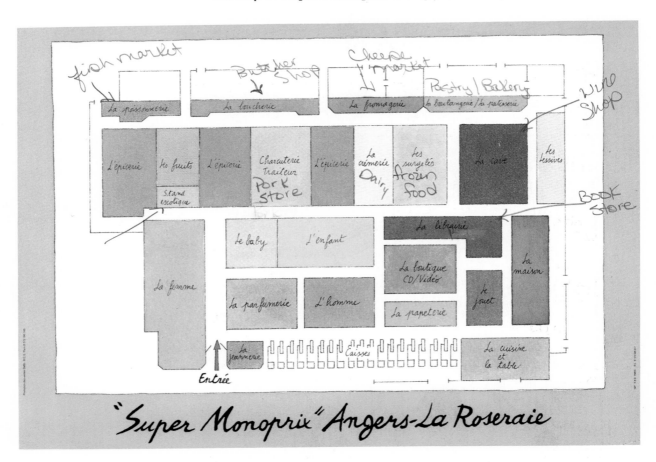

"*Super Monoprix*" *Angers-La Roseraie*

EXEMPLE petits pois
Où sont les petits pois, s'il vous plaît?
Au rayon des légumes.

1. les poires
2. le vin
3. les pommes de terre
4. les pêches
5. le pain
6. les œufs
7. le poulet
8. les fromages
9. les haricots verts
10. les petits gâteaux

B. Et vous? List five or more food items that fit in each of the following categories and then tell how much you like (or dislike) each of them.

je déteste	je n'aime pas	j'aime	j'aime beaucoup	j'adore

EXEMPLE   les fruits

Moi, j'adore les pommes et les poires. Je n'aime pas beaucoup les bananes.

Catégories:

les fruits
les viandes
les desserts

les légumes
les boissons

 C. Et les autres? Use the following questions to find out about the food preferences of other students. Tabulate the answers and come up with a list of the five favorite and five least favorite foods of your class.

1. Quels sont tes légumes préférés? Quels légumes est-ce que tu n'aimes pas?
2. Quels fruits est-ce que tu aimes? Est-ce qu'il y a des fruits que tu n'aimes pas?
3. Quelles sont tes viandes préférées? Quelles viandes est-ce que tu n'aimes pas?
4. Quels desserts est-ce que tu aimes? Est-ce qu'il y a des desserts que tu n'aimes pas?

D. Le jeu des familles. Divide into groups of four and make a list of five food items that fit each of the following categories: **la viande, les boissons, les légumes, les fruits, les desserts.** Then place each name on a small note card. Shuffle the cards and deal them all to the four players in your group. The goal of the game is to reconstitute a full category of foods (i.e., five fruits or five desserts).

The first player asks another player if he or she has a particular item in one of the categories; if the answer is yes, the same student may ask the same player or another for other items until a negative response is given. When the answer is no, it is the next player's turn to ask.

As soon as a player completes a series, he or she lays down the cards on the table. The first player to put down all of his or her cards wins.

EXEMPLE   **Est-ce que tu as la pomme?**
Oui, j'ai la pomme.
ou: **Non, je regrette. Je n'ai pas la pomme.**

Vie et culture: La nourriture et la vie moderne

Déjeuner dans un café

Food and its preparation continue to occupy an important place in the lives of French people despite noticeable changes in their eating habits. The French now tend, for instance, to take less time for lunch, which used to be the main meal of the day. Because of the increasing popularity of **la journée continue,** the traditional two-hour lunch break is often reduced to about an hour because few people have the time to go home for lunch. Neighborhood restaurants, **brasseries,** cafés, snack-bars, and other fast-food outlets do a booming lunch business. Although there are now many fast-food restaurants in France, their role is less important than in the United States.

The increasing numbers of women who work outside the home and the availability of high-quality processed or frozen foods have brought about a gradual decrease in the amount of time spent preparing daily meals. In addition, a growing concern for health and physical fitness has led to a reduction in the richness and variety of foods served and an interest in **la cuisine minceur** (*lean cuisine*) and other types of low-calorie foods. Fruits and vegetables, for instance, are increasingly popular; conversely, the consumption of bread and table wine are on the decline.

In addition, more and more French people are eating in restaurants. Diners often consult the **Guide Michelin** for restaurant ratings, especially in an unfamiliar city. This world-famous restaurant guide indicates the price range, the specialties of the restaurant, and the number of **étoiles** (*stars*) that its cuisine merits.

In most restaurants, you have the choice of eating **à la carte** (choosing from the menu) or ordering one of the **menus à prix fixe,** that is, a complete meal with choices in each category for a set price. Most of the time, the 15 percent surcharge for service will be included in the **addition** (*the bill*); however, it is customary to leave a small additional tip if the service has been especially good.

Despite changes in eating habits, the French still have a great deal of pride in their cuisine. More than 75 percent of the French people surveyed recently indicated that France was the country that had the best food. When ranking foods from other countries, the French preferred Italian, Spanish, and Moroccan cuisine.

Fonctions et structures

Pour identifier et préciser

Les adjectifs démonstratifs

Sometimes we want to be very specific in identifying items or ideas. To do this, demonstrative adjectives (*this, that, these,* and *those* in English) are often used. Like all adjectives, they agree in number and gender with the nouns they modify.

	Singular	**Plural**
Masculine before a consonant	**ce** restaurant	**ces** restaurants
Masculine before a vowel sound	**cet** hôtel	**ces** hôtels
Feminine	**cette** maison	**ces** maisons

Here are some of the common ways in which we are specific.

With Time

Ce soir, je vais chez Alain.

With Things or Places

Cet hôtel est complet.

With People

Qui est **cette** jeune fille?

With Abstractions

Ce problème est difficile.

When it is necessary to make a distinction between *this* and *that* or *these* and *those,* the suffixes **-ci** (for *this* and *these*) and **-là** (for *that* and *those*) are added to the noun: **Est-ce que vous achetez ces pêches-ci ou ces pêches-là?**

Premiers pas

A. Au restaurant. While eating out, you and your friends comment on the quality of what you are eating.

EXEMPLE   vin/exceptionnel
Ce vin est exceptionnel.

1. petits pois/excellents
2. veau/parfait
3. café/pas très bon
4. fromage/extra

5. poulet/pas bon
6. glace/très bonne
7. fruits/pas mauvais
8. artichaut/très bon

B. Indécision. You and a friend are having a hard time deciding which of several items to buy. What do you say?

EXEMPLE   vin
Est-ce qu'on va acheter ce vin-ci ou ce vin-là?

1. confiture
2. gâteau
3. vin

4. légumes
5. poisson
6. bière

C. Compliments et commentaires. Imagine that you are in the following situations and want to compliment your French-speaking friends about the items listed. What are some of the compliments that you could make?

EXEMPLE   Vous mangez dans un bon restaurant avec vos amis.
Ce restaurant est très bon.
ou: **J'aime bien ce restaurant.**

1. Vos amis préparent un bon dîner.
2. Vous êtes au marché avec vos amis.
3. Vous visitez leur ville.
4. Vous regardez un film ensemble.
5. Vous allez au concert avec vos amis.
6. Vous visitez le quartier où ils habitent.

C'est la vie!

Situation: Chez le marchand de fruits et légumes
Madame Humbert is shopping at the market and stops at her favorite fruit and vegetable stand.

LE MARCHAND	Bonjour, madame. Vous désirez . . . ?
MME HUMBERT	Comment sont vos fruits aujourd'hui?
LE MARCHAND	Ces pêches-ci sont excellentes.
MME HUMBERT	Et ce melon-ci, il est assez *mûr?*
LE MARCHAND	Oui, *il a l'air extra.*
MME HUMBERT	Vous n'avez pas de cerises?
LE MARCHAND	Non, pas en cette saison.
MME HUMBERT	Alors, je vais prendre ces trois artichauts, ce melon, et ces haricots.

Mots et structures à noter

mûr *ripe;* **il a l'air** *it looks, seems;* **extra** *super, excellent*

C'est votre tour. Imagine you are at a market where you comment on the quality of various items and ask the merchant how much each costs. Another student will play the role of the merchant and will use the information in the photo to respond to your questions.

EXEMPLE   **Ces pêches ont l'air bonnes. Elles coûtent combien?**
Trois francs trente le kilo.

After you have made your selections, tell the merchant which items you have chosen.

EXEMPLE   **Je vais prendre ces pommes et ces petits pois.**

Pour acheter et consommer

Le partitif

You've already learned to express how much you like particular foods. When you want to talk about buying or consuming food or beverages, however, you need to use the partitive article. In English, we often use words like *some, no, any,* or no article at all with such items. We say, for example, *I'd like some coffee; we don't have any tea; we have milk.* Note that these items are not countable.

	Before a masculine noun	Before a feminine noun	Before a noun beginning with any vowel sound
Affirmative	**du** cafe	**de la** salade	**de l'**eau minérale
Negative	**pas de** café	**pas de** salade	**pas d'**eau minérale

Au petit déjeuner, on mange **du** pain grillé, ou **des** croissants avec **du** beurre et **de la** confiture, mais, en général, on ne mange pas **de** viande.

A. It is important to know when to use the definite article and when to use the partitive article. The definite is used to refer to general categories, as when we talk about likes and dislikes. The partitive indicates an unspecified amount of a noncountable item (whether a food item or not). Compare:

J'aime **le** fromage. ↔ Je mange **du** fromage.
Je préfère **la** viande. ↔ Je vais acheter **de la** viande.
J'adore **le** chocolat. ↔ Je voudrais **du** chocolat.

B. Especially when talking about buying and eating food, you have to decide whether to use a partitive or an indefinite article. The partitive is used when food cannot be counted or is in bulk, or when you talk about buying or eating an unspecified amount of a food item.

Je mange souvent **de la** viande.
Je voudrais **du** lait, s'il vous plaît.

But when food items are counted as separate items (*an orange, a loaf of bread*) or used in the plural (*some green beans, some vegetables*), the indefinite article is used.

Je voudrais **une** baguette et **un** gâteau.
Nous allons manger **des** petits pois et **des** carottes.

Premiers pas

 A. **Qu'est-ce qu'il y a au menu?** You are asking French friends how often the following foods are served in the **restaurant universitaire.** What do they say?

> EXEMPLE   soupe (souvent)
> **Est-ce qu'il y a souvent de la soupe au menu?**
> **Oui, on mange souvent de la soupe.**

1. viande (souvent)
2. poisson (rarement)
3. glace (quelquefois)
4. salade (souvent)
5. pain (toujours)
6. eau minérale (toujours)
7. vin (toujours)
8. fromage (souvent)
9. légumes (toujours)
10. fruits (toujours)

B. **Et toi?** Some French friends have asked about what American students generally eat. Base your answer on what is served in your dining hall or what you and your friends generally eat.

> EXEMPLE   **Nous mangeons souvent de la viande, mais il n'y a jamais de poisson.**

 C. **Préférences et habitudes.** Find out if other students in your class like the following foods and how often they eat them. Tell them about your own preferences.

> EXEMPLE   la glace
> **Est-ce que tu aimes la glace?**

**J'aime beaucoup la glace et je mange souvent de
la glace. Et toi?
Moi, j'aime assez la glace.**

1. le poisson
2. le pain français
3. le fromage français
4. la soupe

5. la viande
6. la glace
7. la salade
8. le dessert

D. Au marché. Your French family has given you a grocery list and has asked
you to go shopping for them. What would you ask for in the following stores?

> EXEMPLE   À la boucherie: poulet
> **Du poulet, s'il vous plaît.**

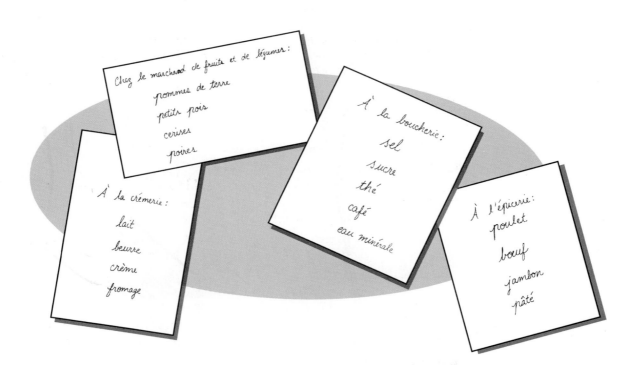

Chez le marchand de fruits et de légumes:
pommes de terre
petits pois
cerises
poires

À la boucherie:
sel
sucre
thé
café
eau minérale

À la crèmerie:
lait
beurre
crème
fromage

À l'épicerie:
poulet
bœuf
jambon
pâté

E. C'est vous le chef! Tell some of the ingredients used in the following dishes.
The question mark in item 6 is an invitation to include one of your favorite
dishes.

> EXEMPLE   Qu'est-ce qu'il y a dans une fondue suisse?
> **Il y a du fromage et du vin.**

1. dans une pizza
2. dans une salade
3. dans un sandwich

4. dans une soupe aux légumes
5. dans une omelette
6. ?

F. Et pour le petit déjeuner? The **Comité français d'Éducation pour la Santé** published a book about the importance of eating a good breakfast. Based on the information in the brochure, describe the meal you would eat on mornings when you're in a hurry (**Pour les matins pressés et sans courage**) and for those mornings when you have more time (**Pour les matins où vous avez le temps de vous laisser vivre**).

C'est la vie!

Situation: À la maison

Henri has just come home from school and wants to have his after-school snack (**le goûter**). Unfortunately, there is not much to eat.

HENRI	Maman, je voudrais du pain et du chocolat pour mon *goûter*.
LA MÈRE	Il *n'y* a *plus* de pain. Mais je vais aller au supermarché *avant* le dîner.
HENRI	Qu'est-ce que tu vas acheter?
LA MÈRE	Du pain, de la viande, des légumes, et des fruits . . . comme d'habitude.
HENRI	*C'est tout?*
LA MÈRE	Regarde dans le frigo. Est-ce qu'il y a *encore* du lait?
HENRI	Il y a encore du lait, mais il n'y a plus de fromage.

Mots et structures à noter

ne . . . plus *no more;* **avant** *before;* **frigo** *réfrigérateur;* **c'est tout** *that's all;* **goûter** *snack;* **encore** *still*

C'est votre tour. Imagine you have stopped at a small grocery store to get some food supplies. Unfortunately, the store is almost out of everything, but the owner (played by another student) is determined to sell you the few items that are left. Use the suggestions as you role-play this situation.

Le client	Le marchand
Je voudrais . . .	Je regrette, mais nous n'avons plus de . . .
Est-ce que vous avez . . .	Oui, nous avons encore . . .
Je ne mange pas de . . .	Est-ce que vous aimez . . .

Pour commander un repas

Le *verbe* prendre *et le verbe* boire

To talk about eating various food items or having beverages, the verbs **prendre** and **boire** are used. In a restaurant, for example, you might hear questions like these:

Et comme dessert, qu'est-ce que vous prenez?
Qu'est-ce que vous allez boire?

Boire, an irregular verb, means *to drink.* **Prendre** (also irregular) usually means *to take,* but when used with food items, it is more like *to have.*

prendre	
je **prends**	nous **prenons**
tu **prends**	vous **prenez**
il/elle/on **prend**	ils/elles **prennent**

Qu'est-ce que vous **prenez** comme légumes?
Je ne **prends** pas de légumes aujourd'hui.

Other common verbs with forms like **prendre** are **comprendre** (*to understand*) and **apprendre** (*to learn*). Note also **prendre une décision** (*to make a decision*).

In a restaurant or café it is helpful to know the names of these beverages (**boissons**):

un apéritif	*before-dinner drink*
une bière	*beer*
un café crème	*coffee with cream*
un café noir	*black coffee*
un café au lait	*coffee with hot milk*
une carafe de vin	*carafe of wine*

un citron pressé	*fresh lemonade*
un Coca-Cola	*Coke*
un demi	*mug of beer*
un digestif	*after-dinner drink*
une eau minérale	*mineral water*
un jus d'orange	*orange juice*
une tasse de café	*cup of coffee*
un thé	*tea*
un verre de vin blanc/rouge	*glass of white/red wine*

The verb **boire** is used with beverages.

boire	
je **bois**	nous **buvons**
tu **bois**	vous **buvez**
il/elle/on **boit**	ils/elles **boivent**

Qu'est-ce que vous **buvez?**
Je **bois** rarement du café le matin.

Here are other expressions that relate to food and beverages:

On va boire un pot? / On va prendre un verre?	*Let's go have a drink. / Shall we have a drink?*
Apportez-moi un café, s'il vous plaît.	*Bring me a coffee, please.*
Quel est le plat du jour?	*What's the special of the day?*
L'addition, s'il vous plaît.	*The check (bill), please.*
À votre santé!	*Cheers! (To your health!)*
Bon appétit!	*Have a good meal! (Enjoy!)*

Premiers pas

 Préférences. Several friends are telling you what they generally drink with their dinner.

> **EXEMPLE** Michel/vin
> **Michel boit du vin.**

1. je/thé
2. Véronique/eau minérale
3. nous/vin rouge
4. les enfants/lait
5. vous/bière
6. Michel/jus d'orange

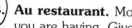 **Au restaurant.** Monsieur Monot is asking you and his other guests what you are having. Give his questions.

> **EXEMPLE** Marc/boisson
> **Qu'est-ce que Marc prend comme boisson?**

1. Catherine/apéritif
2. nous/boisson
3. tu/légumes
4. vous/viande
5. les enfants/dessert
6. Marc/digestif

C. Qu'est-ce que vous buvez? Using the scale, tell how often you drink various beverages.

jamais	rarement	souvent

> EXEMPLE   café
> **Je ne bois jamais de café.**
> ou: **Je bois rarement du café.**

1. le café
2. le vin
3. le Coca-Cola
4. la bière
5. le lait
6. l'eau
7. l'eau minérale
8. le jus d'orange

D. Préférences. Imagine you are telling some French friends about your food and beverage preferences. Give them the following information.

1. what you generally drink for breakfast, lunch, and dinner
2. what your favorite drinks are
3. what you like to eat for breakfast
4. what you generally eat at noon
5. what you eat for dinner

E. Dans un café français. The waiter (**le garçon**) or the waitress (**la serveuse**) in a French café asks you and your friends what you want to drink. Role-play the situation with another student.

EXEMPLE	LE GARÇON	Qu'est-ce que vous prenez aujourd'hui?
	LE CLIENT	Je vais boire un café.
	LE GARÇON	Un café crème ou un café noir?
	LE CLIENT	Un café crème.

C'est la vie!

Situation: Au restaurant

Madame Robert has been shopping in the neighborhood boutiques. She meets a friend and they decide to have lunch.

LE GARÇON	Vous êtes *prêtes* à commander?
MME ROBERT	Oui, nous prenons le menu à 85 francs.
LE GARÇON	Et comme boisson, qu'est-ce que vous prenez?
MME ROBERT	Moi, je bois toujours du vin rouge. Et vous, Denise, qu'est-ce que vous buvez?
MME CHAMBON	Du vin aussi.
LE GARÇON	Et comme dessert?
MME CHAMBON	D'habitude, je ne prends pas de dessert, mais la tarte aux cerises a l'air *si* bonne.

Mots et structures à noter

prêtes *ready;* **si** *so*

C'est votre tour. Imagine you and several friends are in a small family restaurant and are going to order your dinner from the menu shown. One student can play the role of the server who asks the customers what they would like.

| EXEMPLE | LA SERVEUSE | Est-ce que vous prenez la salade de tomates ou la soupe à l'oignon? |
| | LE CLIENT | Je pense que je vais prendre la soupe à l'oignon. |

Chez Mimi

Menu à 68 francs

Salade de tomates	ou	Soupe à l'oignon
Rôti de porc	ou	Bœuf bourguignon
Carottes Vichy	ou	Tomates provençales
Glace au chocolat	ou	Fruits
Vin rouge	ou	Vin blanc

Pour préciser les quantités désirées

Les poids, les mesures, et les nombres

When talking about food, we often need to know terminology for packaging and the way items are sold or served. Here are some common terms and examples of how they are used:

un litre de lait
un paquet de petits gâteaux
un verre de vin
une bouteille de vin
une carafe d'eau

une tranche de jambon
un morceau de pain
une boîte de petits pois
une tasse de café

un litre de lait
une bouteille de vin
un paquet de petits gâteaux
un verre de vin
un morceau de pain
une carafe d'eau
une boîte de petits pois
une tranche de jambon
une tasse de café

A. To talk about the weight of items, the following terms are used:

un gramme (g)
un kilogramme (un kilo) (kg)
une livre (1/2 kg) (*approximately a pound*)
une demi-livre (250 grammes)

B. To indicate distance, use

un centimètre (cm)
un mètre (m)
un kilomètre (km)

C. Numbers are often used to indicate quantity. Numbers in the hundreds follow a regular pattern:

100 cent
101 cent un
102 cent deux
200 deux cents
201 deux cent un
202 deux cent deux
300 trois cents
1000 mille

Premiers pas

A. Attention aux calories! The following table indicates the caloric content per 100 grams of various foods. Give the calorie count of each.

> EXEMPLE le beurre
> **Dans 100 grammes de beurre, il y a sept cent soixante calories.**

Valeur calorifique de quelques aliments			
l'huile	895	la crème fraîche	255
le beurre	760	les œufs	162
la margarine	752	le poulet	147
le chocolat	500	le veau	124
le sucre	399	les pommes de terre	89
le camembert	312	le lait	67
le pain	259	les oranges	40

B. À l'épicerie. Monsieur Legros has his shopping list ready and gives his order to the grocer. What does he say?

> EXEMPLE beurre (250 g)
> **Je voudrais deux cent cinquante grammes de beurre.**

1. café (1 livre)
2. jambon (3 tranches)
3. eau minérale (3 bouteilles)
4. vin rouge (1 litre)
5. petits pois (4 boîtes)
6. tomates (1 kg)
7. pêches (2 kg)
8. cerises (500 g)

C. **Monsieur Tout-le-Monde.** The following table indicates the recommended amount of different foods for the average man. Based on the table, tell how much of the following foods he should eat each week. Then give the recommended amount for Madame Tout-le-Monde.

EXEMPLE　la viande
560 grammes de viande par semaine

**COMMENT NOURRIR
Monsieur
Tout-le-Monde**

Proportions théoriques de base.		
	PAR SEMAINE	PAR REPAS EN MOYENNE
	(g)	(g)
Viande	560	80
Poisson	105	15
Œufs	140	20
Lait	2 450	350
Fromage	280	40
Beurre	105	15
Graisse	105	15
Huile	105	15
Pain	2 800	400
Farineux	245	35
Pommes de t. ...	2 100	300
Légumes frais ...	2 100	300
Légumes secs ...	175	25
Fruits frais	1 050	150
Fruits secs	35	5
Sucre	280	40
Confitures	140	20
Chocolat	70	10
Vin	1 l. 3/4 à 3 l. 1/2	1/4 à 1/2 l.

Ces moyennes concernent les hommes.
Pour une femme, les quantités sont
à diminuer de 10 à 15 %.

1. le poisson
2. le lait
3. le fromage
4. le pain
5. les pommes de terre
6. les légumes frais
7. les fruits frais
8. le chocolat

D. **Qu'est-ce qu'on va acheter?** Prepare shopping lists for one or more of the following situations: (1) vos provisions habituelles pour la semaine; (2) un repas spécial pour quelques amis que vous désirez impressionner; et (3) un repas typiquement américain pour des amis français.

C'est la vie!

Situation: Au supermarché

Like most French people, Madame Mathiot usually does her daily food shopping in the neighborhood stores, but occasionally she also goes to a large supermarket. She is going through the checkout line.

LA CAISSIÈRE	*Voyons* ce que vous avez. . .
	Quatre boîtes de petits pois,
	deux litres de lait,
	deux kilos de sucre en *morceaux,*
	une livre de café,
	une bouteille d'*huile,*
	deux boîtes de *champignons,*
	six tranches de jambon,
	un paquet d'épinards surgelés.
	C'est tout?
MME MATHIOT	Oui, c'est tout.
LA CAISSIÈRE	Vous payez par chèque ou *en argent liquide?*
MME MATHIOT	Par carte de crédit, si possible.
LA CAISSIÈRE	Je regrette, mais nous n'acceptons pas les cartes de crédit.
MME MATHIOT	Alors, par chèque, s'il vous plaît.

Mots et structures à noter

voyons *let's see;* **morceaux** *cubes;* **huile** *oil;* **champignons** *mushrooms;* **en argent liquide** *in cash*

C'est votre tour. Use one of the shopping lists you prepared for activity D (**Qu'est-ce qu'on va acheter?**) or make up a list for a meal you would like to prepare. Then imagine you are at a neighborhood grocery store where you give the grocer your order. Another student will play the role of the grocer, asking you questions to clarify your order if necessary. The grocer will then ask you how you are going to pay.

Intégration et perspectives: Bon appétit! Le poulet aux champignons et à la crème

Poulet aux champignons

Recette pour quatre personnes.

Il faut : 1 joli poulet de 1 Kg ou 1 Kg 500
250 grammes de champignons
2 cuillères à soupe de beurre
1 grand verre de crème fraîche
2 cuillères à soupe de sauce béchamel
1 échalote
1 verre de vin blanc
1 petit verre de madère
du sel et du poivre

Couper le poulet en quatre morceaux. Mettre le beurre dans une casserole. Quand il est bien chaud, ajouter les morceaux de poulet et laisser mijoter pendant environ trente-cinq minutes. Quand le poulet est presque cuit, ajouter les échalotes et le vin blanc. Ensuite, faire cuire les champignons dans du beurre. Quand ils sont prêts, placer les champignons autour du poulet et ajouter le verre de madère. Laisser cuire encore pendant quinze minutes. Ajouter la crème et la sauce béchamel. Le poulet est prêt. Bon appétit!

Mots et structures à noter

recette *recipe;* **il faut** *you'll need;* **cuillères à soupe** *tablespoons;* **crème fraîche** *heavy cream;* **échalote** *shallot;* **madère** *a sweet wine;* **couper** *cut;* **mettre** *put;* **casserole** *pan;* **chaud** *hot;* **ajouter** *add;* **mijoter** *simmer;* **presque** *almost;* **cuit** *cooked;* **faire cuire** *cook;* **autour du** *around;* **laisser** *let*

Compréhension. La recette du poulet aux champignons n'a pas été recopiée correctement. Remettez-la dans le bon ordre.

1. Placer les champignons autour du poulet.
2. Ajouter la crème et la sauce béchamel.
3. Mettre le beurre dans une casserole.
4. Couper le poulet en quatre morceaux.
5. Ajouter les échalotes et le vin blanc.
6. Laisser mijoter pendant trente-cinq minutes.
7. Faire cuire les champignons dans du beurre.
8. Ajouter les morceaux de poulet.
9. Le poulet est prêt.
10. Laisser cuire encore pendant quinze minutes.

Un déjeuner traditionnel

Vie et culture: Les repas

French adults generally eat three meals a day. **Le petit déjeuner,** eaten early in the morning, is different from an American breakfast. It normally consists of **café au lait** served in a bowl and **tartines,** buttered French bread, or **biscottes,** similar to melba toast. Although doctors stress the importance of a nutritional breakfast, this already light meal is often skipped altogether or reduced to a quick cup of coffee **sur le pouce** (*on the run*).

Lunch is usually between noon and 2 P.M. and is more and more frequently eaten outside the home. On weekends or during vacation, **le déjeuner** regains its full importance and is a more elaborate meal. A traditional **déjeuner**—either at home or in a restaurant—is similar to an American Sunday dinner. However, dishes are not served all at once but are brought out in courses: **les hors-d'œuvre** (light appetizers); soup; fish or meat (in more elaborate meals, fish is served first and is then followed by a meat dish); one or several vegetable dishes; salad; **le plateau de fromages,** a tray of cheeses; and then dessert or fruit. Coffee is not served until after the meal and can be followed by a **digestif,** such as brandy or a liqueur.

When eaten at home, **le dîner** is a lighter meal than lunch, often consisting of soup, an omelet, cheese or fruit, and bread. It is usually served around 8 P.M. and is an important time for the family to get together and talk.

The pleasure that the French take in preparing fine foods and in sharing them with family and friends is evident in the more elaborate **repas de fête** and the **repas entre amis.** Food is chosen, prepared, and presented with great care so it will be a joy to the eye as well as to the palate. The meal is accompanied by one—or on special occasions several—carefully selected wines that will enhance the taste of the food.

Communication et vie pratique

A. Bon appétit! Some French friends want you to prepare a typical American dish for them. They will buy the groceries. Decide what dish you want to prepare. Then tell your friends what items they need to buy and how much of each is needed.

B. Qu'est-ce qu'il y a au menu? Look at the following menu and then tell what types of food are available for the following: **hors-d'œuvre, entrées, légumes,** and **dessert.**

Menu du jour   73 francs

Hors-d'œuvre
Artichauts à la vinaigrette
Salade de tomates
Jambon de Parme
Céleri rémoulade

Viandes
Poulet en sauce
Bœuf bourguignon
Côtelette de porc
Poisson grillé

Légumes
Haricots verts
Carottes à la crème
Gratin de pommes de terre

Desserts
Fromage
Salade de fruits au kirsch
Crème au caramel
Tarte aux cerises

Boissons
Vin rouge ou vin blanc
Bière
Eau minérale

C. Au restaurant. Imagine you are ordering from the menu on the preceding page. What would you select for each course? One student can play the role of the server (**le serveur** ou **la serveuse**) and ask the clients what they want to order.

D. On mange ici? Suzanne and Jean-Pierre are eating in a small neighborhood cafe-restaurant during their lunch hour. Listen to their conversation with the waiter, then answer the questions.

1. Où est-ce que Suzanne préfère déjeuner, dans un snack-bar ou dans un petit restaurant?
2. Quel est le plat du jour?
3. Qu'est-ce que Suzanne va manger: le plat du jour, du poisson, ou une côtelette de porc?
4. Et Jean-Pierre?
5. Quel est le légume qui va avec la côtelette de porc?
6. Et comme boisson, qu'est-ce qu'ils vont prendre?

Pronunciation

A. The French /r/ is very different from the *r* sound in English. It is pronounced at the back of the mouth—almost in the throat—and resembles a gargling sound. It is also similar to the sound produced when saying the name of the German composer Bach, pronounced with a guttural *ch*. To learn the pronunciation of the French /r/, (1) start with a familiar sound, as in Bach, or (2) start with words where the sound that precedes or follows the *r* is also pronounced toward the back of the mouth: /a/ as in **garage** or /k/ as in **parc.**

Now practice repeating the following words that end with an *r* sound.

bar	père	beurre	porc
car	mère	heure	sport
par	terre	moteur	d'accord
épinards	dessert	sœur	avoir
guitare	bière	docteur	boire

B. Practice repeating the following pairs of words, starting with words where the *r* is in final position, then moving to words where the *r* is in the middle.

bar → barrage	mort → morceau
par → parent	sport → sportif
gare → garage	père → personne
car → carottes	mère → merci
terre → terrain	pour → pourquoi
faire → fermer	sur → surtout

C. Practice repeating words where the *r* is preceded by another consonant sound.

agréable	étranger	chambre
géographie	entrer	nombre
adresse	poivre	votre
patron	sucre	peut-être
métro	prendre	

D. Practice repeating words that start with an *r* or with a *consonant* + *r*. Using the definite article to break down the difficulty can also be helpful. For instance, if the initial *r* in **région** is too hard, say the word as follows: **la— lar—laré—larégion.**

la région	le rouge	le groupe
le réfrigérateur	la rue	le crayon
le raisin	le fromage	le train
la radio	les fruits	le travail

E. Practice repeating this short conversation.

—René, regarde dans le frigo pour voir s'il reste encore des fruits . . .
—Il reste trois poires, du raisin, et des fraises.
—Alors, c'est parfait.

Vocabulaire

La nourriture et les magasins d'alimentation (Voir pp. 114–115)
Les boissons (Voir pp. 114 et 125–126)
Au restaurant (Voir p. 126)
Les quantités (Voir pp. 128–129)
Les nombres (Voir p. 129)

Noms

l'**argent liquide** (m)......*cash*
le **champignon**......*mushroom*
la **crème**......*cream*
la **crémerie**......*dairy store*
le **goûter**......*snack*
l'**huile** (f)......*oil*
le **morceau**......*piece, cube*
la **recette**......*recipe*

Verbes

avoir l'air......*to appear* . . .
boire......*to drink*
couper......*to cut*
désirer......*to want, to wish*
mettre......*to put*
prendre......*to take*

Adjectifs

blanc/che......*white*
chaud......*warm, hot*
extra......*excellent, super*
mûr......*ripe*
rouge......*red*

Divers

autour de......*around*
avant......*before*
c'est tout......*that's all*
il faut......*you need, it requires*
ne . . . plus......*no more*

CHAPITRE 6

Les Français et leur cadre de vie

Fonctions

Point de départ
Comment trouver votre chemin
Pour parler de vos activités habituelles
Comment indiquer la place ou l'importance d'une chose
Comment situer un événement dans le temps

Structures

La ville et le quartier
Les prépositions
*Le verbe **faire***
Les nombres ordinaux, les fractions, et les pourcentages
Les nombres supérieurs à 1 000 et les dates

Point de départ: La ville et le quartier

Trois Français sur quatre habitent dans une ville. **La plupart** (*the majority*) louent ou possèdent un appartement dans un grand immeuble; d'autres possèdent une maison individuelle dans une des **banlieues** (*suburbs*) de la ville. Quand on arrive dans une nouvelle ville, il est important de **savoir** (*know*) où sont **situés** (*located*) les différents points d'intérêt.

Première étape: Découverte du plan (map) *général de la ville*

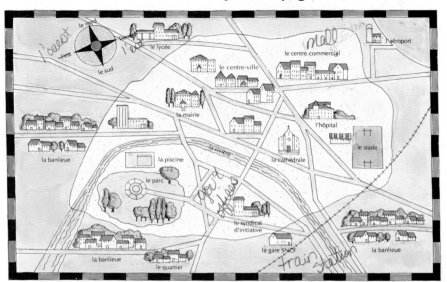

Deuxième étape: Découverte du centre-ville

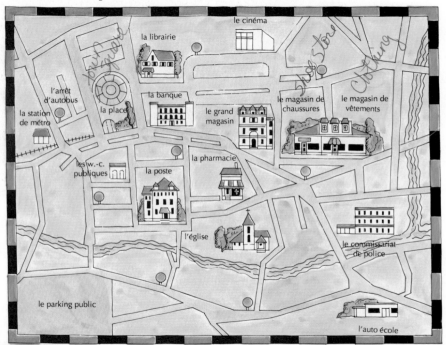

Centre ville →downtown
par rapport → In comparison

Communication et vie pratique

A. Villes françaises. Using the map of France in the front of the book, tell whether the following statements about French cities are true (**vrai**) or false (**faux**). Then make additional true/false statements to give to other students.

1. Strasbourg est situé dans l'ouest de la France.
2. Lyon est situé sur la Loire.
3. Toulouse est situé dans le sud-ouest de la France.
4. Grenoble est situé dans les Alpes.
5. Bordeaux est situé sur la Garonne, dans le sud-ouest de la France.
6. Nantes est une ville de l'ouest de la France.
7. Lille est situé dans les Pyrenées.
8. ?

B. Votre ville. Ask another student about his or her home town. You can also talk about your own home town.

1. Comment est ta ville? Dans quelle partie des États-Unis est-ce qu'elle est située? Est-ce que c'est une grande ville ou une petite ville?
2. Est-ce que ta ville est située sur une rivière? Si oui, quel est le nom de cette rivière?
3. Est-ce qu'il y a un aéroport? Si oui, où est-ce qu'il est situé?
4. Est-ce qu'il y a un métro dans ta ville? Est-ce qu'il y a un bon service d'autobus?
5. Est-ce que tu habites dans le centre de la ville ou en banlieue?
6. Quelle sorte de magasins est-ce qu'il y a dans ton quartier?
7. Dans ton quartier, est-ce qu'il y a une église? Un lycée? Une bibliothèque? Une piscine? Un jardin public?

C. Scènes de la vie. Tell as much as you can about Lyon, the French city shown in the photos.

Vie et culture: La ville française

A tourist visiting a French city is likely to be struck by certain contrasts with most American cities. French cities, for example, are not always clearly divided into downtown business districts and residential areas. The downtown area (**centre-ville**) is a highly desirable place to live.

In general, streets are lined with buildings three to six stories high, with small shops on the street level and apartments of various sizes on the upper levels. Some apartments are rented; others are owned by their occupants. As a result, within each neighborhood there may be considerable intermingling of diverse socioeconomic groups. In some cases, part of the downtown area is restricted to pedestrian traffic in order to enhance the appeal of downtown shopping and living. Despite the existence of supermarkets, the French still like to buy fresh meat, bread, and produce daily from their neighborhood stores. The many small shops where people do their daily shopping also facilitate personal contact.

Life in French cities is not, however, free from problems. City dwellers must contend with increased traffic, noise, pollution, and a rising crime rate.

Fonctions et structures

Comment trouver votre chemin

Les prépositions

To find your way, you often have to ask about locations and understand the directions you are given. The following expressions are useful in understanding and giving directions.

Traversez la rue.	*Cross the street.*
Allez jusqu'à la pâtisserie.	*Go as far as the pastry shop.*
Allez tout droit.	*Go straight ahead.*
Tournez à gauche.	*Turn to the left.*
Tournez à droite.	*Turn to the right.*
Prenez l'autobus numéro sept.	*Take bus number seven.*
Descendez Place Carnot.	*Get off at Carnot Square.*

Locations are often indicated by prepositions.

au milieu de (*in the middle of*)	L'université est **au milieu de** la ville.
loin de (*far from*)	La banque est **loin de** l'hôtel.
près de (*near*)	L'hôtel est **près de** la gare.
à côté de (*beside, next to*)	La boulangerie est **à côté du** cinéma.

en face de (*across from, facing*)	La librairie est **en face du** musée.
entre (*between*)	Trois-Rivières est **entre** Québec et Montréal.
derrière (*behind*)	La pharmacie est **derrière** la poste.
devant (*in front of*)	L'arrêt d'autobus est **devant** l'épicerie.
sous (*under*)	Est-ce qu'il y a une station de métro **sous** la place de l'Opéra?

Premiers pas

A. **Où est-ce qu'ils habitent?** Emmanuel is telling you where his friends live. Tell whether or not his statements are true. The numbers on the map indicate the approximate locations of his friends' apartments.

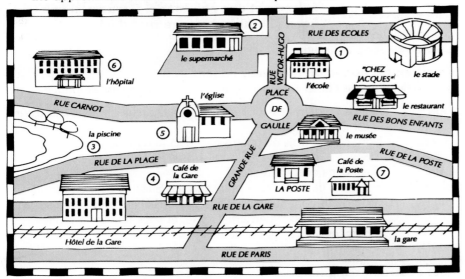

> **EXEMPLE** François (#7) habite près de la piscine.
> **Non, il n'habite pas près de la piscine.**

1. Jean-Luc (#3) habite entre la poste et le musée.
2. Nadine habite (#5) assez loin de la gare.
3. Julien habite (#4) derrière l'église.
4. Véronique (#6) habite rue de la Poste.
5. Solange (#1) habite en face de l'école.
6. Catherine (#2) habite à côté de l'hôtel de la Gare.

B. **Excusez-moi . . .** While you are at the railroad station, people ask you how to get to various places in town. Using the map in the previous activity, tell how you would respond.

> **EXEMPLE** pour aller de la gare à l'école
> **Prenez la Grande Rue. Allez tout droit et tournez à droite quand vous arrivez à l'école.**

Donnez les indications nécessaires pour aller . . .

1. de la gare à l'hôpital
2. du café de la Poste au stade
3. du stade à l'hôtel de la Gare
4. du supermarché au restaurant de la rue des Bons-Enfants
5. de la piscine à la gare
6. de l'hôtel de la Gare à la poste

C. Votre quartier. Describe the neighborhood where you live, including as much information as you can about the locations of what is found in your area. If you live in a dormitory, describe where your dorm is located and what buildings surround it.

> EXEMPLE   **J'habite un petit appartement assez près du campus. En face de chez moi, il y a une épicerie et une pharmacie. Il y a aussi une très bonne librairie à quatre rues d'ici.**

C'est la vie!

Situation: Excusez-moi, monsieur l'agent . . .

Alain Rollet cherche l'hôtel Beauséjour. Il parle avec un *agent de police.*

ALAIN	Excusez-moi, monsieur l'agent. . . Je cherche l'hôtel Beauséjour. C'est loin d'ici?
L'AGENT	Non, c'est à trois ou quatre rues d'ici, à côté de l'église Saint Vincent.
ALAIN	C'est dans quelle direction?
L'AGENT	Sur votre gauche. Vous prenez la rue Sully, *là-bas,* en face de vous. Vous continuez jusqu'à la *place* Kléber, vous traversez la place, vous passez derrière l'église, et vous tournez à droite. L'hôtel est entre l'église et le cinéma Rex.

Mots et structures à noter

agent de police *policeman;* **là-bas** *over there;* **place** *square*

C'est votre tour. Imagine a French person (played by another student) asks you where a particular building on campus or in town is located. Answer his or her questions.

Pour parler de vos activités habituelles
Le verbe faire

We frequently want to talk about routine activities. Many of the expressions are based on the verb **faire** (*to do* or *to make*).

faire le ménage (*to do the housework*)
faire son lit (*to make one's bed*)
faire sa chambre (*to clean one's room*)
faire la vaisselle (*to do the dishes*)

faire des courses (*to run errands*)
faire ses devoirs (*to do one's homework*)
faire la cuisine (*to cook, to do the cooking*)
faire le marché (*to go grocery shopping*)
faire une promenade (*to go for a walk*)
faire des achats (*to go shopping*)
faire un voyage (*to take a trip*)
faire du sport (*to participate in sports*)
faire du ski (*to go skiing*)
faire du camping (*to go camping*)

Faire is an irregular verb.

faire	
je **fais**	nous **faisons**
tu **fais**	vous **faites**
il/elle/on **fait**	ils/elles **font**

faire ses devoirs

faire la vaisselle

faire le ménage

faire des courses

faire le marché

faire du sport

faire une promenade

Premiers pas

A. **Qu'est-ce que tu fais cet après-midi?** Your friends are talking about weekend plans. What do they say?

> EXEMPLE   Sylvie / faire le marché
> **Sylvie fait le marché.**

1. je/faire mes devoirs
2. tu/faire une promenade
3. Monique et Simon/faire le ménage
4. vous/faire des courses
5. Micheline/faire la vaisselle
6. nous/faire du sport

B. Activités. Tell how often you do the following activities and then ask another student how often he or she does the same activity.

EXEMPLE   faire le ménage
Je fais rarement le ménage. Et toi?
Moi, je fais souvent le ménage.

ne . . . jamais   rarement   quelquefois   souvent

1. faire le ménage
2. faire une promenade
3. faire mes devoirs
4. faire un voyage
5. faire la vaisselle

6. faire du sport
7. faire du camping
8. faire la cuisine
9. faire des courses
10. faire du ski

C. Et les Américains . . . ? Imagine some French friends are asking about typical activities of Americans. How would you answer?

1. Est-ce que les Américains font souvent du camping?
2. Est-ce que les Américains aiment faire des promenades en voiture le dimanche après-midi?
3. Est-ce qu'ils font souvent leur marché dans les petits magasins de leur quartier?
4. Est-ce que les Américains font souvent du sport?
5. En général, est-ce que ce sont les femmes, les hommes, ou les enfants qui font la vaisselle?
6. Est-ce que les enfants américains font leurs devoirs chaque soir?
7. Est-ce que les Américains aiment faire des promenades à pied pendant le week-end?

C'est la vie!

Situation: Travail et famille

La majorité des femmes françaises travaillent. Mais ce n'est pas toujours facile quand on a des enfants encore jeunes. Deux voisines parlent de leur situation.

MME VERRON	Comment est-ce que tu *arrives* à tout faire?
MME LANIER	Ce n'est pas facile mais je fais *de mon mieux* et *nous partageons* les responsabilités. Je fais la cuisine et Philippe fait la vaisselle—ou vice versa.
MME VERRON	Qui fait le ménage?
MME LANIER	Nous faisons le ménage ensemble. Les enfants font leur chambre et nous faisons le reste.
MME VERRON	Vous faites aussi les courses ensemble?
MME LANIER	Quelquefois. Je fais les achats dans les magasins du quartier. Mais souvent, pendant le week-end, nous allons au supermarché ou au centre commercial.

Mots et structures à noter

arriver à *succeed in;* **de mon mieux** *my best;* **partager** *to share*

C'est votre tour. Assume you are sharing an apartment with several students. Decide who is going to do each of the following household tasks. The following suggestions can help you.

Suggestions: j'accepte de . . . ; je refuse de . . . ; je regrette, mais . . . ; je n'ai pas le temps de . . . ; je n'aime pas . . . ; je préfère . . . ; d'accord, je . . .

> EXEMPLE   **J'accepte de faire le ménage si tu fais la vaisselle.**

1. faire le ménage
2. faire la vaisselle
3. faire les courses
4. faire la cuisine
5. faire le marché
6. faire les lits

Comment indiquer la place ou l'importance d'une chose

Les nombres ordinaux, les fractions, et les pourcentages

To indicate the order or rank of things or events, ordinal numbers (*first, second, third,* etc.) are used: **Nous habitons au 16e (seizième) étage. L'appartement de mon fils est au 7e (septième).**

premier/première (1er, 1ère)	douzième
deuxième (2e or 2ème)	treizième
troisième	quatorzième
quatrième	quinzième
cinquième	seizième
sixième	dix-septième
septième	dix-huitième
huitième	dix-neuvième
neuvième	vingtième
dixième	vingt et unième
onzième	etc.

Note that the ordinal numbers all end in **ième**, except **premier/première** and **dernier/dernière** (*last*), which agree with the noun modified. Some involve a spelling change from the number word.

A. Ordinal numbers identify a century **(un siècle).**

> le **dix-neuvième** siècle
> au **vingtième** siècle (*in the twentieth century*)

B. Frequently used fractions are as follows:

½ demi- (*adj.*)   Je voudrais une **demi-livre** de petits pois.
  la moitié (*n.*) La **moitié** des étudiants sont ici.
⅓ un tiers
⅔ deux tiers
¼ un quart
¾ trois quarts

Other fractions are expressed with an ordinal number in the denominator.

⅕ = un cinquième
⁵⁄₇ = cinq septièmes

C. To indicate a percentage (**un pourcentage**), **pour cent** is used.

Quel est **le pourcentage** de Français qui habitent dans une maison individuelle?
En ce moment, 54% (cinquante-quatre **pour cent**) des Français habitent dans une maison et 46% (quarante-six **pour cent**) dans un appartement.

Periods and commas are reversed in French and English numbers. Thus commas indicate decimals in French.

8,5%	huit **virgule** cinq pour cent
75,6%	soixante-quinze **virgule** six pour cent

Premiers pas

A. Arrondissements. You are working at the **Office du Tourisme** in Paris where tourists are asking about the location of certain monuments. Tell them in what **arrondissements** (*administrative districts*) the places are located.

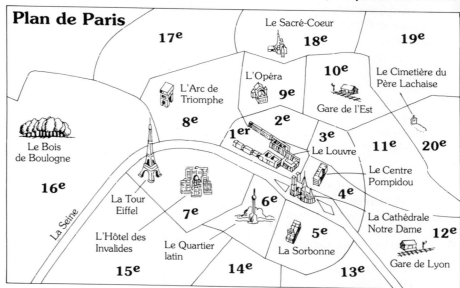

Plan de Paris

EXEMPLE le Quartier latin (6e)
Où est le Quartier latin?
Dans le sixième.

1. Notre Dame (4e)
2. la tour Eiffel (7e)
3. la Gare de Lyon (12e)
4. le Centre Pompidou (4e)
5. le Sacré Cœur (18e)

6. le Louvre (1er)
7. la Gare de l'Est (10e)
8. le Cimetière du Père Lachaise (20e)

B. Le «Hit-Parade» des villes. In a recent survey, French people judged the quality of life in different French cities. Using the chart, give the rankings of the following cities.

    EXEMPLE   Angers

        Angers vient en deuxième place.

1. Caen
2. Grenoble
3. Dijon
4. Strasbourg
5. Marseille

6. Lille
7. Avignon
8. Toulouse
9. Rennes
10. Montpellier

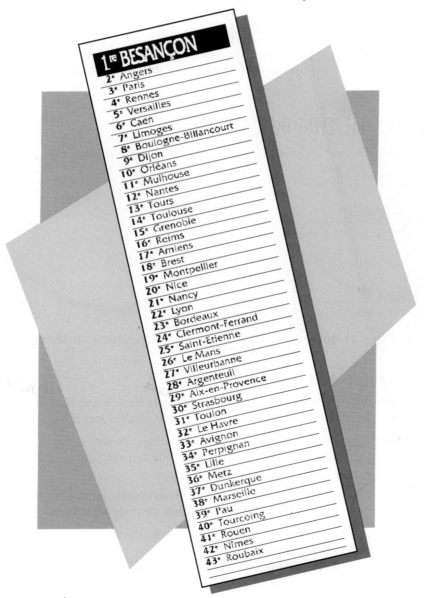

C. Quelques statistiques. An employee of the census bureau is giving a report and uses approximate instead of precise figures. Give the employee's interpretation of the following percentages.

> EXEMPLE   48,2%
> **Environ la moitié**

1. 30%
2. 73,2%
3. 19,8%
4. 50%
5. 24%
6. 67%

D. Le budget des Français. Using the graph, tell what percentage of their budget French people spend on each of the categories given depending on their income.

> EXEMPLE   alimentation 27,1%
> **La nourriture représente vingt-sept virgule un pour cent du budget du premier groupe.**

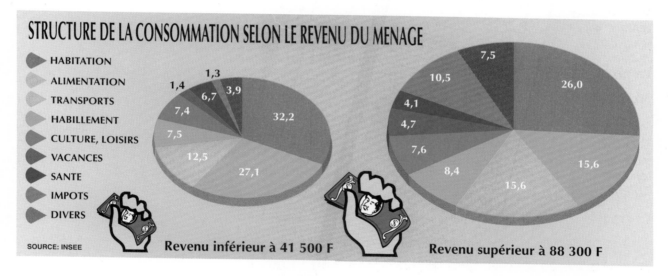

STRUCTURE DE LA CONSOMMATION SELON LE REVENU DU MENAGE

HABITATION
ALIMENTATION
TRANSPORTS
HABILLEMENT
CULTURE, LOISIRS
VACANCES
SANTE
IMPOTS
DIVERS

SOURCE: INSEE

Revenu inférieur à 41 500 F — 1,4 1,3 6,7 3,9 7,4 32,2 7,5 12,5 27,1

Revenu supérieur à 88 300 F — 7,5 10,5 26,0 4,1 4,7 7,6 8,4 15,6 15,6

Mots et structures à noter

habitation *maison, appartement;* **alimentation** ~food~ *nourriture;* **habillement** ~Clothes~
vêtements; **loisirs** *leisure-time activities;* **santé** *health;* **impôts** *taxes*

E. Et toi? Estimate what percentage of their budget American students spend on these same items. You might also want to indicate your own expenses.

> EXEMPLE   nourriture
> **Pour les étudiants américains, ça représente environ quinze pour cent de leur budget.**

F. La France du confort. Using the following information, tell what percentage of French people own the appliances listed. In your opinion, what percentage of American families own these same appliances?

> EXEMPLE   Un quart des Français possèdent un magnétoscope.

Appareils électroménagers	Pourcentage
Réfrigérateur	98%
Congélateur (*freezer*)	43,8%
Machine à laver	87,4%
Lave-vaisselle	30,5%
Téléviseur	94%
Téléviseur en couleurs	84%
Magnétoscope	25%

C'est la vie!

Situation: Travail et résidence

Jean-Pierre et Michelle parlent du *trajet* qu'ils font tous les jours pour aller à leur travail.

JEAN-PIERRE	Dans quel arrondissement vous habitez?
MICHELLE	Dans le 19e, près de la Porte des Lilas.
JEAN-PIERRE	Et vous travaillez dans le centre?
MICHELLE	Oui, je travaille dans le 7e, près des Invalides.
JEAN-PIERRE	Ça prend combien de temps en métro?
MICHELLE	Ça prend *environ* une demi-heure ou trois quarts d'heure.
JEAN-PIERRE	C'est direct?
MICHELLE	Non, il faut changer *plusieurs* fois.

Mots et structures à noter

trajet *distance, commute;* **environ** *around;* **plusieurs** *several*

C'est votre tour. Imagine you are living in Paris. A friend (played by another student) asks where you live, where you work, how you go to work, and how long it takes. Using the **Situation** as a guide and the maps on pages 146 and 155, answer his or her questions.

Comment situer un événement dans le temps

Les nombres supérieurs à 1 000 et les dates

Numbers above 1000 (**mille**) are expressed in the following ways:

1 351	mille trois cent cinquante et un
3 000	trois mille
19 300	dix-neuf mille trois cents
541 000	cinq cent quarante et un mille
2 000 000	deux millions

Note that **mille** is never spelled with an **s,** but **million** has an **s** when it is plural.

Two patterns are used with dates.

en 1789: en mille sept cent quatre-vingt-neuf
ou
en dix-sept cent quatre-vingt-neuf

In French, B.C. is expressed as **avant Jésus-Christ;** A.D. is **après Jésus-Christ.**

52 av. J.-C.   **845 apr. J.-C.**

Premiers pas

A. Quelle ville habiter? The following table gives the price range based on square meters of three- to five-room apartments in different French cities. What is the price range in the following cities?

EXEMPLE   **À Lyon il faut compter entre dix mille trois cents francs et neuf mille deux cents francs.**

Les villes les plus chères: Cannes, Nice... Annecy!					
VILLES	Maxi	Mini	VILLES	Maxi	Mini
CANNES	22 100	18 300	BORDEAUX	9 500	8 200
NICE	19 000	15 800	RENNES	9 500	8 200
ANNECY	14 100	12 000	GRENOBLE	9 400	8 600
BAYONNE	12 800	10 400	NANCY	9 300	8 300
AIX-EN-PROV.	12 300	10 600	ORLEANS	9 300	8 300
STRASBOURG	12 000	10 200	ROUEN	9 300	8 300
MONTPELLIER	10 500	9 200	LILLE	9 300	7 700
TOULOUSE	10 500	9 200	METZ	9 000	8 100
LYON	10 300	9 200	MARSEILLE	8 900	7 600
NANTES	10 300	9 200	AMIENS	8 000	6 500
DIJON	9 500	8 900	ST-ETIENNE	7 800	6 600

Prix du m² pour un appartement de 3 à 5 pièces rénové (standing moyen)

Source: Argus du logement 91.

B. Quelle est la population de cette ville? Students from various cities in France are telling how large their hometowns are. What do they say?

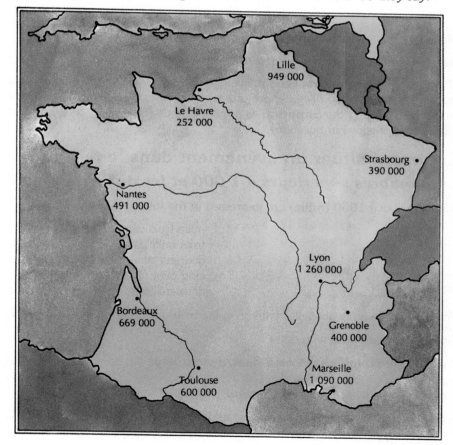

EXEMPLE Lyon

**Lyon est une ville d'un million deux cent soixante
mille habitants.**

1. Toulouse
2. Le Havre
3. Bordeaux
4. Marseille

5. Grenoble
6. Strasbourg
7. Nantes
8. Lille

C. Leçon d'histoire. Mademoiselle Lanson is asking her students the dates of
the reigns of some of the rulers of France and the dates of governments in
recent years. Give her students' responses.

EXEMPLE Charlemagne (768–814)

de sept cent soixante-huit à huit cent quatorze

1. Charles VIII (1483–1498)
2. François 1er (1515–1547)
3. Henri IV (1589–1610)
4. Louis XIV (1661–1715)
5. Louis XVI (1774–1792)

6. Napoléon 1er (1804–1815)
7. Napoléon III (1852–1870)
8. la 3e République (1875–1940)
9. la 4e République (1946–1958)
10. la 5e République (1958–présent)

[handwritten: dix huit cent cinq quatre douze à dix huit cent quinze]

C'est la vie!

Situation: Achat d'un appartement.

Anne-Sophie désire acheter un appartement à Paris. Elle consulte une *agence
immobilière*.

ANNE-SOPHIE	Pour un appartement de trois à cinq pièces, *il faut compter combien?* *[handwritten: For an apartment of 3 to 5 rooms — How much do you pay]*
L'AGENT	Ça dépend de l'arrondissement. En général, il faut compter entre 15 000 et 35 000 francs *au mètre carré.* *[handwritten: It depends on district]*
ANNE-SOPHIE	Quel est le *prix* dans le 16e?
L'AGENT	33 620 francs.
ANNE-SOPHIE	C'est *plutôt* cher! *[handwritten: rather expensive]*
L'AGENT	Oui, mais c'est un quartier très agréable. Si vous désirez quelque chose de *bon marché,* il faut chercher dans le nord-est.

[handwritten: It's a very nice neighborhood. → C'est un quartier très agréable]

Mots et structures à noter

agence immobilière *real estate agency;* **il faut compter combien** *how
much do you have to pay;* **au mètre carré** *by the square meter;* **prix**
price; **plutôt** *rather;* **bon marché** *cheap, inexpensive*

C'est votre tour. Imagine you are looking for a luxury apartment in France
and have consulted a real estate agent (played by another student). Ask the agent
about the apartments that are available, their cost, their location, and so on.

EXEMPLE **Le premier appartement coûte deux cent
trente-deux mille francs.**

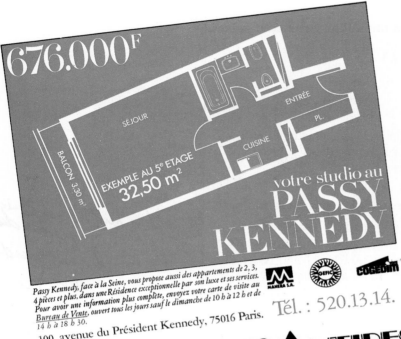

Intégration et perspectives: Où habiter: banlieue ou centre-ville?

Est-ce qu'on est heureux quand on habite en banlieue? Ça dépend. *Selon* un récent *sondage* d'opinion, deux Français sur trois pensent que oui. Les autres sont *sceptiques*. La réalité est que pour certains, c'est un paradis mais pour d'autres, c'est un *cauchemar*.

Banlieue = cauchemar

Myriam Lebeau, qui habite dans une HLM, trouve la banlieue ennuyeuse et *laide*. Mère de trois enfants, elle ne travaille pas. Elle n'a pas de voiture et l'arrêt d'autobus est trop loin. Résultat: elle est prisonnière.

René Pannier est *ouvrier*. Il faut une heure pour aller de son appartement à l'usine où il travaille. Résultat: deux heures d'autobus à ajouter à la fatigue du travail.

Banlieue = paradis

Hervé et Marie-Louise Jacalot habitent une petite maison beige au milieu de *milliers* d'autres petites maisons beiges. Chaque maison a son petit jardin et sa *pelouse*. En comparaison avec l'HLM, c'est un rêve.

Pierre et Catherine Pélissier habitent une jolie maison au milieu des *arbres* à 20 kilomètres du Vieux Port de Marseille. On *respire* le parfum des *fleurs* et des herbes de Provence. Le tennis et la piscine ne sont pas loin.

Brigitte et Jean-Claude Clément possèdent une grande maison dans un vieux village près de Lille. Il y a des fleurs *partout*. Ils sont *ravis*.

Les résultats du sondage confirment que pour les Français les principaux avantages de la banlieue sont le calme et la possibilité d'avoir un jardin, mais le principal *inconvénient* est le temps qu'il faut pour aller à son travail.

Une maison en banlieue

Mots et structures à noter

selon *according to;* **sondage** *poll;* **sceptiques** *skeptical;* **cauchemar** *nightmare;* **laide** *ugly;* **ouvrier** *blue-collar worker;* **milliers** *thousands;* **pelouse** *lawn;* **arbres** *trees;* **respire** *breathes;* **fleurs** *flowers;* **partout** *everywhere;* **ravis** *delighted;* **inconvénient** *disadvantage*

Compréhension. Répondez aux questions selon les renseignements donnés dans le texte.

1. Est-ce que tous les Français pensent que la vie en banlieue est idéale?
2. Est-ce que Myriam trouve la vie en banlieue amusante? Pourquoi?
3. Où est-ce qu'Hervé et Marie-Louise Jacalot habitent?

4. Comment sont les maisons de leur quartier?
5. Est-ce que Pierre et Catherine Pélissier aiment leur maison? Pourquoi?
6. Est-ce que Brigitte et Jean-Claude Clément sont contents de leur maison? Pourquoi?
7. Quel est le principal avantage de la vie en banlieue?
8. Quel est son principal inconvénient?

Vie et culture: La banlieue

The destruction of 450,000 homes and apartments during World War II created severe housing shortages in France. Much of the replacement construction was on the outskirts of the cities and included both individual family houses and high-rise apartments. Both have been attractive to affluent middle-class French people.

Some sections of the suburbs, called **cités ouvrières,** contain modest homes. Other areas include large clusters of low-cost apartment buildings called **HLM**s (**habitations à loyer modéré**). These apartments have been criticized for their concrete sterility, lack of convenient shopping and recreational facilities, and crowded conditions. One such cluster contains 1,800 apartments in a small two-block area. These conditions have been blamed for a high crime rate, particularly juvenile crime.

The **banlieue** was once a highly sought after area. However, in recent years, French people have tended to seek out homes in smaller towns and rural communities. The latest trends indicate a renewed interest in life in the **centre-ville,** though economic concerns (in particular, high apartment rents) often prevent relocation in downtown areas.

Communication et vie pratique

A. Connaissez-vous Paris? Indicate whether the following statements based on the map of Paris are true or false. If a statement is false, reword it to make it true.

1. Les Tuileries sont à côté de la tour Eiffel.
2. Le Grand Palais est à côté du Petit Palais.
3. La cité universitaire est près de la Sorbonne.
4. La Bibliothèque nationale est sur le boulevard Saint-Germain.
5. La gare de l'Est est loin de la gare de Lyon.
6. L'église de la Madeleine est derrière le Sacré-Cœur.

B. Excusez-moi, monsieur l'agent . . . Imagine you are a tourist in Paris and want to find out how to get to the following places. Another student will play the role of the **agent de police** and tell you where each is located.

1. Où est l'Opéra? Le Sénat? La gare du Nord? Le musée du Louvre?
2. La tour Eiffel? Le jardin du Luxembourg? Le Sacré-Cœur?
3. Le Centre Pompidou? La place de la Bastille? Notre-Dame?

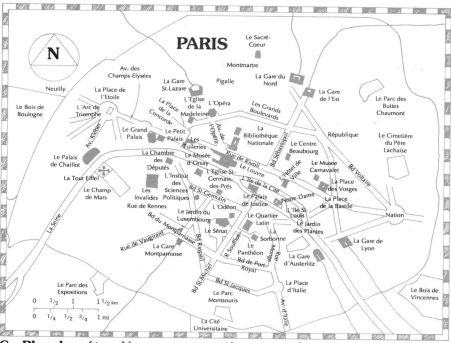

C. Plan du métro. You are staying with a group of students in a hotel located on the Left Bank near the subway station Saint-Michel. Other students ask you how to go to different places. Using the **plan du métro,** give them the following information:

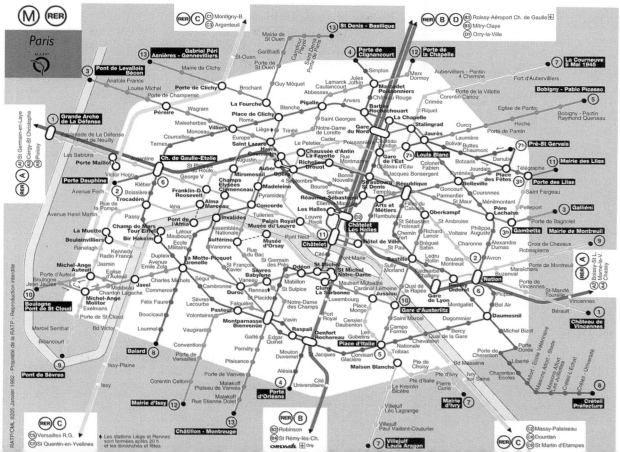

1. Quelle ligne il faut prendre.

> **EXEMPLE** **Pour aller à la gare du Nord, il faut prendre la ligne Porte d'Orléans–Porte de Clignancourt, direction Porte de Clignancourt.**

Note that subway lines are generally identified by their two end points, framed in black on the map. The metro lines can also be referred to by their number. Once you have found the line, you must make sure you are headed in the right direction.

2. Si c'est direct ou non.

> **EXEMPLE** **Pour aller au Louvre, il faut changer au Châtelet.**

3. Où il faut descendre.

> **EXEMPLE** **Pour l'Arc de Triomphe, il faut descendre à l'Étoile.**

Suggestions: les Invalides, la place de la Concorde, Pigalle, le bois de Boulogne, la gare de Lyon, l'Opéra, la gare d'Austerlitz

D. À l'agence immobilière. Anne, qui est secrétaire dans une compagnie multinationale, est chargée de trouver un appartement pour un de leurs employés. Elle téléphone à une agence immobilière. Écoutez leur conversation et ensuite répondez aux questions suivantes.

1. Où est-ce qu'Anne travaille?
   a. Dans une agence immobilière.
   b. Dans une compagnie multinationale.
   c. Dans une compagnie américaine qui a un bureau à Paris.
2. Pour qui cherche-t-elle un appartement?
   a. Pour sa famille.
   b. Pour un ami américain qui va arriver le mois prochain.
   c. Pour un employé de la compagnie où elle travaille.
3. Dans quel quartier de Paris désire-t-elle trouver un appartement?
   a. Près du centre.
   b. En banlieue.
   c. Dans le Quartier latin.
4. Dans quel arrondissement est situé l'appartement que l'agent immobilier propose?
   a. Dans le 6ème.
   b. Dans le 9ème.
   c. Dans le 16ème.
5. Où cet appartement est-il situé?
   a. Près d'une station de métro.
   b. Près de la place de l'Étoile.
   c. Près d'un arrêt d'autobus.
6. Quelle ligne de métro faut-il prendre?
   a. La ligne Porte d'Orléans–Porte de Clignancourt.
   b. La ligne Vincennes–Neuilly.
   c. La ligne Montreuil–Pont de Sèvres.

Antony: une banlieue au sud de Paris

7. À quelle station faut-il descendre?
   a. À l'Étoile.
   b. À l'Opéra.
   c. À Michel-Ange.
8. Combien coûte cet appartement?
   a. Environ 7000 francs par mois.
   b. Environ 6000 francs par mois.
   c. Environ 5000 francs par mois.

Prononciation et orthographe

A. Some vowels like /i/ in **ici** are pronounced with the lips spread; others like /y/ in **tu** are produced with the lips tightly rounded. Both of these are pronounced in the front of the mouth, with the tongue almost touching the teeth. Thus /i/ and /y/ differ only by the shape of the lips. In fact, if you have difficulty pronouncing the French /y/, try saying /i/ with your lips rounded.

Compare and repeat:

si	su	mais si	c'est sûr
di	du	dis	c'est dur
vi	vu	la vie	la vue
ni	nu	ni	numéro
ti	tu	petit	habitude
ri	ru	le riz	la rue

B. Practice repeating words and phrases containing the sound /y/. Remember to have your lips tightly pursed and reaching forward as if you were going to whistle or give a kiss.

Salut!	le bureau
la voiture	le sucre
la musique	l'usine
impulsif	naturel
l'avenue	la rue

C. Note the difference between the sound /y/ as in **tu** and the sound /u/ as in **tout,** which is also pronounced with the lips rounded, but with the tongue more toward the back of the mouth.
   Compare and repeat:

su	sou	sur	sous
tu	tou	tu	tout
bu	bou	nu	nous
mu	mou	vu	vous
lu	lou	la rue	la roue

D. The following table summarizes the differences in the way /i/, /y/, and /u/ are produced. Practice contrasting these sounds and repeat the words and phrases in the table.

Point of articulation (i.e., position of the tongue):	front	front	back
Shape of the lips:	spread	rounded	rounded
	/i/	/y/	/u/
	si	su	sou
	ti	tu	tou
	vi	vu	vou
	li	lu	lou

E. Practice repeating this short conversation:

—Mounir habite sur le Boulevard Victor Hugo, n'est-ce pas?
—Non, il a un studio rue Sully, près de l'autoroute du Sud.
—Vous êtes sûr?
—Absolument sûr.

Vocabulaire

La ville et le quartier (Voir pp. 138–139)
Les prépositions (Voir p. 140)
Les expressions avec le verbe **faire** (Voir p. 142–143)
Les nombres ordinaux (Voir p. 145)
Les nombres supérieurs à 1 000 et les dates (Voir p. 149)

Noms

l'**agence** (f) **immobilière**......*real estate agency*
l'**arbre** (m)......*tree*
l'**arrondissement** (m)......*administrative district*
la **banlieue**......*suburb*
le **cauchemar**......*nightmare*
la **fleur**......*flower*
l'**inconvénient** (m)......*disadvantage*
le **mètre carré**......*square meter*
l'**ouvrier/ière** (m,f)......*worker*
la **place**......*square*
le **prix**......*price*
le **sondage**......*survey, poll*
le **trajet**......*distance, commute*

Adjectifs

laid......*ugly*
plusieurs......*several*
ravi......*delighted*

Verbes

arriver à......*to succeed in*
faire de son mieux......*to do one's best*
partager......*to share*
respirer......*to breathe*

Adverbes

environ......*approximately, about*
là-bas......*over there*
partout......*everywhere*
plutôt......*rather*

Divers

bon marché......*cheap*
selon......*according to*

CHAPITRE 7

Le temps passe

Fonctions

Point de départ
Pour parler de l'heure
Pour parler des événements passés
Pour parler des événements passés
Pour parler des événements importants
  dans votre vie

Structures

La télévision
L'heure
Le passé composé avec **avoir**
Le passé composé avec **être**
Choisir et les verbes du deuxième
  groupe

Point de départ: La télévision

Quatre-vingt-dix-huit pour cent des ménages (*households*) français possèdent un téléviseur, et regarder la télé est un des passe-temps favoris des Français, surtout le soir après le dîner. Les émissions (*programs*) qu'on peut regarder à la télé et le monde du spectacle (*world of entertainment*) en général sont des sujets fréquents de conversation.

A. Les différentes chaînes (*channels*). Quand on regarde la télévision on a le choix (*choice*) entre . . .

les chaînes publiques
les chaînes privées
le câble

B. Les principaux types d'émissions.

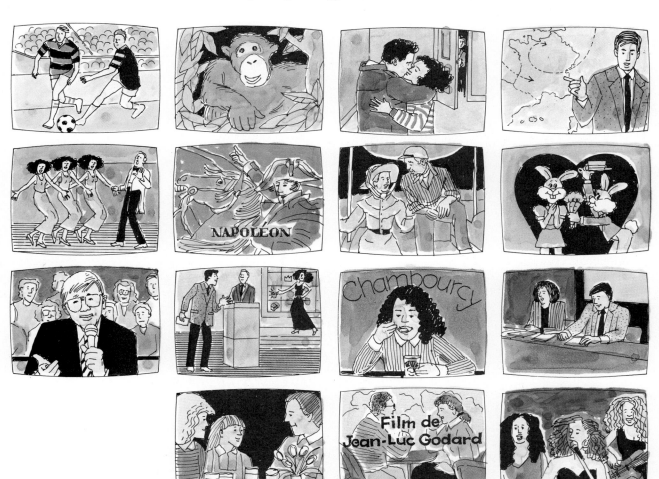

les matchs télévisés et les reportages sportifs (*games and sports shows*)
les émissions scientifiques ou culturelles
les feuilletons (m) (*mini-series, soap operas*)
le bulletin météorologique / la météo (*weather report*)
les spectacles (m) de variétés (*variety shows*)
les documentaires (m)
les films (m) et les téléfilms
les dessins animés (*cartoons*)
les causeries (f) (*talk shows*)
les jeux télévisés (*game shows*)
la publicité (*advertising*)
les actualités (f) / le journal télévisé / les informations (f) (*news*)
les pièces (f) de théâtre (*plays*)
les séries (f)
les vidéoclips (m)

C. Le monde du spectacle.

une vedette (*male or female star*)
un acteur / une actrice (*actor / actress*)
un chanteur / une chanteuse
un comédien / une comédienne
un animateur / une animatrice (*talk show host*)
un présentateur / une présentatrice (*anchorperson*)
l'histoire (f) (*story*)
le sujet (*subject, topic*)
le début (*beginning*)
la fin (*end*)
les personnages (m) (*characters*)
le héros / l'héroïne
jouer un rôle (*play a part*)

D. La qualité des émissions et des spectacles. À mon avis, ce spectacle (cette émission) est . . .

intéressant(e)
passionnant(e)
ennuyeux, ennuyeuse
bête
drôle (*funny*)
de bon goût (*in good taste*)
de mauvais goût (*in bad taste*)
trop violent(e)

Communication et vie pratique

A. Vos émissions préférées. Use the scale to tell how well you like the different types of television programs just listed.

je déteste   je n'aime pas beaucoup   j'aime   j'aime beaucoup   j'adore

> EXEMPLE   **J'aime beaucoup les documentaires mais je déteste les jeux télévisés.**

B. Opinions. Make a list of popular American television shows. Then evaluate the quality of these programs and compare your opinions with those of other students.

> EXEMPLE   À mon avis, «Soixante Minutes» est une émission très intéressante.
> Pas moi, je trouve ça ennuyeux.

C. Les vedettes de la télévision. Describe an American television star or a show to other students in your class. Start with one sentence that gives minimal information. If no one guesses correctly, give another sentence that adds a bit more information. Continue until someone guesses the right answer.

> EXEMPLE   1. Cette personne joue dans une série.
> 2. Elle joue le rôle d'une mère de famille.
> 3. Il y a quatre autres personnages importants— le père et trois enfants.
> 4. C'est une émission qui passe le mardi soir.

D. Quelle chaîne regarder? Tell what the cable channels listed on the selection card below offer and indicate which programs interest you and which do not.

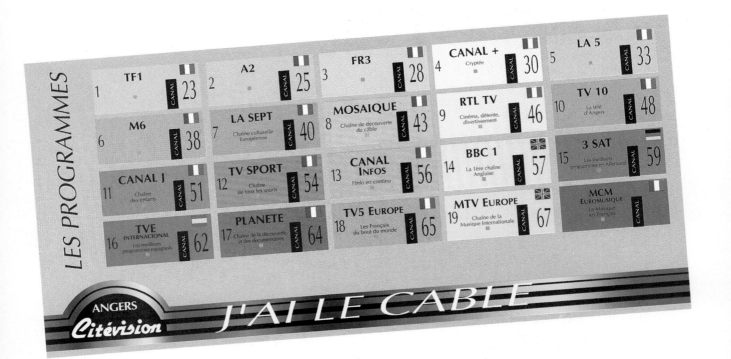

Vie et culture: La télévision française

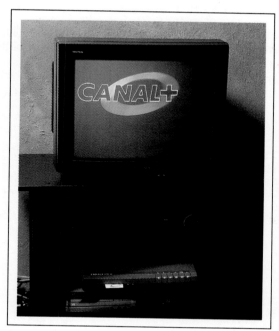

Canal +: 3,1 millions d'abonnés (subscribers) *en 1990*

French television viewers have a choice of several channels. **A2 (Antenne 2)** and **FR3 (France Région 3)** are public channels; **TF1, ARTE**, and **Canal+** (a pay channel) are privately owned. Luxembourg, Belgium, and Monte Carlo also have independent stations that can be seen in different parts of France.

Eurovision, a new form of television programming, broadcasts special programs simultaneously via satellite in multiple countries, each with its own sound track in the appropriate language. Cable television is becoming popular in France and offers a variety of channels to subscribers who receive not only regular channels but special cable channels offering a variety of types of programming, including several foreign language channels.

The government-controlled **RTF (Radio-Télévision France)** is financed by special taxes paid by owners of radios and television sets (the tax for a color television is approximately $100 annually). Consequently, **RTF** enjoys financial autonomy and is relatively free of commercials. Advertising does not usually interrupt programs, but occurs between them. French television can thus offer a greater variety of programs and appeal to a wider range of interests than American commercial stations. The top officials of **RTF** are, however, appointed by the **Conseil des Ministres,** which is similar to the American president's cabinet. These close ties with the government have led to charges of biased programming that favors the official point of view.

Fonctions et structures

Pour parler de l'heure

L'heure

To ask what time it is, say: **Quelle heure est-il?** or, less formally, **Tu as l'heure, s'il te plaît?** To answer these questions, use the following patterns:

A. On the hour:

Il est une heure.

Il est midi. (*noon*)

Il est quatre heures.

Il est minuit. (*midnight*)

B. On the half or quarter hour:

Il est trois heures et demie.

Il est midi et demi.

Il est deux heures et quart.

Il est huit heures moins le quart.

C. Minutes after or before the hour:

Il est une heure dix.

Il est neuf heures cinq.

Il est midi vingt.

Il est six heures vingt.

Il est midi moins cinq.

Il est quatre heures moins dix.

Il est neuf heures moins vingt.

Il est onze heures moins vingt-cinq.

D. To ask or to indicate the time at which an event takes place, say:

À quelle heure est-ce que tu quittes la maison?
Je quitte la maison à huit heures.

Notice that **heure(s)** is never omitted in French, whereas in English we often omit the word *o'clock*.

E. The French system does not use A.M. and P.M., though in conversation, **du matin** (*in the morning*), **de l'après-midi** (*in the afternoon*), and **du soir** (*in the evening*) are often used.

Il est onze heures du matin.
Le match est à quatre heures de l'après-midi.

F. In official time schedules (for planes, trains, buses, radio, or television programs, for example), the 24-hour system is used.

Official time	Conventional time
zéro heure trente (0 h 30)	minuit et demi
trois heures cinq (3 h 05)	trois heures cinq
douze heures (12 h)	midi
quinze heures quinze (15 h 15)	trois heures et quart
vingt-trois heures cinquante-cinq (23 h 55)	minuit moins cinq

G. Additional expressions used in discussing time are as follows:

arriver à l'heure	*to arrive on time*
être en retard	*to be late*
être en avance	*to be early*
vers midi	*around noon*
Il est tôt.	*It's early.*
Il est tard.	*It's late.*
de (six heures) à (sept heures)	*from (six o'clock) to (seven o'clock)*
entre (huit heures) et (onze heures)	*between (eight o'clock) and (eleven o'clock)*
jusqu'à (dix heures)	*until (ten o'clock)*
à partir de (midi)	*beginning at (noon)*

Premiers pas

A. Quelle heure est-il? While in classes throughout the day, time-conscious friends ask you what time it is. Use the watches below to respond.

1.

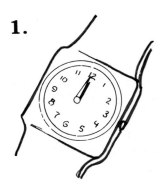

EXEMPLE   **Quelle heure est-il?**
Il est midi.

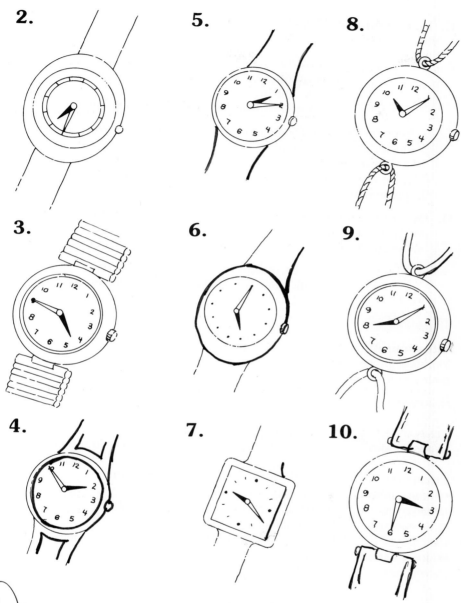

2. **5.** **8.**

3. **6.** **9.**

4. **7.** **10.**

B. À l'aéroport. You're at Charles de Gaulle airport and you see the following monitor announcing international flights. Using the 24-hour system, tell when each flight leaves.

> **EXEMPLE** Montréal/ 3h 10
> **Il y a un avion pour Montréal à trois heures dix.**

1. Rome/ 8 h 30
2. Chicago/ 20 h 35
3. New York / 16 h 20
4. Montréal/ 13 h 50
5. Tokyo/ 3 h 15
6. Dakar/ 17 h 35
7. Fort-de-France/ 12 h 05
8. Moscou/ 23 h 55

C. Emploi du temps. Ask other students questions to find out when they do the following things.

> EXEMPLE quitter la maison le matin
> **À quelle heure est-ce que tu quittes la maison le matin?**
> **En général, je quitte la maison à 7 h 30.**

1. prendre ton petit déjeuner
2. quitter la maison le matin
3. arriver à l'université
4. avoir ton premier cours
5. prendre le déjeuner
6. avoir ton dernier cours
7. quitter l'université
8. dîner
9. regarder la télévision
10. faire tes devoirs

D. Du matin au soir. Some French students will be visiting you on campus and need to be accompanied throughout the day and early evening. Find out when students in your class are free to show them around.

> EXEMPLE **Est-ce que tu es libre à neuf heures?**
> **Non, mais je suis libre entre midi et deux heures.**

C'est la vie!

Situation: Au bureau de renseignements.
Monsieur Josserand téléphone au bureau de *renseignements* de la gare de Lyon pour savoir à quelle heure est le départ du prochain train pour Lyon.

M. JOSSERAND	Allô, allô, je voudrais savoir à quelle heure il y a un train pour Lyon.
L'EMPLOYÉE	Le prochain train est à onze heures trente-cinq.
M. JOSSERAND	Ça va être trop *juste*. Je ne peux pas quitter mon bureau avant onze heures.
L'EMPLOYÉE	Alors, *il vaut mieux* prendre *le suivant*.
M. JOSSERAND	Il est à quelle heure?
L'EMPLOYÉE	À midi dix, mais ce n'est pas un TGV.
M. JOSSERAND	Ça fait une *grosse* différence?
L'EMPLOYÉE	Bien sûr! Avec le TGV, ça prend seulement deux heures.
M. JOSSERAND	Et quand est le prochain TGV?
L'EMPLOYÉE	À treize heures trente.

Mots et structures à noter

renseignements *information;* **juste** *close, tight;* **il vaut mieux** *it's better;* **le suivant** *the next one;* **gros** *large*

C'est votre tour. Vous travaillez au bureau de renseignements de la gare de Lyon. Des clients (joués par d'autres étudiants de la classe) téléphonent pour savoir l'heure de départ de différents trains et l'heure d'arrivée à leur destination.

Client 1: désire aller à Lyon et préfère partir (*to leave*) le matin
Client 2: désire aller à Nice mais préfère partir entre deux et cinq heures
Client 3: désire aller à Avignon et préfère arriver pendant l'après-midi
Client 4: va au festival de Cannes et désire partir avant deux heures

Numéro de train		737	861	813	811	753	5766/7	5089	845	815	865	449/8	6173/2	6961/0	869	847	56187	805	823	5511	849
Notes à consulter		1	2	3	4	5	6	7	8	4	9	10	11		12	13	14	15	16	6	17
		TGV	TGV	TGV	TGV	TGV			TGV	TGV	TGV				TGV	TGV		TGV	TGV		TGV
Paris-Gare-de-Lyon	D	10.00	10.10	10.13	10.23	10.28			10.41	11.42	11.47				12.55	13.24		13.29	13.55		15.05
Dijon-Ville	D					12.06								12.12							
Macon-Ville	D													13.17							
Lyon-Part-Dieu	D	12.02				12.15			12.45					13.50	14.00						17.07
Lyon-Perrache	D						12.22	12.31													
Valence Ville	D		13.06	13.17		13.49				14.35	14.40			14.48	14.57	15.49		16.22			
Orange	D					14.46									15.38						
Avignon	D		14.03	14.16	14.10	15.03				15.30	15.32			15.58	15.59	16.42		16.52	17.17	17.43	
Arles	D					15.23										17.13					
Marseille-St-Charles	D			15.11	15.03	16.11			16.22		16.39			17.04				18.27	18.10	18.36	18.45
Cannes	A								17.10		18.39	19.17				19.53			20.54		21.35
Juan-les-Pins	A										19.29										
Antibes	A								17.22		18.49	19.34				20.05			21.07		21.46
Cagnes-sur-Mer	A																	21.17			
Nice-Ville	A								17.38		19.05	19.53				20.22			21.28		22.02

Les trains circulant tous les jours ont leurs horaires indiqués en gras
Tous les trains offrent des places assises en 1re et 2e classe, sauf indication contraire dans les notes.

Symboles

A	Arrivée		Couchettes			Facilités handicapés
D	Départ		Voiture-lits			
			Voiture-restaurant			
TGV	Résa TGV réservation nécessaire		Grill-express			Vélo
			Restauration à la place		#	Train à supplément modulé
			Bar			
	Cabine 8		Vente ambulante			

Pour parler des événements passés

Le passé composé avec avoir

We often speak about what has already happened. Here are some frequently used words that indicate past time:

hier
hier soir
hier matin
la semaine dernière, la semaine passée
samedi dernier, samedi passé
l'année dernière, l'année passée
déjà (*already*)
pas encore (*not yet*)

Verb tenses also can indicate past time. To indicate an action has been completed, the **passé composé** is used. It expresses the same meaning as three different English constructions: *I traveled, I have traveled, I did travel.*

A. The **passé composé** of most verbs is formed by using the present tense of **avoir** plus a past participle. Past participles of **er** verbs replace the **er** ending of the infinitive with **é.**

j'**ai** regard**é**	nous **avons** regard**é**
tu **as** regard**é**	vous **avez** regard**é**
il/elle/on **a** regard**é**	ils/elles **ont** regard**é**

Elle **a travaillé** pendant le week-end.
Nous **avons regardé** un match télévisé.

B. **Avoir, être, prendre, boire,** and **faire** have irregular past participles:

avoir	eu	boire	bu
être	été	faire	fait
prendre	pris		

Nous **avons eu** un examen hier.
Vous **avez été** content des résultats?
Qu'est-ce que tu **as fait** hier soir?

C. In a negative sentence, **ne** precedes and **pas** (or **jamais**) follows the form of **avoir.**

Elle **n'a pas trouvé** de travail.
Ils **n'ont jamais visité** la Martinique.

Note that short adverbs are placed between the form of **avoir** and the past participle.

Est-ce que **tu as déjà fait** tes devoirs?
Non, je **n'ai pas encore eu** le temps.

Premiers pas

A. Activités et occupations. Sylviane is telling you about some of the things she did on her day off. Use the cues to describe her activities.

EXEMPLE   10 h / téléphoner à Suzanne
À dix heures, j'ai téléphoné à Suzanne.

1. 9 h / prendre mon petit déjeuner
2. 9 h 30 / écouter des disques
3. 12 h 15 / quitter la maison pour aller en ville
4. 1 h 30 / prendre un café avec des amis
5. 3 h / faire des courses
6. 4 h 45 / avoir la visite d'une amie
7. 5 h 15 / acheter les provisions pour le dîner
8. 7 h 45 / regarder les actualités

B. **La semaine dernière.** Create sentences expressing what you and your friends did during the past week by combining one element from each column.

> **EXEMPLE**   **Hier, j'ai invité des amis à dîner.**

		envoyer une lettre à mes parents
		dîner chez des amis
		manger au restaurant
		avoir un examen difficile
lundi		étudier le français
mardi		inviter des amis à dîner
mercredi	je	regarder un film à la télé
jeudi	mes amis	écouter de la musique
vendredi	mes amis et moi	préparer le dîner
samedi	mon ami(e)	avoir la visite d'un(e) ami(e)
dimanche	?	être en retard pour mon cours
hier		de français
la semaine dernière		faire une promenade
		faire le ménage
		passer l'après-midi à la
		bibliothèque
		faire des courses
		acheter des provisions

9 sentences.

C. **Et hier?** Using the suggestions provided in the preceding activity, ask questions to find out what other people in your class did yesterday.

> **EXEMPLES**   **Est-ce que tu as fait des courses?**
> **Qu'est-ce que tu as acheté?**

D. **Questions/Interview.** Use the following questions to interview another student. Each main question has a series of related questions to help you gain skill in sustaining a conversation in French. If the answer to the numbered question is affirmative, ask the lettered questions. If the answer is negative, move on to the next numbered question.

1. Est-ce que tu as regardé la télé hier soir?
   a. Est-ce que tu as regardé les actualités?
   b. Est-ce que tu as regardé un film?
   c. Est-ce que tu as écouté le bulletin météorologique?
   d. Qu'est-ce que tu as regardé à la télé?
   e. ?
2. Est-ce que tu as écouté des disques hier soir?
   a. Est-ce que tu as écouté de la musique classique?
   b. Quels disques est-ce que tu as écoutés?
   c. Quel est ton chanteur préféré?
   d. Est-ce que tu as acheté son dernier disque?
   e. ?

3. Est-ce que tu as mangé à la maison hier soir?
    a. Est-ce que tu as fait la cuisine?
    b. Qu'est-ce que tu as préparé?
    c. Est-ce que tu as invité des amis?
    d. À quelle heure est-ce que tu as mangé?
    e. Qui a fait la vaisselle?
    f. ?
4. Est-ce que tu as mangé au restaurant universitaire ou dans un restaurant de la ville cette semaine?
    a. Qu'est-ce que tu as mangé?
    b. Avec qui est-ce que tu as mangé?
    c. Est-ce que tu as aimé le repas?
    d. ?

C'est la vie!

Situation: Vous avez été sages?

M. et Mme Lemoine ont passé la soirée chez des amis. Ils demandent à leurs enfants s'ils ont été *sages* pendant leur absence.

MME LEMOINE	Vous avez été sages?
DIDIER	Bien sûr, papa.
MME LEMOINE	Vous avez fait vos devoirs?
ISABELLE	J'ai étudié ma leçon d'histoire, mais je n'ai pas eu le temps de *finir* mes maths.
MME LEMOINE	Et toi, Didier, tu as appris ta table de multiplication?
DIDIER	Non, maman.
MME LEMOINE	Pourquoi pas?
DIDIER	Parce que j'ai *oublié* mes *affaires* à l'école.

Mots et structures à noter

sages *good, well behaved*; **finir** *to finish*; **oublié** *forgot*; **affaires** *things, belongings*

C'est votre tour. Imaginez que votre professeur de français (joué par un autre étudiant de la classe) n'est pas très content(e) de vous pour une variété de raisons. Vous présentez vos excuses à votre professeur.

Problèmes possibles

ne pas faire les devoirs
avoir une très mauvaise note à l'examen
arriver en retard
être absent le jour d'un examen

Phrases utiles

Je regrette, mais . . .
Je suis désolé(e) *(sorry)* mais . . .
Excusez-moi, mais . . .

Excuses possibles

---

vous avez été très occupé(e)
vos parents (camarades de chambre, etc.) ont invité des amis à dîner
vous avez mangé très tard et vous n'avez pas eu le temps d'étudier
vous avez étudié la leçon mais vous n'avez pas eu le temps de faire les exercices
vous avez quitté la maison très tôt et vous avez oublié votre livre
?

Pour parler des événements passés

Le passé composé avec l'auxiliaire être

Although the **passé composé** tense always indicates past events, **avoir** is not always the auxiliary verb. Some frequently used verbs require **être** as the auxiliary: **aller, rester, arriver,** and **rentrer** (*to return, return home*).

je **suis allé(e)**	nous **sommes allé(e)s**
tu **es allé(e)**	vous **êtes allé(e)(s)**
il/on **est allé**	ils **sont allés**
elle **est allée**	elles **sont allées**

Note that when the auxiliary verb is **être,** the past participle always agrees in number and gender with the subject.

Il **est allé** au cinéma hier soir.
Nous **ne sommes pas restés** à la maison.
Est-ce que vous **êtes arrivés** en retard?
Elles ne **sont** pas encore **rentrées.**

Premiers pas

A. Pendant le week-end. Your friends are telling you where they went last weekend. What do they say?

EXEMPLE Robert / café
Robert est allé au café.

1. tu / restaurant
2. Michelle / théâtre
3. Raoul et Marie / concert
4. nous / cinéma
5. vous / match de football
6. Henri / piscine
7. Roger et Jean-Marc / supermarché
8. Viviane / plage

B. Où sont-ils allés? You want to find out where your French friends have already traveled. Another student will answer your questions based on the map of Europe.

EXEMPLE Nicole / Italie
Est-ce que Nicole est déjà allée en Italie?
Non, elle n'est jamais allée en Italie, mais elle est déjà allée en Espagne.

1. Marie-Claire / Allemagne
2. Gabrielle et Robert / Portugal
3. Monique / Pays-Bas
4. Les Monot / Suisse
5. Chantal et Céline / Espagne
6. Pierre / Grèce

C. Vive les voyages! Ask questions to find out who in your class has gone to the following places. Either ask individuals (**Bob, est-ce que tu es allé à la plage l'été dernier?**) or address the whole class (**Qui est allé à la plage cet été?**). Trouvez un(e) étudiant(e) . . .

1. qui est allé à la montagne l'hiver passé.
2. qui est allé au bord de la mer l'été passé.

3. qui est allé en Floride pendant les vacances de printemps.
4. qui est allé à New York ou à San Francisco cette année.
5. qui est déjà allé en France ou dans un autre pays européen.
6. qui est allé dans un pays africain.
7. qui est allé à Québec ou dans une autre partie du Canada.

D. Occupations. Here are some activities of Juliette Cordier, a French political science student. Tell what she did yesterday, making sure to use the correct form of **avoir** or **être**.

> **EXEMPLES** étudier à la maison
> **Elle a étudié à la maison.**
> ou: rester à la maison jusqu'à 9 h
> **Elle est restée à la maison jusqu'à neuf heures.**

1. arriver à l'université à 10 h
2. manger au restaurant universitaire
3. aller au café avec des amis
4. avoir son cours d'histoire
5. rester à la bibliothèque jusqu'à 6 h
6. quitter l'université à 6 h 30
7. acheter ses provisions
8. rentrer à la maison
9. préparer le dîner
10. faire ses devoirs

E. Et vous? Tell another student what you did yesterday and at what time; then compare and contrast your days.

F. Qu'est-ce que vous avez fait? Create sentences describing what you did last weekend, last night, or during your last vacation. Choose from the suggestions or add your own comments. You can also use these ideas to ask other students questions.

1. **Pendant les vacances d'été . . .**
   faire un voyage / visiter un pays étranger / aller au bord de la mer / passer un mois à la campagne / passer l'été avec ma famille / travailler dans un restaurant / travailler dans un bureau / travailler dans une usine / ?
2. **Pendant le week-end . . .**
   rester à la maison / manger au restaurant / acheter des vêtements / aller au cinéma / regarder la télé / étudier / ?
3. **Hier soir . . .**
   aller au concert / inviter des amis à dîner / faire la cuisine / regarder un bon film à la télé / aller à la bibliothèque / finir mes devoirs / ?

C'est la vie!

Situation: Pendant le week-end.
Alice, Serge, et Claude parlent de *ce qu*'ils ont fait le week-end dernier.

ALICE	Vous avez passé un bon week-end?
SERGE	Oui, pas mauvais. Et vous, vous êtes restés en ville?
CLAUDE	Non, on a fait une promenade en voiture.
SERGE	Où est-ce que vous êtes allés?
CLAUDE	À Fontainebleau. On est arrivé assez tôt le matin et on a pique-niqué dans la *forêt* . . .
ALICE	Oui, et après, nous avons visité le *château*. Nous sommes rentrés vers six heures du soir.
SERGE	C'est bête, mais je ne suis jamais allé à Fontainebleau. *Pourtant* c'est tout près de Paris.

Mots et structures à noter

ce que *what;* **forêt** *forest;* **château** *castle;* **pourtant** *yet*

C'est votre tour. Vous parlez avec d'autres étudiants de ce que vous avez fait le week-end passé. Une partie de vos amis ont fait toutes sortes de choses intéressantes; les autres ont passé un week-end très ennuyeux. Choisissez d'abord une catégorie (un bon week-end, un mauvais week-end . . .) et ensuite comparez vos activités respectives.

Pour parler des événements importants dans votre vie
Choisir *et les verbes du deuxième groupe*

The following verb phrases are often used in talking about significant events and milestones in our lives.

naître (*to be born*)	Je suis né en 1974.
grandir (*to grow up*)	J'ai grandi en Bourgogne.
commencer	J'ai commencé mes études au lycée en 1982.
finir (*to finish*)	J'ai fini mes études en 1988.
réussir (*to succeed*) dans ses études, à un examen	En général, j'ai bien réussi dans mes études, mais je n'ai pas réussi à tous mes examens.
choisir (*to choose*)	Je n'ai pas encore choisi ma future profession.
accomplir (*to accomplish*)	J'ai encore beaucoup de choses à accomplir.

These verbs (except for **naître** and **commencer**) belong to a pattern of verbs whose infinitives end in **ir.** The forms of these verbs are as follows:

je chois**is**	nous chois**issons**
tu chois**is**	vous chois**issez**
il/elle/on chois**it**	ils/elles chois**issent**
passé composé: j'**ai** chois**i**	

Premiers pas

 A) À quelle heure? You are planning to go to the movies with several friends and are asking when they are free. They tell you when they finish for the day.

> **EXEMPLE**   Marc / à 6 h
> **Marc finit à six heures.**

1. Monique / à 2 h
2. je / à 5 h 30
3. nous / à 4 h

4. tu / avant 7 h
5. vous / assez tôt
6. les autres / vers 5 h

B. Et toi? Find out how busy a day other students in your class have. Compare and contrast your schedules.

> **EXEMPLE**   **D'habitude, je commence vers sept heures du matin et je finis rarement avant neuf heures du soir, parce que je travaille après mes classes.**

 C) Souvenirs d'enfance. A French friend from the south of France is telling you where she and other members of her family grew up. What does she say?

> **EXEMPLE**   ma grand-mère / Nice
> **Ma grand-mère a grandi à Nice.**

1. je / à Nice
2. nous / en Provence
3. Pierre / dans les Alpes
4. ma tante / en Italie

5. mon père / près d'Avignon
6. mes cousins / dans un petit village

D. Et toi? Find out in what cities your classmates and their families lived as they were growing up. If they moved, find out how long they stayed in each place. See what the geographical representation is.

> **EXEMPLE**   **Où est-ce que tu as grandi?**
> **J'ai grandi à San Diego où j'ai passé cinq ans. Après ça, nous sommes allés habiter à Los Angeles.**

E. Jeux télévisés. Imagine your class is going to participate in a TV game show where questions come from different categories. Ask other students about their areas of strength and weakness so that you can establish teams in the following areas.

> **EXEMPLE**   histoire
> **Est-ce que tu réussis bien en histoire?**
> **Oui, je réussis bien en histoire, mais je ne suis pas très forte en géographie.**

Catégories: histoire, maths, sciences, philosophie, musique, géographie, littérature

F. Événements importants. Ask another student about important events in his or her life.

1. Où est-ce que tu es né(e)?
2. Où est-ce que tu as grandi?
3. Quand est-ce que tu as fini tes études au lycée?
4. Quand est-ce que tu as commencé tes études à l'université?
5. Est-ce que tu réussis bien dans tes études?
6. Quand est-ce que tu vas finir tes études?
7. Est-ce que tu as déjà choisi ta future profession?

C'est la vie!

Situation: On va au ciné?

Denis et Valérie *essaient* de persuader leurs amis d'aller au cinéma ce soir.

DENIS	Vous finissez à quelle heure ce soir?
CHRISTINE	Moi, je finis à six heures comme d'habitude, mais Pierre ne finit pas avant huit heures.
VALÉRIE	*Ça ne fait rien.* On *peut* aller à la deuxième *séance.* Elle commence à neuf heures.
CHRISTINE	Oui, mais elle ne finit pas avant onze heures. Ça va être difficile de trouver *quelqu'un* pour *garder* les enfants.
DENIS	Écoutez. Vous choisissez le film et moi, je trouve une *gardienne* pour les petits. C'est d'accord?
PIERRE	Eh bien, dans ce cas, c'est d'accord!

Mots et structures à noter

essaient[1] *try;* **ça ne fait rien** *it doesn't matter;* **peut** *can;* **séance** *showing;* **quelqu'un** *someone;* **garder** *watch over, take care of;* **gardienne** *babysitter*

C'est votre tour. Vous avez décidé d'aller au cinéma avec vos amis Anne et David (joués par d'autres étudiants de la classe), mais vous avez de la difficulté à trouver une heure où vous êtes tous libres et vous avez des goûts très différents. Quel film allez-vous choisir?

Voici les éléments de la situation:

Anne travaille dans un magasin et elle ne finit jamais avant huit heures.
David a des examens cette semaine et il désire rentrer tôt pour étudier.
Les films qu'on joue et l'heure de chaque séance sont indiqués dans le journal à la page suivante.

---

[1] *For the conjugation of* **essayer,** *see verb charts in Appendix C.*

Ciné Fiche Angers

Semaine du
26-6-91 au 2-7-91

ARIEL 7 salles ☎ 41.88.57.06

JUNIOR LE TERRIBLE *Son Dolby stéréo*
Tous les jours : 14 h 10 - 20 h 20 - 22 h 40
JEUDI 27 : 13 h 00 - 15 h 00 - 17 h 00 - 20 h 30 - 22 h 40

LA RELÈVE *Son Dolby stéréo*
Tous les jours : 14 h 10 - 19 h 40 - 22 h 20
JEUDI 27 : 13 h 50 - 16 h 20 - 19 h 40 - 22 h 20

DANS LA PEAU D'UNE BLONDE
Tous les jours : 14 h 30 - 19 h 50 - 22 h 00
JEUDI 27 : 13 h 10 - 15 h 20 - 17 h 30 - 19 h 40 - 22 h 00

LA CRÉATURE DU CIMETIÈRE
Interdit aux moins de 12 ans *Son Dolby stéréo*
Tous les jours : 14 h 30 - 19 h 50 - 22 h 00
JEUDI 27 : 13 h 10 - 15 h 20 - 17 h 30 - 19 h 40 - 22 h 00

UNE ÉPOQUE FORMIDABLE
Tous les jours : 14 h 20 - 20 h 00 - 22 h 10
JEUDI 27 : 13 h 30 - 15 h 40 - 17 h 50 - 20 h 00 - 22 h 10

DELICATESSEN
Tous les jours : 14 h 00 - 20 h 10 - 22 h 30
Pas de séance à 14 h 00 le mercredi 26 juin
JEUDI 27 : 13 h 40 - 15 h 50 - 17 h 50 - 20 h 00 - 22 h 30

PERSONNE N'EST PARFAITE
Tous les jours : 14 h 10
JEUDI 27 : 13 h 40 - 15 h 50 - 17 h 50

LA REINE BLANCHE
Tous les jours : 20 h 10 - 22 h 30
JEUDI 27 : 20 h 00 - 22 h 30

Mercredi 26 juin, à 14 h 00 et 16 h 00, dans le cadre de la Fête du Cinéma :
Avant-première du film **LES TORTUES NINJA 2**

Gaumont Colisée ☎ 41.88.51.51

LA DOUBLE VIE DE VÉRONIQUE (V.O.)
Tous les jours : 13 h 55 - 20 h 15 - 22 h 20
Séance supplémentaire le 27 JUIN et dimanche à 16 h 00
Pas de séance dimanche soir

LE SILENCE DES AGNEAUX
Interdit aux moins de 16 ans *Son Dolby stéréo*
Tous les jours : 13 h 50 - 19 h 15 - 21 h 35
Séance supplémentaire le 27 JUIN et dimanche à 16 h 15
Pas de séance dimanche soir

JALOUSIE
Tous les jours : 14 h 00 - 20 h 00 - 22 h 00
Séance supplémentaire le 27 JUIN et dimanche à 16 h 00
Pas de séance dimanche soir

PRETTY WOMAN *Son Dolby stéréo*
Tous les jours : 13 h 45 - 19 h 15 - 21 h 40
Séance supplémentaire le 27 JUIN et dimanche à 16 h 10
Pas de séance dimanche soir

SCÈNE DE MÉNAGE
Tous les jours : 14 h 05 - 20 h 20 - 22 h 15
Séance supplémentaire le 27 JUIN et dimanche à 16 h 05
Pas de séance dimanche soir

Jeudi 27 juin FÊTE DU CINÉMA, ouverture des portes à 12 h 30

Intégration et perspectives: TV5 Europe. Brochure publicitaire

Un spectacle de variétés avec Stéphanie de Monaco

Égalité, Fraternité et Liberté . . .

La chaîne de la francophonie augmente son *temps d'antenne* et enrichit ses programmes.

Depuis la fin du mois de mai, la 18ème chaîne du câble *diffuse* tous les jours de 7 heures du matin jusqu'à midi et de 16 heures à une heure du matin.

Diffusée dans 40 capitales, d'Helsinki à Tel-Aviv, de Moscou à Alger, TV5 Europe est une véritable *vitrine* de la production audio-visuelle francophone. Parmi les programmes on trouve les *meilleures* émissions des Belges, des Suisses, et des Canadiens qui sont partenaires des chaînes françaises.

Des informations . . .

Neuf fois par jour, en *moyenne,* TV5 présente une vision internationale de l'actualité. Parmi ces nombreux magazines d'actualité, l'émission suisse «Temps présent» est de première qualité.

Des documentaires . . .

TV5 Europe, c'est aussi des documents. Les Belges sont très créatifs, et *il ne faut pas manquer* «Babel,» «Alice» ou «Azimuts.» «Feu vert» est un excellent magazine écologique importé du Canada. Le samedi de 10 heures à 13 heures, TV5 explore les archives de la télévision.

De la musique . . .

Le monde francophone est riche en musiques diverses. Pour les jeunes, Jean-Louis Foulquier présente les Francopholies de Montréal et de La Rochelle. Les Suisses animent «Carabine FM.» Pour les gens qui préfèrent la musique classique, la chaîne diffuse de nombreux concerts filmés par la télévision belge.

Et des divertissements

TV5 Europe propose de nombreuses heures de *divertissement.* Le mercredi *est consacré au* théâtre. Le samedi est consacré aux grandes *œuvres* de la littérature française adaptées pour la télévision. Le dimanche est le jour du cinéma francophone. TV Europe pense aussi aux étrangers qui étudient le français dans notre ville et propose chaque jour à 9 h 05, une demi-heure de cours de perfectionnement.

Et puis, avec le câble, vous avez la possibilité de regarder vos émissions favorites sans interruption et sans publicité!

Mots et structures à noter

temps d'antenne *broadcasting hours;* **depuis** *since;* **diffuse** *broadcast;* **vitrine** *showcase display;* **meilleures** *best;* **neuf fois par jour** *nine times a day;* **moyenne** *average;* **il ne faut pas manquer** *one must not miss;* **divertissement** *enjoyment, entertainment;* **est consacré au** *is devoted to;* **œuvres** *works*

*(Extrait et adapté de **Mosaïque, le journal de la télévision par câble**.)*

Compréhension. On vous a demandé de préparer une publicité pour TV5, la nouvelle chaîne francophon. Qu'est-ce que vous allez dire pour persuader les téléspectateurs de regarder cette chaîne? Indiquez au moins cinq avantages offerts par TV5.

Vie et culture: Téléguide

The following page, taken from the **TV Magazine** of **Le Figaro,** a popular French newspaper, gives the July 11 program highlights for a French television station. Explanations of each of the numbered items follow.

1. **Antenne 2**, a public television station, is one of the most popular television stations. **TF1** is also a widely watched station.
2. Note that programming hours go around the clock, reflecting a sizable increase in programming hours in recent years. Recent statistics indicate that the typical viewer over age 15 watches almost four hours of television daily.
3. **Télématin** includes news, weather, special features. Note also that news and weather are broadcast often throughout the day. **FR3**, another public station, offers regional broadcasting in an effort to provide better coverage of local events.
4. French television stations show many American soap operas.
5. For easy identification, programs are marked with marginal labels or symbols.
6. **Vacances animées** and **Hanna Barbera** are typical of the summer program offerings for children. As in the United States, cartoons are popular among children.
7. Note that the weather forecast is given several times each day; some stations include special forecasts about weather on the beaches of France: **météo plage.** Others offer special traffic reports because of the large number of motorists on the road during peak vacation times.
8. **Cyclisme: Tour de France,** which recaps the sixth day of the famous bicycle race, is but one of several programs devoted to the results of the race. This coverage reflects the intense interest in the Tour de France.
9. **Des Chiffres et des lettres** (there is also a **Des Chiffres et des lettres junior**) is a popular French quiz show; other popular shows include French versions of Wheel of Fortune **(La Roue de la fortune)**, Jeopardy, and Win, Lose or Draw **(Dessiné, c'est gagné)**.
10. American series are popular on French televison. They range from more recent series to older series.
11. **La Planète miracle** is typical of the many documentaries on French television.
12. Most French television stations offer a wide variety of movies, including many foreign films. Films rank among the most popular programs along with sports and variety shows.
13. Concerts, of both a classical and popular nature, and variety shows are a typical part of a station's programming and enjoy a great deal of success among television viewers.

JEUDI 11 JUILLET

ANTENNE 2 ❶

❷ **6.05 RUE CARNOT**
Feuilleton français.
Avec **Corinne Marchand.**

❸ **6.30 TÉLÉMATIN**
JOURNAL A 6.31, 7.00, 7.30, 8.00, 8.27
MÉTÉO A 6.35, 6.57, 7.26, 8.11
FLASH A 6.46, 7.14
Et les rubriques habituelles.

❹ **8.30 AMOUREUSEMENT VOTRE**
Feuilleton américain.
Avec **Susan Walters, Perry Stephens.**

8.55 AMOUR, GLOIRE ET BEAUTÉ
Feuilleton américain.
Avec **John MacCook, Susan Flannery.**

❺ **9.20 VACANCES ANIMÉES**
JEUNES Le Comte Mordicus - Les Tortues Ninja -
Super Mario.

❻ **10.35 HANNA BARBERA DINGUE DONG**
JEUNES *Présentation : Luc Hamet.*
**Kwicki koala - Les Pierrafeu - Yogi - Les
Frères George et Jo - Mystérieusement
vôtre, signé Scoubidou.**

11.35 MOTUS

12.00 FLASH

12.05 DESSINEZ... C'EST GAGNÉ !

12.30 LES MARIÉS DE L'A2

13.00 JOURNAL

❼ **13.35 MÉTÉO**

13.45 GÉNÉRATIONS
Feuilleton américain.
Avec **Pat Crowley, Lynn Hamilton.**

14.25 FAUCONS DE GLACE
Film TV de Jean-Pierre Heizmann.
Avec **Wolfram Berger, Alexandre Rads-
zun, Walo Luond, Tamara Rohloff.**

❽ **15.20 CYCLISME : TOUR DE FRANCE**
SIXIÈME ÉTAPE
Arras-Le Havre (259 km).
*Commentaires : Patrick Chêne,
Robert Chapatte, Jean-Paul Ollivier,
Thierry Blancot.*

17.35 FLASH

17.40 VIVE LE VÉLO
SPORTS *Présentation : Gérard Holtz.*
Le résumé de l'étape, avec les commentaires des coureurs, des directeurs sportifs et
d'observateurs de la course. Et le forum
«Vélo-Club» animé par **Patrick Chêne**, qui
réunira des journalistes.

❾ **18.10 DES CHIFFRES ET DES LETTRES**
Jeu. Présentation : Laurent Cabrol.

18.30 FLASH

❿ **18.35 MAC GYVER**
Série américaine.

19.25 LE JOURNAL DU TOUR
SPORTS Le résumé de la journée et les coulisses de
la course. Avec le résumé de l'étape de
Patrick Montel, les portraits des vedettes
ou des inconnus dénichés par **Dominique
Le Glou**, le gros plan de **Patrick Chêne**, la
séquence rétro de **Jean-Paul Ollivier.**

20.00 JOURNAL

20.45

❷ **SÉRIE DOCUMENTAIRE EN DIX PARTIES**

❶❶ # LA PLANÈTE MIRACLE

PRODUCTION : A2 ET NHK
RÉALISATION : SHIRO TAKENAKA
DEUXIÈME PARTIE

Australie, mer primitive

Australie : la mer primitve.

Sur les neuf planètes du système solaire, seule la
Terre possède une atmosphère dont la teneur en
oxygène soit suffisante pour permettre la vie.
Car des bactéries les plus primitives jusqu'à
l'homme, toutes les créatures terrestres ont
besoin d'oxygène pour vivre. Quelles circonstances et conditions exceptionnelles a-t-il fallu pour
que naisse cette atmosphère terrestre ? Il semble
que l'oxygène ait été produit par des créatures
organiques.
Aussi est-ce à la découverte de ces organismes
que «La planète miracle» nous entraîne aux
quatre coins du monde et tout d'abord en Australie où l'on trouve des stromalites : ces rochers
sont formés par des algues lentement solidifiées
descendant des anciens organismes qui produisi-
rent les premières traces d'oxygène sur la terre, il
y a trois milliards d'années. Avec des images
électroniques de la Terre, il y a 4,6 milliards
d'années, des paysages d'Australie : Ayers Rock, le
plus grand monolite du monde ; les arêtes déchi-
quetées des Monts MacDonnel ; le labyrinthe
naturel de Bungle Bungler et la baie d'Hamelin
Pool, qui ressemble fort à la mer primitive.

**21.45 LA GRANDE ATTAQUE
FILM DU TRAIN D'OR ★★**
*Aventures. Film de Michael
Crichton (Grande-Bretagne,
1979). Durée : 1 h 50. Scénario :
Michael Crichton, d'après son
roman «Un train d'or pour
la Crimée». Directeur de la photo : Geof-
frey Unsworth. Musique : Jerry Goldsmith.*
Avec **Sean Connery, Donald Sutherland,
Lesley-Ann Down, Alan Webb, Malcolm
Terris, Wayne Sleep, Robert Lang.**

FUJI
Fou de ciné

❷

---

respecté, échafaude le vol le plus auda-
cieux jamais tenté : dérober 25.000 livres
en or à bord d'un train partant du London
Bridge.
Quatre clés sont nécessaires pour ouvrir le
coffre. Pierce obtient la première en sé-
duisant la fille du directeur de la banque.
Pour la suite de son plan, il fait appel à
Agar, le meilleur pickpocket des milieux
interlopes londoniens, et à Miriam une
séduisante comédienne.

COLL. ALAIN PELÉ
Sean Connery, Lesley-Ann Down.

*Un film brillamment mis en scène, à
l'interprétation excellente et drôle du
tandem Sean Connery-Donald Sutherland avec, en prime, cette étincelle de
perversité tonique, typique du cinéma
et de l'humour britanniques.*

23.25 LES ARTS AU SOLEIL
L'actualité artistique de l'été.

23.40 JOURNAL
Présentation : Philippe Gassot.

23.50 MÉTÉO

23.55 CONCERT : JEAN-MICHEL JARRE ❶❸
♪♫♪ **PARIS LA DÉFENSE,
UNE VILLE EN CONCERT**
En stéréo sur Europe 2.
Le 14 juillet 1990, Paris s'enflammait sous
la magie des images et du son. De l'Arc de
Triomphe à l'Arche de la Défense, deux
millions de spectateurs étaient sur la planète Jarre. Nous retrouverons, ce soir, ce
magnifique spectacle : mélange baroque
de steel band et de synthétiseurs, d'images et de lumières, d'orchestre arabe et de
harpe laser, de marionnettes géantes et
d'ordinateurs... Au programme : «Oxygène IV», «Equinoxe IV», «Souvenir de
Chine», «Chants magnétiques II», «Ethni-
color - Zoolookologie», «Révolutions»,
Rendez-vous II», «Calypso II», «Calypso III -
Fin de siècle», «Calypso».

1.10 LE JOURNAL DU TOUR
SPORTS Le résumé de la journée et les coulisses de
la course.

1.40 DESTINATION DANGER
Série britannique.

2.00 LA NUIT SUR A2
INFO

2.40 C'ÉTAIT DIM DAM DOM
Reprise.

3.30 TOUR DU MONDE EN TRACTIONS
Document.

4.00 INFO

4.35 DES CHIFFRES ET DES LETTRES
Reprise.

Communication et vie pratique

A. Interprétation. Répondez aux questions suivantes selon les renseignements donnés dans le tableau.

l'audiensomètre tv-figaro

Mardi 30 juillet 1991	Sondage hier soir d'un échantillon de **300** téléspectateurs en France métropolitaine, où sont diffusées les six chaînes, réalisé pour *Le Figaro* par Konso-France		
	Avant 20 heures	**20 heures à 20 h 30**	**Après 20 h 30**
TF1	**21 %** La Roue de la fortune	**22 %** Journal	**21 %** SALVADOR *Indice de satisfaction : 13/20*
ANTENNE 2	**2 %** Des jours et des vies	**13 %** Journal	**11 %** SOLEIL DE NUIT *Indice de satisfaction : 13/20*
FR3	**11 %** Le 19/20 de l'information	**6 %** La Classe	**5 %** JE TUE IL *Indice de satisfaction : N. P.*
CANAL+	**3 %** Les Simpsons	**4 %** Les Nuls	**4 %** KARATÉ KID *Indice de satisfaction : N. P.*
5	**3 %** Kojak	**6 %** Journal	**11 %** DESPERADO *Indice de satisfaction : 13/20*
M6	**3 %** La Petite Maison dans la prairie	**5 %** Cosby Show	**6 %** LE TRÉSOR DES SUDISTES
Périphériques	**1 %** Divers	**1 %** Divers	**2 %** DIVERS
	56 % n'ont pas regardé la télévision	**43 %** n'ont pas regardé la télévision	**40 %** n'ont pas regardé la télévision

1. Est-ce que la majorité des gens regardent la télévision ou font autre chose avant huit heures du soir?
2. Quelle chaîne est-ce que la majorité des téléspectateurs regardent avant huit heures? Et entre huit heures et huit heures et demie? Et après huit heures et demie?

3. Quel pourcentage de gens ont regardé le journal télévisé? À quelle heure et sur quelle chaîne?

4. Est-ce que «La Roue de fortune» est une émission très populaire en France? Sur quelle chaîne est-ce qu'elle passe?

5. Quel pourcentage de téléspectateurs regardent «La Petite maison dans la prairie»? À quelle heure et sur quelle chaîne passe cette émission?

6. Quel est le pourcentage des téléspectateurs qui regardent les chaînes périphériques?

7. Quelles sont les séries américaines qu'on peut regarder à la télévision française le mardi soir?

B. Votre sélection. Utilisez l'extrait du **TV Magazine** présenté à la page 185 et indiquez votre choix de programmes.

1. Choisissez un ou deux programmes pour les personnes suivantes:

   Quelqu'un qui a des enfants
   Quelqu'un qui aime beaucoup la musique
   Quelqu'un qui désire savoir tous les détails du Tour de France
   Quelqu'un qui passe son temps à regarder des feuilletons et des séries
   Quelqu'un qui aime seulement les documentaires scientifiques

2. Ensuite choisissez les trois ou quatre programmes que vous allez regarder et expliquez votre choix.

C. Télévision: sélections du soir. La speakerine va vous annoncer quelques-unes des émissions qu'on va présenter ce soir à la télévision. Pour chaque émission mentionnée, indiquez l'heure, la chaîne, et le type de programme.

D. Vous êtes le commissaire Maigret. Vous avez été invité(e) à jouer le rôle du célèbre commissaire Maigret dans un film. Il y a eu un crime dans le quartier et vous allez interroger les différents suspects (joués par d'autres étudiants de la classe) qui essaient de prouver leur innocence. Demandez à chaque suspect . . .

1. à quelle heure il/elle a quitté sa maison
2. où il/elle est allé(e)
3. à quelle heure il/elle est arrivé(e) à sa destination
4. ce qu'il/elle a fait et avec qui il/elle a parlé
5. combien de temps il/elle est resté(e) à cet endroit
6. à quelle heure il/elle est rentré(e) à la maison
7. ce qu'il/elle a fait après son retour

Prononciation et orthographe

A. Some consonant sounds are pronounced slightly differently in French and in English. In particular, /p/, /t/, and /k/ are not "exploded" or released with the same force as in English. The French pronunciation of these sounds is similar to their pronunciation in English when they follow an **s.** (Compare: pair, spare; top, stop; kit, skit.) Listen and repeat:

patient	télévision	confortable
police	talent	colonie

petit	téléphone	commander
pays	travailler	capitale

B. To pronounce the French /l/, the tip of the tongue is placed against the upper front teeth rather than on the ridge behind the teeth as in English. Listen and repeat:

le	valise	ville
la	milieu	tranquille
loin	village	salle
liberté	soleil	hôtel
livre	aller	quelle

C. In French, all consonant sounds occurring at the end of a word (when there is a written consonant followed by the letter **e**) are pronounced with much more clarity than in English. Notice also how the pronunciation of the final consonant distinguishes the feminine from the masculine form of many adjectives. Listen and repeat:

content/contente	parfait/parfaite	sérieux/sérieuse
patient/patiente	grand/grande	heureux/heureuse
petit/petite	français/française	blanc/blanche

D. When the letter **s** occurs between two vowels, it is pronounced /z/ as in **poison**. When there are two **s**'s, the sound is always /s/ as in **poisson**. The sound /s/ also corresponds to the following spellings: **ç**; **c** followed by **i** or **e**; and **t** in the **tion** ending (**ça, ceci, nation**). Compare and repeat:

ils ont/ils sont	nous avons/nous savons
poison/poisson	deux heures/deux sœurs
désert/dessert	

E. Practice repeating this short conversation.

—Vos deux sœurs travaillent aussi à Paris?
—Non, dans une petite ville, à deux heures d'ici.
—Elles n'ont pas pu trouver de travail à Paris?
—Si, mais elles ont préféré la province. C'est une vie plus tranquille.

Vocabulaire

La télévision (Voir pp. 162–163)
L'heure (Voir p. 166)
Choisir et les verbes du deuxième groupe (Voir p. 178)

Noms

les **affaires** (f)......*things, belongings*
les **renseignments** (m)......*information*
le **château**......*castle, chateau*
le **divertissement**......*entertainment*
la **forêt**......*forest*
le/la **gardien/nne** (mf)......*babysitter*
la **moyenne**......*average*
l'**œuvre** (f)......*work*
la **séance**......*session, showing*
le **suivant**......*the next one, the following*
la **vitrine**......*showcase, display window*

Adjectifs

consacré......*dedicated*
gros/se......*large*
juste......*close, tight* just
sage......*good, well-behaved*

Verbes

essayer......*to try*
garder......*to take care of, keep*
manquer......*to miss*
oublier......*to forget*
persuader......*to persuade, convince*
pique-niquer......*to picnic*
quitter......*to leave*

Divers

ça ne fait rien......*that doesn't matter*
ce que......*what*
depuis......*since*
il ne faut pas......*you must not*
il vaut mieux......*it is better*
le meilleur......*the best*
pourtant......*yet, however*
quelqu'un......*someone*

CHAPITRE 8

La pluie et le beau temps

Fonctions

Point de départ
Comment exprimer vos réactions et
  vos besoins
Pour parler de vos activités
  quotidiennes
Pour demander des renseignements

Pour parler des événements passés

Structures

Le temps qu'il fait
Les expressions idiomatiques avec
  avoir
Les verbes conjugués comme **venir** et
  comme **partir**
Les questions par inversion et les mots
  interrogatifs
Les verbes conjugués avec **être**

Point de départ: Le temps qu'il fait

Chaque (*each*) jour la météo annonce le temps (*weather*) qu'il va faire. Voici une carte de France indiquant le temps qu'il fait dans chaque région et les mots (*words*) et expressions qui correspondent aux symboles utilisés.

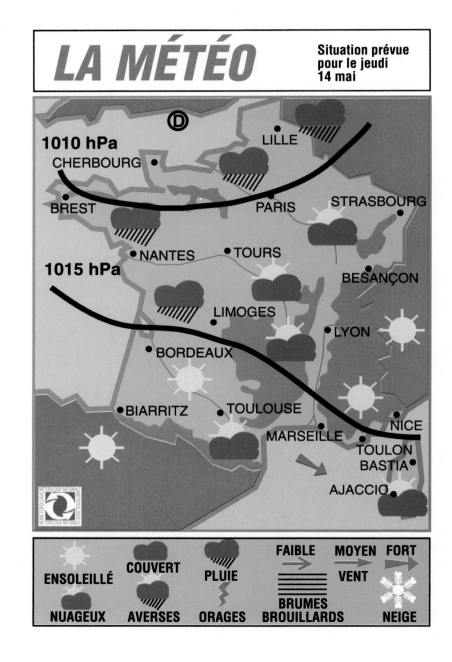

Symboles: **Mots et expressions à utiliser pour parler du temps:**

Aujourd'hui, il fait beau.

Il fait du soleil.

Il fait chaud. hot

Hier, il a fait beau.

Demain, il va faire beau.

Le temps est couvert (*cloudy*).

Le ciel est gris (*gray, cloudy*).

Aujourd'hui, il pleut (*is raining*).

Il fait mauvais. Nasty

Hier, il a plu.

Demain, il va pleuvoir.

Le temps est nuageux (*partly cloudy*).

Il y a des nuages dans le ciel.

Il va y avoir des averses (*showers*).

Il va faire mauvais.

Il va y avoir des orages (*storms*).

Il va faire de l'orage.

Il y a du brouillard (*fog*).

Il fait du brouillard.

Il neige.

Il va neiger.

Il fait froid (*cold*).

Il fait du vent (*wind*).

La température est de 15 degrés.

La température va monter (*to go up*) jusqu'à 30 degrés.

Communication et vie pratique

A. Le temps en France aujourd'hui. Using the weather map on p. 192, tell what the weather is like in different French cities.

> EXEMPLE   Paris
> **À Paris, le ciel est couvert.**

B. Quel temps fait-il? A Paris newspaper has reported the following temperatures and weather conditions in major foreign cities. Describe the weather in each city.

> EXEMPLE   Berlin 10° PV
> **À Berlin, la température est de 10 degrés.**
> **Il pleut et il fait du vent.**

Températures et conditions météorologiques			
N = neige P = pluie V = vent C = couvert O = orage S = soleil			
Paris	10° VP	Melbourne	25° OV
Madrid	14° S	Oslo	7° S
New York	2° N	Berlin	10° PV
Londres	8° C	Rome	13° SV

C. Bulletin météorologique. Prepare your own weather forecast, indicating yesterday's and today's weather. Include and predict what tomorrow's weather will be like. Your forecast might be for your own town, for a city or town in the French-speaking world, or for a country where the climate is either ideal or miserable.

Vie et culture: La France et son climat

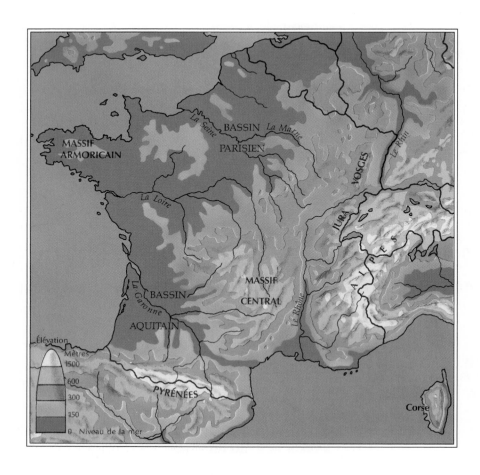

La France est un pays au climat modéré et varié. La variété de son *relief* contribue aussi à la variété du climat et des paysages naturels. Si vous regardez la carte, vous pouvez distinguer les grandes régions naturelles.

topography, scenery

1. **Les régions montagneuses.** Il y a deux types de montagnes: les montagnes jeunes aux sommets *élevés* (les Alpes, les Pyrénées) et les montagnes anciennes (le Massif central et les Vosges).

high

2. **Les plateaux et les plaines** situés surtout dans le Nord et l'Ouest du pays: le Bassin parisien et le Bassin aquitain.
3. **La vallée du Rhône** entre les Alpes et le Massif central.

Vous pouvez aussi noter les principaux *fleuves*: la Seine, la Loire, la Garonne, et le Rhône.

large rivers

On distingue quatre zones climatiques différentes.

1. **Le climat atlantique** (à l'Ouest): hivers *doux* et humides et *pluies* fréquentes en toute saison.

mild / rain

2. **Le climat continental** (dans le Nord): contrastes plus marqués, hivers froids, étés assez chauds.
3. **Le climat montagnard** (surtout dans les Alpes): hivers longs et très froids et neige abondante.
4. **Le climat méditerranéen** (en Provence et dans le Languedoc): hivers très doux et étés chauds et *secs*; climat particulièrement agréable, excepté quand le Mistral *souffle*. (Le Mistral est un vent violent qui souffle dans la partie sud de la Vallée du Rhône.)

dry
blows

Fonctions et structures

Comment exprimer vos réactions et vos besoins

Les expressions idiomatiques avec avoir

We frequently indicate how we feel, what our opinions are, and what our needs are. Many of the expressions that are used to communicate these ideas use the verb **avoir.**

A. Reactions and feelings

avoir froid *to be cold*	Nous **avons froid.**
avoir chaud *to be hot*	J'**ai** trop **chaud.**
avoir faim *to be hungry*	Est-ce que tu **as faim?**
avoir soif *to be thirsty*	Nous **avons** très **soif.**
avoir sommeil *to be sleepy*	Ils **ont sommeil.**
avoir peur *to be afraid*	Elle n'**a** pas **peur** des chiens.

B. Opinions

avoir raison *to be right*	Tu **as raison** d'être très prudent.
avoir tort *to be wrong*	J'**ai eu tort** de faire ça.
avoir l'air *to appear, look, seem*	Il n'**a** pas **l'air** content.
avoir de la chance *to be lucky*	Tu **as eu de la chance!**

C. Intentions and needs

avoir l'intention de *to intend*

J'**ai l'intention de** rester à la maison.

avoir envie de *to feel like, want*

Est-ce que tu **as envie d'aller au ciné?**

avoir besoin de *to need*

J'**ai besoin de** prendre des vacances.

avoir l'occasion de *to have the chance, the opportunity*

Est-ce que tu **as** déjà **eu l'occasion de** voyager en Afrique?

avoir l'habitude de *to be in the habit of, be used to*

Je n'**ai** pas **l'habitude de** faire ça.

D. **Avoir** is also used in other idiomatic expressions such as **avoir lieu** (*to take place*).

Le concert **a eu lieu** dimanche après-midi.

Premiers pas

A. Descriptions. Describe the reactions and feelings of the people in the illustrations.

EXEMPLE   Robert . . .
Robert a chaud.

1. Suzanne . . .

2. Nous . . .

3. Vous . . .

4. Marcel et Roger . . .

5. Mon frère . .

6. Je . . .

7. Tu . . .

8. Son ami . . .

B. Petites conversations. Complete each of the following dialogues with an appropriate **avoir** expression. Then alone, or with another student, create similar exchanges with **avoir** expressions.

EXEMPLE   **MARC**   On va au café?
                PIERRE   Oui, je . . .
Oui, j'ai soif.

1. **LA MÈRE**   Il faut manger ta viande, mon petit!
   L'ENFANT   Mais, maman, je . . .
2. **L'ÉTUDIANT**   New York est la capitale des États-Unis.
   LE PROFESSEUR   Mais non, vous . . .
3. **M. DUPONT**   Où est-ce que vous allez en vacances cette année?
   MME LECLERC   Je ne suis pas sûre, mais nous *avon* aller sur la Côte d'Azur.
4. **JEAN-LUC**   Je voyage toujours en avion—c'est très rapide.
   CLAUDE   Pas moi! Je n'aime pas les avions; je . . . d'avoir un accident.
5. **PAUL**   Est-ce qu'on va danser ce soir?
   CHANTAL   Non, pas ce soir. J'ai travaillé jusqu'à minuit hier soir et je . . .
6. **LE PROFESSEUR**   Vous n'avez pas encore fait vos devoirs?
   L'ÉTUDIANT   Non, monsieur. Mais je . . . travailler aujourd'hui.

C. Questions/Interview. Choose one or both of the suggested topics and ask another student the questions relating to that topic.

Pendant le week-end

1. Qu'est-ce que tu as l'habitude de faire pendant le week-end?
2. Et ce week-end, qu'est-ce que tu as envie de faire?
3. Est-ce que tu as l'intention d'étudier?
4. Est-ce que tu as besoin d'étudier? Si oui, pour quels cours?
5. Est-ce que tu as l'intention de sortir avec tes amis? Si oui, où est-ce que tu as l'intention d'aller?

Vacances et voyages

1. Qu'est-ce que tu as l'intention de faire pendant les vacances d'été?
2. Est-ce que tu as l'intention de travailler, d'aller à l'université, ou de prendre des vacances?
3. Est-ce que tu as l'intention de faire un voyage? Si oui, où est-ce que tu as envie d'aller?
4. Est-ce que tu as envie de voyager dans un pays étranger? Si oui, dans quel pays?
5. Est-ce que tu as déjà eu l'occasion de voyager dans un pays étranger? Si oui, dans quel pays?
6. Est-ce que tu as déjà eu l'occasion de voyager aux États-Unis? Dans quelles régions est-ce que tu es déjà allé(e)?

D. Soyez les bienvenus! You are welcoming some French friends to your home and want to make sure they are comfortable. What would you say to ask them the following?

EXEMPLE   Ask Jean-Pierre if he is hungry.
   Est-ce que tu as faim?

1. Ask Madeleine if she is hungry also.
2. Ask them if they are thirsty.
3. Ask Madeleine what she feels like doing tonight.
4. Ask Jean-Pierre if he needs anything.
5. Tell them that they look tired.
6. Ask them if they are sleepy.
7. Ask them if they need to go to the bank.
8. Ask them if they are cold.

C'est la vie!

Situation: Une excursion en montagne

C'est la première fois que les amis de Francis ont l'occasion de faire une excursion en montagne. Tout le monde est fatigué.

FRANCIS	Ça va, Pierre? Tu as l'air fatigué . . .
PIERRE	Oui, j'ai chaud *et j'ai mal partout.*
ARMAND	Nous aussi, on est fatigué et on a faim! On a besoin de manger quelque chose.
FRANCIS	Vous avez raison, on va faire une petite pause.
SABINE	Une petite pause? Tu as l'intention de marcher encore longtemps?
FRANCIS	Il faut choisir. On peut continuer jusqu'au chalet ou on peut passer la *nuit dehors.* Alors, qu'est-ce que tu as envie de faire?

Mots et structures à noter

j'ai mal *I hurt;* **partout** *everywhere, all over;* **nuit** *night;* **dehors** *outside*

C'est votre tour. *Vous faites une excursion à bicyclette avec un groupe d'amis (joués par trois ou quatre étudiants). Deux personnes sont super enthousiastes et ne sont jamais fatiguées; les deux autres ne sont jamais contents (par exemple, ils ont trop chaud; ils n'ont pas envie de continuer). Imaginez la conversation et jouez la scène.*

Pour parler de vos activités quotidiennes

Les verbes conjugués comme venir *et comme* partir

There are three ways to talk about actions that relate closely to what goes on in the present:

1. Anne **va préparer** le dîner.
   Aller + INFINITIVE is used to indicate that an action is about to take place.
2. Anne **est en train de préparer** le dîner.
   Être en train de + INFINITIVE is used to express an action in the process of taking place.

3. Anne **vient de préparer** le dîner.
   venir de + INFINITIVE is used to express an action that has just taken place.

Venir without **de** means *to come*. It is an irregular verb that is conjugated with **être** in the **passé composé**.

venir	
je **viens**	nous **venons**
tu **viens**	vous **venez**
il/elle/on **vient**	ils/elles **viennent**

passé composé: **je suis venu(e)**

Elle n'**est** pas **venue** en classe aujourd'hui.
Est-ce qu'il **vient** du Maroc?
Non, il **vient** de Tunisie.

Other verbs that are similar to **venir** in the present tense (and also require **être** in the **passé composé**):

| devenir | *to become* | Le ciel **est devenu** nuageux. |
| revenir | *to come back, to return* | Je **suis revenue** à onze heures. |

The opposite of **venir** is **partir** (*to leave*) or **sortir** (*to go out*). Although these verbs end in **ir**, they are not conjugated like **finir**. Note also that they use **être** in the **passé composé**.

partir		sortir	
je **pars**	nous **partons**	je **sors**	nous **sortons**
tu **pars**	vous **partez**	tu **sors**	vous **sortez**
il/elle/on **part**	ils/elles **partent**	il/elle/on **sort**	ils/elles **sortent**

passé composé: **je suis parti(e)**   passé composé: **je suis sorti(e)**

A quelle heure **partez**-vous?   Ce soir **je sors** avec des amis.
Ils **sont partis** ce matin.   Est-ce que Chantal **est sortie** avec Gérard?

Premiers pas

A. D'où viens-tu? Students taking the courses at the **Université de Bordeaux** are telling each other where they are from. What do they say?

> **EXEMPLE**   Mounir / Tunisie
> **Mounir vient de Tunisie.**

1. Brahim / Maroc
2. je / Canada
3. nous / Allemagne
4. Marc et Elise / Suisse
5. tu / Belgique
6. vous / Sénégal

B. Avant, pendant, et après. Use the illustrations to tell what Robert Lefranc and his friends are going to do, are doing, and have just done.

EXEMPLE   **Il va manger.**
Il est en train de manger.
Il vient de manger.

C. Habitudes. Give a time of the day and have other students tell you what they are normally doing at that time, what they have just done, and what they are going to do.

EXEMPLE   **D'habitude, qu'est-ce que tu fais à huit heures du soir?**
En général, je suis en train de faire la vaisselle. Je viens de finir de manger. Et après, je vais faire mes devoirs.

D. Qu'est-ce qu'ils deviennent? A friend is catching you up on the latest news. What does he tell you?

EXEMPLE   Marc/ partir en vacances
Marc part en vacances.

1. Moi, je/partir aussi en vacances
2. Sophie et Pierre/sortir ensemble
3. Josette/partir à Paris demain
4. Paul et moi, nous/sortir ensemble ce soir
5. Mes cousins/venir dimanche
6. tu/venir aussi dimanche?

E. Points communs. See if you and other students have had the same experiences by asking them the following questions.

1. Est-ce que tu viens de commencer tes études ici?
2. De quelle ville est-ce que tu viens?
3. À quel lycée est-ce que tu es allé(e)?
4. Et tes amis du lycée, qu'est-ce qu'ils sont devenus?
5. À ton avis, est-ce que les études deviennent plus faciles après la première année?
6. Est-ce que tu as l'intention de revenir à l'université l'an prochain?
7. Est-ce que tu as le temps de sortir pendant la semaine?
8. Est-ce que tu es sorti(e) le week-end passé? Si oui, où es-tu allé(e)?

C'est la vie!

Situation: *Qu'est-ce que tu deviens?*

Mathieu *rencontre* son vieil ami Raymond. Ils échangent des *nouvelles*.

MATHIEU	Alors, qu'est-ce que tu deviens?
RAYMOND	Aujourd'hui, je reviens de Milan et la semaine prochaine, je pars à Londres. Ça devient *fatigant*.
MATHIEU	Si tu as le temps, viens dîner chez nous ce soir.
RAYMOND	Impossible, je sors avec Natacha.
MATHIEU	Ingrid et toi, vous ne sortez plus ensemble?
RAYMOND	Non, c'est fini. Elle est repartie en Allemagne. Et vous deux, comment ça va?
MATHIEU	Nous venons d'acheter une maison, et . . . je vais bientôt être papa!
RAYMOND	Eh bien, *félicitations!*

Mots et structures à noter

qu'est-ce que tu deviens *what's become of you;* **rencontre** *meets;* **nouvelles** *news;* **fatigant** *tiring;* **félicitations** *congratulations*

C'est votre tour. Un(e) de vos ami(e)s téléphone pour vous inviter à sortir. Malheureusement, vous êtes très occupé(e) (ou vous n'avez pas envie de sortir). Quelles excuses allez-vous donner? Voici quelques suggestions.

- vous allez avoir un examen demain et vous êtes en train d'étudier
- vous venez de rentrer et vous n'avez pas encore eu le temps de manger
- vous êtes sorti(e) cet après-midi avec des amis
- vous partez en voyage demain
- vous avez sommeil et vous avez envie de rester chez vous ce soir
- vous avez des amis qui vont arriver d'une minute à l'autre
- ?

Pour demander des renseignements

Les mots interrogatifs et les questions par inversion

You already know how to ask questions by using intonation, **est-ce que,** and **n'est-ce pas.** You have also seen examples of question words (e.g., **où, qui, combien**) used with **est-ce que:**

>**Où** est-ce que vous allez?
>**Avec qui** est-ce que tu vas voyager?

A. Another more formal way to ask questions that is often used in writing is by inverting (reversing) the verb and a subject pronoun and hyphenating them. Inversion is used with all subject pronouns except **je.**

Il pleut souvent.	**Pleut-il** souvent?
Vous venez demain.	**Venez-vous** demain?
C'est un climat agréable.	**Est-ce** un climat agréable?
Ils préfèrent sortir.	**Préfèrent-ils** sortir?
On parle français ici.	**Parle-t-on** français ici?
Il y a eu un orage.	**Y a-t-il eu** un orage?

Note that in the third-person singular, **–t–** is added when the verb does not already end in **t** or **d.**

B. When the subject of the sentence is a noun, a subject pronoun of the same number and gender is added for inversion.

>**Pierre part-il** aujourd'hui?
>**Charles et Julien sont-ils** ici?
>**Votre télévision marche-t-elle** bien?

C. In compound tenses such as the **passé composé,** only the conjugated verb is inverted.

>**Avez-vous eu** l'occasion de voyager en Chine?
>Où Serge **est-il allé?**
>Comment Michel et Denise **ont-ils trouvé** le climat?

D. Inversion may be used after question words:

qui	**Avec qui sors-tu?**
que (*what*)	**Que faites-vous** lundi soir?
où	**Où vont-ils?**
quand	**Quand partez-vous?**
comment	**Comment allez-vous** voyager?
pourquoi	**Pourquoi prennent-elles** le train?
combien	**Combien est-ce?**

Premiers pas

A. Questionnaire. The **Chambre de Commerce** of Lyon is preparing a questionnaire to give to people who stay in their city. Convert the **est-ce**

que questions in the rough draft of their questionnaire to questions with inversion.

> **EXEMPLE**   Est-ce que vous avez déjà visité Lyon?
> **Avez-vous déjà visité Lyon?**

1. Combien de temps est-ce que vous êtes restés à Lyon?
2. Quel jour est-ce que vous êtes arrivés?
3. Dans quel hôtel est-ce que vous êtes restés?
4. Comment est-ce que vous avez trouvé l'hôtel?
5. Dans quels restaurants est-ce que vous avez mangé?
6. Comment est-ce que vous avez trouvé les repas?
7. Est-ce que vous avez visité le vieux Lyon?
8. Est-ce que vous avez envie de revenir à Lyon?

B. À l'agence de voyages. Like increasing numbers of French people, Monsieur Barennes is making plans to go to a warmer climate for a winter vacation. Using the travel agent's answers as a guide, give the questions Monsieur Barennes asked about Guadeloupe.

> **EXEMPLE**   Oui, il y a de très bons hôtels.
> **Y a-t-il de bons hôtels?**

1. Il fait très chaud là-bas en hiver.
2. Non, il ne pleut presque jamais.
3. Oui, les hôtels sont assez chers en cette saison.
4. Oui, il y a de très bons restaurants.
5. Il y a deux Clubs Med à la Guadeloupe.
6. Le voyage en avion coûte environ quatre mille francs.
7. Un séjour de quinze jours va coûter environ 10 500 francs.
8. Les plages sont sensationnelles.

C. Projet de séjour en France. You are planning to study at Aix-en-Provence for a year and are preparing a list of specific questions to include in a letter to the **Syndicat d'Initiative.** Use the suggestions provided to prepare your questions, and feel free to add other questions that you would like to be answered.

> **EXEMPLE**   Demandez . . .
> si la ville est agréable
> **La ville est-elle agréable?**

1. si c'est une grande ville
2. s'il y a un aéroport
3. s'il y a une piscine
4. quel temps il fait en hiver
5. quand les cours pour étrangers commencent
6. où il y a des résidences universitaires
7. si les chambres et les appartements en ville sont chers
8. quels monuments il y a à visiter
9. ?

D. Au Syndicat d'Initiative. Imagine you have just arrived in Nice on the **Côte d'Azur** and are at the tourist bureau. What kinds of questions would you ask about Nice (weather, hotels, tourist attractions, cultural events, university)?

> EXEMPLE   **Y a-t-il un bon hôtel près d'ici?**

C'est la vie!

Situation: Arrivée à hôtel

Madame et Monsieur Delporte ont décidé à la dernière minute d'aller passer le week-end dans une *station de ski*. Le problème est de trouver un hôtel.

M. DELPORTE	Avez-vous une chambre libre?
L'EMPLOYÉ	Pour combien de personnes?
M. DELPORTE	Trois personnes. Deux adultes et un enfant.
L'EMPLOYÉ	Désirez-vous une chambre *à deux lits* ou deux chambres séparées?
MME DELPORTE	Une chambre à deux lits.
L'EMPLOYÉ	Avec ou sans salle de bain?
MME DELPORTE	Avec salle de bain si ce n'est pas trop *cher*. Combien est-ce pour la nuit?
L'EMPLOYÉ	325 francs.
M. DELPORTE	Le petit déjeuner est-il *compris?*
L'EMPLOYÉ	Oui, tout est compris.

Mots et structures à noter

station de ski *ski resort;* **à deux lits** *with two beds;* **cher** *expensive;* **compris** *included*

C'est votre tour. Imaginez que vous voyagez avec deux amis. Vous venez d'arriver à Angers et vous cherchez une chambre pour la nuit. Vous entrez dans un hôtel près de la Gare et vous parlez avec l'employé(e), joué(e) par un(e) autre étudiant(e). Utilisez la **Situation** comme guide et imaginez la conversation.

Pour parler des événements passés

Les verbes conjugués avec être

You have already learned that some verbs (e.g., **aller**) require **être** as the auxiliary verb in the **passé composé**. Additional verbs for which this is true can be grouped in the following way:

A. Verbs indicating a change of state:

naître (*to be born*)	Elle **est née** le 12 octobre.
mourir (*to die*)	Ils **sont morts** dans un accident.
tomber (*to fall*)	Je **suis tombée**.
tomber malade (*to become ill*)	Elle **est tombée** malade.

| devenir | Elle **est devenue** célèbre. Qu'est-ce qu'elles **sont devenues?** |
| arriver (*to happen*) | Qu'est-ce qui **est arrivé?** |

B. Verbs indicating actions related to location (coming, going, remaining, leaving, etc.):

entrer/sortir	Elle **est sortie** de l'épicerie et elle **est entrée** dans un autre magasin.
aller/venir	Je **suis allée** chez vous mais vous n'**êtes** jamais **venu** chez moi.
partir/arriver	Ils **sont partis** le 15 août et ils **sont arrivés** le 16.
rester/revenir	Ils **sont restés** deux semaines sur la Côte et ils **sont revenus** le 1er septembre.
monter/descendre	Une personne **est montée** dans l'autobus; deux autres **sont descendues.**
aller/retourner	Robert **est allé** en France cette année. Il espère **retourner** en France l'an prochain.
rentrer	Nous **sommes rentrés** à notre hôtel à minuit.
passer	Nous **sommes passés** devant l'Opéra.

Premiers pas

A. **Il y a des gens qui travaillent . . .** The driver of a sightseeing bus in Monaco is telling you what happened earlier today. Using the cues provided, tell what he says.

> **EXEMPLE**   je/arriver à l'hôtel à midi
> **Je suis arrivé à l'hôtel à midi.**

1. les touristes/sortir de l'hôtel
2. ils/monter dans le bus
3. nous/partir à midi et quart
4. nous/passer devant le casino
5. nous/arriver au Palais à deux heures
6. les touristes/descendre de l'autobus
7. ils/entrer dans le Palais
8. je/revenir à la gare
9. je/rester là pendant deux heures
10. je/retourner chercher les touristes

B. **Et d'autres qui voyagent.** Jean-Luc is telling you about the trip he and his brother, Alain, took to Canada last summer. Using the cues provided, create sentences describing their trip.

> EXEMPLES   partir de Paris le 1er août
> **Nous sommes partis de Paris le 1er août.**

1. aller à l'aéroport Charles de Gaulle
2. arriver à Montréal à midi
3. déjeuner à l'aéroport
4. aller à l'hôtel
5. monter dans notre chambre
6. téléphoner à des amis canadiens
7. sortir pour visiter la ville
8. boire un verre dans un café
9. rentrer à l'hôtel

C. **Expériences communes.** Interview other students in your class in order to find one or several students who have done the following things. Then report your findings to the rest of the class.

> Trouvez un ou plusieurs étudiants . . .

1. qui sont nés le même jour ou le même mois
2. qui sont nés dans la même ville
3. qui sont allés au même lycée
4. qui sont venus à l'université la même année
5. qui sont déjà allés en France ou dans un pays où on parle français
6. qui sont sortis vendredi soir
7. qui sont rentrés très tard samedi soir
8. qui ne sont pas partis en vacances l'été dernier

D. **Votre emploi du temps.** Using verbs you know, describe what you did yesterday or on a day when you were particularly busy.

> EXEMPLE   **Je suis sorti(e) de chez moi à sept heures et quart. J'ai rencontré quelques amis dans la rue et nous sommes allés prendre un café ensemble.**

E. **Une vie.** Tell about the life of a real or imaginary person (e.g., ancestor, an early pioneer, a famous person). Use the following suggestions to tell about this person's life.

- où et quand il ou elle est né(e)
- en quelle année il ou elle a quitté son pays
- quand il ou elle est venu(e) aux États-Unis
- combien de temps il ou elle est resté(e) dans différentes villes ou régions
- s'il (si elle) est retourné(e) dans son pays d'origine
- où il ou elle a rencontré son mari (sa femme)
- s'il (si elle) a eu des enfants
- ce que ses enfants sont devenus
- quand il ou elle est mort(e)

C'est la vie!

Situation: Un vrai fiasco!

Chaque année un grand nombre de Français—et d'*étrangers*—vont sur la Côte d'Azur pour *profiter du* soleil et de la *mer.* Cette année Monsieur et Madame Richard, des Bruxellois, ont décidé de passer leurs vacances à Antibes. Mais leur *séjour* n'a pas été très agréable.

UNE AMIE	Vous n'êtes pas descendus sur la Côte cette année?
MME RICHARD	Si, mais nous ne sommes pas restés longtemps.
L'AMIE	Pourquoi? Qu'est-ce qui est arrivé?
MME RICHARD	Nous avons eu toutes sortes d'*ennuis.* Nous sommes passés par les Alpes et la voiture *est tombée en panne.* Nous sommes arrivés à trois heures du matin!
L'AMIE	Il a fait beau pendant votre séjour?
MME RICHARD	Non, il a fait mauvais tout le temps. Alors, nous sommes revenues à Bruxelles.

Mots et structures à noter

étrangers *foreigners;* **profiter de** *take advantage of;* **mer** *sea;* **séjour** *stay;* **ennuis** *difficulties, problems;* **est tombée en panne** *broke down*

C'est votre tour. Vous aussi, vous avez fait un voyage qui a été un vrai fiasco. Vos amis (joués par d'autres étudiants) désirent savoir ce qui est arrivé. Ils posent toutes sortes de questions.

Le voyage: destination, date et heure du départ; moyen de transport utilisé; ennuis pendant le voyage; date et heure d'arrivée, etc.

Le séjour: vos activités; les excursions que vous avez faites et les ennuis que vous avez eus pendant les excursions, etc.

Le retour: Date et heure de départ; par quelles villes vous êtes passés; ce qui est arrivé pendant le voyage, etc.

Le temps qu'il a fait: Il a plu tout le temps; il a fait trop chaud, etc.

L'hôtel: Les employés; le confort, le prix des chambres.

La voiture: voiture en panne, etc.

Les enfants: enfants pas sages, etc.

Intégration et perspectives: Adieu la pluie, bonjour le soleil[1]

La Réunion

[1] *The new words in this text are not glossed. Try to guess the meaning of these words from their context. Be sure to read not only what precedes the word but also what follows. Word families can be helpful (e.g., **chanter—chanteur, chanteuse, chanson**).*

Mme Magnien vient de recevoir une lettre de son neveu Daniel qui fait son service militaire à la Réunion, un des départements français d'outre-mer situé dans l'océan Indien.

Saint-Pierre, le 25 avril

Chère tante,

Ça fait deux mois que je suis à la Réunion où je fais mon service militaire dans la coopération. Je suis arrivé dans cette magnifique île le 23 janvier, au milieu de "notre" hiver. Mais quel contraste! Adieu la pluie, la neige et le froid. Bonjour le soleil, la végétation tropicale, le surfing!

Eh oui, je suis devenu un passionné de ce sport! Les vagues sont si hautes et si régulières que c'est un paradis pour les surfistes. Par contre, les belles plages sont rares car la côte est très sauvage. En fait, l'île est très montagneuse. C'est une succession de canyons, plantations de vanille, et de forêts. Il y a même plusieurs volcans qui sont encore en activité.

Je profite de mon temps libre pour visiter l'île (qui est très petite en comparaison avec la France). En voiture, il est possible de faire le tour de l'île en trois heures. Mais, en réalité, le paysage est si beau et si varié qu'on a envie de s'arrêter partout. J'ai déjà pris des centaines de photos.

Des copains de Lyon sont venus passer huit jours ici. Pendant leur séjour, nous avons fait l'ascension d'un des volcans. Nous sommes partis à pied et nous avons marché et campé dans la nature pendant trois jours. Quel souvenir merveilleux!

Mon travail est assez agréable. Je suis conseiller technique dans une coopérative agricole. Je suis vite devenu ami avec les autres employés et les gens ici sont très accueillants. Je suis sûr que mes deux années à la Réunion vont passer très vite.

Je viens de recevoir une lettre de mes parents. Ils ont l'intention de venir ici l'an prochain. Quelle surprise ça va être pour eux qui n'ont jamais quitté la France!

Je pense souvent à toi et j'espère que tu es en bonne santé.

Grosses bises,
Daniel

Compréhension. Les commentaires suivants ont été attribués à Daniel. À votre avis, est-ce qu'ils sont plausibles ou non? Basez-vous sur le contenu de sa lettre pour décider.

1. «Je suis ravi de mon séjour à la Réunion.»
2. «Je passe mes week-ends et mon temps libre à regarder la télé.»
3. «Le paysage ici est très monotone et très ennuyeux.»
4. «Les habitants de la Réunion sont froids et distants.»

5. «Mes parents n'ont jamais eu l'occasion de voyager à l'étranger.»
6. «J'ai encore vingt-deux mois à passer ici.»
7. «Je voudrais bien visiter l'île, mais c'est impossible parce que ça prend trop longtemps.»
8. «Mes copains ont beaucoup aimé leur visite ici.»
9. «Je suis assez content de mon travail.»
10. «Je n'ai pas encore eu l'occasion de rencontrer des gens du pays.»

Vie et culture: La France métropolitaine et les départements d'outre-mer

La Nouvelle-Calédonie

La Guadeloupe

that is

beyond, in addition to
includes

Newfoundland

status

La France est divisée en 96 départements, *c'est-à-dire* en 96 unités administratives. Ces départements sont aussi groupés en régions économiques. *En plus des* départements de la France métropolitaine, la République française *comprend* cinq départements d'outre-mer (les DOM): la Guadeloupe et la Martinique qui sont situées dans les Caraïbes; la Guyane française en Amérique du Sud; la Réunion, située dans l'océan Indien; et Saint-Pierre-et-Miquelon, deux îles situées dans l'Atlantique près de *Terre-Neuve*.

La République française comprend aussi quatre territoires d'outre-mer (les TOM) qui ont un *statut* plus indépendant. Les plus importants de ces territoires sont la Polynésie française et la Nouvelle-Calédonie.

La France *garde* avec ses *anciennes* colonies, avec le *Tiers Monde* et avec ses départements et territoires d'outre-mer, des relations amicales. En plus de l'aide financière accordée à ces pays, il y a 17 000 coopérants français qui travaillent dans ces pays: 13 000 enseignants et 4 000 techniciens. *Ainsi*, un certain nombre de jeunes Français choisissent de faire leur service national dans la coopération à la place du service militaire qui dure 12 mois. Le service national est obligatoire mais les étudiants peuvent obtenir un *sursis*.

keeps / former / Third World

thus

deferment

Communication et vie pratique

A. Le Bulletin météorologique. Listen to the following weather forecast, and answer the following questions about the forecast.

1. Quel temps a-t-il fait les jours passés?
2. Est-ce que le temps va changer ou est-ce qu'il va rester le même?
3. Quel temps va-t-il faire aujourd'hui dans le Midi?
4. Quel temps va-t-il faire dans le Nord-Ouest?
5. Et demain, est-ce qu'il va faire beau dans la majorité du pays?
6. Quel temps va-t-il faire dans le Centre?
7. Et dans le Midi?
8. Et dans les Alpes?

B. Le Bulletin météorologique. Use the Canadian weather map provided to prepare a script for a weather forecast on the radio or on television.

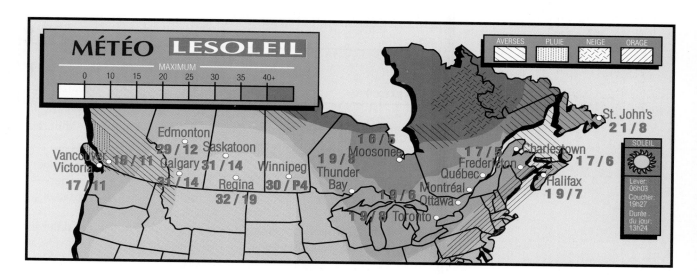

C. Souvenirs de voyage. Imagine you were one of Daniel's friends who visited him in **la Réunion.** Using Daniel's letter as a guide, answer a friend's questions about the trip. If you wish, you may talk about a trip you have taken. Include information such as the following:

date d'arrivée
sites visités
activités et excursions
moyens de transports utilisés

moments passés avec Daniel
temps qu'il a fait
date du retour

D. Un séjour agréable. Prepare a questionnaire to be given to French-speaking students who have spent time at your college or university. Find out the length of their visit, where they stayed, where they ate their meals, the places they visited, how they liked their stay, the trips they took, what the weather was like, etc. Use inversion in formulating your questions. Then have another student play the role of the French-speaking student and fill out the form.

Prononciation et orthographe

A. Vowels can be distinguished from one another not only by the shape of the lips (spread vs. rounded) or by the position of the tongue (front vs. back), but also by the degree of opening of the mouth. For example, the vowels **e, eu,** and **o** each have two pronunciations that differ only by the degree of opening of the mouth. First, note that the written forms may not even differ. Then note that, in general, closed vowels tend to occur in syllables ending in a vowel sound, whereas open vowels are found in syllables ending in a consonant sound.

Study the examples and repeat the following pairs of words.

Closed vowels		Open vowels	
e /e/ les		/ɛ/ l'air	
eu /ø/ deux		/œ/ heure	
o /o/ nos		/ɔ/ note	

/e/ **vs.** /ɛ/	/ø/ **vs.** /œ/	/o/ **vs.** /ɔ/
thé/tête	peu/peur	vos/votre
ses/cette	jeu/jeune	sot/sotte
premier/première	ceux/seul	beau/bord

B. Practice repeating words containing the sound /e/, and notice the different spellings associated with this sound.

été	mes	aimer	boulanger
clé	chez	écoutez	épicier
idée	et	préférer	pâtissier

C. Practice repeating words containing the sound /ɛ/ and notice the different spellings associated with this sound.

mère	faire	être	modeste
infirmière	chaîne	tête	vert
terre	chaise	bête	cet/cette
mer	j'aime	vous êtes	quel/quelle
cher/chère	maire	avec	vers

D. Practice repeating words and phrases containing both the sound /e/ and the sound /ɛ/. Note the role of the contrast of the /e/ and /ɛ/ in distinguishing the masculine versus the feminine form of some nouns and adjectives.

/e/	/ɛ/	/ɛ/	/e/
premier	première	cet	été
boulanger	boulangère	cette	clé
épicier	épicière	quel	thé
	célèbre	quelle	idée
	sévère	fermer	
	je préfère	chercher	

E. Practice repeating the following conversation.
—Quelle belle journée! Veux-tu aller au bord de la mer avec Thérèse et moi?
—À quelle heure?
—Vers deux heures; l'eau va être bonne cet après-midi.
—Il vaut peut-être mieux que je reste ici. Je ne peux pas rester trop longtemps au soleil.

Vocabulaire

Le temps (Voir pp. 192–193)
Les expressions idiomatiques avec **avoir** (Voir pp. 195–196)
Les verbes conjugués comme **venir** et comme **partir** (Voir pp. 198–199)
Les verbes conjugués avec **être** (Voir pp. 204–205)

Noms

la **centaine**......*about one hundred*
l'**ennui** (m)......*trouble, difficulty*
l'**étranger/ère** (mf)......*foreigner*
la **mer**......*sea*
la **nouvelle**......*piece of news*
la **nuit**......*night*
le **paradis**......*paradise*
le **passionné**......*enthusiast, fan*
le **paysage**......*countryside, landscape*
le **souvenir**......*memory*
la **vague**......*wave*
le **volcan**......*volcano*

Verbes

s'arrêter......*to stop*
penser à......*to think about*
profiter de......*to take advantage of*
rencontrer......*to meet, run into*
tomber en panne......*to break down*

Adjectifs

cher......*expensive, dear*
compris......*included*
fatigant......*tiring*
haut......*high*

Adverbes

dehors......*outside*
partout......*everywhere*

Divers

à deux lits......*with two beds*
au milieu de......*in the middle of*
avoir mal......*to hurt*
en fait......*in fact*
félicitations......*congratulations*

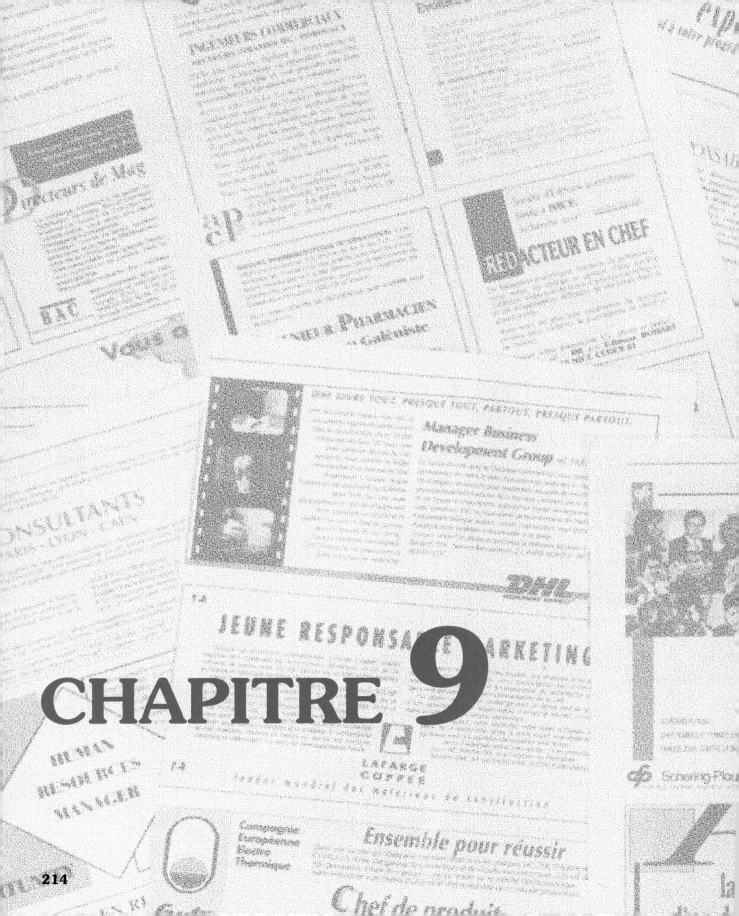

CHAPITRE 9

Choix et décisions

Fonctions

Point de départ

Pour parler de vos intentions, options,
    et obligations

Pour parler de quelque chose déjà
    mentionné

Pour parler de quelqu'un déjà
    mentionné

Pour évaluer vos options

Structures

Le monde du travail

Les verbes **vouloir, pouvoir,** et
    devoir

Les pronoms compléments d'objet
    direct: **le, la, les**

Les pronoms compléments d'objet
    direct: **me, te, nous, vous**

Le subjonctif avec **il faut que** . . . et **il
    vaut mieux que** . . .

Point de départ: Le monde du travail

Avant d'entrer dans le monde du travail et de choisir un métier *(trade)* ou une profession, il y a beaucoup de choses à considérer.

1. Les principales branches de l'économie

- L'agriculture
- L'industrie
- Le commerce
- L'administration et les services publics

2. Les choix de base *(basic)*

- Faire des études ou apprendre un métier
- Continuer ses études après le baccalauréat ou abandonner ses études et chercher du travail
- Choisir un travail où on gagne bien sa vie *(earns a good living)* ou faire un travail qu'on aime
- Travailler pour son compte *(for oneself)* ou être salarié
- Travailler dans le secteur privé ou être fonctionnaire *(civil servant)*

3. **Les différents types d'emplois**

   (a) Les emplois dans l'industrie et le commerce comme . . .
      commerçant(e)
      ouvrier/ouvrière
      employé(e)
      homme/femme d'affaires
      cadre d'entreprise[1] (*business executive*)
      chef d'entreprise[1] (ou P.D.G. = Président Directeur Général—*C.E.O.*)

   (b) Les métiers comme . . .
      mécanicien[1]
      électricien[1]
      plombier[1]
      charpentier[1]
      cultivateur/cultivatrice (*farmer*)

   (c) Les professions comme . . .
      dentiste
      vétérinaire
      psychologue
      infirmier/infirmière
      assistant(e) social(e) (*social worker*)
      pharmacien/pharmacienne
      médecin[1]
      chirurgien[1] (*surgeon*)
      ingénieur[1]
      technicien/technicienne
      informaticien/informaticienne (*computer programmer*)
      comptable (*accountant*)
      avocat(e)
      architecte
      journaliste
      instituteur/institutrice (*elementary school teacher*)
      professeur[1]
      agent publicitaire
      chercheur[1] scientifique (*researcher*)

4. **Les avantages et les inconvénients qu'il faut considérer comme . . .**

- le salaire
- un travail à plein temps (*full time*) ou un travail à mi-temps (*part time*)
- la possibilité d'être transféré dans une autre ville
- les conditions de travail
- le prestige social
- la liberté et la place à l'initiative personnelle
- la participation aux décisions

---

[1] *There is a tendency to use the masculine form for a woman as well as a man, or to say, for instance,* **une femme médecin.**

- les possibilités de promotion et d'augmentation de salaire (*a pay raise*)
- les congés (*vacations*)
- les risques de chômage (*unemployment*)
- la protection sociale: assurance contre la maladie (*health insurance*), etc.
- les débouchés (*employment opportunities*)

Communication et vie pratique

A. **Choix et décisions.** Répondez aux questions suivantes selon vos préférences personnelles.

1. Dans quelle branche de l'économie avez-vous l'intention de travailler?
2. Quel type de travail préférez-vous?
3. Préférez-vous travailler pour votre compte ou être salarié(e)?
4. Avez-vous déjà choisi votre future profession? Si oui, qu'est-ce que c'est?
5. À votre avis, quels sont les avantages et les inconvénients de la profession que vous avez choisie?
6. Avez-vous quelquefois envie d'abandonner vos études et de chercher du travail?

B. **Il faut bien réfléchir.** Qu'est-ce qui compte le plus pour vous dans le choix d'une profession ou d'un emploi? Examinez les avantages et les inconvénients mentionnés dans le **Point de départ** et dans chaque cas, indiquez si . . .

c'est très important	c'est assez important	ce n'est pas important	c'est sans importance

EXEMPLE   La sécurité de l'emploi . . . ?
Oui, c'est assez important pour moi.

C. **Sondage d'opinion.** Au cours d'un sondage, on a demandé aux Français de choisir les professions qui, à leur avis, apportent le plus de satisfaction aux personnes qui exercent ces professions. La liste suivante représente leurs choix. Examinez cette liste et choisissez les métiers que vous trouvez intéressants et indiquez vos raisons. Indiquez aussi les métiers qui ne vous intéressent pas et expliquez pourquoi.

EXEMPLE   **Je ne voudrais pas être comptable parce que je ne suis pas doué en maths.**

chirurgien
cadre commercial
dentiste
avocat(e)
médecin
comptable
vétérinaire
agent publicitaire

psychologue
professeur d'université
ingénieur
instituteur, institutrice
chercheur scientifique
secrétaire
commerçant(e)
mécanicien

Vie et culture:
Choix d'un métier

Une profession non traditionnelle: la recherche médicale

«Pour vous, qu'est-ce qui compte le plus dans le choix d'un métier?» C'est la question qu'on a posée aux jeunes Français au cours d'un sondage. Voici leurs réponses. Notez les différences d'opinion entre les filles et les garçons.

	Garçons	**Filles**	
Salaire	71,7%	57,7%	
Temps *consacré* à la famille	56,3	65,6	devoted
Stabilité de l'emploi	56,0	56,8	
Contacts humains	24,7	40,9	
Activités de loisir	28,9	26,7	
Avantages sociaux	26,9	16,2	benefits
Intérêt des *tâches*	17,2	22,6	tasks, duties
Possibilité de promotion	10,3	4,8	
Prestige social	1,8	1,6	

know / despite
rest
willingly / as well as

such as / teaching
however
open

retirement

En général, pour les filles, la considération la plus importante est le temps libre pour la famille. Cette différence reflète le double rôle que les femmes jouent dans la société moderne. Elles travaillent et elles désirent avoir une carrière intéressante mais elles *savent* que, *malgré* les énormes progrès accomplis, les responsabilités familiales *reposent* surtout sur les femmes. Le sondage révèle aussi que les filles acceptent plus *volontiers* les responsabilités dans leur travail *aussi bien que* dans la famille. Les contacts humains sont aussi plus importants pour les filles que pour les garçons. La majorité des femmes continuent à travailler dans des domaines *tels que* l'enseignement, les professions para-médicales, les services sociaux, et les services publics. Il faut mentionner *cependant* que toutes les professions sont *ouvertes* aux femmes et qu'un nombre de plus en plus grand de femmes choisissent des professions nontraditionnelles. Les garçons, par contre, ont tendance à préférer les carrières dans l'industrie, la technologie, les sciences, et le commerce.

Il faut aussi noter que les avantages sociaux n'occupent pas une place très importante dans les préoccupations des jeunes Français parce que tous les travailleurs sont automatiquement assurés à la Sécurité Sociale—un système de protection sociale qui couvre tous les aspects de la vie: maladie, accidents du travail, enfants, chômage, *retraite*, etc.

Fonctions et structures

Pour parler de vos intentions, options, et obligations

Les verbes vouloir, pouvoir, *et* devoir

We often want to talk about what we can do, what we want to do, and what we have to do. To express these ideas in French the following irregular verbs are used: **vouloir**—*to want, wish;* **pouvoir**—*can, to be able;* **devoir**—*to have to.*

vouloir	pouvoir	devoir
je **veux**	je **peux**	je **dois**
tu **veux**	tu **peux**	tu **dois**
il/elle/on **veut**	il/elle/on **peut**	il/elle / on/**doit**
nous **voulons**	vous **pouvez**	nous **devons**
vous **voulez**	nous **pouvons**	vous **devez**
ils/elles **veulent**	ils/elles **peuvent**	ils/elles **doivent**
j'**ai voulu**	j'**ai pu**	j'**ai dû**

Nous ne **voulons** pas rester ici.   *We don't want to stay here.*
Qu'est-ce que tu **veux?**   *What do you want?*
Est-ce que je **peux** sortir?   *May I go out?*
Ils **peuvent** faire ce qu'ils **veulent.**   *They can do what they want.*
Nous **devons** gagner notre vie.   *We must earn our living.*
J'**ai dû** parler au patron.   *I had to talk to the boss.*
Ils **ont dû** oublier.   *They must have forgotten.*

Pouvoir and **vouloir** are often used to make requests. In the present tense, these requests are very direct, almost blunt. Compare them with the more polite forms in the second column.

Direct	More Polite
Peux-tu . . . ? (*Can you . . . ?*)	Pourrais-tu . . . ? (*Could you . . . ?*)
Pouvez-vous . . . ? (*Can you . . . ?*)	Pourriez-vous . . . ? (*Could you . . . ?*)
Veux-tu . . . ? (*Do you want . . . ?*)	Voudrais-tu . . . ? (*Would you . . . ?*)
Voulez-vous . . . ? (*Do you want . . . ?*)	Voudriez-vous . . . ? (*Would you . . . ?*)
Je veux . . . (*I want . . .*)	Je voudrais . . . (*I would like . . .*)
Je peux . . . (*I can . . .*)	Je pourrais . . . (*I could . . .*)

Premiers pas

A. Possibilitiés. Your friends are talking about possible part-time jobs. What do they say?

> EXEMPLE   David / donner des leçons d'anglais
> **David peut donner des leçons d'anglais.**

1. je / travailler dans un bureau
2. nous / travailler dans un restaurant
3. tu / garder des enfants
4. mes frères / faire un travail manuel
5. Véronique / donner des leçons d'anglais
6. vous / faire le ménage chez les gens

B. Obligations. Pascale is telling you what she and others have to do this summer. What does she say?

> EXEMPLE   Pascale / chercher du travail.
> **Pascale doit chercher du travail.**

1. Marc/étudier
2. nous/gagner de l'argent
3. mes amis/chercher un emploi
4. tu/travailler à mi-temps
5. je/rester à la maison
6. Véronique/travailler pour ses parents

C. Vouloir, c'est pouvoir. Using the suggestions provided or adding ideas of your own, create sentences that describe what you want to do now or later.

> EXEMPLE   **Je voudrais avoir une profession intéressante, mais je ne voudrais pas habiter dans une grande ville.**

avoir des enfants / être heureux (heureuse) / voyager dans des pays étrangers / faire le tour du monde / avoir une vie simple et tranquille / aider les autres / habiter à la campagne / avoir une belle maison / continuer mes études / avoir un travail intéressant / ?

D. Trouvez un(e) étudiant(e) . . . Find out about the career plans of others in your class by finding students who want to or can do the following.

Trouvez un(e) étudiant(e) . . .

1. qui veut travailler dans un pays étranger
2. qui veut être journaliste
3. qui veut être riche et célèbre
4. qui veut être instituteur ou institutrice
5. qui peut parler plusieurs langues étrangères
6. qui peut faire un travail manuel
7. qui doit faire des études professionnelles après l'université
8. qui doit passer un examen pour entrer dans sa profession

E. Un travail d'été. Talk about your own plans for finding a summer job. Using the suggestions given, react to the following statements. Compare your answers to those of other students. Use **vouloir, pouvoir,** and **devoir** in your answers.

> EXEMPLE **Je dois trouver un job pour cet été parce que je dois gagner de l'argent pour payer mes études.**

Suggestions

trouver un job
travailler dans un bureau
travailler dans une usine
commencer vers la fin du mois de mai
revenir à l'université au mois de septembre
gagner de l'argent pour payer mes études
travailler pendant tout l'été
passer tout mon temps à travailler
faire un travail intéressant
travailler à mi-temps

C'est la vie!

Situation: Un petit service

Emmanuel cherche du travail, et il voudrait *emprunter* la voiture de sa sœur pour aller à son interview.

EMMANUEL	Dis, Sylvie, est-ce que je pourrais emprunter ta voiture demain?
SYLVIE	Pourquoi? Tu veux emprunter ma voiture pour impressionner tes petits copains?
EMMANUEL	Non, je dois aller à Carrefour pour parler avec la directrice du personnel.
SYLVIE	Tu ne peux pas prendre le bus comme tout le monde?
EMMANUEL	Non, je ne peux pas, il y a une *grève* des transports publics.
SYLVIE	Demande à papa et à maman . . .
EMMANUEL	Ils ne peuvent pas. Ils doivent aller à Lyon. Allez, Sylvie . . . *sois chic* . . . pour une fois . . . s'il te plaît.

Mots et structures à noter

emprunter *borrow;* **grève** *strike;* **sois chic** *be nice*

C'est votre tour. Vous désirez emprunter la voiture de vos parents ou d'un(e) ami(e). Expliquez pourquoi vous voulez emprunter leur voiture. Ils ne sont pas faciles à persuader. Utilisez la **Situation** comme modèle.

Pour parler de quelque chose déjà mentionné
Les pronoms compléments d'objet direct: le, la, les

Languages have many ways to avoid repetition and to make communication efficient. Pronouns are one way to avoid repeating nouns.

Elle fait **le ménage**.	Elle **le** fait.
Elle fait **la vaisselle**.	Elle **la** fait.
Elle fait **les courses**.	Elle **les** fait.

A. In French, third-person direct object pronouns have the same forms as the definite article (**le**—*him, it;* **la**—*her, it;* and **les**—*them*). They agree in gender and number with the nouns they replace. In the present tense they are placed immediately before the verb. When the verb begins with a vowel or vowel sound, **le** and **la** change to **l'**.

Est-ce qu'il aime **la géographie?**	Est-ce qu'il **l'aime?**
Il aime **le sport**.	Il **l'aime**.
Il n'aime pas **les sciences**.	Il ne **les** aime pas.

Note that direct object pronouns can also replace the names of people and nouns introduced by possessive or demonstrative adjectives.

Nous trouvons **Alice** intéressante.	Nous **la** trouvons intéressante.
Il ne comprend pas **ses enfants**.	Il ne **les** comprend pas.
Elles font bien **leur travail**.	Elles **le** font bien.
Préférez-vous **cet appartement?**	**Le** préférez-vous?

B. With compound tenses such as the **passé composé**, direct object pronouns precede the auxiliary verb. Past participles agree in number and gender with a preceding direct object; thus, they always agree with direct object pronouns.

Est-ce qu'elle a fait **ses études** en France?	Est-ce qu'elle **les** a fait**es** en France?
Ils n'ont pas invité **leurs amis?**	Ils ne **les** ont pas invité**s?**
Avez-vous fini **vos devoirs?**	**Les** avez-vous fini**s?**

C. When an infinitive has a direct object, the direct object pronoun immediately precedes the infinitive.

Je vais acheter **ce livre**.	Je vais **l'**acheter.
Il n'a pas envie de quitter **cette ville**.	Il n'a pas envie de **la** quitter.

D. Direct object pronouns can also be used with **voici** and **voilà**.

Voici **Paul**.	**Le** voici.
Voilà **la patronne**.	**La** voilà.
Voilà **vos amis**.	**Les** voilà.

Premiers pas

A. Il faut les aider. Some high school students have asked your advice on university life. What advice would you give them about the following topics?

> EXEMPLE étudier nos leçons
> **Il faut les étudier tous les jours.**
> **Vous n'êtes pas obligés de les étudier tous les jours.**

1. regarder la télévision
2. regarder les informations
3. faire le ménage
4. acheter les provisions
5. faire nos devoirs
6. faire la vaisselle
7. inviter nos amis
8. acheter nos livres de classe
9. emprunter les notes de classe des autres étudiants

B. Pense-bête. Another student will ask you whether or not you have done the items that you put on your reminder list (**pense-bête**) last week. Answer his or her questions.

> EXEMPLE faire le ménage
> **Est-ce que tu as fait le ménage?**
> **Oui, je l'ai déjà fait. / Non, je ne l'ai pas encore fait.**

1. finir mon travail
2. préparer le dîner
3. faire mes devoirs
4. laver mes vêtements
5. faire le ménage
6. acheter mes provisions
7. laver ma voiture

C. Compatibilité. Imagine you have the chance to move into a rooming house with several other students. Answer the following questions yourself and then ask other students these same questions. Based on the group's answers, decide whether or not you would be compatible.

> EXEMPLE Est-ce que tu aimes la musique classique?
> **Oui, je l'aime beaucoup. Et toi?**

1. Est-ce que tu aimes la musique rock?
2. Et la musique country, est-ce que tu l'aimes?
3. Est-ce que tu écoutes souvent la radio?
4. Combien de temps est-ce que tu l'écoutes chaque jour?
5. Est-ce que tu regardes souvent la télé?
6. D'habitude, quand est-ce que tu fais tes devoirs?
7. Où est-ce que tu as l'habitude de les faire?
8. Est-ce que tu aimes faire la cuisine?

9. Est-ce que tu fais bien la cuisine?
10. Est-ce que tu aimes faire le ménage?

D. Conversations. Answer the following questions or use them to interview another student. Choose one or more of the following topics. Use direct object pronouns in your answers.

Nourriture et repas

1. Est-ce que tu aimes les fruits? Et les légumes?
2. Est-ce que tu aimes le poulet? Et le poisson?
3. Est-ce que tu aimes le fromage français? Et le pain français?
4. Est-ce que tu aimes le café? Et le thé? Et l'eau minérale?

Activités de loisir

1. Est-ce que tu écoutes souvent la radio?
2. Est-ce que tu aimes regarder la télé?
3. Est-ce que tu aimes faire la cuisine?
4. Est-ce que tu invites souvent tes amis à dîner?
5. ?

Obligations

1. Est-ce que tu as appris tes leçons pour aujourd'hui?
2. Est-ce que tu as fait le ménage cette semaine?
3. Est-ce que tu as fait la vaisselle hier soir?
4. Est-ce que tu as fait ton lit ce matin?
5. ?

Vacances

1. Où est-ce que tu as passé tes vacances l'été dernier?
2. Où est-ce que tu vas passer tes vacances cette année?
3. Est-ce que tu as déjà visité le Canada? le Mexique? l'Europe?
4. Est-ce que tu as envie de visiter la France un jour?
5. ?

C'est la vie!

Situation: Travail et famille

En France, les femmes ont seize semaines de *congé de maternité* pour la naissance d'un bébé et leur emploi est assuré pendant un an. Madame Seguin, qui vient d'avoir son deuxième enfant, a décidé de reprendre son travail. Elle parle avec son mari.

MME SEGUIN	J'ai parlé avec la directrice du *jardin d'enfants*. Je la trouve très bien. Elle a accepté de prendre Corinne.
M. SEGUIN	Ils peuvent la garder toute la journée?
MME SEGUIN	Oui, je peux *l'emmener* le matin, et toi, tu peux aller la chercher le soir après ton travail.
M. SEGUIN	Et le bébé?
MME SEGUIN	Je pourrais le mettre dans une *crèche,* mais maman a accepté de le garder.

Mots et structures à noter

congé de maternité *maternity leave;* **jardin d'enfants** *kindergarten;*
emmener *take;* **crèche** *day-care center*

C'est votre tour. Vous avez décidé d'aller passer le week-end dans une autre
ville. Vous avez un chien et un chat et vous avez besoin de quelqu'un pour les
garder. Vous demandez aux autres étudiants de la classe s'ils peuvent le faire. Tout
le monde a des excuses. Mais n'abandonnez pas avant d'avoir trouvé quelqu'un.

Pour parler de quelqu'un déjà mentionné

Les pronoms compléments d'objet direct: me, te, nous, vous

First- and second-person direct object pronouns are used only to refer to people.
The following chart shows all the direct object pronouns.

Singular		Plural	
me (m')	Ils **me** cherchent.	**nous**	Ils **nous** cherchent.
te (t')	Ils **te** cherchent.	**vous**	Ils **vous** cherchent.
le (l')	Ils **le** cherchent.	**les**	Ils **les** cherchent.
la (l')	Ils **la** cherchent.	**les**	Ils **les** cherchent.

A. Like **le**, **la**, and **les**, these direct object pronouns are placed directly before
the conjugated verb or the infinitive of which they are the object.

Elle **te** regarde.
Tu ne **nous** comprends pas.
Elle va **les** emmener à la gare.

B. As you have already learned, the past participle of a verb in a compound
tense agrees with a preceding direct object. Therefore, the past participle of
a verb in the **passé composé** agrees with the direct object pronoun.

Il ne **m**'a pas regard**é(e)**.
Elle ne **nous** a pas aid**é(e)s**.

C. Here are some additional verbs that are often used with these direct object
pronouns:

accepter	emmener
accompagner	insulter
admirer	intéresser
apprécier	quitter
critiquer	remercier (*to thank*)
embêter (*to annoy*)	respecter

Premiers pas

A. Mais si . . . mais non! You and a friend are not getting along. Reassure
your friend by answering his or her questions using the following cues.

EXEMPLE   Tu ne m'écoutes pas.
            Mais si, je t'écoute.

1. Tu ne me comprends pas.
2. Tu ne me respectes pas.
3. Tu ne m'écoutes pas.
4. Tu ne m'invites jamais à sortir.
5. Tu ne me trouves pas amusant.

EXEMPLE   Tu me critiques trop souvent.
            Mais non, je ne te critique pas trop souvent.

1. Tu m'embêtes tout le temps.
2. Tu me critiques trop.
3. Tu me trouves ennuyeux.
4. Tu m'insultes tout le temps.
5. Tu m'écoutes rarement.

B. Ce n'est pas juste. Christophe is not happy with his boss. What does he tell you?

EXEMPLE   Je l'aime bien . . .
            Je l'aime bien mais il ne m'aime pas.

1. Je le respecte . . .
2. Je le comprends . . .
3. Je l'écoute . . .
4. Je l'aide. . .
5. Je le trouve sympa . . .
6. Je l'admire . . .

C. Conversations. Choose one or more of the following topics and answer the accompanying questions, or use the questions to interview another student.

Les loisirs

1. Est-ce que tu invites quelquefois tes amis chez toi?
2. Est-ce qu'ils t'invitent aussi?
3. Est-ce que tu aimes les films étrangers?
4. Est-ce que tes amis et toi, vous aimez regarder la télé ensemble?
5. Est-ce que tu regardes les informations chaque jour?

L'amitié

1. Est-ce que tes amis t'aident quand tu as des problèmes?
2. Est-ce que tu les aides aussi?
3. Est-ce qu'ils te critiquent quelquefois?
4. Et toi, est-ce que tu les critiques aussi?
5. Est-ce que tes amis te comprennent?
6. Et toi, est-ce que tu les comprends?

Les études

1. En général est-ce que tu aimes tes profs?
2. Est-ce que tu trouves tes profs sympathiques?
3. Est-ce que tu aimes tes cours?
4. Est-ce que tes cours t'intéressent?
5. Est-ce que tes profs t'aident quand tu ne comprends pas?
6. Est-ce que tu comprends toujours le prof de français?

D. Décisions. Ask other students if the following summer jobs interest them or not, and why.

EXEMPLE
travailler à mi-temps dans un restaurant
Travailler à mi-temps dans un restaurant, ça t'intéresse?
Oui, ça m'intéresse beaucoup parce que j'aime être libre pendant une partie de la journée.
ou: **Non, ça ne m'intéresse pas du tout. C'est un travail que je déteste.**

1. travailler dans un pays étranger
2. être serveur (ou serveuse) dans un restaurant
3. faire la vaisselle dans un restaurant
4. faire le ménage dans un hôtel
5. travailler dans une usine
6. garder des enfants
7. travailler dans une crèche
8. travailler dans un hôpital

C'est la vie!

Situation: Voyage d'affaires

Le patron de Michel Maréchal doit aller aux États-Unis en voyage d'affaires. Il invite Michel à l'accompagner.

LE PATRON	Maréchal, je pars aux États-Unis la semaine prochaine. Je vous invite à m'accompagner.
MICHEL	Moi? Vous m'invitez à aller aux États-Unis avec vous?
LE PATRON	Oui, j'ai besoin de quelqu'un pour m'aider et vous parlez très bien anglais, n'est-ce pas?
MICHEL	Vous me *flattez*, monsieur!
LE PATRON	Non, non, pas du tout. Je vous trouve dynamique et *débrouillard*. J'aime ça.
MICHEL	Je vous *remercie*.
LE PATRON	*Inutile de* me remercier.

Mots et structures à noter

flattez *flatter*; **débrouillard** *resourceful*; **remercie** *thank*; **inutile de** *no need to*

C'est votre tour. Votre patron—joué(e) par un(e) autre étudiant(e)—travaille sur un projet important. Il a une très bonne opinion de vous et surtout, il a besoin de quelqu'un pour l'aider. Il sollicite votre aide, mais vous hésitez à accepter parce que vous avez déjà beaucoup de travail.

Pour évaluer vos options

Le subjonctif avec **il faut que . . .** *et* **il vaut mieux que . . .**

We often talk about what we have to do or what we think it is best to do. **Il faut que** . . . and **il vaut mieux que** . . . are among expressions of necessity or value that are frequently used. They are followed by clauses whose verbs must be in the subjunctive mood. The subjunctive, though not technically a tense, should be learned as a new tense. It will be used with several other expressions.

A. For regular verbs it is formed by adding the endings shown here to a stem that is found by dropping the **ent** from the **ils/elles** form of the present tense.

Il faut que je parl**e**	que nous parl**ions**
que tu parl**es**	que vous parl**iez**
qu'il/elle/on parl**e**	qu'ils/elles parl**ent**

Il faut que je finiss**e**	que nous finiss**ions**
que tu finiss**es**	que vous finiss**iez**
qu'il/elle/on finiss**e**	qu'ils/elles finiss**ent**

Il faut que je part**e**	que nous part**ions**
que tu part**es**	que vous part**iez**
qu'il/elle/on part**e**	qu'ils/elles part**ent**

Il vaut mieux que tu **partes** tout de suite.
Il vaut mieux qu'ils **finissent** ça maintenant.

B. Several frequently used verbs have irregular stems for the subjunctive. **Faire**, **aller**, and **être** are among these verbs.

faire	
Il faut que je **fasse**	que nous **fassions**
que tu **fasses**	que vous **fassiez**
qu'il/elle/on **fasse**	qu'ils/elles **fassent**

aller	
Il faut que j'**aille**	que nous **allions**
que tu **ailles**	que vous **alliez**
qu'il/elle/on **aille**	qu'ils/elles **aillent**

être	
Il faut que je **sois**	que nous **soyons**
que tu **sois**	que vous **soyez**
qu'il/elle/on **soit**	qu'ils/elles **soient**

Il faut que j'**aille** au supermarché.
Il faut que nous **soyons** à la gare à une heure.

Note the difference between a general statement where **il faut** is followed by an infinitive and a statement referring to a specific person where **il faut que** is followed by a subjunctive verb clause.

Il faut parler français.
Il faut que vous parliez français.

Premiers pas

A. Obligations. Annick is telling you what she has to do next week. Based on what is marked on her calendar, what does she say? Then on a separate sheet of paper make your own calendar for next week, telling what you have to do and on what day.

EXEMPLE   Laver mes vêtements
          Il faut que je lave mes vêtements.

```
┌─────────────────────────────────┐
│ 21  LUNDI                       │
│ ┌─────────────────────────────┐ │
│ │ Faire le ménage             │ │
│ │ Laver mes vêtements         │ │
│ │                             │ │
│ └─────────────────────────────┘ │
│ 22  MARDI                       │
│ ┌─────────────────────────────┐ │
│ │ Aller chez le dentiste      │ │
│ │ Faire mes courses           │ │
│ │                             │ │
│ └─────────────────────────────┘ │
│ 23  MERCREDI                    │
│ ┌─────────────────────────────┐ │
│ │ Réparer mon vélo            │ │
│ │ Aller à la bibliothèque     │ │
│ │                             │ │
│ └─────────────────────────────┘ │
│ 24  JEUDI                       │
│ ┌─────────────────────────────┐ │
│ │ Finir mes devoirs           │ │
│ │ Garder les enfants de ma sœur│ │
│ │                             │ │
│ └─────────────────────────────┘ │
│ 25  VENDREDI                    │
│ ┌─────────────────────────────┐ │
│ │ Aller au supermarché        │ │
│ │ Sortir avec Roger           │ │
│ │ Être devant le cinéma à 8 h │ │
│ └─────────────────────────────┘ │
└─────────────────────────────────┘
```

B. Et vous? You want to get together with another student to study for your next exam. Find out what days he or she is free and why or why not.

EXEMPLE   **Est-ce que tu es libre lundi après-midi?**
          Non, il faut que j'aille à mon cours d'histoire.

C. Ils ne sont pas libres. Your friends are too busy to go out this weekend. What do they say?

> EXEMPLE   Mireille/aller chez le dentiste.
> **Il faut que Mireille aille chez le dentiste.**

1. nous / faire le ménage
2. Gérard / aller à la bibliothèque
3. je / aller chez ma tante
4. vous / rester à la maison
5. tu / être au travail à 8 heures
6. Marcel et Robert / finir leurs devoirs

D. Qui est libre? A friend has asked you to find someone who can work for him this weekend—on Friday night and on Saturday morning. Find out who in your class might be free at this time and then let your friend know what you found out.

> EXEMPLE   **Est-ce que tu es libre vendredi soir?**
> **Non, je regrette mais il faut que je travaille.**
> **Oui, je suis libre, mais il vaut mieux que je reste**
> **à la maison pour étudier.**

E. Conseils. Some friends have asked you to give them advice about the following problems. What advice would you give them?

> EXEMPLE   J'ai envie de quitter l'université.
> **Il vaut mieux que tu finisses tes études.**
> ou: **Mais non! Il faut que tu restes ici.**

1. J'ai un examen la semaine prochaine, mais je n'ai pas envie d'étudier.
2. Mon ami Gérard veut être comptable, mais il n'est pas très fort en maths.
3. Je n'ai pas l'argent pour acheter mes livres pour le trimestre prochain.
4. Nous n'avons pas envie d'aller en classe aujourd'hui.
5. Mes amis m'ont invité(e) à sortir, mais j'ai du travail à faire en ce moment.
6. Je voudrais aller au cinéma, mais je suis très fatigué.

C'est la vie!

Situation: Une invitation

Georges Berger désire inviter Elise et Roger Guérin à déjeuner, mais ils sont très occupés en ce moment.

GEORGES	Est-ce que vous êtes libres dimanche?
ELISE	Non, dimanche il faut que nous allions *voir* mes parents.
GEORGES	Et samedi?
ROGER	Samedi, il faut que je finisse un *rapport*.
GEORGES	Alors, venez dîner un soir.
ELISE	Voyons . . . Lundi, il faut que nous fassions des courses. Mardi soir, il faut que j'emmène les enfants à leur leçon de piano. Mercredi, il faut que nous allions à une *réunion* de notre club écologique.

GEORGES	Vous êtes bien *occupés* en ce moment!
ROGER	Oui, il vaut mieux que nous *repoussions* ça à la semaine prochaine.

Mots et structures à noter

voir[1] *to see;* **rapport** *report;* **réunion** *meeting;* **occupés** *busy;* **repoussions** *postpone*

C'est votre tour. Vous êtes invité(e) à dîner. Mais vous ne pouvez pas—ou vous ne voulez pas—accepter l'invitation. Expliquez que vous êtes très occupé(e) en ce moment et indiquez ce que vous devez faire.

Intégration et perspectives: Vive l'initiative personnelle

Inventer son emploi

training

Si votre *formation* ne vous offre pas les débouchés que vous désirez ou si le travail que vous faites ne vous satisfait pas, la solution est peut-être d'inventer votre emploi comme l'ont fait ces jeunes Québécois.

[1] *For the conjugation of **voir**, see Appendix C.*

CAROLINE DUBOST

Professeur d'histoire dans un CEGEP,[2] Caroline Dubost a des élèves qui ne sont pas très studieux. Elle est fatiguée d'*enseigner* à des jeunes qui n'ont pas vraiment envie d'apprendre. Elle choisit d'abandonner l'enseignement et de travailler dans *une agence immobilière.* Ça réussit. Les affaires marchent si bien qu'elle décide de créer sa *propre* agence. Elle a maintenant une douzaine d'employés qui travaillent pour elle. Elle peut organiser son temps comme elle veut et elle gagne quatre fois plus que dans l'enseignement.

to teach

real-estate agency
own

FRANÇOIS JOYET

François grandit dans un petit village sur la côte de Gaspésie. Il passe des journées entières sur l'eau avec son grand-père. Il est heureux. Mais il doit aussi gagner sa vie. Il quitte son village pour aller faire des études de mathématiques supérieures à l'université. Il entre dans la *marine* dans l'*espoir* de réaliser son rêve: passer sa vie sur un *bateau.* En réalité, il passe presque tout son temps dans un bureau et le travail qu'il fait l'embête. Il décide de quitter son poste et d'acheter un bateau. Pour gagner sa vie il loue son bateau et ses services aux visiteurs qui veulent explorer la côte ou faire des *mini-croisières.* Les débuts sont difficiles et ses revenus irréguliers mais maintenant il est son propre patron et il *mène* une vie qu'il aime.

navy / hope
boat

mini-cruises
leads

MARIE MAGNIEN

Marie Magnien est diplômée d'une grande école de cuisine. Elle travaille *d'abord* dans le restaurant d'un grand hôtel. Mais c'est un travail qu'elle partage avec une dizaine d'autres cuisiniers. Ce n'est pas ce qu'elle veut. Acheter son propre restaurant est un rêve qu'elle n'a pas les moyens de réaliser. Que faire? Elle *finit par* avoir une idée. Beaucoup de gens *n*'ont pas toujours le temps *ni* le talent nécessaire pour préparer les plats qu'ils veulent servir[3] à leurs invités. Elle place une annonce dans le *journal.* Au début, les clients sont rares. Il faut du temps pour établir sa réputation. Mais maintenant ses affaires marchent si bien qu'elle a une longue liste *d'attente* et elle va *embaucher* plusieurs assistants.

at first

winds up / neither
nor
newspaper

waiting
hire

ANTOINE CHARBONNEAU

Antoine Charbonneau a son doctorat en philosophie. Il est marié et il a trois enfants. Quand il finit ses études, il cherche un poste dans un collège de la région parce que sa femme ne veut pas abandonner l'entreprise qu'elle a créée. Sans succès. Tous les postes sont déjà occupés. Il passe beaucoup de temps à la maison avec les enfants. Il fait les courses. Il parle avec les autres «mères» de famille. Il voit que les enfants grandissent si vite que les vêtements achetés aujourd'hui sont trop petits six mois plus tard. Il a une idée: créer un centre où les gens peuvent apporter les vêtements qu'ils *ne portent plus* et où d'autres personnes peuvent les acheter.

no longer wears

---

[2] **Collège d'enseignement général et professional:** *une école intermédiaire entre l'école polyvalente et l'université.*
[3] **Servir** *is conjugated like* **partir** *and* **sortir.**

A. Compréhension. Imaginez que vous êtes à la place des différentes personnes présentées dans la lecture précédente. On vous demande d'expliquer pourquoi vous avez changé de travail. Parlez de votre premier poste; expliquez pourquoi vous l'avez quitté; dites ce que vous faites maintenant et indiquez les advantages et les inconvénients de votre nouvelle situation.

B. Inventez votre emploi. Seul(e) ou avec un petit groupe d'étudiants, créez un ou plusieurs emplois adapté(s) à vos talents individuels ou collectifs. Utilisez les catégories suivantes comme point de départ.

Vos qualités	Vos aptitudes	Vos préférences	Solution
Nous sommes très indépendants, etc.	Nous parlons français,etc.	Le prestige social ne compte pas beaucoup pour nous, etc.	Nous pouvons enseigner le français aux enfants le samedi matin.

À la recherche d'un emploi

Vie et culture: Les jeunes devant le monde du travail

working world
uneasy, worried

À dix-huit ans les jeunes sont prêts à quitter le lycée et à commencer leurs études supérieures ou à entrer dans *la vie active.* Que pensent-ils de leur avenir? Quelle est leur attitude devant le monde du travail? Sont-ils *inquiets* ou optimistes? Voici les réponses que les élèves des classes de terminales (la dernière année d'études au lycée) ont donné au cours d'un récent sondage.

DEMAIN EST UN AUTRE JOUR...

Tous les jeunes sont préoccupés de leur avenir, mais les filles sont encore plus *even more*
préoccupées que les garçons.

Quels sentiments avez-vous quand vous pensez à votre avenir?

	Ensemble	Garçons	Filles
Serein	21	26	16
Préoccupé	51	50	53
Inquiet	21	18	23
Angoissé	6	6	7	*anxiety-ridden*
Sans opinion	1	—	1

UN BON DIPLOME POUR COMMENCER...

Pour avoir un bon emploi, il faut d'abord avoir un diplôme. Ensuite viennent les *first*
qualités personnelles.

	Ce qui est important pour trouver une bonne place comme premier emploi	Ce qui est important pour la réussite professionnelle
Diplômes	56	15	*success*
Qualités personnelles	25	73
Relations personnelles	12	8
Sans opinion	7	4

COMMUNIQUER POUR REUSSIR...

Etre bien organisé, savoir communiquer, persuader et travailler en équipe, voilà *to know how to*
les qualités nécessaires pour réussir dans la vie professionnelle. Pour les filles, le
respect des autres est aussi une qualité très importante.

A votre avis, quelles sont les qualités nécessaires pour réussir dans la vie
professionnelle?

	Ensemble	Garçons	Filles
Respecter les autres	17	11	21
Savoir réfléchir	19	22	17
Savoir organiser son travail	28	28	27
Se débrouiller seul	16	17	16	*manage, get along*
Avoir une culture générale	12	11	12
Avoir un métier	9	11	7

Quelles sont les autres qualités nécessaires?

	Ensemble	Garçons	Filles
Savoir communiquer	38	34	40
Savoir écouter	10	10	10
Savoir persuader	25	28	23
Savoir travailler sur les documents	3	5	2
Savoir travailler en équipe	26	23	28

INQUIETS? PASSIONNES?

Le monde du travail ne laisse pas les jeunes indifférents. Ils pensent beaucoup à
leur entrée dans le marché du travail.

Pour vous, le monde du travail est...

	Ensemble	Garçons	Filles
Angoissant	12	10	13
Inquiétant	27	26	28
Attirant	31	32	30	*attractive*
Passionnant	8	9	8
Inconnu	21	22	26	*unknown*
Sans opinion	1	1	1

A. Préparez votre curriculum vitae. Lisez la description du curriculum vitae suivant et ensuite préparez votre propre dossier.

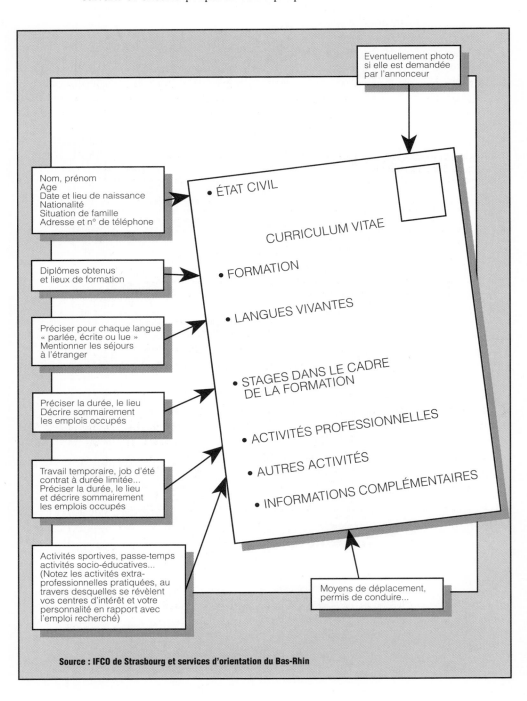

Eventuellement photo si elle est demandée par l'annonceur

Nom, prénom
Age
Date et lieu de naissance
Nationalité
Situation de famille
Adresse et n° de téléphone

Diplômes obtenus
et lieux de formation

Préciser pour chaque langue
« parlée, écrite ou lue »
Mentionner les séjours
à l'étranger

Préciser la durée, le lieu
Décrire sommairement
les emplois occupés

Travail temporaire, job d'été
contrat à durée limitée...
Préciser la durée, le lieu
et décrire sommairement
les emplois occupés

Activités sportives, passe-temps
activités socio-éducatives...
(Notez les activités extra-
professionnelles pratiquées, au
travers desquelles se révèlent
vos centres d'intérêt et votre
personnalité en rapport avec
l'emploi recherché)

CURRICULUM VITAE

• ÉTAT CIVIL

• FORMATION

• LANGUES VIVANTES

• STAGES DANS LE CADRE
DE LA FORMATION

• ACTIVITÉS PROFESSIONNELLES

• AUTRES ACTIVITÉS

• INFORMATIONS COMPLÉMENTAIRES

Moyens de déplacement,
permis de conduire...

Source : IFCO de Strasbourg et services d'orientation du Bas-Rhin

Vocabulaire: *lieux de formation*—écoles et universités où vous avez étudié; *la durée*—le temps; *le lieu*—l'endroit; *sommairement*—très vite; *au travers desquelles se révèlent*—qui révèlent; *moyens de déplacement*—voiture, moto; *stage*—internship

B. Offres d'emploi. Voici des offres d'emploi pour étudiants. Elles viennent d'un journal français. Remarquez qu'on utilise des abréviations dans ces annonces (e.g., *pr.*—pour; *ang*—anglais; *sér.*—sérieux; *sem.*—semaine). Étudiez d'abord ces annonces et ensuite choisissez l'emploi qui vous intéresse le plus. Il faut aussi expliquer votre choix (e.g., intérêts, qualifications, expérience).

Étudiant(e) pr. accomp. dame âgée aller retour Paris Orléans les me. et Sa. chaq. sem. juill. et août. Tél.426 46 27 mat.

Étudiant(e) parlant espagnol pr aider mère fam. garder enfs à la campagne et bord de mer, juil., sept., tél. OPE 1973.

Étudiant(e) pour garder 3 enfants, pendt. qq mois, Côte d'Azur, Mme Junot, Tél. PAS 22 41.

Étudiant(e) parlant ang. pr réception, hôtel, trav. de nuit. Hôtel Terminus, 42 Rue de Vaugirard, Paris, 15e.

Étud. aimant livres pr. passer été en famil. Bretagne, contacter Mme Carnot, 764 Rue des Martyrs, Paris, 18e.

Étudiant sér. énerg. sportif, travail de moniteur pr groupe garçons 12 ans. colonie de vacances Alpes 3 sem. août. Contacter Directeur, Centre Bel Air, 12. Av. du Mont Blanc, Chamonix.

EXEMPLE **Je voudrais travailler comme moniteur (monitrice) dans une colonie de vacances parce que j'aime les enfants et je suis très sportif (sportive).**

C. Lettre de demande d'emploi. Vous avez trouvé dans le journal une offre d'emploi qui vous intéresse et vous avez décidé de poser votre candidature. (Choisissez une des offres d'emploi dans la **Communication A** ou bien trouvez dans un journal français une autre offre qui vous intéresse.) Voici le commencement et la fin d'une lettre de demande d'emploi. Complétez le reste de la lettre.

Votre nom et adresse

La date

Le nom et l'adresse de votre correspondant(e)

Monsieur (Madame),

En réponse à l'annonce d'offre d'emploi que vous avez mise dans le journal, je voudrais me présenter comme candidat(e) . . .

Veuillez agréer, monsieur (madame), mes salutations respectueuses.

Signature

D. Demande d'emploi. Le directeur du personnel d'une entreprise est en train d'interviewer Marie-Hélène Charpentier pour un poste dans leur établissement. Écoutez leur conversation et répondez aux questions présentées dans le formulaire de demande d'emploi.

DEMANDE D'EMPLOI

I. ÉTAT CIVIL ET SITUATION DE FAMILLE

Nom: .... Prénoms: ....

Nationalité: ....

Date et lieu de naissance: ....

Adresse: ....

.... Téléphone: ....

Situation de famille: célibataire - marié(e) - séparé(e) - divorcé(e) -
Nombre d'enfants :
NOM, Prénoms, sexe, date de naissance des enfants:
1 -   4 -
2 -   5 -
3 -   6 -

II. SITUATION MILITAIRE

Avez-vous accompli votre Service National ?   Oui - Non

Si oui, durée du service accompli: .... an(s) .... mois

III. ÉTUDES

École fréquentée:

Diplômes obtenus:

IV. SITUATION ACTUELLE

Emploi actuellement occupé par le candidat:

Employeur:

Salaire moyen:

E. Interview. Vous travaillez dans une entreprise où vous êtes chargé(e) du recrutement des futurs employés (joués par d'autres étudiants de la classe). Votre rôle est d'interviewer des candidats et de déterminer le genre de travail que les candidats cherchent et les qualifications qu'ils possèdent. (N'oubliez pas que vous avez aussi leur lettre de demande d'emploi et leur curriculum vitae.) Ensuite faites un rapport de l'interview. N'oubliez pas de mentionner votre opinion du candidat.

Prononciation et orthographe

A. Certain French vowels are pronounced with the lips rounded and the tongue forward (i.e., resting against the back of the lower front teeth). These vowels in order of increasing openness are as follows:

/y/ as in **du**
/ø/ as in **deux**
/œ/ as in **jeune**

Because these vowels do not exist in English, learning to pronounce them requires special care. Make sure that your tongue is pressed against your teeth when you pronounce these sounds.
Practice repeating the following sequences:

/**y**/ → /**ø**/ → /**œ**/		
1. su	ceux	seul
2. jus	jeu	jeune
3. pu	peu	peur
4. plu	pleut	pleure

B. The sounds /ø/ and /œ/ are usually written as **eu.** Whereas /œ/ always occurs in a closed syllable (i.e., a syllable ending in a consonant sound), /ø/ occurs in open syllables (i.e., syllables ending in a vowel sound) and in syllables closed by a /z/ sound. Compare and repeat the following pairs. Note the role of the /ø/ versus /œ/ contrast in distinguishing the singular and plural of certain verbs as well as the masculine and feminine of certain adjectives and nouns.

/**ø**/	/**œ**/
1. il veut	ils veulent
2. il peut	ils peuvent
3. chanteuse	chanteur
4. vendeuse	vendeur
5. menteuse	menteur

Repeat words containing the sound /ø/:

il pleut   sérieux   sérieuse   je veux

Repeat words containing the sound /œ/:

heure   beurre   sœur   moteur

C. Certain French vowels are pronounced with the lips rounded and with the tongue back. Here are these vowels in order of increasing openness:

/u/   as in **vous**
/o/   as in **vos**
/ɔ/   as in **votre**

Repeat the following sets of words:

/u/→	/o/ →	/ɔ/
1. nous	nos	notre
2. doux	dos	dormir
3. sous	sot	sotte
4. tout	tôt	tort

D. The sound /ɔ/ generally corresponds to the spelling **o** and usually occurs in closed syllables. The sound /o/ can also be represented by the spelling **o,** but it occurs in open syllables or in syllables closed by a /z/ sound. The sound /o/ can also be represented by the spellings **o, au,** or **eau.**

Compare and repeat:

/o/	/ɔ/
1. faux	fort
2. la côte	le port
3. une rose	une carotte
4. à gauche	la poste
5. un bureau	une école

Repeat words containing the sound /o/:

beau   chaud   aussi   photo   animaux   tôt

Repeat words containing the sound /ɔ/:

sport   octobre   sommeil   téléphone   bonne

E. Practice repeating this short conversation.
—Je ne sais pas ce que je veux faire plus tard . . .
—Si tu veux, tu peux être professeur dans une école de commerce.
—C'est difficile de trouver une bonne école?
—Pas du tout, mais il faut commencer à préparer ton dossier.

Vocabulaire

Le monde du travail (Voir pp. 216–218)

Noms

l'**agence immobilière** (f)......*real estate agency*
le **bateau**......*boat*
le **congé de maternité**......*maternity leave*
la **crèche**......*daycare center, nursery*
l'**espoir** (m)......*hope*
le **jardin d'enfants**......*kindergarten*
le **journal**......*newspaper*
la **liste d'attente**......*waiting list*
la **marine**......*navy*
le **rapport**......*report*
la **réunion**......*meeting*

Verbes

accepter......*to accept*
accompagner......*to accompany*
admirer......*to admire*
apprécier......*to appreciate*
créer......*to create*
critiquer......*to criticize*
devoir......*to have to, must*
emmener......*to take (someone)*
embêter......*to bother, annoy*
emprunter......*to borrow*
enseigner......*to teach*
flatter......*to flatter*

insulter......*to insult*
intéresser......*to interest*
inviter......*to invite*
mener......*to lead*
porter......*to wear*
réaliser......*to achieve, realize*
remercier......*to thank*
repousser......*to postpone*
respecter......*to respect*
servir......*to serve*
voir......*to see*
vouloir......*to want, wish*

Adjectifs

débrouillard......*resourceful*
dynamique......*dynamic*
occupé(e)......*occupied, busy*
propre......*own*
supérieur(e)......*higher, more advanced*

Divers

d'abord......*first*
finir par......*to end up*
inutile de......*no need to*
ne . . . ni . . . ni......*neither . . . nor*
ne . . . plus......*no longer*
sois chic......*be nice*

CHAPITRE 10

Achetez et consommez

Fonctions

Point de départ
Pour parler des achats et des ventes
Pour offrir des suggestions ou donner
  des ordres
Pour préciser les quantités désirées
Pour indiquer clairement de qui on
  parle

Structures

Les achats
Les verbes comme **vendre**
L'impératif

Les expressions de quantité
Les pronoms disjoints

Point de départ: Les achats

En France comme aux USA on peut trouver presque tout ce qu'on veut dans un hypermarché (comme Carrefour ou Mammouth) ou dans un grand magasin (comme Les Galeries Lafayette ou Le Printemps). Mais beaucoup de gens préfèrent faire leurs achats dans des magasins spécialisés.

1. Où trouver ce que vous cherchez.

Dans une droguerie, on vend toutes sortes de produits d'entretien pour la maison (*household products*), la voiture, et le jardin, et des produits pour l'hygiène personnelle comme . . .

- du dentifrice (*toothpaste*) et une brosse à dents (*toothbrush*)
- du shampooing
- du déodorant
- une savonnette (*soap*)
- du papier hygiénique

Dans une parfumerie, on vend . . .

- du parfum
- du maquillage (*makeup*)
- des produits de beauté

Dans une pharmacie, on peut acheter . . .

- des médicaments (*medicine*) avec ou sans ordonnance (*prescription*)
- des produits pour la santé et pour l'hygiène personnelle.

Si vous avez besoin d'un pantalon (*pants*), d'une veste (*jacket*), ou d'une jupe (*skirt*), vous pouvez les acheter dans un magasin de vêtements.

Vous pouvez acheter des chaussures (*shoes*) dans un magasin de chaussures.

Dans une librairie-papeterie, on vend non seulement des livres, mais aussi tout ce qui est nécessaire pour le travail scolaire et pour la correspondance (papier à lettres, enveloppes, etc.). Dans un kiosque ou chez un marchand de journaux, on vend des journaux (*newspapers*), des revues (*magazines*), et des cartes postales.

Si vous désirez acheter une montre (*watch*) ou des bijoux (*jewelry*), vous allez trouver ça dans une bijouterie.

Chez un fleuriste, on vend des fleurs (*flowers*) et des plantes vertes.

Si vous avez besoin d'une valise (*suitcase*), d'un sac à main (*purse*), d'un portefeuille (*wallet*), ou d'un parapluie (*umbrella*), vous pouvez les acheter dans une maroquinerie.

Si vous avez besoin d'un rasoir électrique (*razor*) ou d'un sèche-cheveux (*hair dryer*), vous pouvez trouver ça chez un électricien.

2. D'autres services importants.

Dans une banque, on peut . . .

- ouvrir[1] un compte en banque ou un compte-chèque
- déposer de l'argent sur son compte ou retirer de l'argent de son compte
- toucher un chèque (*to cash a check*)
- changer de l'argent
- emprunter (*borrow*) de l'argent.

A la poste

Dans une poste on peut . . .

- envoyer[1] (*send*) une lettre ou un colis (*package*)
- acheter[1] des timbres (*stamps*)
- envoyer ou toucher un mandat (*a money order*)
- téléphoner ou envoyer un télégramme
- déposer de l'argent sur son compte-chèque postal ou à la caisse d'épargne (*savings bank*)

[1]*The conjugations of* **ouvrir, envoyer, and acheter** *are found in the verb tables in the Appendix*.

3. Qu'acheter et comment le payer.
Quand vous avez besoin d'acheter quelque chose (comme des livres ou un vélo), vous pouvez l'acheter . . .

- neuf (*brand new*) ou d'occasion (*secondhand, used*)
- au prix normal ou en solde (*on sale*)

Vous pouvez payer . . .

- en argent liquide (*cash*), par chèque, ou par carte de crédit.

Si vous cherchez une bonne occasion (*a bargain*), vous pouvez aller voir ce qu'il y a dans les braderies (*discount counters, rummage sales*) ou même au marché aux puces (*flea market*) si vous êtes un peu aventureux ou si vous aimez marchander (*to bargain*).

Communication et vie pratique

A. Les marchandises. Indiquez ce que vous pouvez acheter ou quels services vous allez trouver dans chacun des endroits suivants.

> EXEMPLE   **Dans un magasin de vêtements, on peut acheter des jupes, des vestes, et des pantalons.**

1. Dans une pharmacie
2. Chez un électricien
3. À la poste
4. Dans une librairie-papeterie
5. Dans un magasin de chaussures
6. Dans une maroquinerie
7. Dans une droguerie
8. Dans une banque
9. Chez un marchand de journaux
10. Dans une bijouterie

B. Les magasins. Vous êtes en France et vous avez des courses à faire. Vous avez préparé des listes de choses que vous désirez acheter. Un(e) autre étudiant(e) va vous dire dans quel magasin il faut aller pour trouver ce que vous cherchez.

dentifrice
sèche-cheveux
journal
papier hygiénique
parfum
fleurs

pommes de terre
bœuf
eau minérale
chaussures de sport
montre
disques compacts

brosse à dents
médicaments
sac à main
papier à lettres
maquillage
croissants

> EXEMPLE   **J'ai besoin d'acheter du dentifrice.**
> **Il faut aller à la droguerie ou au supermarché.**

C. Les bonnes occasions. Les étudiants de votre classe ont décidé d'avoir une braderie où ils vont vendre toutes sortes de choses. Divisez la classe en deux groupes: les vendeurs et les acheteurs. Les vendeurs préparent une liste de choses qu'ils vont vendre. Les acheteurs préparent une liste de choses qu'ils désirent acheter. Les vendeurs essaient de vendre ce qu'ils ont. Les acheteurs essaient de trouver ce qu'ils cherchent. Après ça, faites l'inventaire de ce qui a été vendu et acheté.

> EXEMPLE **Je cherche des cartes postales.**
> **Je regrette, Mademoiselle, je n'ai pas de cartes postales. Mais, j'ai de très belles affiches si cela vous intéresse.**

D. Choix. Vous êtes chargé(e) d'acheter des cadeaux pour les personnes suivantes. Qu'est-ce que vous allez acheter pour chaque personne et pourquoi pensez-vous que c'est un bon cadeau? Faites vos choix et ensuite discutez ces choix avec un(e) autre étudiant(e) ou groupe d'étudiants. Ensuite, décidez ensemble quel cadeau vous allez acheter. Qu'est-ce que vous allez acheter pour . . .

1. votre professeur de français
2. une personne qui est à l'hôpital
3. les parents d'un ami
4. une vieille dame ou un vieux monsieur
5. une famille française chez qui vous allez passer quelques jours
6. un membre de votre famille
7. ??

Vie et culture: Magasins et achats

Un marché aux puces

despite

high

renewal

compete with
underline, stress
baked in a
wood-burning oven

in the open

Au cours des vingt-cinq dernières années, les habitudes de vie des Français ont beaucoup changé, surtout en ce qui concerne les achats. Par exemple, les petits magasins de quartier ont dû faire face à la concurrence des supermarchés, des hypermarchés, des grands magasins, et des centres commerciaux qui ont fait leur apparition un peu partout en France. Certains ont été obligés de fermer. Cependant, *en dépit des* prédictions, un grand nombre de petits magasins ont réussi à survivre. Les Français apprécient le charme, la qualité du service, et aussi la proximité de ces petits magasins, et cela compense les prix un peu plus *élevés*. Les économistes pensent aussi que l'augmentation du chômage, le désir d'être son propre patron, et de meilleures techniques de vente ont contribué au *renouveau* des petits commerces.

Pour *faire concurrence* aux «grandes surfaces» où on peut trouver de tout et à des prix avantageux, les petits commerces *soulignent* l'aspect artisanal de leur entreprise: «pain *cuit au feu de bois*»; «plats préparés maison.» Ils soulignent aussi la qualité de leurs produits et l'attention portée aux besoins spécifiques de chaque client.

En plus des magasins et supermarchés, la plupart des villes ont une ou deux fois par semaine des marchés *en plein air* où on peut acheter toutes sortes de provisions et même des vêtements et des chaussures. Certaines villes ont des halles ou des marchés couverts où les gens peuvent venir acheter chaque jour leurs provisions. La variété et la qualité des produits ainsi que l'animation de ces marchés offrent un spectacle très pittoresque.

Les marchés aux puces constituent un autre spectacle fascinant. Le marché aux puces de Paris couvre plusieurs hectares et on peut y trouver toutes les marchandises possibles et imaginables.

Fonctions et structures

Pour parler des achats et des ventes

Les verbes comme vendre

A group of French verbs that describe various activities has infinitives that end in **re.** These verbs all have endings like **vendre** (*to sell*).

je **vends**	nous **vendons**
tu **vends**	vous **vendez**
il/elle/on **vend**	ils/elles **vendent**

Passé composé: j'**ai vendu**
Subjonctif: que je **vende**

Qu'est-ce qu'on **vend** dans une droguerie?
Janine **a vendu** son vieux vélo.
Il faut que nous **vendions** notre voiture.

Here is a list of other **re** verbs that follow this pattern:

attendre	*to wait for, to expect*	Georges **attend** Alice devant la bijouterie.
entendre	*to hear*	Répétez, s'il vous plaît. Je n'**ai** pas bien **entendu.**

perdre	*to lose, to waste*	Vous **perdez** votre temps.
répondre (à)	*to answer*	Est-ce que tu **as répondu** à sa lettre?
rendre	*to hand back, to return*	Est-ce que le prof **a rendu** les examens?
rendre	*to make*	L'argent ne **rend** pas les gens heureux.
rendre visite à	*to visit (a person)*	Ils **ont rendu** visite à leurs amis canadiens.

Premiers pas

A. Au marché aux puces. Vous êtes au marché aux puces où vous écoutez la conversation de quelques marchands qui discutent ce qu'ils ont à vendre. Qu'est-ce qu'ils disent?

> **EXEMPLE** Annette [livres]
> **Annette vend des livres.**

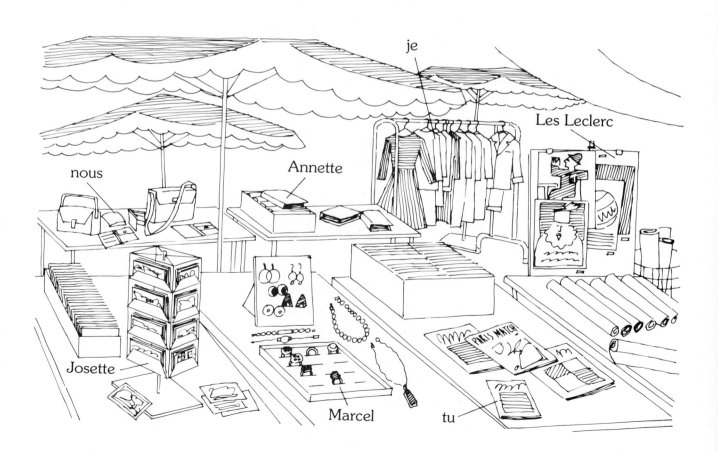

B. Braderie. Imaginez que vous êtes commerçant(e) et que vous avez décidé de brader une partie de vos marchandises. Vos clients, joués par d'autres étudiants, vous demandent le prix des objets suivants. Qu'allez-vous répondre?

TROIFOIRIEN

GRANDE SOLDE DE FIN D'ANNÉE

> EXEMPLE   parapluie
> **Ce parapluie, vous le vendez combien?**
> **Vous pouvez l'avoir pour soixante francs.**

C. Des produits internationaux. Quels produits étrangers est-ce qu'on peut trouver dans votre ville (e.g., chaussures, journaux, voitures) et dans quels magasins est-ce qu'on les vend?

> EXEMPLE   **On vend des fromages français et des fromages suisses dans plusieurs magasins.**

D. Où est-ce qu'ils ont attendu? Vous êtes allé(e) faire des courses l'autre jour, mais vous avez oublié où retrouver vos amis. Où vos amis vous ont-ils attendu?

> EXEMPLE   Monique/devant le magasin de vêtements
> **Monique a attendu devant le magasin de vêtements.**

1. je/près de la pharmacie
2. nous/en face de la charcuterie
3. vous/devant le grand magasin
4. Robert/près du bureau de tabac
5. tu/à côté de la parfumerie
6. les autres/près de la droguerie

E. Réactions. Quelle est votre réaction dans les situations suivantes? Dans chaque cas, indiquez si cela vous laisse indifférent(e) ou si cela vous rend heureux/euse, malheureux/euse, triste, furieux/euse, etc. Ensuite préparez d'autres situations et présentez-les aux autres étudiants de la classe.

1. Une des banques de votre ville vous offre une carte de crédit.
2. Vous avez acheté des vêtements au prix normal et la semaine après, on les vend en solde.
3. Vous voulez toucher un chèque, mais l'employé vous demande de montrer deux pièces d'identité et vous ne les avez pas sur vous.
4. Vous allez à la poste pour envoyer un colis, mais vous avez laissé votre portefeuille à la maison.
5. Des amis vous donnent des vêtements pour votre anniversaire.
6. Quelqu'un vous envoie des fleurs pour une occasion spéciale.
7. Votre patron vous annonce que vous allez avoir une augmentation de salaire.
8. Votre propriétaire vous dit que votre loyer va augmenter.

C'est la vie!

Situation: Au bureau des objets trouvés
Catherine a perdu son sac à main. Elle va au bureau des objets trouvés pour voir si quelqu'un l'a trouvé. L'employé est très occupé.

CATHERINE	Monsieur! Monsieur! Ça fait un quart d'heure que j'attends!
L'EMPLOYÉ	Ne perdez pas patience, Madame! Je suis à vous dans un instant . . . Voilà . . . Qu'est-ce que je peux faire pour vous?
CATHERINE	J'ai perdu mon sac à main.
L'EMPLOYÉ	Où et quand l'avez-vous perdu?
CATHERINE	Je ne sais pas . . . J'ai rendu visite à une amie qui est à l'hôpital. Après, je suis allée dans un magasin où on vend des *cadeaux.* J'ai payé avec un *billet* de 100 francs. Le marchand m'a rendu la *monnaie.* C'est peut-être là que je l'ai *laissé.*
L'EMPLOYÉ	Qu'est-ce qu'il y a dans votre sac à main?
CATHERINE	Mon portefeuille et toutes mes cartes de crédit!

Mots et structures à noter

cadeaux *gifts;* **billet** *bill;* **monnaie** *change;* **laissé** *left*

C'est votre tour. Imaginez que vous avez perdu quelque chose. Indiquez à l'employé (joué par un autre étudiant) ce que vous avez perdu, où vous l'avez perdu, et ce qu'il y a dedans.

Pour offrir des suggestions ou donner des ordres
L'impératif

Sometimes when we want to give a directive to someone else we use what are called *imperative* forms (e.g., *Come here. Don't take my car.*). Imperatives are used to give orders and advice, to make requests, or to explain how to do something. In French, they are identical to the **tu**, **vous**, and **nous** present verb forms but are used without subject pronouns. In **er** verbs and **aller**, the final **s** is dropped from the **tu** form.

er verbs	**ir** verbs	**re** verbs
écoute	finis	attends
écoutez	finissez	attendez

The **nous** form communicates a "let's . . ." meaning.

écoutons	finissons	attendons

> **Finis** tes études.
> **Va** chez le médecin.
> **Prenons** un taxi.

Note that the negative of the imperative follows the regular pattern for negatives.

> **Ne travaillez pas** trop.
> **Ne choisissez pas** ce métier.
> **Ne perds pas** ton argent.

A. The verbs **être** and **avoir** have irregular imperatives.

être	avoir
sois	aie
soyez	ayez
soyons	ayons

Sois calme!	Be calm!
Soyons prudents.	Let's be careful.
N'ayez pas peur.	Don't be afraid.

B. In affirmative commands, direct object pronouns follow the verb, and **moi** and **toi** replace **me** and **te**. In negative commands, the direct object pronoun remains in its usual place before the verb, and its form does not change.

Achetez-**le.**	Ne **l'**achetez pas.
Vendez-**les.**	Ne **les** vendez pas.
Attendez-**moi.**	Ne **m'**attendez pas.

C. The imperative is used in common expressions.

Sois sage!	Be good!
Sois gentil!	Be nice!
Allons-y!	Let's go! Come on!
Voyons . . .	Let's see . . .
Ne fais pas l'idiot!	Don't be an idiot!
Faites attention!	Be careful! (Pay attention!)
Ne faites pas de bruit.	Don't make any noise.

Premiers pas

A. À l'agence publicitaire. Vous travaillez pour une agence publicitaire et votre rôle est de créer des slogans pour une agence de voyages. Donnez les slogans qui correspondent aux suggestions suivantes.

> EXEMPLES choisir notre hôtel
> **Choisissez notre hôtel.**
> ne pas prendre de risques
> **Ne prenez pas de risques.**

1. faire le voyage de vos rêves
2. choisir Air France
3. prendre le train
4. descendre sur la Côte
5. louer une voiture de sport
6. oublier vos soucis
7. ne pas partir sans votre carte de crédit
8. ne pas rester chez vous

B. Slogans. Vous êtes chargé de préparer des slogans publicitaires pour un produit ou un service de votre choix. Préparez vos slogans (seul ou en petits groupes) et présentez-les au reste de la classe.

> EXEMPLE **Allez au cinéma sans sortir de chez vous.**
> **Achetez un magnétoscope.**

C. Mais non! Votre ami Antoine parle de ce qu'il a l'intention de faire. Mais vous êtes de mauvaise humeur et vous dites le contraire de ce qu'il propose.

> EXEMPLE Je vais rester à la maison.
> **Ne reste pas à la maison.**

1. Je vais étudier ce matin.
2. Je vais prendre l'autobus.
3. Je vais faire la cuisine.
4. Je vais aller à la boulangerie.
5. Je vais regarder cette émission.

> EXEMPLE Je n'ai pas envie de faire mes devoirs.
> **Tant pis, fais-les quand même.**

1. Je n'ai pas envie d'étudier pour mon examen.
2. Je n'ai pas envie de prendre l'autobus aujourd'hui.

3. Je n'ai pas envie de finir mon travail.
4. Je n'ai pas envie d'aller chez le dentiste.
5. Je n'ai pas envie de faire le ménage.

D. Conseils. Un étudiant de première année vous a demandé votre avis sur les sujets suivants. Quels conseils allez-vous donner à cet étudiant?

> EXEMPLE   habiter dans une résidence universitaire
> **N'habite pas dans une résidence universitaire.**
> **Loue un appartement, c'est préférable.**

1. habiter dans un appartement
2. partager un appartement avec un(e) autre étudiant(e)
3. habiter près de l'université
4. acheter des livres neufs
5. utiliser une carte de crédit pour tous les achats
6. acheter une voiture d'occasion
7. étudier en groupe
8. aller dans les cafés pour rencontrer d'autres étudiants

E. Et encore des conseils. Quels conseils allez-vous donner aux personnes suivantes?

> EXEMPLE   aux professeurs
> **S'il vous plaît, ne donnez pas d'examens le**
> **lundi ou le vendredi!**

1. aux professeurs
2. aux futurs parents
3. aux enfants
4. aux touristes français aux États-Unis
5. à un(e) ami(e) qui cherche du travail
6. à l'administration de votre université

C'est la vie!

Situation: À l'auto-école
Michel apprend à *conduire*. Il prend des leçons à l'auto-école. Ce n'est pas facile.

LE MONITEUR	Eh bien, allons-y . . . et surtout, n'ayez pas peur.
MICHEL	Où est-ce que je vais?
LE MONITEUR	Allez tout droit, jusqu'au *feu rouge*.
MICHEL	Et maintenant? Qu'est-ce que je fais?
LE MONITEUR	Tournez à droite . . . Non, non, *arrêtez-vous!* Attendez le *feu vert!* Faites attention, *voyons!*
MICHEL	Excusez-moi, Monsieur; je ne l'ai pas fait *exprès*.
LE MONITEUR	Bon, restons calmes. Ne soyez pas si *crispé*.
MICHEL	C'est facile à *dire*.

Mots et structures à noter

conduire *to drive;* **feu rouge** *red light;* **arrêtez-vous** *stop;* **feu vert** *green light;* **voyons** *for goodness sake;* **exprès** *on purpose;* **crispé** *tense;* **dire** *to say*

C'est votre tour. Un ami qui vient d'apprendre à conduire a proposé de vous emmener chez un ami commun. Il ne sait pas où cet ami habite et vous avez très peur. Imaginez la conversation.

Pour préciser les quantités désirées

Les expressions de quantité

A. We often do not want to give an exact number or measure when we talk about quantities. Therefore, we have other ways to express quantitative ideas. In French, most expressions of quantity are followed by **de** or **d'**, rather than by the full partitive article (**de l', de la, du**) or the plural indefinite article (**des**).

assez de	*enough*	Nous avons **assez de** pain.
autant de	*as much, as many*	Nous n'avons pas **autant de** travail cette semaine.
beaucoup de	*much, many,*	Il y a **beaucoup de** magasins près d'ici.
combien de	*how much, how*	**Combien de** boîtes de petits pois voulez-vous?
moins de	*less, fewer*	Il faut dépenser **moins d'**argent.
peu de	*little, few*	**Peu de** gens peuvent répondre à cette question.
un peu de	*a little of*	Encore **un peu de** vin, s'il vous plaît.
plus de	*more*	Passe **plus de** temps à étudier.
tant de	*so much, so many*	Ne faites pas **tant de** bruit.
trop de	*too much, too many*	Ils ont **trop de** travail.

B. To indicate there is no more (not any more) of an item, **ne . . . plus de** is used.

Il **n'**y a **plus de** pain.
Non merci, je **ne** veux **plus de** vin.

C. The partitive article is retained in the expression **la plupart de** (most, the majority).

La plupart des gens sont satisfaits.

Premiers pas

A. De quoi est-ce qu'on a besoin? Un ami vous a demandé d'aller au supermarché à sa place. Vous voulez être sûr(e) qu'il a tout sur sa liste. Qu'est-ce qu'il vous répond?

> **EXEMPLE** café . . . ? (pas beaucoup)
> **Est-ce que tu as assez de café?**
> **Non, je n'ai pas beaucoup de café.**

1. pommes de terre . . . ? (assez)
2. fromage . . . ? (un peu)
3. pommes . . . ? (un kilo)
4. beurre . . . ? (pas assez)

5. vin . . . ? (trois bouteilles)
6. légumes . . . ? (beaucoup)
7. lait . . . ? (pas trop)
8. petits pois . . . ? (trois boîtes)

B. Recettes. Voici les ingrédients pour quelques plats que vous allez préparer cette semaine. Pour chaque recette, indiquez (1) les quantités nécessaires, (2) ce que vous avez déjà chez vous, et (3) ce que vous devez acheter. Travaillez avec un(e) autre étudiant(e), comparez vos ressources, et établissez une liste commune.

EXEMPLE **Pour préparer cette recette, il faut avoir une tasse de lait; je n'ai pas assez de lait. Il faut que j'achète une bouteille de lait.**

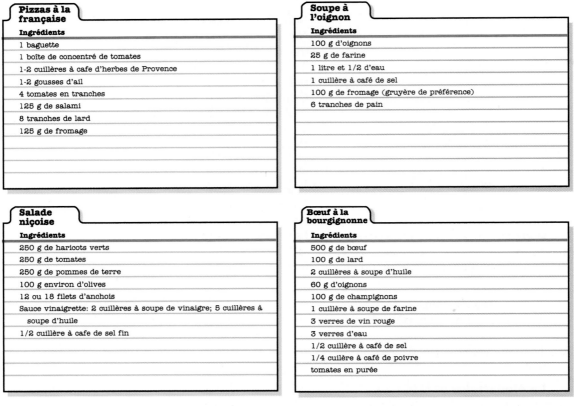

Pizzas à la française

Ingrédients

| 1 baguette |
| 1 boîte de concentré de tomates |
| 1-2 cuillères à cafe d'herbes de Provence |
| 1-2 gousses d'ail |
| 4 tomates en tranches |
| 125 g de salami |
| 8 tranches de lard |
| 125 g de fromage |

Soupe à l'oignon

Ingrédients

| 100 g d'oignons |
| 25 g de farine |
| 1 litre et 1/2 d'eau |
| 1 cuillère à café de sel |
| 100 g de fromage (gruyère de préférence) |
| 6 tranches de pain |

Salade niçoise

Ingrédients

| 250 g de haricots verts |
| 250 g de tomates |
| 250 g de pommes de terre |
| 100 g environ d'olives |
| 12 ou 18 filets d'anchois |
| Sauce vinaigrette: 2 cuillères à soupe de vinaigre; 5 cuillères à soupe d'huile |
| 1/2 cuillère à cafe de sel fin |

Bœuf à la bourguignonne

Ingrédients

| 500 g de bœuf |
| 100 g de lard |
| 2 cuillères à soupe d'huile |
| 60 g d'oignons |
| 100 g de champignons |
| 1 cuillère à soupe de farine |
| 3 verres de vin rouge |
| 3 verres d'eau |
| 1/2 cuillère à café de sel |
| 1/4 cuillère à café de poivre |
| tomates en purée |

C. La vie universitaire. Posez des questions aux autres étudiants de la classe sur les sujets suivants. Utilisez des expressions de quantité dans vos questions.

EXEMPLE le travail
Est-ce que tu as autant de travail cette semaine? Non, ça va mieux. J'ai moins de travail maintenant. Et toi?

1. les devoirs
2. les professeurs
3. les amis
4. le temps libre

5. les examens
6. les cours
7. le travail
8. les soucis

D. Votre ville. Vous parlez de votre ville ou de votre région avec des étudiants français. Utilisez des expressions de quantité pour indiquer ce que votre ville a à offrir. Comparez vos descriptions.

> EXEMPLE   parcs
> **Il n'y a pas assez de parcs dans notre ville.**

Suggestions: grands magasins, petits magasins spécialisés, centres commerciaux, marchés aux puces, théâtres, cinémas, musées, terrains de sport, piscines, bons restaurants, cafés, choses intéressantes à faire, activités pour les jeunes.

C'est la vie!

Situation: Questions d'argent

Mathieu a besoin d'argent. Il demande à son amie Murielle si elle peut l'aider.

MURIELLE	Tu as l'air préoccupé. *Qu'est-ce qui* ne va pas? Tu as trop de travail?
MATHIEU	Non, mais j'ai beaucoup de *soucis* . . . des soucis d'argent.
MURIELLE	Ne t'en fais pas! La plupart des gens ont des soucis d'argent!
MATHIEU	Ne *plaisante* pas; c'est sérieux. *J'ai dépensé* trop de *fric* et maintenant, je n'ai pas assez d'argent pour payer mon loyer. Est-ce que tu pourrais me *prêter* un peu d'argent jusqu'à la fin du mois?
MURIELLE	Impossible, je suis *fauchée,* moi aussi!
MATHIEU	Pourtant, tu gagnes beaucoup d'argent maintenant. . .
MURIELLE	Oui, mais j'ai plus de dépenses, et j'ai encore beaucoup de *dettes.* Demande à René, il est toujours *bourré de fric.*

Mots et structures à noter

qu'est-ce qui *what;* **soucis** *worries;* **plaisante** *joke;* **ai dépensé** *spent;* **fric** *money (slang);* **prêter** *lend;* **fauchée** *broke;* **dettes** *debts;* **bourré de fric** *loaded with money* (slang)

C'est votre tour. Imaginez que vous aussi, vous êtes fauché(e) et que vous avez besoin d'emprunter de l'argent pour payer votre loyer (vos livres, votre inscription à l'université, etc.). Vous essayez d'emprunter de l'argent à vos camarades de classe. Les autres étudiants de la classe vont décider à qui ils veulent prêter de l'argent. Alors soyez persuasif/ive.

Pour indiquer clairement de qui on parle

Les pronoms disjoints

Another type of pronoun that permits a speaker to avoid repeating nouns is called the disjunctive or stress pronoun. Because they are used in such diverse ways, they can be viewed as a kind of utility pronoun.

moi	*I, me*	**nous**	*we, us*
toi	*you*	**vous**	*you*
lui	*he, him, it*	**eux**	*they, them* (m)
elle	*she, her, it*	**elles**	*they, them* (f)
soi	*one*		

These pronouns are used in the following situations:

A. After prepositions, including after **être à** (*to indicate possession*).

> Est-ce que tu peux faire ça **pour moi?**
> Ne partez pas **sans moi.**
> Ce livre n'**est** pas **à moi;** il **est à eux.**

B. After **c'est** or **ce sont,** and alone or in short phrases where there is no verb.

> Qui a fait cela?
> C'est **moi.**
>
> Qui veut une tasse de café?
> **Moi.**
>
> Hélène est fatiguée.
> **Nous aussi.**

C. To emphasize the subject of the verb.

> **Eux, ils** ont bu du thé, mais **nous, nous** avons bu du café.
> **Moi, je** suis français. **Lui, il** est suisse.

D. In compound subjects where a pronoun is used for at least one of the persons or items.

> Philippe et **moi,** nous avons faim.
> Elle et **toi,** vous êtes de bonnes amies, n'est-ce pas?

E. With **-même(s)** to talk about oneself or others (myself, yourself, etc.):[1]

> Tu l'as fait **toi-même,** n'est-ce pas?
> Ils font leur cuisine **eux-mêmes.**
> On ne peut pas tout faire **soi-même.**

Premiers pas

A. Je t'invite. Qu'allez-vous faire ce week-end? Un(e) ami(e) vous propose différentes activités. Indiquez quelles sont les suggestions qui vous intéressent.

> EXEMPLE   **Tu veux aller au cinéma avec Serge?**
>   **Je voudrais bien aller au cinéma avec lui.**
>   ou: **Je n'ai pas envie d'aller au cinéma avec lui.**

1. Tu veux manger au restaurant avec moi?
2. Tu veux aller au théâtre avec Madeleine?
3. Tu veux faire un pique-nique avec nous?
4. Tu veux aller à la piscine avec Elise et Anne-Sophie?
5. Tu veux aller au cinéma avec Philippe?

[1]*For recognition only.*

B. Quel désordre! Vos camarades de chambre ont décidé de faire le ménage et de ranger votre appartement. Essayez de décider à qui sont les différents objets qu'on trouve un peu partout.

> **EXEMPLE** Il est à toi ce vieux pull? (non)
> **Non, il n'est pas à moi.**

1. Ce sèche-cheveux, il est à toi? (non)
2. Alors, il est à Alain? (oui . . . peut-être)
3. Cette brosse à dents, elle est à toi? (oui)
4. Et ces chaussures, elles sont à toi? (non)
5. Et ces valises, est-ce qu'elles sont à moi? (oui)
6. Il est à nous, ce parapluie? (non)
7. Cette montre est à Alain? (oui)
8. Et ces disques, est-ce qu'ils sont à tes frères? (oui)

C. Au bureau des objects trouvés. Vous êtes chargé(e)—avec deux ou trois autres étudiants de votre classe—du service des objets trouvés. Vous quittez la salle pendant quelques minutes et pendant votre absence les autres étudiants placent différents objets sur la table des objets trouvés. Votre rôle est de trouver à qui sont ces objets.

> **EXEMPLE** **Ce livre de français, il est à Michel?**
> **Non, il n'est pas à lui.**

D. Qui a fait cela? Vous partagez un appartement avec plusieurs personnes. Un(e) de vos camarades de chambre n'est pas content(e). Il/elle veut savoir qui est responsable de la situation suivante. Répondez à ses questions.

> **EXEMPLE** C'est toi qui as laissé tes chaussures sur le divan? (non)
> **Mais non, ce n'est pas moi.**

1. C'est toi qui as pris mon dentifrice? (non)
2. Alors, c'est Jean-Luc? (oui)
3. C'est toi qui as oublié d'acheter du papier hygiénique? (non)
4. C'est vous qui avez emprunté mon shampooing? (non)
5. C'est Jean-Luc qui a perdu mes clefs? (oui)
6. Ce sont tes amis qui ont pris mes revues? (oui)
7. C'est toi qui as utilisé mon papier à lettres? (non)

E. Points communs et différences. Quelle sorte de consommateur êtes-vous? Répondez aux questions suivantes. N'oubliez pas d'utiliser des pronoms disjoints dans vos réponses.

> **EXEMPLE** Certaines personnes dépensent trop d'argent. Et vous?
> **Moi aussi, je dépense trop d'argent.**
> **Pas moi, j'économise de l'argent tous les mois.**

1. Beaucoup d'étudiants vendent leurs livres à la fin du trimestre. Et vous? Et vos amis?
2. Beaucoup d'étudiants achètent des livres d'occasion. Et vous? Et vos amis?
3. Certaines personnes préfèrent acheter leurs vêtements en solde. Et vous? Et vos amis?

4. Il y a des gens qui aiment marchander. Et vous? Et vos amis?
5. Il y a des gens qui perdent toujours leurs affaires. Et vous? Et vos amis?
6. Il y a des gens qui ont l'habitude d'emprunter de l'argent. Et vous?
7. Il y a des gens qui aiment acheter à crédit. Et vous? Et vos amis? Et les Américains en général?

F. **Ne soyez pas modeste!** Imaginez que vous faites partie du "jet set" international. Vous êtes très fier/fière de tous les objets de luxe que vous possédez ou que vous avez l'intention d'acheter. Qu'est-ce que vous dites pour impressionner vos amis?

EXEMPLES   **Nous, nous achetons tous nos vêtements chez Dior.**
Moi, je viens d'acheter une montre Rolex.

C'est la vie!

Situation: Ce n'est pas moi!

Monsieur Maréchal est très *fier* de la nouvelle voiture qu'il vient d'acheter. Mais pendant son absence, quelqu'un l'a empruntée et l'a *cabossée.* Il demande des explications à son fils.

M. MARÉCHAL	Viens ici, toi!
FRANÇOIS	Qui? Moi?
M. MARÉCHAL	Oui, toi. C'est toi qui as cabossé ma voiture?
FRANÇOIS	Non papa, ce n'est pas moi, je t'assure.
M. MARÉCHAL	Tu n'es pas sorti avec tes copains hier soir?
FRANÇOIS	Non, je ne suis pas sorti avec eux; je suis resté chez nous.
M. MARÉCHAL	Alors à ton avis, qui a emprunté ma voiture?
FRANÇOIS	*Ben,* je ne sais pas, moi.
M. MARÉCHAL	C'est peut-être ta sœur . . . ?
FRANÇOIS	Oui, c'est probablement elle.

Mots et structures à noter

fier *proud;* **cabossée** *dented;* **ben** *well*

C'est votre tour. Vous habitez avec plusieurs camarades de chambre (joués par d'autres étudiants de la classe). Quelqu'un a pris ou a cassé (*broke*) une ou plusieurs de vos possessions. Posez des questions à vos amis pour savoir qui est responsable.

Intégration et perspectives: La publicité

Pour vendre, il faut de la publicité. Les produits varient, mais le message reste le même: achetez et consommez. La publicité vous encourage à dépenser votre argent et elle vous donne toujours de bonnes raisons de ne pas attendre. La publicité est partout: le long des routes, sur les murs (*walls*) des maisons, dans les journaux, et dans les revues.

Compréhension. Créez un nouveau slogan pour chacun des produits représentés.

"Six tops d'un block, c'est six tops non stop"

LA RADIO FUN, C'EST FUN RADIO.

Toutes les fréquences FUN RADIO sur 36.15 code TOP FUN
PARIS 101.9 FM. BORDEAUX 103.2 FM. LILLE 96.8 FM. TOULOUSE 97.4 FM. LYON 98.9FM.

Au 36 65 01 23, écoutez le disque du jour et gagnez tous les cadeaux dont vous rêvez.

Collection Alias: la mode qu'on aime en hyper!

159F
CARDIGAN
100% acrylique
du 38/40 au 46/48

189F
JUPE TWIST
65% polyester
35% viscose
du 36 au 46

Collection
alias
EN VENTE DANS LES HYPERMARCHÉS
mammouth
Géant Casino

Il est pas possible ce TGV.

• PARIS-ÉVIAN : une liaison directe les samedis et dimanches du 25 juin au 5 septembre.
• PARIS-NICE : 4 aller et retour quotidiens du 24 juin au 4 septembre (3 aller et retour en dehors de cette période).
• LILLE-NICE : le "FLANDRES-AZUR" relie le Nord et le Sud les samedis à partir du 18 juin.

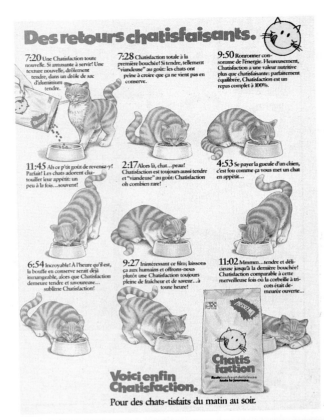

Vie et culture: Le porte-monnaie et le portefeuille des Français

Qu'y a-t-il dans le porte-monnaie d'un Français? De la monnaie, bien sûr, c'est-à-dire des pièces de monnaie. Voici une photo des principales pièces qui sont maintenant en circulation:

5 centimes, 10 centimes, 20 centimes, 50 centimes

1 franc (1 F), 2 francs (2 F), 5 francs (5 F), 10 francs (10 F)

Et dans un portefeuille, qu'y a-t-il? Il y a des billets de différentes valeurs. Chaque billet est marqué à l'effigie d'un personnage célèbre, comme vous pouvez le voir sur la photo suivante.

50 F (à l'effigie de Quentin de La Tour, un peintre du 18e siècle)

100 F (à l'effigie de Delacroix, un peintre du 19e siècle)

200 F (à l'effigie de Montesquieu, un écrivain du 18e siècle)

500 F (à l'effigie de Pascal, un mathématicien, physicien, philosophe, et écrivain du 17e siècle)

Dans un portefeuille, on garde aussi ses papiers d'identité et ses cartes de crédit. Les cartes de crédit américaines (*Visa, Mastercard, Diners Club, American Express*) sont acceptées dans toutes les banques françaises et dans beaucoup de magasins. Les principales cartes de crédit en France sont Mastercard/Eurocard, Visa, et la carte bleue, une carte bancaire.

Communication et vie pratique

A. Soyez persuasif (persuasive)! Vous êtes chargé(e) de préparer des "spots" publicitaires de 30 secondes qui vont passer à la radio ou à la télévision. Choisissez des produits réels ou imaginaires et présentez-les au reste de la classe.

B. La carte jeunes. Vous êtes chargé(e) d'expliquer les avantages de **la carte jeunes** à un groupe d'étudiants. Pour chacune des catégories mentionnées, expliquez les avantages que **la carte jeunes** vous offre.

Ciné Carte Jeunes

26 F la place de cinéma tous les jours même le week-end dans plus de 400 salles avec l'invité de son choix.

Sports - Loisirs

Des réductions pour voir du sport, en faire et s'équiper.

Restauration

Jusqu'à 15 % de réduction dans 2.000 restaurants et fast-food.

Équipement - Mode

Jusqu'à 50 % de réductions dans 30.000 magasins en France.

Voyages

Un service par téléphone d'information et de réservation de voyages (vols secs et séjours).

Culture

Réductions théâtres, musées, concerts, spectacles, journaux et magazines.

En vente 70 F

CARTE JEUNES
EURO < 26

EXEMPLE **Vous avez envie d'aller voir un match de foot ou d'acheter de nouvelles chaussures de sport? Pas de problème! La carte jeunes vous donne des réductions importantes.**

C. On fait des courses. Michelle est très occupée aujourd'hui et elle demande à Jean s'il peut faire les courses à sa place. Écoutez leur conversation et notez (1) ce que Jean doit acheter et (2) où il doit l'acheter.

D. Au marché. Vous avez décidé d'aller au marché. Faites une liste des choses que vous allez acheter. Un(e) étudiant(e) va jouer le rôle du client difficile. Un(e) autre va jouer le rôle du marchand qui essaie de vendre sa marchandise.

Client(e)	Marchand(e)
Je voudrais une bouteille de . . .	Que désirez-vous?
J'ai besoin de trois kilos de . . .	Qu'est-ce que je peux faire pour vous?
C'est combien, s'il vous plaît?	Les . . . coûtent . . . le kilo.
Qu'est-ce que c'est?	Le . . . coûte . . . le litre.
Est-ce que les . . . sont bon marché?	Nous n'avons pas de . . . mais nous avons. . .
Je voudrais un peu de . . .	Nous n'avons pas beaucoup de . . . aujourd'hui mais ils (elles) vont arriver demain.
	Avez-vous besoin de . . . ?
	Avez-vous assez de . . . ?

E. Économe ou dépensier (dépensière)? Est-ce que vous avez tendance à être économe ou à être dépensier(ière)? Pour le savoir, répondez aux questions suivantes et consultez l'interprétation qui suit. Notez que les réponses proposées représentent les deux extrêmes possibles; choisissez l'option qui est la plus représentative de votre réaction habituelle.

1. Quand vous avez de l'argent, en général, est-ce que . . . ?
   a. vous le déposez à la caisse d'épargne
   b. vous le dépensez
2. Quand vous avez besoin d'une nouvelle voiture, est-ce que vous achetez . . . ?
   a. une voiture d'occasion
   b. une voiture neuve
3. Quand votre voiture ne marche pas, est-ce que . . . ?
   a. vous essayez de la réparer vous-même
   b. vous allez chez le garagiste
4. Quand vous avez envie d'un livre, est-ce que . . . ?
   a. vous allez à la bibliothèque
   b. vous l'achetez dans une librairie
5. Quand vous avez besoin de nouveaux vêtements, est-ce que vous les achetez . . . ?
   a. quand ils sont en solde
   b. quand ils sont vendus au prix normal
6. Quand vous cherchez un appartement, est-ce que vous choisissez . . . ?
   a. un appartement modeste mais confortable
   b. un appartement luxueux qui possède tout le confort moderne

7. Comment organisez-vous votre budget? En général, est-ce que . . . ?
   a. vous établissez votre budget à l'avance
   b. vous dépensez votre argent sans compter
8. Il y a quelque chose que vous voulez acheter mais votre budget est très limité en ce moment. Est-ce que . . . ?
   a. vous essayez de gagner l'argent nécessaire
   b. vous l'achetez à crédit ou vous empruntez de l'argent
9. Quand vous utilisez une carte de crédit, est-ce que . . . ?
   a. vous payez chaque mois ce que vous devez
   b. vous continuez d'acheter ce que vous voulez sans penser à vos dettes
10. Quand vous empruntez de l'argent à un(e) ami(e), est-ce que . . . ?
    a. vous rendez immédiatement l'argent qu'on vous a prêté
    b. vous oubliez que vous avez emprunté de l'argent
11. À la fin du mois, est-ce que . . . ?
    a. vous avez toujours assez d'argent pour finir le mois
    b. vous devez emprunter de l'argent ou vous devez faire très attention à ce que vous dépensez
12. Est-ce que . . . ?
    a. vous payez régulièrement votre loyer
    b. vous oubliez souvent de le payer

Interprétation

Combien de fois avez-vous choisi la réponse «a»?

10–12   Vous êtes très économe et c'est une bonne chose. Mais ne soyez pas obsédé(e) par les questions d'argent.

7–9   Vous êtes économe, mais sans excès. Et vos amis peuvent compter sur vous quand ils ont besoin d'argent!

4–6   Vous aimez dépenser sans compter, mais n'espérez pas être un jour ministre des finances.

0–3   Si dépenser de l'argent rend les gens heureux, vous devez être en extase.

Prononciation et orthographe

A. The letter **e** (without an accent mark) is usually pronounced /ə/, as in the following words:

    le   de   me   ce   demain   regarder

The mute **e** is not always pronounced, however. Whether it is pronounced or not depends upon its position in a word or group of words and upon its "phonetic environment." It is not pronounced :

1. At the end of a word :
   ouverté   chancé   voituré   anglaisé

2. When it is preceded by only one consonant sound :

samedi   tout de suite   seulement   je le sais

Listen and repeat :

acheter	chez le marchand
boulangerie	ça ne fait rien
épicerie	en ce moment
heureusement	un kilo de pain
tout le monde	je n'ai pas le temps

B. The mute **e** is pronounced in the following situations :

1. When it is preceded by two consonant sounds and followed by a third :

vendredi   quelque chose   mon propre patron

Listen and repeat :

mercredi	pour demain
quelquefois	ça marche bien
premier	faire le marché
votre livre	pomme de terre
notre voiture	une autre personne

2. When it is in the first syllable of a word or an utterance :

demain   regardez   le marché   ce journal

C. In fast speech, the mute **e** may be dropped even at the beginning of an utterance. This is especially true of the pronoun **je**.

Listen and compare :

Careful speech	**Fast speech**
je mange / ʒəmɑ̃ʒ/	je mange /ʒmɑ̃ʒ/
je réponds /ʒərepɔ̃/	je réponds /ʒrepɔ̃/
je suis /ʒəsɥi/	je suis /ʃsɥi/
je pense /ʒəpɑ̃s/	je pense /ʃpɑ̃s/

In fast, informal speech, the **ne** of the negative may even be omitted entirely.

Careful speech	**Fast, informal speech**
ça ne fait rien	ça fait rien
je n'ai pas le temps	j'ai pas le temps
ce n'est pas possible	c'est pas possible
il n'a pas oublié	il a pas oublié
je ne sais pas	j(e) sais pas

D. Repeat the following conversation paying special attention to the pronunciation of the mute **e**'s.

— Qu'est-c∉ qu'on va manger c∉ soir?
— Je n∉ sais pas. . . . J∉ n'ai pas eu l∉ temps d'aller à la bouch∉rie.
— Ça n∉ fait rien, il reste encore du rôti d∉ veau et un peu d∉ pain.
— Si tu as l∉ temps, va chez l∉ marchard d∉ légumes et prends un kilo de haricots verts et une boite de p∉tits pois.

Vocabulaire

Les achats (voir pp. 244–245)
Les verbes en **re** (voir pp. 248–249)
Les expressions de quantité (voir p. 255)
Les pronoms disjoints (voir pp. 257–258)

Noms

le **cadeau**......*gift*
le **feu rouge**......*red light*
le **feu vert**......*green light*
le **mur**......*wall*
le **souci**......*worry, care*

Verbes

arrêter......*to stop*
changer......*to change*
conduire......*to drive*
dire......*to say, to tell*
laisser......*to let, to leave alone*
plaisanter......*to joke*
prêter......*to lend*

Adjectifs

aventureux......*adventurous*
cabossé......*dented*
crispé......*tense*
fauché......*broke, out of money*
fier, fière......*proud*

Divers

bourré de fric......*loaded with money*
exprès......*on purpose*
tant pis!......*too bad!*
qu'est-ce qui......*what*
voyons......*for goodness sake, let's see*

CHAPITRE 11

Santé et habitudes personnelles

Fonctions

Point de départ
Pour parler de vos habitudes de vie
Pour parler de ce qu'on a fait
Pour donner des conseils
Pour être plus précis

Structures

Le corps et la santé
Le présent des verbes réfléchis
Le passé composé des verbes réfléchis
L'impératif des verbes réfléchis
Les adverbes

Point de départ: Le corps et la santé

C'est un fait bien établi, le culte du corps est une des marques de notre époque. L'apparence, la forme (*shape*), et la santé sont devenues des questions importantes.

1. Les parties du corps

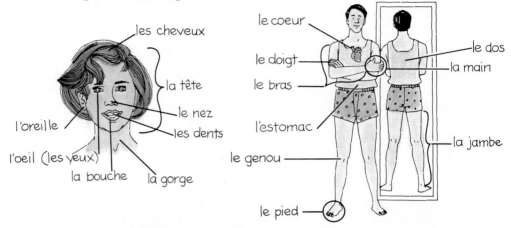

les cheveux

la tête

le nez

les dents

l'oreille

l'oeil (les yeux)

la bouche

la gorge

le coeur

le doigt

le bras

l'estomac

le genou

le pied

le dos

la main

la jambe

2. Les douleurs et les problèmes de santé

avoir mal à la gorge, à la tête,
aux pieds, à l'estomac, etc.
avoir de la fièvre
avoir la diarrhée
tousser (*to cough*)

vomir
être allergique à
être paralysé(e)
avoir l'air fatigué
être déprimé(e) (*to be depressed*)

3. Les maladies

un rhume (*cold*)
la grippe (*flu*)
une angine (*strep throat*)
une bronchite
une pneumonie

une infection
une crise cardiaque
le SIDA (*AIDS*)
le cancer

4. Les remèdes

une ordonnance (*prescription*)
un médicament
une pilule (*pill*)
un comprimé d'aspirine (*aspirin tablet*)
une piqûre (*shot*)
une opération

donner une ordonnance
prendre un médicament
prendre une pilule
prendre un comprimé d'aspirine

faire une piqûre
opérer

5. Que faire pour être en forme et en bonne santé

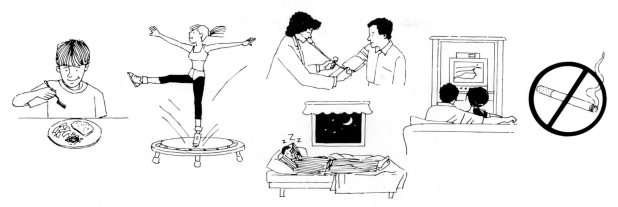

- faire du sport ou de la gymnastique (*to exercise*)
- manger une nourriture bien équilibrée (*well balanced*)
- éviter (*avoid*) tout ce qui est mauvais pour la santé comme l'alcool, le tabac, et la drogue
- dormir[1] (*sleep*) suffisamment
- prendre le temps de se détendre (*to relax*)
- aller régulièrement chez le médecin

Communication et vie pratique

A. Chez le médecin. Vous êtes dans la salle d'attente du médecin. Il y a plusieurs autres personnes qui attendent leur tour. Où ont-ils mal?

---

[1]**Dormir** is conjugated like **partir;** *see Appendix C.*

B. C'est votre tour. Vous expliquez au médecin (joué(e) par un(e) autre étudiant(e)) où vous avez mal et quels sont vos symptômes. N'oubliez pas de mentionner les maladies et problèmes de santé que vous avez eus dans le passé. Le médecin, de son côté, va vous donner des conseils et des médicaments appropriés.

Un club de gymnastique

Vie et culture: Santé et forme

open
diets / low-calorie
spas
attract / to take care of
liver / kidneys /
respiratory systems /
showers
follow / add

Est-ce vrai qu'en France la nouvelle culture, c'est la culture physique? C'est peut-être un peu exagéré mais ce qui est évident c'est que les Français, traditionnellement assez peu sportifs et grands amateurs de bonne cuisine, s'intéressent de plus en plus à leur santé et à leur forme. Par exemple, de récentes statistiques indiquent que 21% des habitants des villes pratiquent régulièrement le jogging et que 25% des Français font de la gymnastique plusieurs fois par semaine. Chaque année, de nouveaux clubs de gymnastique *ouvrent* leur porte, et les livres sur la santé, la forme, les *régimes*, et la cuisine *minceur* sont parmi les best-sellers. Les *stations thermales*, populaires depuis longtemps en France, continuent à *attirer* un grand nombre de gens qui viennent là pour *soigner* leur *foie*, leurs *reins*, leurs *bronches*, ou leurs rhumatismes. Chaque jour, ils boivent leur ration d'eau, prennent des bains ou des *douches* d'eau ou de vapeur thermale, et *suivent* un régime spécial. À cela, on *ajoute* maintenant tout un programme d'activités physiques.

Fonctions et structures

Pour parler de vos habitudes de vie

Le présent des verbes réfléchis

Many everyday activities are expressed by what are called *reflexive* verbs. In a sense, the object of the verb is not another person or thing, but oneself. Compare:

> Je lave la voiture. (*I wash the car.*) Je me lave. (*I wash myself.*)

Reflexive pronouns, which are used with these verbs, are identical to other object pronouns, except in the third person where **se** is used.

je **me lave**	nous **nous lavons**
tu **te laves**	vous **vous lavez**
il/elle/on **se lave**	ils/elles **se lavent**

Negative:

je **ne me lave pas**	nous **ne nous lavons pas**

Other reflexive verbs whose action is performed on the self are as follows:

se coucher *to go to bed*	Elle **se couche** à onze heures.
se détendre *to relax*	Vous ne **vous détendez** pas assez.
se lever[1] *to get up*	Je **me lève** à sept heures.
se préparer à *to get ready*	Nous **nous préparons** à partir.
se reposer *to rest*	Ils **se reposent** un peu.
se réveiller *to wake up*	À quelle heure est-ce que tu **te réveilles** d'habitude?
se soigner *to take care of oneself*	Est-ce que vous **vous soignez** bien?
se peigner *to comb one's hair*	Il **se peigne** avant de sortir.
s'arrêter *to stop*	Vous **vous arrêtez** à la boulangerie chaque matin?

A. This construction can also be used to indicate a reciprocal action.

s'aimer *to like, to love each other*	Pierre et Hélène **s'aiment** beaucoup.
s'embrasser *to kiss (each other)*	On ne **s'embrasse** pas en public!
se rencontrer *to meet, to run into each other (by accident)*	Nous **nous rencontrons** de temps en temps.
se retrouver *to meet each other (by prior arrangement)*	Après la classe, nous **nous retrouvons** au café.

B. Certain reflexive verbs have idiomatic meanings.

s'amuser *to have a good time*	On **s'amuse** bien ici.
s'appeler[2] *to be named*	Comment **vous appelez**-vous?

[1]**Se lever** is conjugated like **acheter.** See Appendix C.
[2]***S'appeler*** *also has spelling changes. See Appendix C.*

se débrouiller *to manage, to get along*	Est-ce que tu **te débrouilles** bien en français?
se dépêcher (de) *to hurry*	Nous **nous dépêchons** de finir notre travail.
s'entendre (avec) *to get along with*	Henri ne **s'entend** pas très bien avec son frère.
s'intéresser à *to be interested in*	Est-ce que tu **t'intéresses** à la politique?
se marier (avec) *to get married (to)*	Ils **se marient** samedi.
s'occuper de *to be busy with, to take care of*	Qui **s'occupe** des enfants?
se passer *to happen*	Qu'est-ce qui **se passe**?
se préoccuper de *to be concerned with*	Il **se préoccupe** trop de l'opinion des autres.
se souvenir de *to remember*	Je ne **me souviens** pas de son adresse.
se sentir *to feel*	Monique ne **se sent** pas bien aujourd'hui.

C. Reflexives can be used in the infinitive (**Je** vais **me reposer**, **nous** allons **nous reposer**).

On va bien **s'amuser**.
Est-ce que tu as besoin de **te reposer**?
Est-ce que vous avez l'intention de **vous marier**?

D. Certain reflexive verbs can be used with parts of the body: **se laver les mains**, **les cheveux**, etc.; **se brosser** (*to brush*) **les dents**, **les cheveux**; **se couper** (*to cut*) **le doigt**; **se casser** (*to break*) **la jambe**, **le bras**, etc. Note that the noun is preceded by the definite article, not by a possessive adjective as in English.

Elle se lave **les** mains.
Nous nous brossons **les** dents trois fois par jour.

Premiers pas

A. C'est l'heure! À quelle heure est-ce que vos amis se lèvent d'habitude pour aller à l'université?

EXEMPLE   Paul
Paul se lève à six heures et demie.

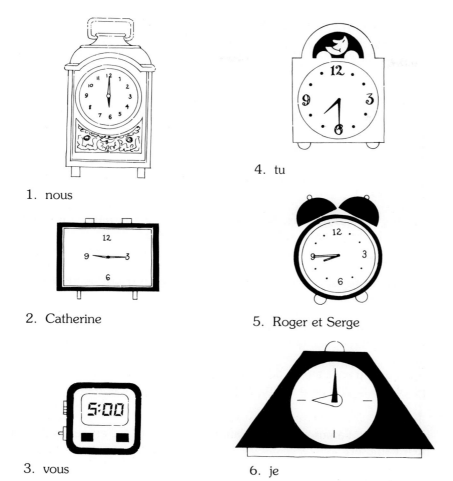

1. nous

4. tu

2. Catherine

5. Roger et Serge

3. vous

6. je

B. Routine quotidienne. Utilisez les illustrations suivantes pour décrire la routine quotidienne d'un de vos amis. Ensuite décrivez vos propres activités.

EXEMPLE **Il se réveille à sept heures.**

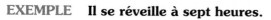
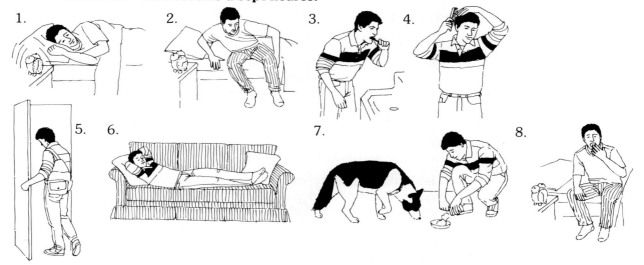

C. Les bonnes résolutions. Vous pensez qu'il est temps de changer un peu votre style de vie. Vos amis aussi. Qu'est-ce que vous dites et qu'est-ce que vos amis disent?

> EXEMPLE   se coucher tôt
> **Je vais me coucher tôt.**
> **Nous aussi, nous allons nous coucher tôt.**

1. se reposer
2. se lever tôt
3. se dépêcher le matin
4. se brosser les dents trois fois par jour
5. s'amuser un peu
6. se souvenir de faire ses devoirs
7. s'habiller mieux
8. se coucher avant minuit

D. Petites conversations. Répondez aux questions suivantes ou utilisez-les pour interviewer un(e) autre étudiant(e).

Les habitudes

1. À quelle heure est-ce que tu te lèves d'habitude? À quelle heure est-ce que tu préfères te lever?
2. En général, à quelle heure est-ce que tu te couches?
3. Est-ce que tu te couches assez tôt? Et les étudiants en général?
4. À quelle heure est-ce que tu aimes te coucher quand tu n'as pas trop de travail?
5. Est-ce que tu as le temps de te reposer assez pendant la semaine?
6. Est-ce que tu prends le temps de te détendre pendant le week-end?

Les amis

1. Est-ce que tu t'amuses bien pendant les week-ends? Qu'est-ce que tu fais pour t'amuser?
2. Est-ce que tu t'entends toujours bien avec tes amis ou avec tes camarades de chambre?
3. En général, est-ce que tes amis s'entendent bien avec leurs parents? Et les jeunes en général?
4. Est-ce que tes amis et toi, vous vous retrouvez après les classes? Où ça? Et pendant le week-end?
5. À quoi est-ce que tes amis s'intéressent? Et toi?

La vie universitaire

1. Est-ce que tu te débrouilles bien en français? Et en maths? Et en sciences?
2. Est-ce que tu t'entends bien avec tes profs?
3. En général, est-ce que tu t'intéresses à tes cours? Si non, quels cours ne t'intéressent pas et pourquoi?
4. Est-ce que les étudiants se préoccupent trop—ou pas assez—de leur apparence?
5. Est-ce que les étudiants se préoccupent trop de leurs notes? Et toi?

E. Habitudes et santé. Nos habitudes de vie ne sont pas toujours très bonnes pour notre santé. Décrivez, d'une part, votre situation, vos habitudes, et vos obligations et, d'autre part, ce que vous pouvez faire pour éviter de «brûler la chandelle par les deux bouts.» Utilisez des verbes réfléchis et d'autres verbes que vous avez déjà appris.

EXEMPLE **Je suis obligé(e) de me lever tôt parce que j'ai un cours à huit heures. J'ai besoin de me coucher plus tôt.**

Suggestions: J'ai l'habitude de; je n'ai pas l'habitude de; je voudrais; j'ai besoin de; j'ai envie de; je vais essayer de; je vais prendre le temps de; etc.

C'est la vie!

Situation: Chez le médecin

Monsieur Verdier ne se sent pas bien. Il vient consulter son médecin, Madame Dupas.

LE MÉDECIN	Comment vous sentez-vous aujourd'hui?
M. VERDIER	Pas trop bien. Je me sens très fatigué et je n'ai pas d'énergie . . .
LE MÉDECIN	Vous ne vous reposez pas bien?
M. VERDIER	Non, je me réveille souvent pendant la nuit.
LE MÉDECIN	À quelle heure est-ce que vous vous couchez?
M. VERDIER	Vers minuit.
LE MÉDECIN	Et à quelle heure est-ce que vous vous levez?
M. VERDIER	À cinq heures.
LE MÉDECIN	Hmmm . . . Vous prenez le temps de déjeuner le matin, j'espère . . .
M. VERDIER	Non, je n'ai pas le temps. Je me lève, je prends une *douche,* et je me dépêche d'aller à mon travail. Quelquefois, je m'arrête *en route* pour prendre une tasse de café . . .
LE MÉDECIN	Mais ça ne suffit pas, *voyons!*

Mots et structures à noter

douche *shower;* **en route** *on the way;* **voyons** *come on*

C'est votre tour. Imaginez une conversation entre une personne qui est un malade imaginaire (*hypochondriac*) et son médecin. Jouez les rôles respectifs. Pour vous préparer, faites une liste des questions que le médecin peut poser au malade et des symptômes que le malade peut avoir.

Pour parler de ce qu'on a fait
Le passé composé des verbes réfléchis

Talking about the past can involve use of reflexive verbs. **Être** is used in the **passé composé** of reflexive verbs. The past participle agrees in gender and in number with the preceding direct object, which is usually the reflexive pronoun.

je **me suis lavé(e)**	nous **nous sommes lavé(e)s**
tu **t'es lavé(e)**	vous **vous êtes lavé(e)(s)**
il **s'est lavé**	ils **se sont lavés**
elle **s'est lavée**	elles **se sont lavées**

Ils **se sont mariés** l'été dernier.
Nous **nous sommes** bien **amusés**.
Elle **s'est** bien **débrouillée** à l'examen.

A. The negative is formed by placing **ne** before the reflexive pronoun and **pas** after the auxiliary verb.

Je **ne me suis pas souvenu** de son anniversaire.
Nous **ne nous sommes pas réveillés** assez tôt.
Pourquoi est-ce que Claude **ne s'est pas** bien **reposé**?[1]

B. In some cases, the reflexive pronoun is not a direct but an indirect object. In this case, there is no agreement of the past participle.[2]

Ils se sont **téléphoné**. (i.e., on téléphone **à** quelqu'un)
Ils se sont **parlé**. (i.e., on parle **à** quelqu'un)

Similarly, there is no agreement when the reflexive verb is followed by a direct object. Compare:

Elle s'est **coupé** le doigt. (**Le doigt** is the direct object.)
Elle s'est **coupée**. (The reflexive pronoun **se** is the direct object.)

This rule of no agreement applies in particular to expressions indicating that an action is performed on a part of the body:

Ils se sont **brossé** les dents.
Elle s'est **cassé** la jambe.

Premiers pas

A. Un matin comme les autres. Vos amies, Marie-José et Véronique, vous parlent de ce qu'elles ont fait ce matin. Qu'est-ce qu'elles disent?

> EXEMPLE   se réveiller à six heures
> **Nous nous sommes réveillées à six heures.**

1. se lever tout de suite
2. se dépêcher de se préparer
3. se brosser les dents
4. se peigner
5. s'occuper du chat
6. s'arrêter à la boulangerie

B. On va faire une cure à Évian. Il y a beaucoup de choses à faire quand on part en voyage. Indiquez ce que les membres de la famille Bertrand ont fait le matin de leur départ pour Évian.

> EXEMPLE   nous / se réveiller à 5 heures
> **Nous nous sommes réveillés à cinq heures.**

1. je / se lever immédiatement
2. nous / se dépêcher
3. Solange / s'occuper des enfants
4. les enfants / s'habiller
5. ils / se brosser les dents
6. tu / se réveiller tard

---

[1]*Because it is always correct to form a question with* **est-ce que,** *you do not have to learn to ask questions with inversion. You will occasionally encounter them:* **Où vous êtes-vous rencontrés? Anne et Jacques s'entendent-ils bien?**

[2]*For recognition only.*

C. Au club de gymnastique. Une de vos amies travaille dans un club de gymnastique. Elle vous parle de ce qu'elle a fait hier.

> EXEMPLE se lever très tôt
> **Je me suis levée très tôt.**

1. arriver au club à dix heures
2. faire des exercices de respiration
3. s'occuper de mes clients
4. prendre une douche
5. se reposer un peu
6. quitter le club à six heures et demie
7. s'arrêter chez des amis
8. rentrer chez moi à dix heures
9. boire un verre d'eau minérale
10. se coucher vers onze heures

D. Petite conversation. Qu'est-ce que les autres étudiants de votre classe ont fait hier? Utilisez les phrases suivantes pour formuler des questions à leur poser à ce sujet.

> EXEMPLE bien s'amuser hier
> **Est-ce que tu t'es bien amusé(e) hier?**

1. se réveiller tôt
2. se lever tout de suite
3. se débrouiller en classe
4. s'arrêter chez des amis après les cours
5. bien s'amuser
6. se détendre un peu après le dîner
7. se coucher tôt

E. Hier. Racontez votre journée d'hier. Utilisez autant de verbes réfléchis que possible dans votre description. Par exemple, vous pouvez commencer par «Je me suis réveillé(e) à sept heures. Après ça . . .»

C'est la vie!

Situation: Une histoire d'amour

Claude et Josselyne viennent de se marier. Claude parle avec sa cousine Nathalie.

NATHALIE	Josselyne et toi, où est-ce que vous vous êtes rencontrés?
CLAUDE	À une *conférence.* Nous nous sommes regardés, et *tout de suite* ça a été *le coup de foudre!*
NATHALIE	Et après, qu'est-ce qui s'est passé?
CLAUDE	Je me suis débrouillé pour avoir son adresse. Je l'ai invitée à aller faire du ski. Nous nous sommes retrouvés à Chamonix. Nous nous sommes *amusés comme des fous . . .* !
NATHALIE	C'est à ce moment-là que tu as eu ton accident?
CLAUDE	Oui, je me suis cassé la jambe. Josselyne s'est occupée de moi et après ça, nous ne nous sommes plus jamais quittés!

Mots et structures à noter

conférence *lecture;* **tout de suite** *right away;* **le coup de foudre** *love at first sight;* **s'amuser comme des fous** *have a great time (fou = crazy)*

C'est votre tour. Imaginez que vous êtes un des personnages d'un feuilleton romantique. Décrivez la personne que vous aimez, racontez votre histoire, et répondez aux questions des autres étudiants. Indiquez, par exemple, où vous vous êtes rencontrés, ce qui s'est passé, etc.

Pour donner des conseils
L'impératif des verbes réfléchis

When using a reflexive imperative to tell someone to do something, the reflexive pronoun follows the verb. When telling someone not to do something (by using a negative imperative), it precedes the verb.

Dépêchez-**vous!**	Ne **vous** dépêchez pas!
Mariez-**vous!**	Ne **vous** mariez pas!
Brossez-**vous** les dents!	Ne **vous** brossez pas les dents!

The reflexive pronoun **te** changes to **toi** in the affirmative imperative.

Lève-**toi!**	Ne **te** lève pas!
Amuse-**toi!**	Ne **t'**amuse pas!
Coupe-**toi** les cheveux!	Ne **te** coupe pas les cheveux!

Premiers pas

A. Conseils. Un de vos amis a besoin de prendre des vacances pour se reposer. Quels conseils allez-vous lui donner?

> EXEMPLES   Je vais me réveiller tôt. (mais non)
> **Mais non, ne te réveille pas tôt.**
> Je vais bien m'amuser. (oui)
> **Oui! Amuse-toi bien.**

1. Je vais bien me reposer. (oui)
2. Je vais me coucher tôt. (oui)
3. Je vais me détendre un peu. (oui)
4. Je vais me lever tôt. (mais non)
5. Je vais bien m'amuser. (oui)
6. Je vais me réveiller à six heures. (mais non)
7. Je vais me dépêcher de revenir ici. (mais non)

B. Chez le médecin. Vous êtes médecin et vous donnez des conseils à un de vos clients. Quels conseils allez-vous lui donner?

> EXEMPLES   se coucher tôt
> **Couchez-vous tôt.**
> manger trois repas par jour
> **Mangez trois repas par jour.**

1. se détendre un peu
2. faire un peu de sport

3. ne pas boire trop de vin
4. ne pas avoir peur de dire ce que vous pensez
5. ne pas se dépêcher tout le temps
6. sortir plus souvent
7. se débrouiller pour avoir du temps libre
8. oublier vos soucis de temps en temps

C. Avez-vous de l'autorité? Est-ce que vous aimez donner des ordres? Si oui, profitez de l'occasion et donnez des ordres à un(e) autre étudiant(e). Utilisez autant de verbes réfléchis que possible. L'autre étudiant(e) va décider s'il ou elle va accepter ou refuser ces ordres.

EXEMPLE ÉTUDIANT(E) N° 1: **Lève-toi à cinq heures du matin.**

ÉTUDIANT(E) N° 2: **Non, je refuse de me lever à cinq heures du matin.**

ou: **Oui, c'est une bonne idée. Je vais me lever à cinq heures du matin.**

D. Conseils. Imaginez qu'un ami français (joué par un autre étudiant) vous parle de ses problèmes de santé. Écoutez-le avec sympathie et donnez-lui quelques conseils.

EXEMPLE **Je ne me sens pas très bien et j'ai mal à la gorge. Si tu peux, couche-toi tôt ce soir et va chez le médecin demain matin.**

C'est la vie!

Situation: C'est l'heure!

C'est l'heure de se lever, mais Stéphanie a encore sommeil . . .

MME CHEVRIER	Réveille-toi, Stéphanie! Allez, vite, lève-toi, c'est l'heure!
STÉPHANIE	*Laisse-moi tranquille* . . . J'ai sommeil!
MME CHEVRIER	Stéphanie, voyons! Ne *te recouche* pas! *Tu exagères!*
STÉPHANIE	Bon, bon, ne *te fâche* pas! Je me lève . . .
MME CHEVRIER	Dépêche-toi de *faire ta toilette*.
STÉPHANIE	Je n'ai pas envie de me préparer . . .
MME CHEVRIER	Arrête-toi de *te plaindre* et brosse-toi les cheveux!
STÉPHANIE	Je ne trouve pas ma brosse.
MME CHEVRIER	Tant pis! Habille-toi vite; tu vas être en retard!

Mots et structures à noter

Laisse-moi tranquille *leave me alone;* **te recoucher** *go back to bed;* **tu exagères** *you're exaggerating, you've got to be kidding;* **se fâcher** *to get angry;* **faire sa toilette** *to wash;* **se plaindre**[1] *to complain.*

C'est votre tour. Imaginez que vous êtes moniteur ou monitrice dans une colonie de vacances *(summer camp)*. Vous êtes chargé(e) d'un groupe de

---

[1] *Se plaindre* is irregular; see Appendix C.

garçons/filles (joués par d'autres étudiants de la classe). C'est l'heure du réveil, mais ils/elles n'ont pas envie de se lever. Imaginez la conversation.

Pour être plus précis

Les adverbes

We often want to be more precise when we describe activities. One of the ways of doing this is by using adverbs, which can be grouped into five categories:

1. **Les adverbes de temps:** maintenant, tout à coup (*suddenly*), aujourd'hui, hier, autrefois (*formerly*), demain, bientôt, puis (*then*), jamais, toujours, souvent, quelquefois, déjà, pas encore
2. **Les adverbes de lieu:** ici, là, là-bas, partout, dedans (*inside*), dehors, devant, derrière
3. **Les adverbes de quantité:** assez, beaucoup, environ, trop, moins, plus, seulement
4. **Les adverbes d'opinion:** certainement, vraiment, peut-être, sans doute, probablement, heureusement (*fortunately*), malheureusement (*unfortunately*)
5. **Les adverbes de manière:** bien, mal, poliment, gentiment, confortablement, facilement, difficilement, patiemment, vite

A. Just as many adverbs in English are formed by adding **ly** to an adjective, many French adverbs add **ment** to adjectives that end in a vowel (often the feminine form).

traditionnelle**ment**	malheureuse**ment**
facile**ment**	franche**ment** (*frankly*)
habituelle**ment**	poli**ment**

If a masculine adjective ends in **ent** or **ant,** the ending is replaced by **emment** or **amment.**

patient > pati**emment**
intelligent > intellig**emment**
brillant > brill**amment**

B. Adverbs can be used in several positions in a sentence.

1. They usually follow a verb in a simple tense.

   Michel attend **patiemment** la fin de la classe.
   Est-ce que le professeur parle **trop vite?**

2. Short adverbs usually come between the auxiliary verb and past participle in a compound tense. Adverbs that end in **ment** often follow the past participle.

   Il a **déjà** fini ses devoirs.
   Vous avez **mal** compris.
   Marc a répondu **impulsivement.**

3. Adverbs of time and place usually are placed at the beginning or end of a sentence.

Hier, un de mes amis a eu un accident.

Premiers pas

A. Un employé parfait. Le directeur d'un service doit faire un rapport sur les employés qui travaillent sous ses ordres. Qu'est-ce qu'il dit au sujet de Pierre Petitjean?

> EXEMPLE   Il est en contact avec moi. (constant)
> **Il est constamment en contact avec moi.**

1. Il a réussi à ses examens. (brillant)
2. Il est bien préparé pour ce poste. (exceptionnel)
3. Il écoute mes conseils. (patient)
4. Il fait son travail. (consciencieux)
5. Il s'occupe de son travail. (sérieux)
6. Il vient aux réunions. (régulier)
7. Il essaie de comprendre les autres. (constant)
8. Il écoute leurs explications. (attentif)
9. Il participe aux discussions. (actif)
10. Il présente son opinion. (poli)
11. Il est accepté par les autres employés. (complet)
12. Nous sommes satisfaits de lui. (parfait)

B. Au club de gym. Imaginez que vous travaillez pour un club de gymnastique et que vous parlez avec un futur client. Voici les conseils que vous voulez lui donner. Utilisez des adverbes pour intensifier ou qualifier votre message.

> EXEMPLE   Mangez des repas équilibrés.
> **Mangez régulièrement des repas bien équilibrés.**

1. Venez au club.
2. Participez à nos classes.
3. Écoutez les conseils des spécialistes.
4. Mangez des repas équilibrés.
5. Utilisez notre équipement.
6. Buvez de l'eau.
7. Faites de la gymnastique.
8. Faites attention à ce que vous mangez.
9. Prenez le temps de vous détendre.

C. Une journée typique. Décrivez une de vos journées typiques. Utilisez des adverbes pour mieux décrire votre situation.

> EXEMPLE   **Je me lève habituellement à sept heures du matin. D'habitude, je fais ma toilette et je m'habille assez vite parce que j'ai un cours à neuf heures.**

C'est la vie!

Situation: Fais un petit effort, voyons!
M. Seguin a bien besoin de faire un peu d'exercice s'il veut rester en forme—ou plus exactement dans son cas, retrouver la forme—mais ce n'est pas facile. Sa femme et son fils essaient de l'encourager à faire un peu de marche à pied.

M. SEGUIN	Ce que je suis fatigué! Franchement, je trouve ça *vachement* fatigant . . .
SON FILS	Allons, fais encore un petit effort; on va bientôt s'arrêter.
M. SEGUIN	Oui, mais j'ai mal partout. Et puis, vous marchez trop vite, je suis complètement *crevé*.
SA FEMME	Écoute, tu es vraiment énervant, toi. Tu te plains constamment. Ce n'est pas comme ça que tu vas *maigrir*.
SON FILS	Ce n'est pas seulement une question de kilos. La marche, c'est particulièrement bon pour la santé, surtout pour ton cœur.
M. SEGUIN	Oui, peut-être . . . Mais mon cœur est parfaitement satisfait quand je suis confortablement installé dans mon fauteuil!

Mots et structures à noter

vachement *very* (slang); **crevé** *exhausted;* **maigrir** *to lose weight*

C'est votre tour. Vous avez des amis (joués par d'autres étudiants) qui ont besoin de faire un peu d'exercice. Vous essayez de les encourager, mais ils ont toujours des excuses.

Intégration et perspectives: Être en forme: Les bonnes et les mauvaises méthodes

Il est bon d'avoir une activité physique régulière.

Pour *être en forme*—ou pour retrouver la forme si vous l'avez perdue—pour «*se sentir bien dans sa peau*,» il n'y a pas de miracle, il faut pratiquer régulièrement une activité physique et avoir une alimentation mesurée, variée, et *équilibrée*. Mais dans la pratique, comment ces principes se traduisent-ils?

Régime et activité physique

Vous avez quelques kilos à perdre? *Méfiez-vous* des régimes miracles qui font des promesses spectaculaires mais qui *mènent* droit à l'échec et peuvent même être dangereux. Il est impératif de choisir un régime modérément restrictif mais qui reste varié et équilibré.

Pour devenir et rester *mince*, il est aussi vivement conseillé d'avoir une activité physique régulière, et ceci pour trois raisons:

Premièrement, quand on maigrit, le corps a besoin de moins d'énergie pour fonctionner.

Deuxièmement, on a généralement tendance à se sentir fatigué et par conséquent à réduire son activité physique.

Troisièmement, notre métabolisme de base s'adapte. Même quand on arrête son régime, le métabolisme de base continue à «*tourner au ralenti*» et a besoin d'une période de temps pour revenir à son *niveau* normal. Pour *éviter* ce problème, il est recommandé d'augmenter son métabolisme *en pratiquant* régulièrement une activité physique.

Sport: Faites le bon choix

Première *règle d'or*: Il faut absolument profiter de toutes les occasions de *bouger*. Marchez chaque fois que c'est possible et évitez d'utiliser systématiquement l'*ascenseur*. Mais ce n'est pas suffisant. Il faut aussi pratiquer régulièrement une activité sportive. Évitez les sports qui *exigent* des efforts violents; ils ne sont pas efficaces pour perdre du *poids* et ils peuvent être dangereux pour le cœur. Il faut s'orienter vers les sports d'endurance comme le cyclisme et la marche à pied. Souvenez-vous que c'est seulement après une demi-heure d'effort que l'organisme commence à brûler les *graisses*!

Alimentation: Six règles d'or à respecter

1. Consommez des fruits, des légumes, et des *céréales*. Ils apportent les vitamines et les sels minéraux nécessaires au bon fonctionnement du corps.
2. Ayez une alimentation bien équilibrée. Même pour les sportifs qui *s'entraînent* régulièrement, on recommande de 30 à 40% de *glucides*—essentiellement sous forme d'*amidons*—20 à 30% de *lipides* et 10 à 15% de protéines.
3. Méfiez-vous des sucres. Les sucres nous aident à surmonter «*le coup de pompe*,» mais ils ont l'effet opposé quand ils sont notre seule source de glucides.

4. N'oubliez pas les protéines animales (viande, poisson, œufs, produits laitiers) parce qu'elles seules contiennent les acides aminés qui sont absolument indispensables au fonctionnement de nos muscles.

5. Choisissez les bonnes graisses. Si vous désirez diminuer la part de lipides dans votre alimentation, remplacez la viande par du poisson. Mais ne réduisez pas trop votre consommation d'huiles végétales riches en acides gras polyinsaturés qui sont essentiels à l'organisme et qui aident à réduire le taux de cholestérol.

6. Buvez *au moins* un litre et demi d'éau par jour et doublez cette dose les jours d'activité physique intense.

Mots et structures à noter

être en bonne forme *to be in good shape;* **se sentir bien dans sa peau** *feel good;* **équilibré** *balanced;* **méfiez-vous (de)** *beware (of);* **mènent** *lead;* **mince** *thin;* **tourner au ralenti** *to idle;* **niveau** *level;* **éviter** *to avoid;* **en pratiquant** *by practicing;* **règle d'or** *golden rule;* **bouger** *move;* **ascenseur** *elevator;* **exigent** *demand;* **poids** *weight;* **graisses** *fats;* **céréales** *grains;* **s'entraînent** *train;* **glucides** *carbohydrates;* **amidons** *starches;* **lipides** *fats;* **coup de pompe** *sudden feeling of exhaustion;* **au moins** *at least*

Compréhension. Cet article présente un certain nombre d'idées et de conseils pour garder ou pour retrouver la forme. À votre avis, quels sont les cinq conseils principaux? Pourquoi?

Vie et culture: Les expressions figuratives

Un des aspects les plus fascinants d'une langue est l'utilisation de certains mots et expressions dans un sens **figuré**. Leur utilisation est particulièrement fréquente dans la conversation familière. Voici, par exemple, quelques expressions qui se réfèrent au corps humain.

Tu me casses les pieds.   You're bothering me.

Ne vous cassez pas la tête.   Don't worry.

Il a mis les pieds
dans le plat.   He put his foot
in his mouth.

Ça saute aux yeux.   That's obvious.

Il a le bras long.   He has influence
(connections).

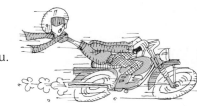

C'est un casse-cou.   He's a daredevil.

Tu es tombé sur la tête.   You're crazy.

Communication et vie pratique

A. Conseils. Donnez des conseils à des gens qui veulent être en bonne santé et en bonne forme.

> **EXEMPLE**   **Couchez-vous de bonne heure et prenez le temps de vous détendre.**

B. Quoi?! Tu n'es pas encore prête? Valérie et ses amies vont régulièrement à leur cours de gymnastique. Ses amies, Sophie et Janine, viennent la chercher mais elle n'est pas prête. Écoutez la conversation entre Sophie, Janine, Valérie et la mère de Valérie. Ensuite dites si les phrases suivantes sont vraies ou fausses.

Compréhension: Vrai ou faux?

1. Valérie et ses amies se sont inscrites à un cours d'anglais.
2. Valérie n'est pas prête parce qu'elle a été malade pendant la nuit.
3. Valérie n'a pas envie d'aller à son cours.
4. Ses amies n'acceptent pas ses excuses.
5. Valérie a oublié de se peigner.
6. Valérie pense qu'elles vont aller à leur cours en voiture.

C. Au club de gym. Inspirez-vous des descriptions suivantes pour créer votre propre club de gymnastique. Dans votre description indiquez le nom du club, le numéro de téléphone, les tarifs, les activités proposées, les avantages spéciaux que vous offrez pour attirer de nouveaux clients, etc. Ensuite vos futurs clients vont vous téléphoner pour avoir des renseignements.

Centres de gymnastique	Tarifs	Activités proposées
Sports club 38.76.09.22	Forfait 1 mois: 500f; 3 mois: 1250; 1 an: 3500. Assurance incluse.	musculation, kung fu, piscine, sauna, gymnastique stretching, taekwando, jazz, yoga
Oxygène 76.21.35.92	1 séance: 50f; Forfait 1 mois: 500f; 3 mois: 980f; 1 an: 3100f.	footing; danse africaine; gym tonic, gym enfant, low impact aérobic, body building, stretching
Gymnasium 67.76.07.70	1 séance: 42f; Forfait 1 mois: 700f 3 mois: 1200f; 1 an 3400f. Assurance incluse.	gym, aérobic, stretching, danse, jacuzzi, massages mécaniques, solarium, gym pré et post-natale, taekwando; cardio-training

Vocabulaire

Le corps et la santé (voir pp. 272–273)
Les verbes réfléchis (voir pp. 275–276)
Les adverbes (voir pp. 284–285)

Noms

l'**ascenseur** (m)......*elevator*
la **conférence**......*lecture*
la **douche**......*shower*
le **niveau**......*level*
l'**or** (m)......*gold*
le **poids**......*weight*
la **règle**......*rule*
le **coup de foudre**......*love at first sight*

Verbes

bouger......*to move*
éviter......*to avoid*
exagérer......*to exaggerate*
exiger......*to require, to demand*
se fâcher......*to get angry*
faire sa toilette......*to wash*
maigrir......*to lose weight*

se méfier de......*to distrust*
mener......*to lead*
se plaindre......*to complain*
recommander......*to recommend*
surmonter......*to surmount*

Adjectifs

crevé......*tired out (slang)*
équilibré......*balanced*
fou / folle......*crazy*
mince......*thin*
suffisant......*sufficient*

Divers

au moins......*at least*
en route......*on the way*
tout de suite......*immediately*
vachement......*really (slang)*

CHAPITRE 12

La vie sociale: L'apparence et les bonnes manières

Fonctions

Point de départ
Pour parler de quelqu'un qui a été déjà
    mentionné
Pour parler de ce que nous portons
Pour faire des comparaisons
Pour parler des extrêmes

Structures

L'habillement et l'apparence
Les compléments d'objets indirects

Les verbes conjugués comme **mettre**
Le comparatif
Le superlatif

Point de départ: L'habillement et l'apparence

Les Français—et surtout les Parisiens—ont la reputation de savoir s'habiller avec goût (*taste*) et élégance. Mais les Français ne sont pas les seuls à se préoccuper de leur apparence. Être bien habillé—ou même simplement décider ce qu'on va porter (*wear*)—n'est pas toujours une chose facile.

1. Les vêtements: Qu'est-ce que vous allez porter aujourd'hui?

des jeans

un pantalon

une jupe

une robe

une chemise

un tee-shirt

un pull-over

un chemisier

une veste

un complet

un tailleur

un manteau

des chaussures

des souliers

des bottes

des (chaussures de) tennis

des sandales

un short

un maillot de bain

un chapeau

une cravate

Quelques autres vêtements

des chaussettes (*socks*), un collant (*panty hose*), des sous-vêtements (*underwear*),
un pyjama, une chemise de nuit, des lunettes (*glasses*), un imperméable (*raincoat*).

2. Les réactions et les commentaires: Est-ce que ça vous va bien?

Ça me va bien. (*It fits nicely, it looks good on me.*)
Ça ne me va pas bien.
Cette couleur (ce style) me va bien.
C'est trop grand / petit.
C'est trop juste. (*It's too tight.*)
C'est trop long / court (*short*).
Ce tissu (*material*) n'est pas de bonne qualité.
C'est très à la mode (*in fashion*).
Ce n'est pas à la mode. C'est démodé (*out of style*).
C'est très chic.
C'est très élégant.
C'est très mignon (*cute*).
C'est de mauvais goût. (*It's in bad taste.*)

3. La taille et la pointure: Est-ce que c'est la bonne taille?

Notez que les tailles (*clothing sizes*) et les pointures (*shoe sizes*) sont différentes en Europe. Pour les équivalences, consultez le tableau suivant.

Table de comparaison de tailles						
Robes, chemisiers, et *tricots* femmes						*knitwear*
France	36	38	40	42	44	46
États-Unis	8	10	12	14	16	18
***Bas* et collants femmes**						*stockings*
France	1	2	3	4	5	
États-Unis	8½	9	9½	10	10½	
Chaussures femmes						
France	36½	37	37½	38	39	
États-Unis	5	5½	6	6½	7½	
Chaussures hommes						
France	41	42	43	44	45	
États-Unis	7½	8½	9	10	11	
***Costumes* hommes**						*suits*
France	36	38	40	42	44	46
États-Unis	35	36	37	38	39	40
Chemises hommes						
France	37	38	39	40	41	42
États-Unis	14½	15	15½	16	16½	17
Tricots hommes						
France	36	38	40	42	44	46
États-Unis	46	48	51	54	56	59

4. Les couleurs: Quelles sont les couleurs qui vont bien ensemble?[1]

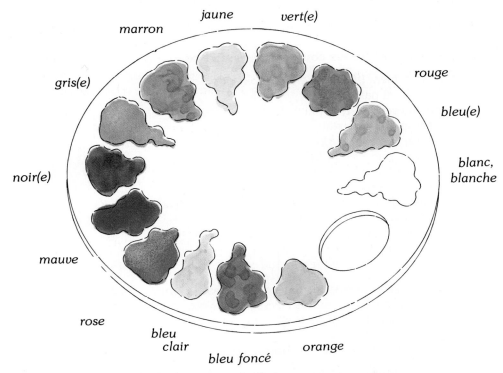

jaune   *vert(e)*
marron
gris(e)   *rouge*
bleu(e)
blanc, blanche
noir(e)
mauve
rose
bleu clair   *orange*
bleu foncé

When modified by **foncé** or **clair,** all colors become invariable.

une veste **bleu foncé**

5. La silhouette et les signes particuliers: Comment êtes-vous?

Êtes-vous grand(e) ou petit(e)?
Avez-vous les cheveux longs ou courts (*short*)? Plats (*straight*) ou bouclés (*curly*)?
Avez-vous les cheveux bruns (*dark*) / châtains (*brown*) / roux (*red*) / blonds /gris (*gray*)?
Avez-vous les yeux bleus / verts / gris / bruns?
Avez-vous une barbe (*beard*) / une moustache?
Portez-vous des lunettes ou des verres de contact?

Communication et vie pratique

A. Que portez-vous? Décrivez les vêtements que vous portez dans les circonstances suivantes:

- pour venir à l'université
- quand vous êtes chez vous pendant le week-end

[1]*Note that **marron** and **orange** are invariable:*
***une robe** marron; **des chaussettes** orange.*

- pour faire du sport
- pour aller dîner dans un restaurant élégant

B. Au rayon des vêtements. Imaginez que vous êtes dans un grand magasin, au rayon des vêtements. Vous expliquez au vendeur ou à la vendeuse ce que vous cherchez (pour vous ou pour une autre personne). Répondez aux questions et suggestions du vendeur—joué(e) par un(e) autre étudiant(e)—et donnez votre opinion sur les différents vêtements qu'on vous propose.

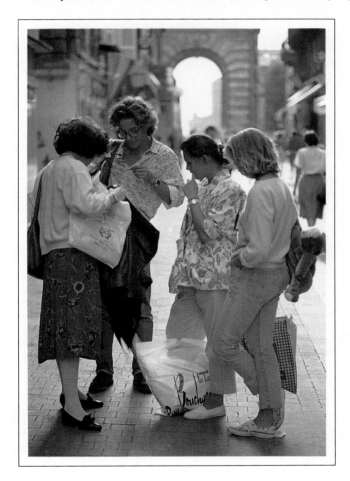

C. À la terrasse d'un café. Imaginez que vous êtes à la terrasse d'un café. Vous regardez et vous décrivez les gens qui passent et les vêtements qu'ils portent. Faites des commentaires—positifs ou négatifs—sur leur façon de s'habiller.

D. À l'aéroport. Vous allez partir en France. Votre correspondant(e) français(e) va venir vous attendre à l'aéroport Charles de Gaulle. Vous lui donnez votre signalement: taille, apparence générale, vêtements que vous allez porter, signes particuliers, etc.

Vie et culture: La mode

Prêt-à-porter de Christian Lacroix

high fashion
known

fact
within reach
ready-to-wear

wardrobe

whereas
is worn
disappeared

La France est depuis longtemps la capitale de la *haute couture* et les noms des grands couturiers et couturières français sont *connus* partout dans le monde. Courrèges, Chanel, Givenchy, Saint-Laurent, Cardin évoquent l'image de vêtements élégants et chers.

Mais la mode française est en train d'évoluer. Le *fait* que la haute couture coûte très cher et n'est pas *à la portée* de tout le monde explique le développement du *«prêt-à-porter.»* Mais le prêt-à-porter a aussi ses couturiers—Cacharel, Hechter, Sonia Rykiel, par exemple—qui maintiennent la qualité et l'esthétique de leurs créations.

Depuis les années 60, les blue-jeans, les tee-shirts, et les sweat-shirts (beaucoup portent le nom d'une université américaine) font partie de la *garde-robe* des jeunes Français. Le blue-jean et le tee-shirt sont des vêtements démocratiques: Ils cachent les différences sociales *tandis que* la haute couture les met en évidence. Mais pour les Français, même un tee-shirt *se porte* avec style, et le chic et l'élégance traditionnels des Français n'ont pas *disparu*.

Fonctions et structures

Pour parler de quelqu'un qui a été déjà mentionné

Les compléments d'objets indirects

Just as pronouns permit speakers to avoid repeating nouns that are direct objects, they also avoid repetition of indirect objects. Indirect objects are usually introduced by the preposition **à**:

> Je donne les livres **à** Pierre.
> Elle parle **aux** étudiants.

The indirect object pronouns, which can replace **à** and a noun, are the same as the direct object pronouns except in the third person.

Il **me** parle.	Il **nous** parle.
Il **te** parle.	Il **vous** parle.
Il **lui** parle.	Il **leur** parle.

Je parle **à Anne**.	$\longrightarrow$	Je **lui** parle.
Je donne le livre **à Paul**.	$\longrightarrow$	Je **lui** donne le livre.
Je téléphone **à mes amis**.	$\longrightarrow$	Je **leur** téléphone.

A. Indirect object pronouns, like direct object pronouns, are placed directly before the verb of which they are the object.

Il **te** téléphone.	Il **t'**a téléphoné.	Il va **te** téléphoner.
Il ne **te** téléphone pas.	Il ne **t'**a pas téléphoné.	Il ne va pas **te** téléphoner.
Te téléphone-t-il?	**T'**a-t-il téléphoné?	Va-t-il **te** téléphoner?

B. In affirmative commands the indirect object pronoun follows the verb, and **moi** and **toi** replace **me** and **te**. In negative commands, the indirect object pronoun remains in its usual place and form.

Répondez-**lui.**	Ne **lui** répondez pas.
Apportez-**moi** votre livre.	Ne **m'**apportez pas votre livre.
Expliquez-**lui** vos problèmes.	Ne **lui** expliquez pas vos problèmes.
Donnez-**leur** un cadeau.	Ne **leur** donnez pas de cadeau.

C. When both direct and indirect object pronouns occur in the same sentence, they are placed in the following order in all uses except affirmative commands.[1]

me		**le**		
te		**la**		**lui**
nous	*before*	**l'** *before*		**leur**
vous		**les**		

[1]*For recognition only.*

Il **me l'**a montré.
Je **la leur** ai expliquée.
Ne **nous les** apporte pas maintenant.

D. In affirmative commands the pronouns are separated by hyphens and are placed in the following order:[1]

le		moi
la	*before*	lui
les		nous
		leur

Expliquez-**le-moi**.   Ne **me l'**expliquez pas.
Apportez-**les-nous**.   Ne **nous les** apportez pas.
Montrez-**les-leur**.   Ne **les leur** montrez pas.

Premiers pas

A. Générosité. Un de vos amis vient d'acheter des cadeaux pour ses amis et les membres de sa famille. Vous voulez savoir ce qu'il a acheté. Que répond-il à vos questions?

> **EXEMPLE**   parents (appareil-photo)
> **Qu'est-ce que tu as acheté à tes parents?**
> **Je leur ai acheté un appareil-photo.**

1. frère (jeans)
2. sœur (bottes)
3. mère (jupe)
4. grand-père (chapeau)

5. grand-mère (pull-over)
6. père (imperméable)
7. amis (tee-shirts)

B. Et vous? Demandez aux autres étudiants de la classe ce qu'ils achètent à leurs amis et à différents membres de leur famille pour différentes occasions (e.g., Noël, anniversaire, la Saint-Valentin).

> **EXEMPLE**   **Qu'est-ce que tu vas acheter à ton frère pour son anniversaire?**
> **Je vais peut-être lui acheter des jeans et un pull.**

C. Compliments. Vous faites des courses avec des amis qui vous demandent si les vêtements qu'ils essaient leur vont bien. Qu'est-ce que vous répondez?

> **EXEMPLE**   **Est-ce que ce tee-shirt me va bien?**
> **Non ça ne te va pas bien. C'est trop petit.**

[1]*For recognition only.*

D. **Indécision.** Vous avez vraiment envie de faire plaisir à votre ami Jean-Pierre. Le problème c'est qu'il ne sait jamais ce qu'il veut. Jouez la scène avec un(e) autre étudiant(e).

  EXEMPLE   Je t'achète un pull pour ton anniversaire? (Non)
           Non, ne m'achète pas un pull.

1. Je te téléphone au bureau? (Oui)
2. Je te prête ma voiture? (Oui)
3. Je te donne du café? (Non)
4. Je te rends tes disques? (Oui)
5. Je te montre mes photos de voyage? (Oui)
6. Je t'achète un imperméable pour ton anniversaire? (Non)

C'est la vie!

Situation: Noël approche . . .

Madame et Monsieur Humbert se demandent ce qu'ils vont acheter comme cadeaux de Noël pour leurs enfants.

M. HUMBERT	Tu as déjà acheté les cadeaux pour les enfants?
MME HUMBERT	Non, je ne sais pas ce que je vais leur acheter . . . Ils sont trop grands maintenant pour leur *offrir* des *jouets* . . .
M. HUMBERT	Achetons-leur des vêtements.
MME HUMBERT	Ce n'est pas une mauvaise idée. Henri grandit si vite. Les vêtements que je lui ai achetés l'hiver dernier ne lui vont plus.
M. HUMBERT	Alors, achète-lui un *anorak*. Et pour Annette, tu as une idée?
MME HUMBERT	Je pense que je vais lui acheter une guitare.
M. HUMBERT	Et à toi? Qu'est-ce que je te donne?
MME HUMBERT	Si tu veux me *faire plaisir,* offre-moi un lave-vaisselle!

Mots et structures à noter

offrir *to offer;* **jouets** *toys;* **anorak** *ski jacket;* **faire plaisir** *please*

C'est votre tour. Vous avez besoin d'acheter des cadeaux pour différentes personnes. Faites d'abord la liste des cadeaux possibles pour chaque personne. Ensuite imaginez que vous allez dans un grand magasin pour voir si vous pouvez trouver ce que vous cherchez. Les vendeurs/vendeuses (joués par d'autres étudiants) essaient de vous aider, mais vous êtes difficile à satisfaire.

Pour parler de ce que nous portons
Les verbes conjugués comme mettre

The verb **mettre** is used to communicate the idea of "putting on" clothing or "to put or place something somewhere."

je **mets**	nous **mettons**
tu **mets**	vous **mettez**
il/elle/on **met**	ils/elles **mettent**
Passé composé: j'**ai mis**	

Qu'est-ce que tu vas **mettre** pour sortir?
Mets ton joli complet gris.
Je ne **mets** pas de sucre dans mon café.
Où est-ce que tu **as mis** mon stylo?

A. **Mettre** has several other uses:

mettre la table *to set the table*	Est-ce que tu **as mis la table?**
se mettre à *to start*	Il **s'est mis à** pleuvoir.
se mettre à table *to sit down to eat*	Nous allons **nous mettre à table.**
se mettre en colère *to get angry*	Il **se met** facilement **en colère.**

B. Here are some other verbs conjugated like **mettre:**

permettre	*to allow, to permit*	Elle ne **permet** pas à sa fille de sortir seule.
promettre	*to promise*	J'**ai promis** à mes parents de leur rendre visite ce soir.
admettre	*to admit*	J'**admets** que j'ai eu tort.
remettre	*to hand in, to postpone*	**Remettez**-moi vos devoirs. Ne **remettez** pas à demain ce que vous pouvez faire aujourd'hui.
commettre	*to commit*	Quel crime **a-t-il commis?**

Note that both **permettre** and **promettre** take indirect object pronouns in French: **permettre à quelqu'un de faire quelque chose; promettre à quelqu'un de faire quelque chose.**

Premiers pas

A. Qu'est-ce qu'on va mettre? Véronique vous parle de ce que ses amis vont mettre pour aller au concert ce soir. Qu'est-ce qu'elle dit?

> EXEMPLE   Philippe / pantalon gris
> **Philippe met un pantalon gris.**

1. il / chemise blanche aussi
2. Roger / complet gris
3. Suzanne / robe noire
4. nous / joli chemisier
5. je / jupe bleu foncé
6. tu / pantalon et pull

B. Et vous? Dites ce que vous aimez mettre dans les situations suivantes. Est-ce que vous avez les mêmes préférences que les autres étudiants?

> EXEMPLE   pour aller en classe
> **En général, je mets des jeans et un pull pour aller en classe.**

Qu'est-ce que vous mettez . . .

1. pour aller en classe
2. pour aller à la plage
3. pour aller dans un bon restaurant
4. quand vous avez envie de vous détendre
5. quand vous avez une interview
6. pour faire du camping

C. Promesses. Une de vos amies vient de prendre quelques bonnes résolutions. Qu'est-ce qu'elle a promis aux personnes suivantes?

> EXEMPLE   à ses parents de ranger ses affaires
> **Elle leur a promis de ranger ses affaires.**

1. à sa mère de l'aider plus souvent à la maison
2. à son professeur de venir en classe tous les jours
3. à nous d'être plus patiente
4. à son patron d'être toujours à l'heure
5. à ses grands-parents de téléphoner plus souvent
6. à moi de ne pas se mettre en colère

D. Les bonnes résolutions. Le début du trimestre est le temps des bonnes résolutions. Qu'est-ce que vous avez promis de faire ou de ne pas faire ce trimestre?

> EXEMPLE   **J'ai promis de mieux écouter en classe et de ne pas remettre mon travail à la dernière minute.**

E. On change de rôle. Imaginez que vous êtes professeur. Qu'est-ce que vous allez permettre et ne pas permettre à vos étudiants de faire? Par exemple, est-ce que vous allez leur permettre de dormir en classe? De ne pas remettre leurs devoirs? D'être souvent en retard?

C'est la vie!

Situation: Un compromis acceptable
Martine a envie de sortir ce soir mais Sébastien a déjà d'autres projets. Heureusement, ils trouvent une solution.

MARTINE	Tu es libre ce soir?
SÉBASTIEN	Non, j'ai promis à ma sœur de l'accompagner à une *soirée* . . . Ma mère ne lui permet pas de sortir seule le soir.
MARTINE	Zut . . . *C'est dommage.*
SÉBASTIEN	Si tu veux, tu peux venir avec nous.
MARTINE	Oui, mais qu'est-ce que je vais mettre? Je n'ai *rien de joli.*
SÉBASTIEN	Mais si! Mets ta petite robe bleue; elle te va si bien!
MARTINE	Bon, alors . . . Vous pouvez venir me chercher vers huit heures?
SÉBASTIEN	*C'est promis.*

Mots et structures à noter

soirée *party;* **c'est dommage** *that's a shame;* **rien de joli** *nothing pretty;* **c'est promis** *you can count on it*

C'est votre tour. Vous avez oublié que vous avez promis à un(e) ami(e) d'aller à un concert avec lui (elle) et à un(e) autre d'aller ensemble à une soirée. Expliquez-leur la situation et essayez de trouver une solution acceptable pour chaque personne.

Pour faire des comparaisons

Le comparatif

One of the most common ways in which we make evaluations is by comparing one thing to another. We say that one thing, action, or person is larger, faster, or more beautiful than another.

A. In French, comparisons of adjectives can take three forms:

aussi . . . que	*as . . . as*	Il est **aussi grand que** sa sœur.
plus . . . que	*more (er) . . . than*	Il est **plus grand que** son frère.
moins . . . que	*less (er) . . . than*	Il est **moins grand que** son père.

Mets cette veste. Elle est beaucoup **plus chaude que** ton pull.
Ces chaussures sont **moins confortables que** les autres.
Est-ce que Pierre est **aussi sympa que** son frère?

Comparisons of adverbs follow the same pattern:

aussi . . . que	Je marche **aussi vite que** Robert.
plus . . . . que	Je marche **plus vite que** Michel.
moins . . . que	Je marche **moins vite que** Monique.

B. The following expressions of quantity are combined with **que** to compare amounts or quantities.

autant de . . . que	*as much (many) . . . as*	Tu as **autant d'argent que** Jean.
plus de . . . que	*more . . . than*	Tu as **plus d'argent que** Suzanne.
moins de . . . que	*less . . . than*	Tu as **moins d'argent que** Mireille.

Autant, plus, and **moins** are also used in adverbial expressions to compare how much or how little one does something.

Nous travaillons **autant que** Paul.
Nous travaillons **plus que** Serge.
Nous travaillons **moins que** Sophie.

C. **Bon** has an irregular comparative form that is equivalent to *better* in English.

	Singular	Plural
Masculine	**meilleur**	**meilleurs**
Feminine	**meilleure**	**meilleures**

Cette boutique de mode est **meilleure que** l'autre.
Les prix sont **meilleurs** ici.

D. The adverb **bien** also has an irregular form, **mieux,** which means *better*.

Est-ce vrai que les Français s'habillent **mieux que** les Américains?
On travaille **mieux** après une bonne nuit de sommeil.

Premiers pas

A. **Qui dit mieux?** Vous êtes persuadé que Mademoiselle Villiers est un prof excellent. Vous la comparez aux autres. Un(e) de vos ami(e)s (joué(e) par un(e) autre étudiant(e)) pense que Monsieur Martel est encore meilleur.

> EXEMPLE   intéressant
> **Mlle Villiers est plus intéressante que les autres profs.**
> **À mon avis, M. Martel est plus intéressant qu'elle.**

1. gentil
2. compétent
3. amusant
4. sympathique
5. patient
6. passionnant
7. juste
8. bon

B. **Et vous?** Quelles sortes de comparaisons pouvez-vous faire entre vos différents professeurs et vos différentes classes?

EXEMPLE **Mon cours de géographie est beaucoup plus intéressant que mon cours d'histoire. C'est peut-être parce que le prof est plus sympa.**

C. Paris et la province. Un de vos amis qui habite dans une petite ville de Provence va faire ses études dans la capitale. Il compare sa ville d'origine avec Paris. Quelles comparaisons fait-il?

EXEMPLE les gens / moins heureux
Les gens sont moins heureux que chez nous.

1. la vie/ moins agréable
2. les magasins/ plus intéressants
3. les prix/ plus élevés
4. les gens / moins sympas
5. les vêtements/ plus chers
6. le climat/ plus froid

EXEMPLE boutiques (+)
Il y a plus de boutiques.

1. restaurants (+)
2. soleil (−)
3. bruit (+)
4. fleurs (−)
5. vent (−)
6. voitures (+)

D. Différences. Utilisez les expressions ou les adjectifs suggérés pour exprimer votre opinion sur les sujets suivants. Notez les différentes possibilités dans l'exemple suivant.

EXEMPLE **Le train est moins rapide que l'avion.**
ou: **Le train n'est pas aussi dangereux que l'avion.**
ou: **Le train coûte moins cher que l'avion.**

1. l'avion ↔ le train
rapide / dangereux / confortable / pratique / cher / bon marché / aller vite / coûter cher / ?
2. la cuisine américaine ↔ la cuisine française
variée / bonne / mauvaise / simple / de bonne qualité / ?
3. les Américains ↔ les Européens
accueillants / conformistes / grands / naïfs / optimistes / s'habiller bien/ ?
4. les voitures étrangères ↔ les voitures américaines
économiques / chères / confortables / pratiques / de bonne qualité / rapides / coûter cher / marcher bien / ?
5. les hommes ↔ les femmes
courageux (courageuses) / capables / sportifs (sportives) / ambitieux (ambitieuses) / indépendant(e)s / intelligent(e)s / ?

E. Petite conversation. Répondez aux questions suivantes ou utilisez-les pour parler avec un(e) autre étudiant(e).

1. Est-ce que tu as l'impression que le français est plus facile ou plus difficile que l'anglais?

2. Est-ce que ton cours de français est plus facile ou plus difficile que tes autres cours?

3. Pour toi, est-ce que les maths sont plus faciles que les langues?

4. Est-ce que tu as autant de travail maintenant qu'à la fin du trimestre?

5. Est-ce que tes cours à l'université sont plus faciles ou plus difficiles que tes cours au lycée?

6. Est-ce qu'il y a autant d'étudiants dans ta classe de français que dans tes autres classes?

7. Est-ce que tu as plus de temps libre ou moins de temps libre ce trimestre?

8. En comparaison avec le trimestre passé, comment sont tes classes? Est-ce qu'elles sont plus ou moins intéressantes? Plus ou moins difficiles? Et les professeurs, sont-ils meilleurs ou moins bons ce trimestre?

F. Statistiques. Examinez les statistiques suivantes sur la population française. Comparez . . .

> EXEMPLE **Il y a plus de femmes que d'hommes qui sont en chômage.**

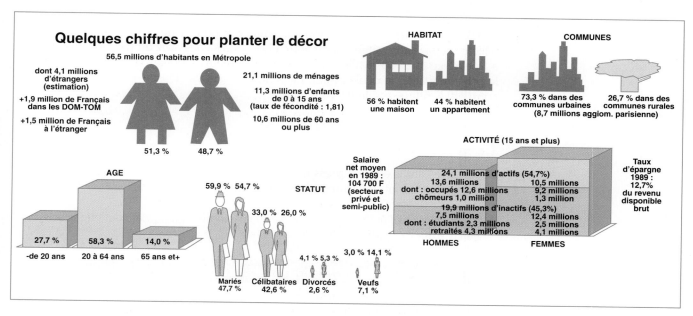

1. Le nombre de femmes et le nombre d'hommes
2. Le nombre d'étrangers en France et le nombre de Français à l'étranger
3. Les groupes d'âge
4. La situation familiale (mariage, divorce, etc.)
5. Le type d'habitation
6. Le type de commune où les gens habitent
7. Les gens qui travaillent et les gens qui sont inactifs
8. Les différences entre les femmes et les hommes

C'est la vie!

Situation: Dans une boutique de vêtements

Thierry veut acheter une veste. Il a déjà essayé plusieurs modèles.

LE VENDEUR	À mon avis cette veste-ci vous va mieux. Elle est plus longue et elle est moins *serrée* à *la taille*.
THIERRY	Oui, mais j'aime mieux l'autre. Le tissu est de meilleure qualité et je la trouve plus élégante. Vous ne l'avez pas dans une taille plus grande?
LE VENDEUR	Non, c'est *tout ce qui nous reste* dans ce modèle. Il n'y a pas autant de choix maintenant qu'au début de la saison.
THIERRY	Qu'est-ce que vous avez d'autre?
LE VENDEUR	Nous avons d'autres modèles, mais ils sont plus *habillés* et ils coûtent plus cher.
THIERRY	Alors, il vaut peut-être mieux que je regarde *ailleurs*.

Mots et structures à noter

serrée *tight;* **la taille** *waist;* **tout ce qui nous reste** *all we have left;* **habillés** *dressy;* **ailleurs** *elsewhere*

C'est votre tour. Vous allez dans un magasin pour acheter un complet / un tailleur (ou un autre vêtement de votre choix) mais vous avez un peu de difficulté à trouver ce que vous voulez. Vous essayez plusieurs modèles et vous comparez le prix, la qualité, la couleur, etc. Le vendeur ou la vendeuse—joué(e) par un(e) autre étudiant(e)—essaie de vous aider.

Pour parler des extrêmes

Le superlatif

Superlatives are used to express the idea of the most, the least, the best, and to distinguish or set off individuals, people, or things from a group.

A. Superlatives of adjectives are formed by using the appropriate definite article with **plus** or **moins** before the adjective.

	Masculine	Feminine
Singular	**le plus joli magasin**	**la plus jolie voiture**
	le moins joli magasin	**la moins jolie voiture**
Plural	**les plus jolis magasins**	**les plus jolies voitures**
	les moins jolis magasins	**les moins jolies voitures**

C'est **le plus grand** hôtel **de** Paris.	*It's the biggest hotel in Paris.*
Voici **la plus vieille** maison **de** la ville.	*Here is the oldest house in town.*
C'est **la ville la plus intéressante de** la région.	*It's the most interesting city in the area.*

Note that **de** after the superlative corresponds to the English *in*. Note also that placement of adjectives does not change in the superlative.

B. Superlatives can be followed by nouns:

le plus de	(*the most*)	C'est Jeanne qui a **le plus de patience**.
le moins de	(*the least*)	C'est le magasin où il y a **le moins de choix**.

Note that **le** is invariable.

C. When an adverb is used in the superlative, the definite article is always **le** because adverbs do not have gender or number.

C'est la robe que j'aime **le moins**.
Voici les vêtements que je porte **le plus souvent**.

D. The superlative of **bon** is formed by the appropriate forms of the definite article and **meilleur**; the superlative of **bien** is **le mieux**.

C'est **le meilleur** magasin du quartier.
Andrée est **la meilleure** étudiante de la classe et Jacques est **le plus mauvais**.
C'est ici qu'on mange **le mieux**.

Premiers pas

A. On fait de la publicité. Vous travaillez au Printemps à Paris et vous pensez que c'est le meilleur magasin de la ville. Qu'est-ce que vous allez dire au sujet du magasin où vous travaillez?

> **EXEMPLE**   des robes élégantes
> **Nous avons les robes les plus élégantes**.

1. un magasin moderne
2. un grand choix
3. de jolies jupes
4. de beaux manteaux
5. de bonnes chaussures
6. de bons prix
7. une clientèle variée
8. des employés sérieux

B. Et vous? Imaginez que vous êtes chargé(e) de la publicité pour un des établissements suivants: restaurant, club de gym, université, etc. Préparez quelques slogans publicitaires et présentez-les à la classe.

C. Le monde du spectacle. La plupart de vos amis s'intéressent au monde du spectacle. Utilisez les suggestions suivantes pour formuler des questions que vous allez leur poser. L'autre étudiant(e) va répondre à vos questions.

> **EXEMPLE**   le meilleur film de l'année
> **À ton avis, quel est le meilleur film de l'année?**

1. le meilleur chanteur
2. la chanteuse la plus populaire cette année
3. le groupe le plus populaire

4. la meilleure chanson
5. la série la plus amusante
6. le meilleur feuilleton et le plus mauvais
7. les jeux télévisés les plus bêtes
8. le film le plus amusant
9. le meilleur film et le plus mauvais
10. le meilleur acteur et la meilleure actrice

D. Le plus et le moins. Formulez les questions suggérées et posez-les à un(e) autre étudiant(e).

> EXEMPLE   Le dessert que vous aimez le mieux?
> **Quel est le dessert que vous aimez le mieux?**
> **La glace est le dessert que j'aime le mieux.**

1. La personne que vous admirez le plus? Et le moins?
2. Le type de cuisine que vous aimez le mieux? Et le moins?
3. Le cours où vous travaillez le plus? Et le moins?
4. Les plats que vous aimez le mieux?
5. Le cours ou les matières où vous réussissez le mieux? Et le moins bien?
6. Le moment de la journée où vous vous sentez le mieux?
7. Le (ou les) mois de l'année que vous aimez le plus? Et le moins?
8. Le pays que vous avez le plus envie de visiter? Et le moins envie de visiter?

E. Vos préférences artistiques. Voici quelques tableaux de différents peintres français. Indiquez vos préférences et comparez ces tableaux.

> EXEMPLE   **C'est le tableau de Picasso que j'aime le mieux.**

Pablo Picasso, Self-portrait, 1907. Prague, National Gallery. Giraudon/Art Resource, NY.

Vincent Van Gogh, Autoportrait, 1887. Paris, Musée d'Orsay. Giraudon/Art Resource, NY.

Auguste Renoir, La balançoire, 1876. Paris, Musée d'Orsay. Erich Lessing/Art Resource.

C'est la vie!

Situation: Qui va gagner *le gros lot*?

Plusieurs personnes participent à un jeu télévisé. C'est le joueur qui est le plus rapide et qui donne le plus de réponses exactes dans chaque catégorie qui a la meilleure chance de gagner le match.

LE MENEUR DE JEU	Tout le monde est prêt? Alors on commence. Première catégorie: les superlatifs! Question numéro un: le plus long *fleuve* d'Europe?
JOUEUR N° 1	L'Amazone! Non, non, excusez-moi. Je veux dire la Volga!
LE MENEUR DE JEU	Question numéro deux: le *roi* de France qui a eu le plus long *règne?*
JOUEUR N° 3	Louis XIV, dit le Roi Soleil!
LE MENEUR DE JEU	Le jour le plus court de l'année?
JOUEUR N° 1	Le 21 décembre.
LE MENEUR DE JEU	L'avion commercial le plus rapide du monde?
JOUEUR N° 5	Le Concorde.
LE MENEUR DE JEU	Le pays le plus *peuplé?*
JOUEUR N° 4	La Chine.
LE MENEUR DE JEU	Fin de cette catégorie. C'est le joueur numéro un qui a le mieux répondu. Nous passons maintenant à la catégorie suivante.

Mots et structures à noter

le gros lot *jackpot;* **meneur de jeu** *master of ceremonies;* **fleuve** *river;* **roi** king; **règne** *reign;* **peuplé** *populous*

C'est votre tour. Organisez avec les autres étudiants de votre classe un jeu du même type. Divisez la classe en deux groupes. Chaque groupe pose une question à tour de rôle. Mais attention: Il faut pouvoir répondre à votre propre question!

Intégration et perspectives: L'A B C des bonnes manières: Ce qu'il faut faire et ne pas faire

En général, on peut dire que la politesse et les bonnes manières sont basées sur le respect des autres. Cependant, ce qui constitue les bonnes manières peut varier d'un pays à l'autre. Il est donc bon de savoir ce qu'on doit faire ou ne pas faire pour éviter les malentendus et les faux pas. Voici quelques conseils pour les étudiants qui se préparent à visiter un pays francophone européen.

Le plaisir de se revoir

À table

Tenez-vous bien à table. Ne parlez pas la bouche pleine. Ne mettez pas les coudes sur la table, ni les pieds sur la chaise de votre voisin—sauf, peut-être, si vous êtes en famille ou entre jeunes. N'oubliez pas qu'en France, il faut garder les deux mains sur la table pendant le repas. Ne gardez pas la main gauche sous la table comme vous avez l'habitude de le faire aux États-Unis. Ça risque d'amuser vos amis français.

Aux États-Unis, vous devez repasser votre fourchette dans votre main droite chaque fois que vous avez fini de couper un petit morceau de viande. En France, ça ne se fait pas. Gardez votre fourchette dans la main gauche. Ne vous servez[1] pas avant d'être invité à le faire. Quand l'hôte ou l'hôtesse vous

---

[1]***Servir*** *is conjugated like* ***partir*** *and* ***sortir.*** *See Appendix C.*

demande de vous servir une deuxième fois, répondez: «Oui, avec plaisir» si vous avez envie de reprendre un peu de ce qui vous est proposé. Mais attention, «merci» veut généralement dire «Non, merci, je n'ai plus faim.» Et surtout, ne dites jamais «Je suis plein.» C'est très vulgaire en français.

Quand vous êtes invité à dîner, il est toujours poli—et gentil—d'apporter quelques fleurs, des bonbons, ou un petit cadeau. Si vous apportez des fleurs, n'apportez jamais de chrysanthèmes. Ils sont associés avec l'idée de mort et de deuil. N'arrivez jamais en avance. En fait, il est bon d'arriver quelques minutes en retard pour laisser à vos hôtes le temps de s'occuper des préparatifs de dernière minute.

Rencontres et visites

Ne soyez pas choqué: Les Français, même les hommes quelquefois, s'embrassent sur les joues quand ils rencontrent des parents ou des amis. Par contre, c'est vous qui allez les choquer si vous les embrassez sur la bouche! Ça ne se fait pas, même entre parents et enfants. C'est réservé aux amoureux. Les Français se serrent aussi très souvent la main. On se serre la main chaque fois qu'on se rencontre et qu'on se quitte, excepté, bien sûr, si on travaille dans le même endroit ou si on se rencontre plusieurs fois par jour.

Ne tutoyez pas tout le monde! On se tutoie entre amis et en famille. Attendez qu'on vous le demande. C'est une marque d'affection et d'amitié. Un conseil général: Quand vous n'êtes pas sûr de ce que vous devez faire, observez d'abord les gens autour de vous et laissez-les prendre l'initiative!

Compréhension. Les Johnson, une famille américaine, rendent visite à des Français. Indiquez si, en France, les actions suivantes sont considérées comme de bonnes manières ou non. Expliquez pourquoi.

1. Les Johnson sont invités chez les Grandjean. Ils arrivent dix minutes avant l'heure indiquée parce qu'ils ne veulent pas faire attendre leurs hôtes.
2. Ils se sont arrêtés chez un fleuriste et ils ont acheté de beaux chrysanthèmes pour les Grandjean.
3. Mme Johnson veut montrer ses bonnes manières et elle fait très attention à repasser sa fourchette dans sa main droite chaque fois qu'elle se prépare à porter à sa bouche le morceau de viande qu'elle vient de couper.
4. La conversation tourne à la politique et la discussion devient très animée. M. Johnson commence à tutoyer son voisin de table, le beau-père de M. Grandjean.
5. M. Johnson a envie de reprendre un peu de soufflé. Il se tourne vers sa voisine et dit «Pouvez-vous me passer le soufflé, s'il vous plaît?»
6. Mme Grandjean remarque que Mme Johnson garde sa main gauche sous la table. Elle est inquiète et elle se demande si Mme Johnson a mal au bras.
7. Mme Grandjean demande à M. Johnson s'il veut reprendre un peu de dessert. M. Johnson a beaucoup mangé et il n'a plus faim. Il répond: «Non merci, madame, votre tarte est délicieuse, mais je suis plein.»

8. Le fils des Johnson ne veut pas faire de faux pas. Il observe les gens autour de lui. Il remarque que le fils des Grandjean tutoie un monsieur d'une quarantaine d'années qu'il appelle «tonton Pierre». Il décide qu'il peut faire la même chose et se met à le tutoyer aussi.

Vie et culture: La démocratisation de la beauté

once / within reach

guess
rules
look

demand / right /
care, treatment /
also / extensive

reached
billion
turnover

weight loss

La beauté, *autrefois* le privilège d'une petite minorité, est maintenant *à la portée* de toutes—et de tous! La dame qui fréquente un «fitness club» est-elle secrétaire ou avocate? Il est difficile de le *deviner.* Il n'y a plus de canons ni de *règles:* tous les types de beauté sont acceptés; même les imperfections ont leur charme. Le seul impératif est d'être mince et de *paraître* jeune!

De nos jours, les hommes aussi se préoccupent de plus en plus de leur apparence et *réclament* le *droit* d'être beaux. La variété de produits et de *soins* qui leur sont destinés est *également* de plus en plus *étendue.* Ce qu'ils veulent le plus? Retrouver leurs cheveux!

Les cosmétiques et les produits de beauté sont une industrie florissante. En 1990, le marché mondial des cosmétiques a *atteint* la somme record de 318 *milliards* de francs. La France occupe une place importante dans ce marché: elle est le premier exportateur mondial avec un *chiffre d'affaires* de 43 milliards (19 milliards à l'export). En France même, les ventes se montent à 24 milliards de francs, c'est-à-dire deux fois le budget de la Culture ou le quart du budget de l'Éducation nationale. Les Français dépensent plus pour leur beauté qu'Allemands et Espagnols réunis: plus de 313 francs par personne et par an pour les cosmétiques et les parfums. Et ces chiffres ne comprennent pas les dépenses pour l'*amaigrissement* ou la chirurgie esthétique!

Communication et vie pratique

A. Vous êtes invités. Imaginez que vous êtes invité(e) à déjeuner chez des Français. Certains étudiants jouent le rôle des Français et d'autres jouent le rôle des visiteurs américains. Jouez la scène. Les Français vont (1) dire bonjour, serrer la main à leurs amis (ou les embrasser), et indiquer qu'ils sont heureux de voir leurs invités; (2) inviter leurs amis à entrer et à s'asseoir (*sit down*); (3) offrir un apéritif à leurs invités; (4) demander à leurs amis s'ils ont fait un bon voyage, demander des nouvelles de la famille, et parler de chose et autre; (5) inviter leurs invités à passer à table; (6) indiquer où chaque personne va s'asseoir.

B. L'A B C des bonnes manières. Expliquez à des Français ce qu'il faut faire ou ne pas faire aux États-Unis quand on est à table.

C. Aux Galeries Lafayette. Micheline et Robert font des courses aux Galeries Lafayette. Écoutez les conversations qu'ils ont eues aux différents rayons et répondez aux questions qui suivent.

Indiquez . . .

1. ce que Robert a l'intention d'acheter.
2. sa taille ou sa pointure, selon le cas.
3. combien coûte ce que Robert a acheté.
4. ce que Micheline a l'intention d'acheter.
5. sa taille ou sa pointure, selon le cas.
6. si Micheline trouve exactement ce qu'elle cherche.

D. Portraits. Faites votre auto-portrait ou le portrait de quelqu'un que vous connaissez ou d'un personnage célèbre. Parlez de ses caractéristiques physiques, sa façon de s'habiller, et les vêtements qu'il ou elle porte d'habitude, etc. Vous pouvez aussi comparer cette personne à d'autres personnes pour rendre votre portrait plus vivant et plus intéressant.

Vocabulaire

L'habillement et l'apparence (Voir pp. 294–295)
Les couleurs (Voir p. 296)
Les verbes conjugués comme **mettre** (Voir p. 302)

Noms

l'**amitié** (f)......*friendship*
les **amoureux**......*lovers*
l'**anorak** (m)......*ski jacket*
le **coude**......*elbow*
le **fleuve**......*major river*
le **jouet**......*toy*
le **malentendu**......*misunderstanding*
le **plaisir**......*pleasure*
la **politesse**......*politeness*
le **roi**......*king*
la **soirée**......*party*

Verbes

offrir......*to offer*
(se) serrer la main......*to shake hands*
tutoyer......*to say «tu» to someone*

Adjectifs

choqué......*shocked*
francophone......*French-speaking*
habillé......*dressy*
peuplé......*populated*
plein......*full*

Divers

ailleurs......*elsewhere*
c'est dommage......*it's too bad*
cependant......*however*
ça ne se fait pas......*that's not done*
sauf......*except*

CHAPITRE 13

Le passé et les souvenirs

Fonctions

Point de départ
Pour décrire les situations passées
Pour parler du passé
*Pour indiquer le commencement et la
    durée*
Pour poser des questions

Structures

La vie et les sentiments
L'imparfait
L'imparfait et le passé composé
***Depuis** et autres expressions de temps*

Les pronoms interrogatifs

317

Point de départ: La vie et les sentiments

Les fêtes et les coutumes qui servent à marquer les principales étapes (*stages*) ou les principaux événements de la vie varient d'une culture à l'autre; mais les événements eux-mêmes et les sentiments (*feelings*) qui les accompagnent sont assez universels.

1. Les étapes de la vie

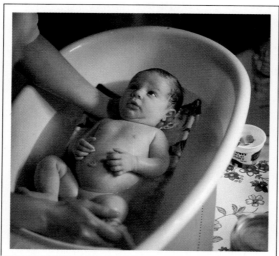

- la naissance
  naître,[1] être né(e); le baptême, être baptisé(e)
- l'enfance (*childhood*)
  grandir; apprendre à marcher/à parler; jouer (*to play*)
- l'adolescence et la jeunesse
  aller au collège (*middle school*) ou au lycée; faire ses études; apprendre un métier; choisir une profession; sortir avec quelqu'un
- l'âge adulte
  le mariage, se marier, être marié(e) ou rester célibataire; élever (*to raise*) des enfants
- le troisième âge et la vieillesse (*old age*)
  prendre sa retraite (*to retire*); être vieux/vieille
- la mort (*death*)
  mourir[1] (*to die*), être mort(e); l'enterrement (*funeral*)

2. Les rapports avec les autres

- l'affection et le respect
  avoir/éprouver (*to feel*) de l'affection/du respect pour quelqu'un
- l'amitié (*friendship*)
  être ami(e) (avec quelqu'un)
- l'amour (*love*)
  tomber amoureux/se; être amoureux/se (de quelqu'un)
- la fidélité
  être fidèle (*faithful*)
- la jalousie
  être jaloux/se
- les querelles/les disputes (*quarrels*)
  se disputer (*to fight, quarrel*) (avec quelqu'un); se réconcilier (*to make up*), pardonner
- la séparation
  quitter quelqu'un; se séparer; divorcer

3. Les sentiments qu'on éprouve

- le plaisir; être content(e)
- la joie; être ravi(e)
- le bonheur (*happiness*); être heureux/se
- la surprise; être surpris(e)
- la tristesse; être triste; être déprimé(e); pleurer (*to cry*)
- l'inquiétude; être inquiet/ète; se faire du souci (*to worry*)
- l'espoir; espérer
- la fierté (*pride*); être fier/ère
- la haine (*hatred*); détester quelqu'un ou quelque chose
- la colère (*anger*); être en colère (contre quelqu'un), être fâché(e) (*angry*)

---

[1]**Naître** and **mourir** are irregular verbs that are mostly used in the infinitive or in the past participle form. For the conjugations of these verbs, see Appendix C.

4. Les traits de caractère et le comportement (*behavior*)

- le tempérament; avoir bon caractère (*to be easy to get along with*), avoir mauvais caractère, avoir de la volonté (*willpower*)
- la gentillesse (*kindness*); être gentil(le)
- la méchanceté (*meanness*); être méchant(e)
- la cruauté; être cruel(le)
- la sensibilité (*sensitivity*); être sensible (*sensitive*)
- l'honnêteté; être honnête; être malhonnête
- la générosité; être généreux/se

5. Les vœux (*wishes*) et les condoléances

Félicitations!	Bonne fête!	Mes sincères regrets.
Bon anniversaire!	Meilleurs vœux!	Mes condoléances.

Communication et vie pratique

A. Une vie. Racontez la vie d'un membre de votre famille ou d'une personne que vous trouvez particulièrement intéressante. Si vous préférez, choisissez un ou deux personnages célèbres et donnez un résumé de leur vie.

B. Sentiments. Décrivez une situation ou présentez un dialogue où les personnages éprouvent un sentiment particulier (e.g., le bonheur, la jalousie). Les autres étudiants vont deviner le(s) sentiment(s) en question.

C. Traits de caractère. Décrivez le caractère d'une personne de votre choix. Donnez quelques exemples de ses réactions et de son comportement dans différentes circonstances.

D. Vœux et condoléances. Vous allez envoyer une carte à un(e) ami(e) dans les circonstances suivantes. Qu'est-ce que vous allez dire?

1. C'est son anniversaire.
2. C'est sa fête.
3. C'est le Nouvel An.
4. Il (elle) vient de réussir à un examen important.
5. Quelqu'un dans sa famille est mort.

E. Déjeuner du matin. Lisez «Déjeuner du matin», un des poèmes les plus célèbres de Jacques Prévert. À votre avis, quels sont les différents sentiments éprouvés par chaque personnage? Quels sentiments semblent absents de leur vie?

Il a mis le café
Dans la tasse   **cup**
Il a mis le lait
Dans la tasse de café
Il a mis le sucre
Dans le café au lait
Avec la petite cuiller   **spoon**
Il a tourné
Il a bu le café au lait
Et il a reposé la tasse

Sans me parler
Il a allumé
Une cigarette
Il a fait des ronds   smoke rings
Avec la fumée   smoke
Il a mis les cendres   ashes
Dans le cendrier   ashtray
Sans me parler
Sans me regarder
Il s'est levé
Il a mis
Son chapeau sur sa tête
Il a mis
Son manteau de pluie
Parce qu'il pleuvait   was raining
Et il est parti
Sous la pluie
Sans une parole   word
Sans me regarder
Et moi j'ai pris
Ma tête dans ma main
Et j'ai pleuré

Jacques Prévert, «Déjeuner du matin» extrait de **Paroles** © *Éditions Gallimard.*

Vie et culture: Rites et coutumes

Un baptême

being

follow / required
even / such as
thus
patron saint's day
godfather / godmother

also

En France, comme dans la plupart des autres cultures, les étapes et les événements importants de la vie sont marqués par des rites particuliers. La France *étant* un pays de tradition catholique, la plupart de ces cérémonies ont une origine religieuse. Les enfants, par exemple, sont généralement baptisés dans les quelques mois qui *suivent* leur naissance. Jusqu'à une époque récente, l'Église *exigeait même* qu'on donne aux enfants des noms de saints, *tels que* Jean, Paul, Thérèse, ou Marie. *Ainsi* en France, on célèbre non seulement l'anniversaire mais aussi la *fête* d'une personne. Le baptême est suivi d'un dîner de famille qui réunit toute la famille et le *parrain* et la *marraine*. Il y a également une cérémonie religieuse suivie d'un dîner de famille quand l'enfant fait sa première communion, généralement à l'âge de onze ou douze ans. Selon les statistiques, la plupart des Français se marient entre l'âge de vingt et un et vingt-trois ans. Pour être marié légalement, il faut se marier à la mairie, mais un grand nombre de couples choisissent *également* d'avoir une cérémonie religieuse.

Fonctions et structures

Pour décrire des situations passées

L'imparfait

When talking about the past, we often want to describe a situation, our feelings, or the reason why we did something. In these cases, the imperfect tense is used. The verb endings shown in the chart are added to a stem found by dropping the **ons** from the **nous** form of the present tense.

The only exception is **être**, whose imperfect stem is **ét**.

Finir	
je **finissais**	nous **finissions**
tu **finissais**	vous **finissiez**
il/elle/on **finissait**	ils/elles **finissaient**

Être	
j'**étais**	nous **étions**
tu **étais**	vous **étiez**
il/elle/on **était**	ils/elles **était**

Depending on the context, the imperfect has several equivalents in English:

	I was living
j'habitais	*I used to live*
	I lived

A. There are two main uses of the imperfect:

1. To indicate a habitual past action:

Nous **allions** en Bretagne **tous les étés**.
Chaque matin je **me levais** à huit heures.
Ma mère m'**emmenait** au marché aux poissons.

2. To describe a situation or condition that existed in the past:

Quand il **était** petit, il **était** souvent malade.
J'**étudiais** quand ils sont rentrés.
Ils **avaient** une petite maison à la campagne.
Il **portait** un complet gris.

B. Certain time expressions are often used with the imperfect:

à cette époque-là	*at that time, in those days*
autrefois	*in the past, long ago*
d'habitude	*generally, usually*
chaque année, mois, etc.	*every year, month, etc.*
tous les jours	*every day*

Premiers pas

A. Pourquoi? Vous avez invité vos amis à dîner mais tout le monde était occupé. Pourquoi vos amis ne pouvaient-ils pas venir?

> EXEMPLE   Serge/avoir mal à la tête
> **Serge avait mal à la tête.**

1. tu/être malade
2. vous/faire du ski
3. Pierre et Anne/attendre des amis
4. nous/avoir du travail à faire
5. Hélène/finir un rapport
6. je/vouloir me reposer

B. De bons souvenirs. Deux de vos amis ont passé leurs vacances à Antibes et ils vous parlent de leur séjour. Qu'est-ce qu'ils disent?

> EXEMPLE   Il fait du soleil.
> **Il faisait du soleil.**

1. Il fait beau.
2. La mer est bonne.
3. Les gens sont sympathiques.
4. L'hôtel se trouve près de la mer.
5. Nous avons une grande chambre.
6. Notre chambre donne sur la mer.
7. La cuisine est excellente.
8. Nous prenons nos repas à l'hôtel.
9. Nous faisons souvent des promenades.
10. L'après-midi nous allons à la plage.

C. Quand vous étiez petit(e) . . . Répondez aux questions suivantes ou utilisez-les pour parler avec un(e) autre étudiant(e).

1. Où habitait ta famille quand tu étais petit(e)?
2. Quel était ton programme de télévision favori?
3. Quelle était ta classe préférée?
4. Quelles étaient tes distractions favorites?
5. Quels étaient tes disques et tes livres préférés?

6. Est-ce que tu avais un chien ou un chat?
7. Où est-ce que tu allais en vacances?
8. Qu'est-ce que tu faisais pendant tes vacances?
9. Qu'est-ce que tu faisais après tes classes?

D. Le monde de votre enfance. Faites une description d'un ou de plusieurs aspects du monde de votre enfance.

1. Un quartier ou une ville où vous avez habité (ou que vous avez visité) autrefois. Comment était cet endroit?
2. La maison où vous avez grandi. Comment était-elle?
3. Un(e) ami(e) d'enfance. Comment était cette personne?
4. Le lycée où vous avez fait vos études. Comment étaient les étudiants, les professeurs, les cours?
5. Les dimanches de votre enfance. Que faisiez-vous d'habitude?

C'est la vie!

Autrefois au Québec

Situation: Souvenirs d'autrefois

Catherine Gagnon, une jeune Québécoise, parle avec son *arrière-grand-mère*, Francine Hébert, âgée maintenant de 83 ans.

CATHERINE   Parle-moi du temps où tu étais petite. Vous habitiez déjà ici, à Jonquière?

MME HÉBERT	Non, nous habitions près de Roberval. Nous étions huit enfants . . . Ma mère était souvent malade, la pauvre, alors les plus âgés faisaient ce qu'ils pouvaient pour l'aider.
CATHERINE	Et ton père?
MME HÉBERT	Il était *bûcheron.* Pendant toute la *belle saison,* il travaillait dans des camps. Il revenait passer l'hiver avec nous.
CATHERINE	La vie était *dure, hein?*
MME HÉBERT	Oui, mais on n'était pas malheureux. Je me souviens, en hiver, on était bloqué par la neige pendant plusieurs mois. Pour aller à la messe le dimanche, on prenait notre *traîneau.* C'était si beau . . . On entendait seulement les *pas* du *cheval.*

Mots et structures à noter

arrière-grand-mère *great grandmother;* **bûcheron** *logger;* **belle saison** *été;* **dure** *difficile;* **hein** *n'est-ce pas* (colloquial); **traîneau** *sled;* **pas** *steps;* **cheval** *horse*

C'est votre tour. Imaginez que dans trente ou quarante ans, un de vos petits-enfants vous demande de lui parler du temps où vous étiez étudiant(e). Décrivez-lui votre vie (études, vie universitaire, activités, amis, famille, etc.).

Pour parler du passé

L'imparfait et le passé composé

Although the **imparfait** and the **passé composé** are both past tenses, they have different purposes. Whether the **imparfait** or **passé composé** is used depends on the speaker's view or perception of a past action.

Imparfait	**Passé composé**
Background	**Event**
The imperfect is used to describe a situation that *existed* in the past. There is no concern for the time when the situation began or ended. For example, it can describe the following:	In contrast, the **passé composé** is used to describe specific events. It expresses the following:
• a condition 　Il **pleuvait**. 　*It was raining.*	• an action that is a completed event 　Il **a fini** ses devoirs. 　*He finished his homework.*
• a state of mind 　Elle **était** très malheureuse. 　*She was very unhappy.*	• an event that had a known beginning or end, or a specific duration, whether the duration is a few moments or many years 　Nous **avons attendu** pendant deux heures. 　*We waited for two hours.*

- an action that was continuing or or was in progress
Il **finissait** ses devoirs.
He was finishing his homework.
À cette époque-là, il **travaillait** dans une usine.
At that time he was working in a factory.

- a change in state of mind or a reaction to an event
J'**ai été** très surprise quand j'**ai appris** la nouvelle.
I was very surprised when I heard the news.

- a succession of events, each event moving the story forward
Elle **s'est réveillée**, elle **s'est habillée**, et elle **a quitté** la maison.
She woke up, got dressed, and left the house.

Repeated action

The **imparfait** describes a habitual action in the past.

Le samedi, mon père **faisait** la cuisine.
My father used to do the cooking on Saturdays.

Autrefois, **j'allais** rarement au cinéma.
In the past, I rarely went to the movies.

Specific action

In contrast, the **passé composé** describes what was done or said at a particular time.

Hier, mon père **a fait** la cuisine.
Yesterday my father did the cooking.

Je **suis allé(e)** quatre fois au cinéma **la semaine dernière**.
I went to the movies four times last week.

One of the most frequent cases where the **passé composé** and the **imparfait** are contrasted is when a continuing action is interrupted by a specific event.

Nous **parlions** quand le professeur **est entré**.
Ils **étaient** en train de manger quand nous **sommes arrivés**.
Il **faisait** froid quand je **suis sortie** ce matin.

Premiers pas

A. Pourquoi? Bertrand a passé une très mauvaise semaine et vous lui demandez ce qui s'est passé. Qu'est-ce qu'il dit?

EXEMPLE   Pourquoi es-tu allé chez le médecin? (être malade)
Je suis allé chez le médecin parce que j'étais malade.

1. Pourquoi es-tu allé chez le dentiste? (avoir mal aux dents)
2. Pourquoi t'es-tu couché si tôt? (se sentir fatigué)
3. Pourquoi t'es-tu levé si tôt? (avoir beaucoup de travail)
4. Pourquoi as-tu vendu ta vieille voiture? (ne pas marcher bien)
5. Pourquoi n'es-tu pas sorti pendant le week-end? (avoir mal à la tête)
6. Pourquoi n'as-tu pas téléphoné à Sabine? (être fâché contre elle)
7. Pourquoi n'es-tu pas venu chez Marcelle vendredi? (attendre une visite)

B. Que faisiez-vous? Vos amis ont manqué l'arrivée du Tour de France à Paris. Ils vous expliquent pourquoi.

> EXEMPLE   je/être chez des amis
> **J'étais chez des amis quand le Tour est arrivé.**

1. tu/être à l'hôpital
2. Arnaud/faire un voyage
3. vous/avoir la grippe
4. nous/finir un projet important
5. tu/avoir un rendez-vous chez le dentiste
6. mes amis/étudier

C. L'histoire de Cendrillon. Pour compléter l'histoire, mettez les verbes suggérés à l'imparfait ou au passé composé selon le cas.

Il était une fois une jeune fille qui _____ (s'appeler) Cendrillon. Elle _____ (avoir) deux demi-sœurs qui n' _____ (être) pas gentilles avec elle. C' _____ (être) Cendrillon qui _____ (faire) tout le travail à la maison.

Un jour, le prince _____ (décider) de donner un grand bal. Mais Cendrillon ne _____ (pouvoir) pas aller au bal parce qu'elle n' _____ (avoir) pas de jolis vêtements.

Cendrillon _____ (être) en train de pleurer quand sa marraine (*godmother*) _____ (arriver). Elle _____ (posséder) une baguette magique (*magic wand*). La marraine _____ (toucher) les vêtements de Cendrillon et ils _____ (devenir) très beaux. Cendrillon _____ (promettre) à sa marraine de rentrer avant minuit et elle _____ (partir) au bal.

Le prince _____ (inviter) à danser la mystérieuse jeune fille et ils _____ (danser) pendant tout le bal. Cendrillon _____ (être) si heureuse qu'elle _____ (oublier) l'heure. Quand elle _____ (entendre) minuit sonner (*ring*), elle _____ (partir) si vite qu'elle _____ (perdre) une de ses chaussures.

Le prince, qui _____ (aimer) Cendrillon, _____ (aller) dans toutes les maisons de son pays pour essayer de la retrouver. Finalement, le prince _____ (venir) à la maison où Cendrillon et ses sœurs _____ (habiter). Les deux sœurs _____ (essayer) la chaussure mais elle _____ (être) beaucoup trop petite pour elles. Timidement, Cendrillon _____ (demander): «Est-ce que je peux l'essayer?» La chaussure lui _____ (aller) parfaitement. Il _____ (être) évident que la belle jeune fille du bal et Cendrillon _____ (être) la même personne. Le prince et Cendrillon _____ (se marier) et ils _____ (avoir) beaucoup d'enfants.

D. Cendrillon! Tu viens de loin, ma petite! L'histoire de Cendrillon appartient au folklore international et reflète les valeurs traditionnelles de notre culture. Transformez-la pour la rendre plus moderne, moins sexiste, plus amusante, etc. Vous pouvez changer les personnages, le pays où l'action a lieu, le développement de l'histoire, ou sa conclusion. Si vous préférez, inventez une autre histoire.

E. Alors, raconte . . . Répondez aux questions suivantes ou utilisez-les pour parler avec un(e) autre étudiant(e). Choisissez un ou plusieurs des sujets suggérés.

La famille
Où et quand es-tu né(e)? Est-ce que tu as grandi dans cette ville? Est-ce que tu avais des frères et des sœurs? Dans combien de villes différentes est-ce que tu as habité?

Les amis
Comment s'appelaient tes meilleur(e)s ami(e)s? Habitaient-ils (elles) près de chez toi? Est-ce que vous étiez toujours très sages? Veux-tu me raconter quelques aventures qui vous sont arrivées? Est-ce que tu es resté(e) en contact avec ces ami(e)s? Que sont-ils (elles) devenu(e)s?

Les gens
Est-ce que tu te souviens d'une personne de ton enfance avec un plaisir particulier? Qui était cette personne? Pourquoi est-ce que tu te souviens de cette personne? Est-ce que tu l'admirais beaucoup? Comment était-il (elle)?

Les études
Comment était le lycée où tu es allé(e)? Quel âge avais-tu quand tu es entré(e) au lycée? Quels étaient tes cours et tes professeurs préférés? Est-ce que tu avais un travail après l'école? En quoi consistait ce travail? Quelles étaient tes responsabilités à la maison? En quelle année est-ce que tu as fini tes études secondaires? Qu'est-ce que tu as fait après? Pourquoi as-tu décidé de venir faire tes études à cette université?

Les voyages
Raconte-moi un voyage que tu as fait récemment ou quand tu étais petit(e). Où est-ce que tu es allé(e)? Avec qui? Qu'est-ce que tu as fait? Comment est-ce que c'était? Est-ce que tu t'es bien amusé(e)?

C'est la vie!

Situation: Un accident de la route

Deux automobilistes, M. Fournier et M. Pessin, ont eu un petit accident. Ils expliquent ce qui s'est passé à l'agent de police.

L'AGENT	Qu'est-ce qui s'est passé?
M. FOURNIER	Je *roulais* bien tranquillement, quand soudain, cet idiot a *débouché* juste devant moi. J'ai *freiné* mais je n'ai pas pu m'arrêter.
L'AGENT	À quelle *vitesse* alliez-vous?
M. FOURNIER	Je n'allais pas vite. Je faisais peut-être du 40 à l'heure, mais pas plus.
L'AGENT	Vos *phares* étaient *allumés?*
M. FOURNIER	Non, *il faisait encore jour* et la visibilité était bonne.
M. PESSIN	Ce n'est pas vrai. Il commençait à faire noir. Je me suis arrêté au stop, j'ai bien regardé. Il n'y avait rien . . . Alors, j'ai tourné . . . Et vlan! Il *m'est rentré dedans!*

Mots et structures à noter

roulais *was driving;* **débouché** *pulled out;* **freiné** *braked;* **vitesse** *speed;* **phares** *headlights;* **allumés** *turned on;* **il faisait encore jour** *it was still daylight;* **m'est rentré dedans** *ran into me*

C'est votre tour. Il y a eu un petit accident sur le campus entre un automobiliste et un cycliste. Le cycliste ne s'est pas arrêté au feu rouge et il a été renversé (*knocked down*) par une voiture qui avait la priorité. Imaginez et jouez la scène entre le cycliste, l'automobiliste, et les témoins.

Pour indiquer le commencement et la durée

Depuis *et autres expressions de temps*

We can talk about events before they occur, while they are occurring, and after they occur.

Before

We can talk about a future event by using **aller** with an infinitive (**Je vais me marier en juin**), or by using the future tense that you will learn in the next chapter.

During

While a condition or an event is occurring, we can often describe it simply with the present tense (**Nous habitons à Paris**). When an amount of time is specified for the action, use **depuis**, **il y a . . . que**, or **ça fait . . . que**. **Depuis** indicates

- When an action or condition started
  Depuis quand habitez-vous à Paris?
  Nous habitons à Paris depuis Noël.

- How long it has been going on
  Depuis combien de temps habitez-vous à Paris?
  Nous habitons à Paris depuis six mois.

Duration can also be expressed by **il y a . . . que** and **ça fait**.

> Il y a six mois que nous habitons à Paris.
> Ça fait six mois que nous habitons à Paris.

After

We can talk about an event after it happens.

1. To indicate how long ago an event occurred **il y a** is used with the **passé composé**.

   Raymonde et Pierre se sont mariés **il y a** six mois.

   Raymonde and Pierre got married six months ago.

2. To indicate that a past action had a specific duration, **pendant** is used with the **passé composé**.

   Nous avons habité au Canada **pendant** deux ans.

   We lived in Canada for two years.

Note the different meanings conveyed by **depuis** with the present tense and **pendant** with the **passé composé**.

J'étudie à l'université Laval **depuis** trois ans.	*I've been studying at Laval University for three years.*
J'ai étudié à l'université Laval **pendant** trois ans.	*I studied at Laval University for three years.*

Premiers pas

A. Étapes de la vie. Vous racontez à des Français la vie d'un ami de votre famille. Donnez en français les renseignements suivants.

1. He was born seventy-five years ago.
2. He has lived in Chicago for forty years.
3. He got married in 1955.
4. He has been divorced for twenty years.
5. He worked in a factory for many years.
6. He retired ten years ago.
7. He has been in the hospital since Christmas.

B. Interview. Vous interviewez Léon Forestier qui se présente comme candidat pour un poste dans un service d'administration québécois. Comment est-ce que le candidat (joué par d'autres étudiants) répond à vos questions?

> EXEMPLE   Excusez-moi, monsieur, est-ce qu'il y a longtemps que vous attendez? (non . . . seulement dix minutes)
> **Non, il y a seulement dix minutes que j'attends.**

1. Depuis quand cherchez-vous un nouvel emploi? (janvier)
2. Quand avez-vous fini vos études? (trois ans)
3. Depuis quand habitez-vous à Québec? (deux ans)
4. Pendant combien de temps êtes-vous resté dans votre emploi précédent? (trois mois)
5. Quand avez-vous commencé à travailler pour la première fois? (sept ans)
6. Depuis quand parlez-vous anglais? (l'âge de dix ans)

C. Petite conversation. Répondez aux questions suivantes ou utilisez-les pour parler avec un(e) autre étudiant(e).

1. Depuis quand es-tu étudiant(e) à cette université?
2. Depuis combien de temps étudies-tu le français?
3. Pendant combien de temps as-tu étudié le français au lycée?
4. Pendant combien de temps as-tu regardé la télévision hier?
5. Où habitais-tu il y a dix ans?
6. Où étais-tu il y a deux heures?
7. Quand as-tu voyagé seul(e) pour la première fois?
8. Est-ce que tu as une voiture? Depuis quand?

9. Où est-ce que tu habites maintenant?
10. Depuis quand habites-tu à cet endroit?

D. Points communs . . . Posez des questions aux autres étudiants pour découvrir qui, dans votre classe, se trouve dans les situations suivantes.

Trouvez un(e) étudiant(e) . . .

1. qui est allé(e) au Canada pendant ses vacances.
2. qui est marié(e) depuis un an ou plus.
3. qui a habité dans la même ville pendant dix ans.
4. qui est né(e) il y a vingt et un ans.
5. qui est sorti(e) avec la même personne pendant plus de six ans.
6. qui parle une langue étrangère depuis son enfance.
7. qui a habité dans un pays étranger pendant un an ou plus.
8. qui n'a jamais été absent(e) pendant tout le trimestre.

C'est la vie!

Situation: À la plage

Laurence est en vacances sur la Côte d'Azur. Elle est en train de *prendre un
bain de soleil*. Un beau jeune homme bien *bronzé* vient s'installer à côté d'elle.

THIERRY	Bonjour, mademoiselle. *Vous permettez . . . ?* Il y a longtemps que vous êtes à Antibes?
LAURENCE	Non, seulement deux jours. Et vous?
THIERRY	Je suis ici depuis le début du mois. Mais, malheureusement, je dois repartir dans trois jours. Pendant combien de temps allez-vous rester ici?
LAURENCE	Pendant quinze jours. Après ça, je vais partir en Corse.
THIERRY	Ah oui? Je suis allé en Corse il y a deux ans. C'était formidable! Mais, vous partez déjà?!
LAURENCE	Oui, je ne peux pas rester au soleil trop longtemps.
THIERRY	Vous prenez facilement des *coups de soleil?*
LAURENCE	Oui. Le premier jour, je suis restée sur la plage pendant tout l'après-midi. Après ça, j'étais rouge comme une tomate!

Mots et structures à noter

prendre un bain de soleil *sunbathe;* **bronzé** *suntanned;* **vous permettez**
may I; **coup de soleil** *sunburn*

C'est votre tour. Vous êtes à la plage. Vous désirez faire la connaissance d'un
jeune homme ou d'une jeune fille que vous trouvez sympathique. Parlez-lui et
flirtez un peu. Utilisez la **Situation** comme point de départ.

Pour poser des questions

Les pronoms interrogatifs

You have already learned to ask questions using **qui** (*who*) and **qu'est-ce que**
(*what*). Interrogative pronouns can be used to ask questions about either persons
or things.

A. Referring to persons:

1. **Qui** or **qui est-ce qui** can function as the subject of a question.

   Qui a fondé la ville de Québec?
   Qui est-ce qui a fondé la ville de Québec?

2. **Qui** can be a direct object or object of a preposition. It can be used with **est-ce que** or inversion.

   Qui avez-vous rencontré pendant votre promenade?
   Qui est-ce que vous avez rencontré pendant votre promenade?
   Avec **qui** as-tu voyagé?

3. **Qui est-ce** is used to ask the identity of a person.

   —**Qui est-ce?**
   —C'est Jean.

B. Referring to things:

1. **Qu'est-ce qui** is used as the subject of a sentence.

   Qu'est-ce qui est arrivé?
   Qu'est-ce qui te préoccupe?

2. Either **qu'est-ce que** or **que** is used as the direct object of a sentence. Inversion is used with **que**.

   Qu'est-ce que vous faites?
   Que faites-vous?

3. **Quoi** is used after a preposition when there is not a specific item that is being referred to.

   De **quoi** a-t-il parlé?
   À **quoi** est-ce que tu penses?

4. **Qu'est-ce que c'est** or **qu'est-ce que c'est que** is used to ask someone to identify or define something.

   —**Qu'est-ce que c'est?**
   —C'est une tarte au sucre.

   —**Qu'est-ce que c'est qu'**une 2CV?
   —C'est une petite voiture française.

	Subject	Object	Object of a Preposition	Definition or Identification
Persons	**qui** **qui est-ce qui**	**qui** **qui est-ce que**	**qui**	**qui est-ce**
Things	**qu'est-ce qui**	**que** **qu'est-ce que**	**quoi**	**qu'est-ce que c'est** **qu'est-ce que c'est que**

Premiers pas

A. Un vrai fiasco. André était responsable de l'organisation d'une randonnée (*hike*) dans les Laurentides. Malheureusement, le résultat est un vrai fiasco. D'après ses réponses, quelles sont les questions que les autres membres du club lui ont posées?

> EXEMPLE C'est moi qui devais apporter une carte.
> **Qui devait apporter une carte?**

1. C'est moi qui ai décidé de partir à quatre heures.
2. C'est moi qui ai acheté les provisions.
3. C'est moi qui ai promis d'apporter une carte.
4. C'est moi qui suis responsable de tout ça.
5. C'est moi qui ai choisi cette auberge.

> EXEMPLE Je ne sais pas ce qu'on va faire ce soir.
> **Qu'est-ce qu'on va faire ce soir?**

1. Je ne sais pas ce qu'on va manger.
2. Je ne sais pas ce qu'on va boire.
3. Je ne sais pas ce qu'on va trouver à l'auberge.
4. Je ne sais pas ce qu'on va faire demain.
5. Je ne sais pas ce qu'il faut faire maintenant.

B. Au bureau des inscriptions. Les employés du bureau des inscriptions de l'université Laval sont obligés de répondre à toutes sortes de questions. Voici quelques-unes de leurs réponses. Quelles sont les questions qu'on leur a posées? Remplacez les mots en italique par l'interrogatif approprié.

> EXEMPLE Vous avez besoin d'*une copie de vos diplômes.*
> **De quoi avons-nous besoin?**

1. Vous avez besoin d'*une demande d'inscription.*
2. Vous donnez la demande d'inscription à *la secrétaire.*
3. C'est *un de nos professeurs.*
4. Il faut apporter *des lettres de référence.*
5. Vous pouvez écrire à *vos anciens professeurs.*
6. C'est *un plan du campus.*
7. C'est *Madame Laforge* qui s'occupe de cette question.
8. Vous pouvez payer *vos droits d'inscription* au bureau d'à côté.
9. Vous pouvez les payer par *chèque,* si vous voulez.
10. Vous devez parler *au directeur.*

C. Des oreilles indiscrètes. Vous êtes candidat(e) pour un emploi de moniteur (monitrice) dans une colonie de vacances. Le directeur de la colonie est en train d'interviewer un autre candidat. Vous entendez seulement les réponses du candidat. Quelles questions le directeur a-t-il posées?

LE DIRECTEUR: _____?
LE CANDIDAT: Je m'appelle Charles Girard.
LE DIRECTEUR: _____?
LE CANDIDAT: J'ai vingt ans.

LE DIRECTEUR:	_____?
LE CANDIDAT:	Un de mes amis m'a parlé de ce travail.
LE DIRECTEUR:	_____?
LE CANDIDAT:	Je veux être professeur de gymnastique.
LE DIRECTEUR:	_____?
LE CANDIDAT:	En ce moment je suis étudiant et je travaille dans un restaurant.
LE DIRECTEUR:	_____?
LE CANDIDAT:	J'ai travaillé comme secrétaire dans un bureau de l'université.
LE DIRECTEUR:	_____?
LE CANDIDAT:	Parce que j'aime les enfants et j'ai besoin d'argent.
LE DIRECTEUR:	_____?
LE CANDIDAT:	Je m'intéresse à tous les sports.

D. Impressions. Imaginez que vous venez de faire la connaissance d'un groupe de Français qui voyagent aux États-Unis. Demandez-leur leurs impressions des Américains et de la vie américaine.

> EXEMPLES **Qu'est-ce que vous pensez de la cuisine américaine?**
>
> **Qu'est-ce qui vous a surpris le plus?**

E. Préparations. Vous vous préparez à partir en France pour passer un an dans une université française. Quelles sont les questions que vous allez poser à un(e) ami(e) français(e) (e.g., études, logement, prix, transports, loisirs et vie sociale, etc.)?

> EXEMPLE **Que font les jeunes pendant leur temps libre?**

C'est la vie!

Situation: Comment ça finit?
Bernadette a manqué le dernier épisode d'une série policière. Elle demande à François comment finit l'histoire.

BERNADETTE	Qu'est-ce qui s'est passé? Comment finit l'histoire?
FRANÇOIS	Comme toutes les histoires policières! Le *coupable* monte dans le *panier à salade* et deux policiers *l'emmènent* en prison.
BERNADETTE	Oui, mais qui est le coupable? Qui est-ce que les policiers ont arrêté?
FRANÇOIS	Denise de Beauchemin, la nièce de la vieille dame.
BERNADETTE	C'est Denise qui . . . ? Ah ça, alors!
FRANÇOIS	Qui est-ce que tu *soupçonnais*?
BERNADETTE	Le jardinier. Mais, dis-moi, qu'est-ce qui a mis les policiers *sur la piste*?
FRANÇOIS	Un coup de téléphone anonyme.
BERNADETTE	Et qu'est-ce que Denise a dit quand les policiers sont venus l'arrêter?
FRANÇOIS	Elle *a* tout *avoué*.

Mots et structures à noter

coupable *guilty person;* **panier à salade** *police van;* **emmènent** *take;*
soupçonnais *suspect;* **sur la piste** *on the trail;* **a avoué** *confessed*

C'est votre tour. Le dialogue entre Bernadette et François ne donne pas
beaucoup de détails sur l'histoire policière en question. Certains étudiants vont
jouer le rôle de l'auteur et compléter les détails qui manquent (par exemple, où
et quand l'histoire se passe, qui sont les personnages principaux, qu'est-ce qu'ils
ont fait, etc.). Les autres étudiants vont leur poser des questions pour apprendre
autant de détails que possibles.

Intégration et perspectives: Souvenirs d'enfance de Kiwele Shamavu

Arrêt d'autobus à Kinshasa (Zaïre)

Kiwele Shamavu, un Africain né au Zaïre, parle de son enfance.

LE REPORTER	Où est-ce que vous avez passé votre enfance?
KIWELE	Je suis né et j'ai grandi dans un petit village du Zaïre. C'était à l'époque où le Congo était encore sous le contrôle de la Belgique.
LE REPORTER	Combien d'habitants y avait-il dans votre village?
KIWELE	C'était un petit village d'environ trois ou quatre cents habitants situé à cinquante kilomètres de Kasangani.
LE REPORTER	Quelle langue parlait-on dans votre village?
KIWELE	Notre tribu parlait le luba. Mais la langue de communication avec les autres tribus était le swahili, et à l'école on parlait français. J'ai donc trois *langues maternelles.*

LE REPORTER	Il y avait une école dans votre village?
KIWELE	Oui, c'était une école *dirigée* par des missionnaires belges. C'est là que je suis allé à l'école jusqu'à l'âge de douze ans.
LE REPORTER	Et après, qu'est-ce que vous avez fait?
KIWELE	Mon grand-père, qui était le chef du village, m'a envoyé en Belgique pour continuer mes études au lycée. Je suis resté en Belgique pendant six ans et en France pendant quatre ans. Je suis retourné au Congo seulement une fois pendant toute cette période. C'était l'année où j'ai commencé mes études universitaires en France. Au début, cette séparation a été très difficile.
LE REPORTER	Vous avez des frères et des sœurs?
KIWELE	Oui, j'ai cinq frères et trois sœurs, et des multitudes de cousins! Mes parents habitaient dans une grande maison au centre du village. Oncles, tantes, cousins, cousines, nous formions tous une grande famille. Un de mes cousins était *gardien* dans une réserve d'animaux sauvages. Quelquefois, il m'emmenait avec lui quand il partait en jeep dans la *brousse*. J'avais toujours grand plaisir à l'accompagner.
LE REPORTER	Est-ce que vous avez été très surpris quand vous êtes arrivé à Bruxelles pour la première fois?
KIWELE	Oui, c'était en hiver et il y avait de la neige. J'étais absolument ravi. J'ai touché la neige. Et puis, j'ai vite *rempli* mes poches de neige. La dame qui m'attendait à l'aéroport m'a demandé: «Mais Kiwele, qu'est-ce que tu fais? Pourquoi mets-tu de la neige dans tes poches?» Et j'ai répondu: «C'est pour l'envoyer à maman.»

Texte basé sur une interview avec un Africain originaire du Zaïre.

Mots et structures à noter

langue maternelle *native language;* **dirigée** *directed;* **gardien** *guard, warden;* **brousse** *bush;* **rempli** *filled*

Compréhension. Répondez aux questions suivantes selon les renseignements donnés.

1. Où est-ce que Kiwele a passé son enfance?
2. Est-ce qu'il habitait dans une grande ville?
3. Quelles langues est-ce que Kiwele parle?
4. Où est-ce qu'il allait à l'école quand il était petit?
5. Pourquoi est-ce qu'il est parti en Belgique quand il avait douze ans?
6. Est-ce que Kiwele est resté longtemps sans retourner dans son pays?
7. Est-ce que Kiwele était le seul enfant de sa famille?
8. Quelle a été sa réaction quand il est arrivé à Bruxelles?
9. Pourquoi a-t-il mis de la neige dans ses poches?

Vie et culture: Présence française en Afrique

Kinshasa, capitale du Zaïre

La république du Zaïre, avec une population de 28 millions d'habitants, est le deuxième pays d'Afrique. Colonie belge pendant quatre-vingts ans, le Zaïre est devenu indépendant en 1960. Quelques années après, le Zaïre était totalement africanisé: on a demandé à tous les Zaïrois d'adopter un nom africain et on a donné des noms africains aux rues et aux villes. Par exemple, la capitale, Léopoldville, est devenue Kinshasa. L'influence de la langue et de la culture françaises reste cependant importante.

La France, de son côté, continue à avoir des relations diplomatiques, économiques, et culturelles privilégiées avec les pays africains qui faisaient autrefois partie de son empire colonial et qui sont devenus indépendants pendant les années soixante. Ces pays sont situés en Afrique du Nord (le Maroc, l'Algérie, la Tunisie; ces trois pays forment ce qu'on appelle le Maghreb); en Afrique équatoriale (le Gabon, le Congo, la République centrafricaine, et le Tchad); en Afrique occidentale (le Sénégal, la Mauritanie, le Soudan, la Haute-Volta, la Guinée, le Niger, la Côte d'Ivoire, et le Dahomey); et dans l'océan Indien (Madagascar). La France pratique envers ces pays une politique de coopération qui *comporte* une aide financière et une aide humaine (*envoi* d'experts: médecins, professeurs, ingénieurs, techniciens, etc.), ainsi que des *accords* économiques. La plupart de ces pays sont membres de la Communauté Franco-Africaine et ont une monnaie commune (le franc C.F.A.).

includes /sending
agreements

Communication et vie pratique

A. Étapes de la vie. Racontez votre vie ou la vie d'une autre personne.

B. Portraits. Racontez la vie de différentes personnes célèbres ou de différents personnages historiques sans mentionner leur nom. Les autres étudiants vont deviner l'identité de cette personne.

C. Un hold-up dans une banque. Il y a eu un hold-up dans une banque du quartier. Les policiers interrogent un des témoins. Écoutez ce qu'ils disent et donnez des renseignements demandés.

Donnez les renseignements suivants, basés sur le rapport du témoin:

1. Ce que le témoin faisait là.
2. L'heure où le hold-up a eu lieu.
3. S'il y avait d'autres clients dans la banque quand le hold-up a eu lieu.
4. Qui a commis le hold-up.
5. Le signalement du premier suspect.
6. Le signalement du deuxième suspect.

D. Rapports des témoins. Vous étiez présent(e) quand les événements suivants ont eu lieu. Répondez aux questions de l'agent de police (joué(e) par un(e) autre étudiant(e)). Donnez le signalement des personnes en question et décrivez ce qui s'est passé. Les autres étudiants écoutent et prennent des notes. Ensuite, ils vont préparer un rapport oral ou écrit.

Suggestions

1. Un piéton (*pedestrian*) qui traversait la rue a été renversé par un cycliste.
2. Il y a eu un cambriolage dans votre quartier.
3. Il y a eu une dispute dans un des bars du quartier.

E. Un événement spécial. Tout le monde se souvient d'un événement spécial avec un plaisir particulier. Décrivez un de vos souvenirs (fête, anniversaire, occasion spéciale). Qu'est-ce que vous avez fait? Quelles étaient vos réactions et vos sentiments? Qui était là? Où étiez-vous?

Vocabulaire

La vie et les sentiments (Voir pp. 318–320)

Noms

l'**accident** (m)......*accident*
l'**agent de police** (m)......*policeman*
l'**arrière-grand-mère** (f)......*great grandmother*
le **bain de soleil**......*sunbath*
le **cheval**......*horse*
le **coupable**......*guilty person*
un **coup de soleil**......*sunburn*
la **langue maternelle**......*native language*
le **pas**......*step*
la **phare**......*headlight*
la **piste**......*trail*
la **vitesse**......*speed*

Verbes

allumer......*to light, turn on*
avouer......*to confess*
emmener......*to take someone to a place*
former......*to form*
freiner......*to brake*
remplir......*to fill*
retourner......*to go back*
rouler......*to drive, ride, roll*
soupçonner......*to suspect*
toucher......*to touch*

Adjectifs

bronzé......*tanned*
dirigé......*directed*
dur......*hard*
mystérieux......*mysterious*

CHAPITRE 14

Face à l'avenir

Fonctions

Point de départ

Pour parler des choses qu'on sait et
   des gens qu'on connaît

Pour parler des choses qui ont été déjà
   mentionnées

Pour parler de l'avenir

Pour nier ou refuser

Structures

Le monde où nous vivons
Les verbes **connaître** et **savoir**

Les pronoms **y** et **en**

Le futur et le futur antérieur
La négation

Point de départ: Le monde où nous vivons

Le régime politique, la qualité de la vie, et les questions qui concernent les citoyens ne sont pas très différentes en France et aux États-Unis. Les mots nécessaires pour parler de ces sujets se ressemblent aussi beaucoup dans les deux langues.

1. Le citoyen et l'état

- la démocratie, la constitution
- les droits (*rights*) et les devoirs (*duties*) des citoyens, les lois (*laws*)
- une élection, un candidat, une campagne électorale, un parti politique, voter
- l'armée, le service militaire, le service national, un conflit, une guerre (*war*), la paix (*peace*), défendre son pays

- la police, protéger (*protect*) le public, arrêter un suspect
- la justice, un juge, juger, commettre une infraction ou un crime, être accusé, être acquitté, être coupable (*guilty*), être condamné, aller en prison, la peine de mort

2. Les problèmes économiques et sociaux

- le chômage, une grève (*strike*), l'inflation
- la violence et les crimes
- les inégalités sociales, les conflits sociaux
- le racisme, le sexisme, le fascisme, les préjugés (avoir des préjugés contre
  . . .), la discrimination raciale, l'intolérance

- les sans-abri (*homeless*)
- le SIDA et les maladies contagieuses
- la violence et les abus sexuels contre les enfants

3. L'avenir (*future*) de notre planète

- Les dangers qui menacent la planète:

- les conflits et les guerres entre les nations
- les accidents nucléaires
- la pollution de l'environnement
- la surpopulation, la pauvreté, la faim (*hunger*)
- les catastrophes naturelles

- La recherche et le progrès:

  - la lutte contre la pollution, contre les injustices sociales, contre la maladie, etc.

  - la recherche scientifique, médicale, etc.
  - la technologie, l'informatique, la robotique, l'électronique, etc.
  - l'exploration sous-marine (*undersea*), l'exploration spatiale

Communication et vie pratique

A. Sondage d'opinion. Quelle est, à votre avis, l'importance des problèmes suivants dans le monde? Et aux États-Unis? Essayez de justifier votre point de vue.

1 = ce n'est pas très important
2 = c'est assez important
3 = c'est très important
4 = c'est extrêmement important

Les problèmes	Dans le monde				Aux USA			
	1	2	3	4	1	2	3	4
• le chômage								
• la violence								
• le racisme								
• l'intolérance								
• l'inflation								
• la pauvreté								
• la faim								
• la pollution								
• les sans-abri								
• la surpopulation								
• le SIDA								
• les conflits entre les nations								
• les risques d'accidents nucléaires								
• les crimes contre les enfants								

B. Discussions. Quelle est votre opinion sur les questions suivantes?

1. Les lois: Êtes-vous satisfait(e) des lois que nous avons dans ce pays? Y a-t-il des lois que vous désirez changer? Pourquoi?
2. Le service militaire: Êtes-vous pour ou contre le service militaire obligatoire? Et pour les femmes?
3. Les élections: Que pensez-vous des différents candidats et de leurs idées? Avez-vous voté aux dernières élections? Sinon, pourquoi pas?
4. La situation sociale: Que pensez-vous de la situation sociale aux États-Unis? Quels sont les problèmes qui vous préoccupent le plus? Que faut-il faire pour les résoudre?
5. La situation internationale: Qu'est-ce qui se passe en ce moment dans le monde? Quels sont à votre avis les problèmes ou les événements les plus importants? Pourquoi?
6. La recherche et le progrès: Quels sont les aspects de la recherche et du progrès qui vont apporter le plus de changements dans notre vie? Expliquez.

Vie et culture: La France politique

whose
are born
remain / equal / motto

current

La France est une démocratie *dont* la constitution est basée sur la «Déclaration des droits de l'homme» de 1789 qui affirme: «Les hommes *naissent* et *demeurent égaux* en droit.» Ces principes sont aussi reflétés dans sa *devise* qui est: «Liberté, Égalité, Fraternité.» L'article 2 de la Constitution de 1958 qui a établi la 5ème République (la République *actuelle*), déclare que la«République est indivisible, laïque, démocratique, et sociale.» Indivisible veut dire que la France n'est pas une confédération d'états plus ou moins indépendants comme les États-

Jacques Chirac et d'autres fonctionnaires français avec Boris Yeltsin

Unis. Le terme laïque affirme le principe de la séparation de l'Église et de l'État (l'*enseignement* public doit par conséquent être indépendant de toute religion) La Constitution établit aussi le principe démocratique du «gouvernement du peuple, par le peuple, et pour le peuple» et la *volonté* d'assurer la liberté des citoyens ainsi que l'égalité de tous non seulement sur le plan civil et politique mais aussi sur le plan économique et social.

   La Constitution garantit aussi la séparation des pouvoirs:

education

willingness

Le pouvoir exécutif

elected

run / conducts

—Le Président de la République est le chef de l'État et le chef du pouvoir exécutif. Il est *élu* pour 7 ans au suffrage universel. Il choisit le Premier Ministre et préside le Conseil des Ministres. Il réside au Palais de l'Élysée.

—Le Gouvernement est *dirigé* par le Premier Ministre qui détermine et *conduit* la politique de la nation. Il choisit les Ministres et il est responsable devant le Parlement.

Le pouvoir législatif

Le Parlement, qui vote les lois, est composé de deux assemblées:

—L'Assemblée nationale qui se réunit au Palais Bourbon et qui est composée de 491 députés élus pour 5 ans au suffrage universel direct.

—Le Sénat qui se réunit au Palais du Luxembourg et qui est composé de 283 sénateurs élus pour 9 ans au suffrage universel indirect.

Fonctions et structures

Pour parler des choses qu'on sait et des gens qu'on connaît

Les verbes connaître *et* savoir

In English, we can know people, places, ideas, or how to do things. In French, two different verbs convey these meanings.

A. **Connaître** means *to know* in the sense of *to be familiar with* or *to be acquainted with.*

je **connais**	nous **connaissons**
tu **connais**	vous **connaissez**
il/elle/on **connaît**	ils/elles **connaissent**
Passé composé: j'**ai connu**	

Est-ce que vous **connaissez** le vieux Lyon?
À cette époque-là, je **connaissais** bien Madame Bertrand.
Je n'**ai** pas **connu** mon grand-père.

B. **Savoir** is used in the sense of *to know facts* or *to know how to do something.* It can be used by itself, with a direct object, a clause, or an infinitive.

je **sais**	nous **savons**
tu **sais**	vous **savez**
il/elle/on **sait**	ils/elles **savent**
Passé composé: j'**ai su**	

Savez-vous la date de son anniversaire?
Est-ce que tu **sais** qui est Jules Verne?
Non, je ne **sais** pas qui c'est.
Il ne **sait** pas nager.

C. The following verbs are conjugated like **connaître**:

reconnaître	*to recognize*	Je l'**ai reconnu(e)** tout de suite.
disparaître	*to disappear*	Mon porte-monnaie **a disparu**.
paraître	*to appear, to seem, to look*	Vous **paraissez** fatigué.

Premiers pas

A. Est-ce que vous les connaissez? Vous voulez savoir si vos amis français connaissent bien leurs professeurs. Qu'est-ce qu'ils répondent?

> EXEMPLE   nous / pas très bien
> **Nous ne les connaissons pas très bien.**

1. je / très bien
2. Marc / assez bien
3. certains étudiants / pas du tout
4. nous / un peu
5. tu / pas très bien
6. vous / assez bien

B. Qui sait nager? Vous voulez organiser une excursion en bateau sur le lac d'Annecy et vous voulez être sûr(e) que tout le monde sait bien nager. Que répondent vos amis?

> EXEMPLE   Daniel (non) → **Daniel ne sait pas bien nager.**

1. je (oui)
2. Michelle (non)
3. tu (non)
4. nous (oui)
5. vous (non)
6. les autres (oui)

C. Quelqu'un qui sait toujours tout. Jean-Paul Saitout est une de ces personnes qui sait tout et qui connaît tout le monde. Utilisez les indications données pour formuler ses réactions aux différents sujets mentionnés.

> EXEMPLE   la réponse
> **Bien sûr que je sais la réponse!**
> ou: Pierre
> **Bien sûr que je connais Pierre!**

1. la date de l'examen
2. les parents de Julien
3. faire la cuisine
4. nager
5. cette boutique
6. Marseille
7. l'adresse de Michelle
8. le numéro de téléphone de Françoise

D. Connaissez-vous bien votre ville? Posez des questions à d'autres étudiants pour savoir s'ils connaissent bien les gens et les choses autour d'eux.

> EXEMPLE   cette ville
> **Est-ce que tu connais bien cette ville?**
> le nom du maire de cette ville
> **Est-ce que tu sais le nom du maire de cette ville?**

1. le quartier de l'université
2. où il y a un bon restaurant français
3. combien de musées il y a dans la ville
4. le quartier où tu habites
5. les gens qui habitent dans ton quartier
6. tes voisins
7. des gens importants
8. où on peut acheter des disques français

C'est la vie!

Situation: Des nouveaux venus dans le quartier

Deux habitants du quartier ont remarqué la présence de deux personnes qu'ils ne connaissent pas. Ils se demandent qui sont ces nouveaux-venus.

M. FAVRE	Ce garçon et cette fille, là-bas, vous savez qui c'est?
MME THOMAS	Non, je ne sais pas . . . Je ne les connais pas. *Demandez donc* à la *concierge,* elle connaît tout le monde.
M. FAVRE	Dites, Madame Lebrun, ces jeunes gens qui sont *assis* à la terrasse du café, vous les connaissez?
MME LEBRUN	Bien sûr que je les connais! C'est ma fille et son fiancé. Vous ne la reconnaissez pas?
M. FAVRE	Eh bien, non, je ne l'ai pas reconnue!
MME THOMAS	Moi non plus! Où est-ce qu'elle a fait la connaissance de son fiancé?
MME LEBRUN	Ils se sont connus à l'université.
MME THOMAS	Ah, bon?! Je ne savais pas qu'elle faisait ses études.

Mots et structures à noter

demandez donc *why don't you ask;* **concierge** *building caretaker;* **assis** *seated*

C'est votre tour. Imaginez que vous venez d'une petite ville de France où tout le monde se connaît. Vous avez invité quelques ami(e)s américain(e)s (joué(e)s par les autres étudiant(e)s) à venir vous rendre visite. Tout le monde se demande qui sont ces inconnu(e)s. Utilisez la **Situation** comme guide.

Pour parler des choses qui ont été déjà mentionnées

Les pronoms y et en

Two object pronouns in French can replace prepositional phrases.

A. The pronoun **y** replaces prepositional phrases that begin with **à**. When the phrase refers to a physical location, it may also start with **dans**, **en**, **chez**, or similar prepositions. To use **y**, the object of the preposition must be a thing, not a person.

Je vais **à Québec** la semaine prochaine.	J'**y** vais la semaine prochaine.
Elle va rester **en Belgique** tout l'été.	Elle va **y** rester tout l'été.
N'allez pas **chez le dentiste**.	N'**y** allez pas.
Il réfléchit **au problème**.	Il **y** réfléchit.
As-tu répondu **à sa lettre**?	**Y** as-tu répondu?

B. The pronoun **en** replaces a phrase beginning with the partitive or any other construction with **de**. Its meaning is usually the equivalent of *some, any, not any, of (about, from) it (them)*.

Nous avons acheté **du pain**.	Nous **en** avons acheté.
Je ne me souviens pas **de l'adresse**.	Je ne m'**en** souviens pas.
Il ne va pas m'acheter **des disques**.	Il ne va pas m'**en** acheter.
Prenez **de la salade**.	Prenez-**en**.

En also replaces a noun modified by a number or by an expression of quantity.

J'ai **un disque**.	J'**en** ai **un**.
J'ai **plusieurs disques**.	J'**en** ai **plusieurs**.
J'ai **beaucoup de disques**.	J'**en** ai **beaucoup**.
J'ai **quelques disques**.	J'**en** ai **quelques-uns**.

Note that when **quelques** with a noun is replaced by **en**, **quelques** becomes **quelques-un(e)s**.

C. The verb **penser** is often used with **à** and **de** and therefore with **y** and **en**. **Penser de** is used to ask an opinion about something.

Qu'est-ce que tu penses **de cette idée**?	*What do you think of that idea?*
Qu'est-ce que tu **en** penses?	*What do you think of it?*

Penser à is used to indicate what or whom one is thinking about.

À quoi penses-tu?	*What are you thinking about?*
Je pense **à mon travail**.	*I'm thinking about my work.*
J'**y** pense.	*I'm thinking about it.*

Remember that **y** and **en** replace prepositions with things, not people (**Je pense à ce poème** > **J'y pense; Je pense à mes parents** > **Je pense à eux**).

Premiers pas

A. Curiosité. Vos amis veulent savoir où différentes personnes vont aller ce week-end. Que répondez-vous à leurs questions?

EXEMPLE   Est-ce que Serge va au cinéma? (oui)
        Oui, il y va.

1. Est-ce que tu vas au concert? (non)
2. Est-ce que Robert et Anne-Marie vont au théâtre? (oui)
3. Est-ce que vous allez à la campagne ce week-end? (oui)
4. Est-ce que nous allons à la plage samedi après-midi? (oui)
5. Est-ce que Bruno va aller à la montagne avec ses amis? (non)
6. Est-ce que Paul et toi, vous allez à la piscine? (oui)

B. Et vous? Quels sont les sujets qui vous préoccupent? Demandez aux autres étudiants s'ils pensent souvent à ces choses-là.

EXEMPLE   votre avenir
        Moi, je ne pense pas souvent à mon avenir. Est-ce que tu y penses souvent?

1. la faim dans le monde
2. votre future profession
3. les problèmes sociaux
4. la politique
5. le problème de la pollution
6. votre avenir
7. le danger d'une guerre nucléaire
8. le SIDA
9. la pauvreté dans le monde
10. ?

C. C'est la vie. Imaginez que c'est la fin du trimestre et que vous êtes très fatigué(e)—bref, tout va mal—et vous voulez rouspéter (*complain*) un peu. Qu'est-ce que vous allez dire à propos de chacun des sujets suivants? Utilisez le pronom **en** dans vos réponses ainsi qu'une expression de quantité (assez, peu, trop, etc.).

EXEMPLE   de l'argent?
        Je n'en ai jamais assez!

1. des devoirs?
2. de l'argent?
3. des problèmes?
4. des examens?
5. de la chance?
6. du travail?

D. Habitudes et activités. Utilisez les suggestions suivantes pour poser des questions aux autres étudiants de la classe (1) sur leurs activités de loisirs et (2) ce qu'ils font pour rester en bonne santé. N'oubliez pas d'utiliser les pronoms **y** ou **en** dans vos réponses.

EXEMPLES   aller souvent au cinéma
        Est-ce que tu vas souvent au cinéma?
        Oui, j'y vais souvent pendant le week-end.

        boire souvent du thé
        Est-ce que tu bois souvent du thé?
        Non, j'en bois rarement; je préfère le café.

Activités de loisirs

1. aller souvent aux concerts
2. passer beaucoup de temps à la maison
3. aller quelquefois au théâtre
4. acheter souvent des revues françaises
5. écouter souvent de la musique classique

6. écouter de temps en temps des disques français
7. regarder quelquefois des films étrangers

Pour rester en forme

1. prendre des vitamines tous les jours
2. aller souvent dans un club de gym
3. aller régulièrement chez le médecin
4. faire souvent du sport
5. manger beaucoup de légumes
6. manger beaucoup de fruits
7. faire attention à ce que vous mangez

C'est la vie!

Situation: Une soirée

Fabienne et Sylvie étaient invitées à une soirée, mais Fabienne n'a pas pu y aller.

FABIENNE	Tu es allée à la soirée que Brigitte a donnée?
SYLVIE	Oui, j'y suis allée. Mais toi, comment ça se fait que tu n'y étais pas?
FABIENNE	C'est la période des examens et j'en avais un le jour suivant. Tu n'en as pas, toi?
SYLVIE	Si, j'en ai plusieurs, mais pas cette semaine.
FABIENNE	Il y avait des garçons intéressants?
SYLVIE	Oui, quelques-uns. J'en ai rencontré un que je voudrais bien revoir. Mais qui sait?

C'est votre tour. Vous avez décidé d'organiser une soirée ou un pique-nique avec d'autres étudiants de la classe. Chaque personne est responsable de certains achats. Vérifiez que chaque étudiant(e) est allé(e) acheter les provisions qu'il (elle) a promis d'apporter.

Pour parler de l'avenir

Le futur et le futur antérieur

We often want to speak about future plans and events. As in English, we can use **aller** with an infinitive or we can use the future tense.

A. Most verbs form the future by adding the endings shown to the infinitive. When the infinitive ends in **re**, the **e** is dropped.

je parler**ai**	nous parler**ons**
tu parler**as**	vous parler**ez**
il/elle/on parler**a**	ils/elles parler**ont**

je finir**ai**	nous finir**ons**
tu finir**as**	vous finir**ez**
il/elle/on finir**a**	ils/elles finir**ont**

j'attendr**ai**	nous attendr**ons**
tu attendr**as**	vous attendr**ez**
il/elle/on attendr**a**	ils/elles attendr**ont**

Je **parlerai** à Jacqueline.
On ne **servira** pas le dîner avant sept heures.
Je suis sûr qu'Anne et Paul **se débrouilleront** bien.

B. Although the future endings are the same for all French verbs, a few common verbs that you already know have irregular stems.

Verb	Future stem	
aller	**ir-**	**Iras**-tu en France cet été?
avoir	**aur-**	Vous n'**aurez** pas de difficulté.
être	**ser-**	Nous **serons** ici à six heures.
envoyer	**enverr-**	Est-ce que tu lui **enverras** un télégramme?
faire	**fer-**	Est-ce que vous **ferez** du ski cet hiver?
falloir	**faudr-**	Il **faudra** partir à huit heures.
pleuvoir	**pleuvr-**	**Pleuvra**-t-il demain?
pouvoir	**pourr-**	Je **pourrai** vous aider plus tard.
savoir	**saur-**	Je **saurai** bientôt nager.
venir, etc.	**viendr-**	Quand **reviendras**-tu?
vouloir	**voudr-**	Qu'est-ce qu'ils **voudront** faire?

C. To indicate that one future action will occur before another future action, the **futur antérieur** (*future perfect*) is used. It is simply the future tense of **avoir** or **être** and the past participle.

j'**aurai fini**	nous **aurons fini**
tu **auras fini**	vous **aurez fini**
il/elle/on **aura fini**	ils/elles **auront fini**

Est-ce que vous **aurez fini** ce travail avant la fin de la semaine?
Je ne serai pas ici le 20 juin; je **serai** déjà **partie**.

D. When a future event is referred to in a clause that begins with **quand**, **lorsque** (*when*), **dès que** (*when*), or **aussitôt que** (*as soon as*), the verb must be in the future or future perfect tense. This use contrasts with English where the present tense may be used.

Nous ferons une promenade **quand** il **fera beau**.	*We'll take a walk when it's nice out.*
Lorsque nous **irons** à Québec, nous **visiterons** le Château Frontenac.	*When we go to Quebec, we'll visit the Frontenac Hotel.*

Compare the following sentences, which illustrate the difference between the ***futur*** and the ***futur antérieur***.

Nous **partirons dès que** tu **seras prêt**.	*We will leave as soon as you are ready.*
Nous **partirons dès que** tu **auras fini** ton travail.	*We will leave as soon as you finish your work.*

| J'espère qu'ils nous **téléphoneront aussitôt qu'**ils **auront** le temps. | *I hope they will call us as soon as they have time.* |
| J'espère qu'ils nous **téléphoneront aussitôt qu'**ils **seront rentrés**. | *I hope they will call us as soon as they return.* |

Premiers pas

A. J'ai confiance . . . Vos amis sont assez optimistes quand ils pensent à l'avenir. Qu'est-ce qu'ils disent?

> **EXEMPLE**   nous / trouver du travail
> **Nous trouverons du travail.**

1. Hélène / réussir bien
2. vous / faire des progrès
3. Sylvie et Bertrand / se marier
4. ils / être heureux
5. tu / aller à l'université
6. je / apprendre beaucoup de choses
7. tu / devenir riche
8. vous / avoir de la chance
9. nous / pouvoir trouver un appartement
10. tu / se débrouiller

B. Boule de cristal. Imaginez que vous êtes un(e) clairvoyant(e) et que vous allez prédire l'avenir de vos clients. Dites-leur vos prédictions.

> **EXEMPLE**   **Vous avez beaucoup de chance. Vous aurez une brillante carrière et tout le monde vous admirera.**

C. Projets d'avenir. Quels sont les projets d'avenir des autres étudiants de votre classe? Posez-leur des questions pour savoir quels sont ces projets. Demandez-leur aussi d'expliquer leurs choix.

> **EXEMPLE**   apprendre une autre langue étrangère
> **Est-ce que tu apprendras une autre langue étrangère?**
> **Oui, j'apprendrai le russe parce que c'est important pour ma future profession.**

1. travailler pour son compte
2. faire le tour du monde
3. gagner beaucoup d'argent
4. prendre des vacances chaque année
5. se marier
6. avoir des enfants
7. continuer ses études
8. mener une vie simple et tranquille
9. passer plusieurs années dans un pays étranger
10. ?

D. L'été prochain. Posez des questions aux autres étudiants pour savoir ce qu'ils ont l'intention de faire l'été prochain.

> EXEMPLE   **Est-ce que tu resteras ici l'été prochain?**
> **Non, ma famille et moi, nous irons au Canada.**

E. À l'avenir. Complétez les phrases suivantes pour indiquer ce que vous ferez à certains moments de votre vie.

1. Aussitôt que la classe de français sera finie . . .
2. Ce soir, dès que je serai rentré(e) . . .
3. Dès que le trimestre sera fini . . .
4. Quand j'aurai mon premier travail . . .
5. Quand j'aurai gagné assez d'argent . . .
6. Quand j'aurai plus de temps . . .
7. Quand je serai en retraite . . .
8. Quand nous serons en l'an 2000 . . .

F. On en a assez de tes excuses! Un de vos amis a toujours une excuse pour remettre à plus tard les choses qu'il doit faire. Donnez l'équivalent français des phrases qu'il a prononcées.

1. I'll do my homework when I've finished reading this magazine.
2. As soon as you return, we'll talk about that.
3. I'll clean the kitchen as soon as we've finished eating.
4. I'll pay the rent as soon as my parents send me some money.
5. I'll study for the test when this program is finished.

C'est la vie!

Situation: Ne repousse jamais à demain . . .

Le *dicton* préféré de Madame Poncin est «Ne repousse jamais à demain ce que tu peux faire aujourd'hui.» Ses enfants, par contre, attendent toujours la dernière minute pour faire ce qu'ils ont à faire. Elle ne peut pas *supporter* ça et elle *en a marre* de toujours être sur leur dos . . .

MME PONCIN	Est-ce que vous avez *sorti*[1] le chien?
CAROLINE	Bah . . . Ça peut attendre. On le sortira quand le film sera terminé.
MME PONCIN	Quand vous le sortirez, n'oubliez pas de descendre la *poubelle.*
CAROLINE	Ne t'inquiète pas, maman, on n'oubliera pas de le faire.
MME PONCIN	Et tes devoirs, Pierre, ils sont faits?
PIERRE	Presque. Je ne suis pas inspiré . . . Je les finirai après le dîner. *Au fait,* on dîne bientôt? J'ai faim.
MME PONCIN	Le dîner? Ah, oui, le dîner! Ben, je le préparerai quand je me sentirai inspirée.

[1]*Note that when **sortir** and **descendre** are used with a direct object, they are conjugated with **avoir** in the **passé composé**: J'ai sorti le chien et j'ai descendu la poubelle.*

Mots et structures à noter

dicton *saying;* **supporter** *stand;* **en a marre** *is fed up;* **sorti** *taken out;* **poubelle** *trash can;* **au fait** *by the way*

C'est votre tour. Vos camarades de chambre (joués par d'autres étudiants) essaient toujours de repousser au jour suivant ce qu'ils doivent faire et vous, vous ne pouvez pas supporter ça. Imaginez la conversation.

Pour nier ou refuser

La négation

We often want to disagree, to say an event did not happen, or to say that we do not want to do something. Negative expressions are used for these purposes. Like **ne . . . pas** and **ne . . . jamais,** most of the negatives are composed of **ne** plus another element.

ne . . . plus *no longer*	**ne . . . que** *only*
ne . . . pas du tout *not at all*	**ne . . . aucun(e)** *none, not any*
ne . . . rien *nothing*	**ne . . . ni . . . ni** *neither . . . nor*
ne . . . personne *nobody*	

A. **Ne . . . jamais, ne . . . plus,** and **ne . . . pas du tout** function in the same way as **ne . . . pas.**

Tu **ne** penses **jamais** à nous.
Je **ne** m'intéresse **plus** à la politique.
Il **ne** se préoccupe **pas du tout** de son avenir.
Il **ne** se trompe **jamais.**

Jamais without **ne** means *ever:*[1]

Avez-vous **jamais** perdu un match?   *Have you ever lost a game?*

B. **Personne** and **rien** used with **ne** can be either subjects or objects of the verb and are sometimes objects of prepositions.

Nous **ne** faisons **rien** cet après-midi.
Il **n'**y avait **personne** en classe vendredi.
Elle **n'**a parlé **à personne.**
Je **ne** me souviens **de rien.**

When **rien** and **personne** are direct object pronouns, the word order differs in a compound tense. Compare:

Je n'ai **rien** vu.
Je n'ai vu **personne.**

---

[1]*For recognition only.*

When **rien** and **personne** are subjects, both come at the beginning of the sentence.

Rien n'est simple.
Personne n'est venu.

C. With **ne . . . que** and **ne . . . aucun(e)**, the second part of the negative is placed directly before the item modified. Notice that **aucun(e)** is an adjective used only in the singular.

Il **n'**y a **qu'**un choix possible.
Je **ne** mange **que** des légumes.
Je **n'**ai **aucune** idée.
Aucun magasin **n'**est ouvert.

D. In response to a question, **jamais**, **personne**, **rien**, and **aucun(e)** can be used alone.

—Quand vas-tu prendre une décision? —**Jamais!**
—Qui a téléphoné? —**Personne.**
—Qu'est-ce qui est arrivé? —**Rien.**

E. In the expression **ne . . . ni . . . ni**, **ne** is placed before the verb, and **ni** is placed before each item negated.

Elle **n'**a **ni** frère **ni** sœur.
Nous **n'**avons acheté **ni** légumes **ni** fruits.
Ni Victor **ni** Alfred **n'**a répondu à notre invitation.

Premiers pas

A. **Que la vie est cruelle!** Une de vos amies se sent négligée par ses amies. Comment est-ce qu'elle répond à vos questions?

> EXEMPLE   Qui as-tu vu cet après-midi? (personne)
> **Je n'ai vu personne cet après-midi.**

1. Qui est venu te voir hier soir? (personne)
2. Est-ce que tes amis te téléphonent quelquefois? (non . . . jamais)
3. Qu'est-ce qu'on t'a donné pour ton anniversaire? (rien)
4. Est-ce que quelqu'un t'a envoyé une carte? (non . . . personne)
5. Est-ce que ton père t'envoie encore de l'argent? (non . . . plus)
6. Est-ce que tu as aimé le film? (non . . . pas du tout)
7. Est-ce que tu as des projets pour le week-end? (non . . . aucun)
8. Est-ce que quelque chose a changé dans ta vie? (non . . . rien)

B. **Mais non, ne t'inquiète pas.** Bernard est inquiet au sujet de ses amis. Essayez de le rassurer.

> EXEMPLE   Tout le monde est malade.
> **Mais non, personne n'est malade.**

1. Céline a toujours l'air triste.
2. Quelque chose est arrivé à Xavier.
3. Isabelle a beaucoup de problèmes en ce moment.

4. Tout le monde est inquiet à son sujet.
5. Pierre est encore à l'hôpital.
6. Il y a toujours des accidents dans notre quartier.
7. Quelqu'un a volé le vélo de Michel.
8. Sophie est toujours malheureuse.

C. Ni l'un ni l'autre. Imaginez que vous dînez au restaurant avec des amis et que vous n'êtes pas content(e) des choix qu'on vous donne. Que direz-vous dans chacun des cas suivants?

> EXEMPLES Est-ce que tu préfères le café ou le thé?
> **Je n'aime ni le café ni le thé.**
>
> Tu bois du vin ou de la bière?
> **Je ne bois ni vin ni bière.**

1. Est-ce tu préfères le poulet ou le poisson?
2. Est-ce que tu veux du fromage ou des fruits pour le dessert?
3. Est-ce que tu prends un café ou un digestif après le dîner?
4. Est-ce que tu veux regarder la télé ou écouter la radio?
5. Est-ce que tu as envie d'aller au café ou au cinéma?
6. Est-ce que tu connais Jean-Luc et Sylvie?
7. Est-ce que tu as invité Philippe et Gérard à venir ce soir?

D. Rien ne va plus. Il y a des jours où tout va mal. Imaginez ce que les personnes suivantes peuvent dire un de ces jours où tout va mal.

> EXEMPLE Un de vos amis qui est déprimé
> **Personne ne s'est souvenu de mon anniversaire.**
> **Je n'ai rien fait d'intéressant pendant le**
> **week-end.**

1. Un(e) étudiant(e) qui a trop de travail ce trimestre
2. Un professeur de français qui est mécontent de ses étudiants
3. Des étudiants qui sont mécontents de leur prof
4. Les parents d'un enfant qui n'est pas sage
5. Un(e) ami(e) qui n'est pas du tout content(e) de sa/son camarade de chambre
6. Une personne qui est triste

E. J'en ai marre! Comme tout le monde, vous rencontrez quelquefois des contrariétés. Mais cette fois vous avez décidé de dire ce que vous pensez, même si ce n'est pas agréable. Imaginez que vous êtes dans les situations suivantes. Qu'allez-vous dire?

1. Vous êtes dans un restaurant où le service et la cuisine laissent beaucoup à désirer.
2. Vous n'êtes pas content(e) de l'hôtel ou de la région où vous passez vos vacances.
3. Vous essayez de préparer un bon dîner, mais c'est un vrai fiasco.
4. Vous désirez acheter des vêtements mais il ne reste presque rien.
5. Votre petit(e) ami(e) et vous, vous avez des goûts très différents. Il / elle n'aime aucune des choses que vous aimez.
6. Vous êtes très déçu(e) par l'équipe de football de votre école.

C'est la vie!

Situation: Un cambriolage

En rentrant de vacances, les Perretti ont eu la surprise de découvrir que leur maison a été *cambriolée* pendant leur absence. Ils parlent avec leurs voisins, les Darmon.

MME PERRETTI	Est-ce que vous avez vu ou entendu quelque chose de suspect?
M. DARMON	Non, nous n'avons rien entendu et nous n'avons vu personne. Tout était très calme dans le quartier.
MME DARMON	En fait, la semaine dernière il n'y avait presque personne ici. Il n'y avait que les Giraud, les Dumont, et nous.
MME PERRETTI	Et personne d'autre n'a été cambriolé?
M. DARMON	Non, personne. Du moins je ne *crois*[1] pas. Au fait, qu'est-ce qu'on vous a volé?
M. PERRETTI	Notre télé et notre stéréo. À part ça, *il ne manquait rien*.
M. DARMON	Et comment sont-ils entrés dans la maison?
M. PERRETTI	Ils n'ont laissé aucune trace. Rien. C'est bizarre, *vous ne trouvez pas*?

Mots et structures à noter

cambriolée *burglarized;* **crois** *believe;* **il ne manquait rien** *there was nothing missing;* **vous ne trouvez pas** *don't you think?*

C'est votre tour. Un appartement dans votre quartier a été cambriolé. Vous parlez avec des voisins, joués par d'autres étudiants, mais personne n'a rien remarqué de suspect. Imaginez les conversations.

Intégration et perspectives: Demain mon fils

La chanson de Jean Lapointe, un chanteur canadien, intitulée «Demain mon fils» exprime les sentiments d'un père qui voit son fils grandir et qui pense à ce que la vie va lui apporter.

Demain tu seras grand, demain t'auras vingt ans
Demain tu pourras faire à ta guise.   **as you wish**
Partir vers les pays dont tu rêves aujourd'hui   **about which / dream**
Visiter tes châteaux en Espagne.
Et seul comme un nouveau matador,
Tu entreras dans l'arène
Ne craignant ni la peur ni la mort   **fearing**
Courant vers les années qui viennent.   **running**
Demain tu seras grand, demain t'auras le temps

[1]**Croire** *is an irregular verb; see Appendix C.*

«Demain tu seras grand. . .»

Demain tu seras fort de *ton âge*	**will get strength from**
Les années passeront, *les* rides *sur ton* front	**wrinkles / forehead**
Déjà auront creusé leur sillage	**left their marks**
Et seul comme un très grand matador	
Tu sortiras de l'arène avec des coups *au cœur et au corps*	**bruises, blows**
Marchant vers les années qui traînent.	**drag by**
Demain tu seras vieux, pourtant tu verras *mieux*	**will see**
Tu te retourneras en arrière	**turn back**
Alors tu comprendras ce que je sais déjà	
Tout comme *le savait mon vieux père.*	**just as**
Et seul comme un trop vieux spectateur	
Voyant *ton fils dans l'arène*	**seeing**
Alors tu sauras ce qu'est la peur	
Tu comprendras combien je t'aime.	

A. Compréhension. Répondez aux questions suivantes.

1. Comment Jean Lapointe voit-il la vie? Quelle image utilise-t-il?
2. Selon Jean Lapointe, quelle est l'attitude de son fils devant la vie? Est-ce qu'il est impatient d'en découvrir les secrets ou a-t-il peur?
3. Et le père, est-il entièrement confiant ou a-t-il peur quand il pense à ce que la vie va apporter à son fils?
4. Est-ce que le fils peut maintenant comprendre les inquiétudes de son père? Quand pourra-t-il les comprendre? Pourquoi?

Chanson de Jean Lapointe

Vie et culture: Avenir et technologie

Le Paris moderne

On a souvent dit que les Français sont plus tournés vers le passé que vers l'avenir. Pour justifier cette opinion, on cite la place accordée à l'enseignement de l'histoire dans les programmes des écoles, l'importance que les Français attachent à leur héritage culturel, et la nostalgie qu'ils éprouvent pour «le bon vieux temps.»

Cependant, la France est aussi un pays qui est à la pointe de progrès dans des domaines technologiques importants, en particulier, les transports, l'énergie nucléaire, l'aéronautique, et les télécommunications. Voici quelques exemples de ces *réalisations*.

accomplishments

Transports: le T.G.V. (train à grande vitesse); VAL (le métro sans chauffeur qui est maintenant en service à Lille).

Énergie: Du fait qu'elle ne possède pratiquement pas de pétrole, la France a été obligée de se tourner vers l'énergie nucléaire et elle a construit depuis 1973 un grand nombre de centrales nucléaires, *y compris* un centre de recyclage des *déchets* nucléaires.

including
wastes

Aéronautique: L'industrie aéronautique française occupe la deuxième place mondiale. Elle produit (en coopération avec d'autres pays européens) des avions de tourisme, des avions d'affaires (les Mystères), des avions commerciaux (le Concorde et l'Airbus), des hélicoptères, des avions militaires (les Mirages), des missiles (Exocet), et des fusées (Ariane). Le lancement d'Hermès, la première navette spatiale européenne, est prévu pour 1995.

Télécommunications: La révolution technologique va des cartes électroniques, appelées *«cartes à mémoire,»* inventées dès le début des années 70, au Visiophone (un téléphone qui permet de voir la personne à qui on parle), et au Minitel. Le Minitel, qui est en service depuis 1982, se compose d'un *clavier*, d'un *écran* et d'un modem. Le Minitel donne accès à plus de 4000 services télématiques et *banques de données.* Il donne les numéros de téléphone de toute la France, les horaires des trains et des spectacles, la météo, et les informations. Grâce au Minitel, les *abonnés* peuvent payer leurs *factures* et savoir exactement combien d'argent il reste sur leur compte; ils peuvent communiquer avec les autres abonnés et faire leurs provisions, réserver une chambre d'hôtel, ou prendre contact avec un professeur qui aidera directement les enfants à faire leurs devoirs.

"smart cards"

keyboard
screen
data banks

subscribers / bills

Communication et vie pratique

A. Et vous? Écrivez un poème ou une histoire du point de vue de l'enfant et qui commencera ainsi: «Demain je serai grand(e), demain j'aurai vingt ans.» Si vous préférez, vous pouvez écrire une histoire ou un poème intitulé(e): «Demain ma fille.»

B. Vous et l'an 2000. Comment imaginez-vous l'avenir? Les questions suivantes font partie d'un sondage d'opinion. Comment allez-vous y répondre? Comparez et discutez vos réponses.

1. **La vie / la mort**
   À votre avis, jusqu'à quel âge vivrez-vous?
   65 ans
   75 ans
   85 ans
   95 et plus
   Autre

2. **Votre cadeau d'anniversaire en l'an 2000**
   Pour fêter votre 30e anniversaire, vous pourrez enfin vous offrir . . .
   Un vieux cottage à la campagne
   Une machine à remonter (*go back in*) le temps
   Un week-end dans l'espace
   Une voiture entièrement programmable
   Un abri (*shelter*) antinucléaire
   Autre

3. **Les plaisirs**
   Quels seront vos grands plaisirs en l'an 2000?
   Me promener dans la nature
   Faire du sport
   Faire l'amour
   Me baigner dans ma piscine privée
   Voir des films
   Jouer avec mon micro-ordinateur
   Bien manger

4. **La famille**

Si vous formez un jour un couple stable, combien d'enfants aurez-vous?

Je ne veux pas avoir d'enfants

Un seul suffira

Deux enfants

Trois enfants

Quatre et plus

Autre

5. **Le travail et la personnalité**

En dehors des diplômes, qu'est-ce qui vous sera, à votre avis, le plus utile pour trouver un emploi?

Mes qualités personnelles

La façon de me présenter

Les relations de ma famille

C'est uniquement une question de chance

6. **Le niveau de vie**

Par rapport à vos parents, votre niveau de vie en l'an 2000 sera-t-il . . .

Supérieur au niveau de vie de vos parents

Égal

Inférieur

Autre

7. **Les problèmes sociaux**

Pensez-vous que vous connaîtrez une période de chômage?

Oui, à tout moment il y aura un risque.

Oui, sans doute au début.

Je pense que non.

8. **La retraite**

Aujourd'hui, la retraite est à 60 ans. Pour vous, qu'en pensez-vous?

60 ans, ce sera bien pour moi.

60 ans, c'est trop tôt pour arrêter de travailler.

60 ans, c'est trop tard pour arrêter de travailler.

Autre

9. **Le monde où nous vivons**

Quel est le problème qui devra être résolu en priorité pour l'an 2000?

La faim dans le monde

Le chômage

La prolifération des armes nucléaires

Le cancer

Le racisme

Autre

C. **L'avenir? Quel avenir?** Au cours d'une enquête sur les sentiments des jeunes Françaises au sujet de leur avenir, une journaliste parle avec Christine. Elle n'est pas très optimiste. Écoutez leur conversation et répondez aux questions qui suivent.

Quelle est l'opinion de Christine sur les sujets suivants?

1. Les études
2. Le mariage
3. Le travail
4. L'égalité des sexes
5. L'avenir

D. Prédictions. Dites ce que vous pensez de chacune des prédictions suivantes. Ensuite, faites vos propres prédictions et demandez aux autres étudiants ce qu'ils en pensent.

> EXEMPLE **Les hommes ne seront jamais parfaits.**
> **C'est vrai, les hommes ne seront jamais parfaits.**

1. On ne pourra jamais éliminer totalement la nécessité de travailler.
2. L'énergie solaire sera notre principale source d'énergie.
3. Dans deux siècles, il n'y aura plus de vie sur cette planète.
4. On pourra habiter sous les mers.
5. Un jour on mangera seulement des aliments artificiels.
6. On n'aura pas besoin de travailler. Ce sont les robots qui feront tout.
7. On ne pourra jamais résoudre le problème des inégalités sociales.
8. Il n'y aura plus de guerre.

E. Étapes de la vie. Essayez d'imaginer les différentes étapes de votre vie future.

> EXEMPLE **Dans dix ans, je serai probablement plus riche que maintenant.**

Vocabulaire

Le monde où nous vivons (Voir pp. 342–345)

Noms

l'**abri** (m)......*shelter*
le/la **concierge**......*building caretaker*
le **dicton**......*saying*
l'**égalité** (f)......*equality*
le **front**......*forehead*
le **nouveau-venu**......*newly arrived person*
la **période**......*period*
la **poubelle**......*trash can*
la **ride**......*wrinkle*

Verbes

cambrioler......*to burglarize*
connaître......*to know, become acquainted with*
courir......*to run*
croire......*to believe*
disparaître......*to disappear*

manquer......*to miss*
paraître......*to appear, seem, look*
reconnaître......*to recognize*
remonter......*to go back in, on*
rêver......*to dream*
supporter......*to put up with*
traîner......*to drag, hand around*
voir......*to see*

Adjectifs

assis......*seated*
fort......*strong*

Divers

au fait......*by the way*
aussitôt que......*as soon as*
dès que......*as soon as*
en avoir marre......*to be fed up*
lorsque......*when*

CHAPITRE **15**

L'environnement

Fonctions

Point de départ
Pour parler des moyens de
   communication
Pour parler des possibilités
Comment indiquer ce qui aurait pu
   être
Comment relier deux idées

Structures

La nature et l'environnement
Les verbes **lire, écrire,** et **dire**

Le conditionnel
Le plus-que-parfait et le conditionnel
   passé
Les pronoms relatifs

Point de départ: La nature et l'environnement

La joie d'admirer un beau paysage, de respirer l'air pur, et de se détendre dans un endroit agréable ne sont pas des phénomènes nouveaux. Mais de nos jours, à cette appréciation de la nature, il faut ajouter la prise de conscience (*realization*) des dangers qui menacent notre environnement et le désir de le protéger contre les effets de la civilisation. Le vocabulaire qui suit vous sera utile pour parler de ces sujets.

Les paysages

- une rivière, un fleuve, un lac, couler (*to flow*)
- une plaine, une vallée, une colline (*hill*), un plateau, une montagne, un sommet, un glacier, un volcan, faire l'ascension d'une montagne
- l'océan, la mer, le bord de la mer, le sable (*sand*), la côte, une île, une vague, la marée (*tide*)
- le ciel, la lune (*moon*), les étoiles (*stars*), le lever du soleil, le coucher du soleil, l'horizon

L'environnement

- la terre (*land, earth*); une plante, une fleur, un arbre; une forêt, couper un arbre; une ferme, un champ (*field*), cultiver le blé (*wheat*), le maïs (*corn*), etc.; élever des animaux, une vache (*cow*), un cochon (*pig*), un mouton (*sheep*)
- les bêtes (*animals*); une bête sauvage (*wild*); un lion, un tigre, un éléphant, une girafe, un rhinocéros, un ours (*bear*), une baleine (*whale*), un dauphin, un poisson, un oiseau (*bird*), un serpent, un insecte
- les ressources naturelles: le charbon (*coal*), le pétrole (*oil*), le gaz naturel, le bois (*wood*), etc., l'énergie solaire; épuiser (*to exhaust*) une source d'énergie

La pollution de l'atmosphère et de l'environnement

- les causes: le bruit (*noise*), les industries, la fumée (*smoke*) des usines, les produits chimiques, les déchets (*wastes*) toxiques (industriels et ménagers); polluer, contaminer l'atmosphère, l'eau; jeter (*to throw away*), gaspiller (*to waste*)

- les effets: l'effet de serre (*greenhouse effect*), la pluie acide, la marée noire (*oil spill*), la déforestation, la désertification, la disparition de certaines espèces animales et végétales, le manque d'espaces verts, la pollution marine, la pollution des lacs et des rivières, etc.
- les remèdes: la protection et le respect de l'environnement: conserver/ économiser l'énergie et les ressources naturelles, protéger, sauver (*save*) les espèces en voie d'extinction (*endangered species*), recycler, éviter le gaspillage, trier (*sort out*) les déchets et les mettre dans différentes poubelles (*trash cans*)

Communication et vie pratique

A. La planète menacée. La carte du monde qui suit indique les principaux problèmes écologiques qui menacent notre planète. Répondez aux questions suivantes selon les renseignements que cette carte nous donne.

1. Quelles espèces animales sont en voie d'extinction et dans quels pays?
2. Dans quels pays du monde la déforestation est-elle un problème sérieux?
3. Dans quels pays l'émission de CO_2 (gaz carbonique) présente-t-elle un problème sérieux?
4. Quels sont les pays où la surpopulation est un gros problème?
5. Quels sont les pays du monde où il n'y a pas assez d'eau potable (*drinking water*)?
6. Dans quels pays existe-t-il un risque nucléaire?

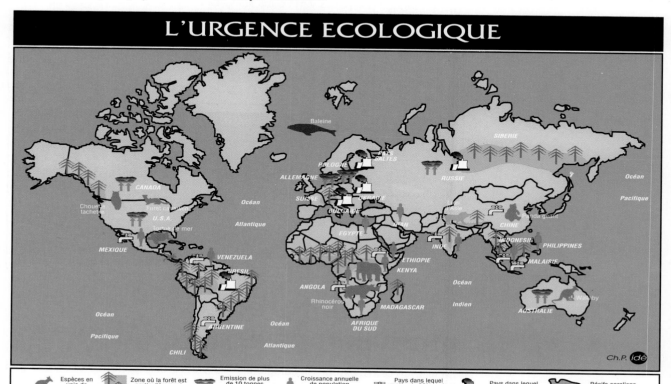

B. Visages de la France. Décrivez les paysages qui sont présentés à la page 368.

C. Votre région. Des amis français vous ont demandé de leur parler de votre région—ou d'une autre région des États-Unis que vous connaissez bien. Faites-en une description aussi détaillée que possible.

D. Notre environnement. Quels sont, à votre avis, les principales sources de pollution ou les principaux dangers qui menacent l'environnement dans votre région? Et aux États-Unis en général? Et dans le monde? Utilisez le continuum suivant pour indiquer le degré de sévérité de chaque problème.

$$0 \rule{1cm}{0.4pt} 1 \rule{1cm}{0.4pt} 2 \rule{1cm}{0.4pt} 3 \rule{1cm}{0.4pt} 4 \rule{1cm}{0.4pt} 5$$
pas du tout sérieux   très sérieux

	votre région	votre pays	le monde
la surpopulation			
la pollution marine			
la pollution des rivières			
le problème des déchets industriels			
le problème des déchets ménagers			
l'effet de serre			
la pollution des eaux souterraines			
la déforestation/la désertification			
le manque d'espaces verts dans les villes			
les espèces animales et végétales en voie d'extinction			
la pluie acide			
les centrales nucléaires			
?????			

COLLECTE DU VERRE USAGÉ

Recyclage du verre

Vie et culture: Le mouvement écologique

La victoire des deux partis écologiques—Les Verts et Génération Écologie—aux dernières élections reflètent l'importance que les Français accordent maintenant à la protection de l'environnement. Cette *prise de conscience* écologique s'est

awareness

manifestée officiellement dès 1972 par la création du Ministère de l'Environnement. Des groupes écologiques—communément appelés «les écolos»—de leur côté ont commencé à s'organiser et ils forment maintenant une force politique importante.

Selon les experts, les deux plus grands problèmes écologiques en France sont l'eau et les déchets. Les Français utilisent *en moyenne* 150 litres d'eau par personne et par jour et la dépollution des eaux usées n'est pas encore suffisamment développée. Chaque Français produit aussi 300 kilogrammes de déchets ménagers par an. À cela, il faut ajouter 360 kilogrammes par personne de déchets industriels et autres. Les centres de traitement des déchets ne sont pas assez nombreux et leur opération est assez *coûteuse*. Certaines villes ont cependant mis en place un système expérimental de *tri* et de traitement sélectif des déchets. La ville de Dunkerque, par exemple, a adopté le système des trois poubelles dans chaque cuisine: une pour les déchets ménagers qui peuvent être *brûlés* (et produire de l'électricité!), une pour le plastique et le *verre,* et une pour les déchets toxiques.

on the average

costly
sorting

burned
glass

Fonctions et structures

Pour parler des moyens de communication

Les verbes lire, écrire, *et* dire

When we talk about ways to communicate, we often need to use the verbs **lire** (*to read*), **écrire** (*to write*), and **dire** (*to tell, to say*). These verbs are irregular but resemble each other in several ways.

je **lis**	nous **lisons**
tu **lis**	vous **lisez**
il/elle/on **lit**	ils/elles **lisent**

Passé composé: j'**ai lu**

D'habitude, je **lis** *Le Devoir.*
Hier j'**ai lu** le dernier livre d'Anne Hébert.

j'**écris**	nous **écrivons**
tu **écris**	vous **écrivez**
il/elle/on **écrit**	ils/elles **écrivent**

Passé composé: j'**ai écrit**

David **écrit** beaucoup de lettres.
Claude Gauthier **a écrit** un très beau poème sur le Canada.

je **dis**	nous **disons**
tu **dis**	vous **dites**
il/elle/on **dit**	ils/elles **disent**

Passé composé: j'**ai dit**

Qu'est-ce que vous **dites?**
Qui **a dit** «Vive le Québec libre»?

Another verb like **écrire** is **décrire** (*to describe*).

A. Things to read:

un livre

une nouvelle (*piece of news, short story*)

un journal

un roman (*novel*)

un conte de fée (*fairy tale*)

un poème

une revue

B. Things to write:

une lettre

une dissertation (*term paper*)

une rédaction (*composition*)

une carte postale

un compte rendu (*report*)

C. Things to say:

la vérité (*truth*)   un mensonge (*lie*)   des bêtises (*stupid things*)

Premiers pas

A. C'est sur quel sujet? Vos amis écrivent un compte rendu sur la pollution de l'environnement. Qu'est-ce qu'ils disent?

> EXEMPLE   Jean-Marie / l'énergie solaire
> **Jean-Marie écrit un compte rendu sur l'énergie solaire.**

1. nous / la pollution marine
2. je / la pluie acide
3. vous / les déchets ménagers
4. Jean et Roger / le manque d'espaces verts
5. Madeleine / les partis écologiques
6. tu / l'effet de serre

B. Et vous? Est-ce que vous écrivez beaucoup? Et vos camarades de classe? Répondez vous-même aux questions suivantes ou utilisez-les pour interviewer un(e) autre étudiant(e).

1. Est-ce que tu écris beaucoup de rédactions dans tes cours d'anglais? Et dans tes cours de français?
2. Est-ce que tu écris souvent des comptes rendus dans tes autres cours? Si oui, dans quel(s) cours?
3. Est-ce que tu aimes écrire ou est-ce que c'est difficile pour toi?
4. Est-ce que tu écris beaucoup de lettres? À qui?
5. Qui t'écrit des lettres? Est-ce que tu réponds vite à ces lettres?
6. Aimes-tu écrire des poèmes? As-tu jamais écrit un poème en français?
7. As-tu envie d'écrire un roman? Si oui, sur quel sujet?

C. Au Québec. Vous demandez à un ami québécois ce qu'il aime lire. Qu'est-ce qu'il vous répond?

> EXEMPLE   Est-ce que tu lis les journaux? (oui . . . plusieurs)
> **Oui, je lis plusieurs journaux.**

1. Quel journal est-ce que tu lis le matin? (*Montréal-Matin*)
2. Et tes parents, quel journal est-ce qu'ils lisent? (*La Presse*)
3. Quand vous habitiez à Québec, quel journal est-ce que vous lisiez? (*Le Soleil*)
4. Est-ce que tu as lu *Maria Chapdelaine* quand tu étais jeune? (oui)
5. Est-ce que tu lis souvent des revues américaines? (oui . . . de temps en temps)
6. Quelles revues françaises est-ce que tu lis? (*Le Point*)
7. Est-ce que ta mère lit une revue féminine? (oui . . . *Châtelaine*)
8. Et les jeunes, qu'est-ce qu'ils lisent? (*Vidéo-Presse*)

D. Vos lectures favorites. Qu'est-ce que vous aimez lire? Et vos amis? Répondez aux questions suivantes ou posez-les à un(e) autre étudiant(e) de votre classe.

1. Est-ce que tu aimes lire? Qui est ton auteur préféré? Quel est ton livre favori?
2. Quels livres as-tu lus cette année?
3. Est-ce que tu lis le journal tous les jours? Est-ce que tu le lis le matin ou le soir?
4. Est-ce que tu lisais beaucoup quand tu étais petit(e)?
5. Qu'est-ce que tu aimes lire quand tu as du temps libre?
6. Est-ce que tu as déjà lu un livre en français? Et dans une autre langue étrangère?

E. La franchise. Vous voulez savoir l'opinion des autres étudiants sur la franchise (*honesty, frankness*). Posez-leur les questions suggérées et présentez les résultats à la classe.

1. Est-ce qu'il faut toujours dire la vérité?
2. Est-ce que la franchise est pour vous une qualité importante?
3. Est-ce qu'il y a des circonstances où il est justifié de dire un petit mensonge? Et un gros mensonge?
4. Est-ce que vous dites toujours ce que vous pensez?
5. Est-ce qu'il est toujours bon de dire ce qu'on pense?
6. À votre avis, est-ce que les politiciens disent toujours la vérité?

C'est la vie!

Situation: Le courrier des lecteurs

Sabine et Bernard ont participé à une *manifestation* écologique. Sabine vient de lire un compte rendu de l'événement dans le journal.

SABINE	Dis, tu as lu le journal?
BERNARD	Non, pas encore.
SABINE	Lis ce qu'ils disent au sujet de la manif . . .
BERNARD	Eh bien, *dis donc!* Il n'aime pas beaucoup les écolos, le type qui a écrit ça!
SABINE	Ça, c'est son droit. Mais il ne dit pas la vérité.
BERNARD	*Si* nous leur écrivions une lettre et si nous leur disions ce que nous pensons . . . ?
SABINE	Bonne idée. Je vais d'abord faire un *brouillon* et tu me diras si ça va.

Mots et structures à noter

manifestation *demonstration;* **dis donc** *hey;* **si** *what if;* **brouillon** *draft*

C'est votre tour. Vous venez de lire, dans le journal, une nouvelle ou un article (par exemple, sur la pollution, la politique, le chômage) qui vous met en colère. Informez un(e) autre étudiant(e) de son contenu et discutez ce que vous pouvez faire.

Pour parler des possibilités

Le conditionnel

In English, we recognize a conditional verb by the word *would: I would like to study in Quebec.* In French, the conditional tense is formed by adding the imperfect endings to the future stem.

j'**aimerais**	nous **aimerions**
tu **aimerais**	vous **aimeriez**
il/elle/on **aimerait**	ils/elles **aimeraient**

The conditional tense is used in the following situations:

A. To express a wish, suggestion, or what someone else has said:

J'**aimerais** partir demain.	*I would like to leave tomorrow.*
Nous **voudrions** faire une promenade.	*We'd like to go for a walk.*
Il a dit qu'il **parlerait** au professeur.	*He said that he would speak to the instructor.*

B. When a condition is stated or implied:

À votre place, je ne **dirais** pas ça.	*In your place, I wouldn't say that.*
Dans ce cas-là, tu **pourrais** venir demain.	*In that case, you could come tomorrow.*

Often the condition (hypothesis or supposition) is stated in a **si** clause, whose verb is in the imperfect tense. The result clause is in the conditional.

Si j'**avais** le temps, je **lirais** davantage.	*If I had the time, I'd read more.*
J'**achèterais** un ordinateur si j'**avais** assez d'argent.	*I would buy a computer if I had enough money.*

When the **si** clause is in the present tense, the result clause can be in the present, future, or imperative.

Si vous **êtes** fatigué, vous **pouvez** vous reposer.
Si vous **partez** maintenant, vous **aurez** le temps de tout faire.
Si vous **allez** à Québec, **n'oubliez pas** de visiter le château.

C. The conditional is also used to be polite and less direct than the present tense:

Requests and suggestions

Je voudrais . . .
Pourriez-vous . . .
Voudriez-vous . . .
Accepteriez-vous . . .
Aimeriez-vous . . .

Accepting invitations

Ça me ferait plaisir.
Je serais ravi(e).
Ce serait une excellente idée.
J'aimerais bien.
J'accepterais volontiers (*willingly*).

Premiers pas

A. Je me suis trompée. Monique a mal compris ce qu'on lui a dit. Elle est surprise quand on lui dit qu'elle s'est trompée.

> EXEMPLE Il viendra demain. (aujourd'hui)
> **Ah, oui? Moi, je croyais qu'il viendrait aujourd'hui.**

1. Le concert aura lieu vendredi. (samedi)
2. Nous irons au cinéma. (au théâtre)
3. Nos amis arriveront lundi. (dimanche)
4. On mangera à la maison. (au restaurant)
5. Tu m'attendras devant le musée. (dans le parc)
6. On sera de retour à huit heures. (à sept heures)

B. Politesse. Monsieur Bourru n'a pas toujours le succès qu'il aimerait avoir avec ses employés parce qu'il est souvent trop direct. Pourriez-vous l'aider à être plus poli?

> EXEMPLES Je veux parler au directeur.
> **Je voudrais parler au directeur.**
>
> Aidez-moi.
> **Pourriez-vous m'aider?**

1. Je veux voir le rapport que vous avez écrit.
2. Apportez-moi un café.
3. Je veux une réponse aujourd'hui même.
4. Soyez ici à huit heures pour votre interview.
5. Dites à Georges que je veux le voir tout de suite.
6. Téléphonez à Bernard et dites-lui que je veux lui parler.

C. Invitations. La façon de répondre à une invitation est très importante. Posez les questions suivantes (ou d'autres questions) à un(e) autre étudiant(e) qui va accepter—ou refuser—aussi gentiment que possible.

> EXEMPLE Demandez-lui si vous pourriez l'emmener à l'aéroport.
> **Est-ce que je pourrais t'emmener à l'aéroport?**
> **Oui, ce serait gentil de ta part.**
> ou: **Ce serait gentil, mais Pierre a déjà dit qu'il m'y emmènerait.**

Demandez-lui . . .

1. s'il / elle voudrait boire quelque chose.
2. s'il / elle aimerait aller au cinéma ce soir.
3. si cela lui ferait plaisir de venir au match avec vous.
4. s'il / elle aimerait jouer au tennis cet après-midi.
5. s'il / elle aurait le temps de vous aider à faire vos devoirs.
6. s'il / elle pourrait vous prêter ses notes de classe.
7. s'il / si elle aurait envie de faire une petite promenade.
8. ?

D. Si c'était possible . . . Votre ami Serge Lefèvre parle des choses qu'il aimerait faire.

> EXEMPLE   chercher un autre travail
> **Si je pouvais, je chercherais un autre travail.**

1. continuer mes études
2. suivre des cours de comptabilité
3. habiter dans un autre quartier
4. apprendre un autre métier
5. vendre ma vieille voiture
6. m'acheter une nouvelle voiture
7. rendre visite à mes amis

E. Interview. Demandez à d'autres étudiants de la classe ce qu'ils feraient s'ils avaient plus de temps, plus d'argent, etc. Comparez vos réponses.

> EXEMPLE   **Qu'est-ce que tu ferais si tu avais plus d'argent?**
> **Si j'avais plus d'argent, je m'acheterais une nouvelle voiture.**

Demandez-leur ce qu'ils feraient . . .

1. s'ils avaient plus d'argent.
2. s'ils avaient plus de temps.
3. s'il n'y avait pas de cours aujourd'hui.
4. s'ils pouvaient passer un an en France.
5. s'ils étaient millionnaires.
6. s'ils habitaient dans un autre pays.
7. s'ils pouvaient être une autre personne.
8. s'ils pouvaient habiter dans une autre ville.

F. Changez de rôle. Que feriez-vous si vous étiez à la place des personnes suivantes?

1. le professeur
2. le président des États-Unis
3. le président de votre université
4. une vedette de cinéma
5. le ministre de l'environnement

C'est la vie!

Situation: Si on achetait une maison . . . ?
Francine et Antoine Rhéault, un jeune couple de Montréal, *envisagent* la possibilité d'acheter une maison en banlieue *plutôt que* de continuer à louer un appartement.

ANTOINE   Si on achetait une petite maison en banlieue? Qu'est-ce que tu en penses?

FRANCINE	J'aimerais bien ça, si nous en avions les *moyens.* Mais malheureusement, ce n'est pas le cas!
ANTOINE	Oui, je sais bien. Mais si tes parents pouvaient nous aider, nous pourrions peut-être y arriver . . .
FRANCINE	Je suppose que si on pouvait trouver quelque chose de pas trop cher, ce ne serait pas une mauvaise idée.
ANTOINE	Si on en parlait à ton cousin? Il est dans l'immobilier. Il saurait peut-être où on peut trouver ce que nous cherchons.
FRANCINE	Si tu veux, je lui en parlerai demain.

Mots et structures à noter

envisagent *are considering;* **plutôt que** *rather than;* **moyens** *means*

C'est votre tour. Un(e) de vos ami(e)s envisage la possibilité de faire un achat assez important (maison, voiture, meubles, équipement audio-visuel, ordinateur, par exemple). Vous l'aidez à explorer les différentes possibilités.

Comment indiquer ce qui aurait pu être
Le plus-que-parfait et le conditionnel passé

Sometimes when we are talking about the past, we want to indicate that one event happened prior to another past event. The **plus-que-parfait** (past perfect tense) is used. The other past event is sometimes stated, but sometimes just understood (*They had already gone* or *They had already gone when I arrived*).

A. The **plus-que-parfait** is formed by using the imperfect of **avoir** or **être** and the past participle.

j'**avais fini**	nous **avions fini**
tu **avais fini**	vous **aviez fini**
il/elle/on **avait fini**	ils/elles **avaient fini**

Elle **avait** déjà **publié** plusieurs articles quand elle est devenue célèbre.
Je ne savais pas que vous n'**étiez** jamais **allé** à Québec.
Elle n'**avait** jamais **pensé** à ça.

B. The **conditionnel passé** (past conditional tense) describes a past hypothetical event or condition (*I wouldn't have done that*). It is often used with the **plus-que-parfait** to state what would have happened if things had been different.

j'**aurais fini**	nous **aurions fini**
tu **aurais fini**	vous **auriez fini**
il/elle/on **aurait fini**	ils/elles **auraient fini**

À votre place, je n'**aurais** pas **dit** ça.
S'il avait fait beau, nous **serions allés** à la plage.
Si vous aviez écouté, vous **auriez compris**.
Ça ne **serait** pas **arrivé** si tu avais fait attention.

Premiers pas

A. Trop tard! Vous étiez invité(e) chez des amis, mais vous êtes arrivé(e) trop tard.

> EXEMPLE ils/ manger
> **Ils avaient déjà mangé.**

1. Martine/ servir le dîner
2. on / manger le dessert
3. tout le monde/ passer sur la terrasse
4. vous / boire votre café
5. Louis/ faire la vaisselle
6. les autres invités / partir

B. Sur la piste des ancêtres. Philippe Laforêt, un «Cajun» de Louisiane, a retrouvé la trace d'un de ses ancêtres, Jean-Baptiste Laforêt, qui avait émigré au Canada quand il était jeune.

> EXEMPLE Jean-Baptiste / naître en France
> **Jean-Baptiste était né en France.**

1. il / vivre les premières années de sa vie en Normandie
2. il / venir au Canada quand il avait seize ans
3. il / s'installer en Acadie
4. il / apprendre le métier de boulanger
5. il / rencontrer Angèle, sa future femme, quelques années plus tard
6. Angèle / grandir en Acadie
7. ses parents / mourir quand elle avait douze ans
8. elle / s'occuper de ses petits frères et sœurs
9. Jean-Baptiste et Angèle / se marier en 1750
10. ils / devoir tout quitter quelques années plus tard

C. À votre place. Vous avez un ami qui n'a pas peur de dire ce que lui, il aurait fait s'il avait été à votre place. Cette fois, il critique vos récentes vacances. Qu'est-ce qu'il vous dit?

> EXEMPLE prendre l'avion
> **À ta place, j'aurais pris l'avion.**

1. choisir une autre agence de voyages
2. rester dans un autre hôtel
3. ne pas partir au mois de juillet
4. ne pas voyager en train
5. passer moins de temps à Nice
6. ne pas acheter ces souvenirs
7. écrire plus souvent à nos amis
8. revenir plus tard

D. Si j'avais eu plus de temps . . . Des amis parlent de leurs récents voyages et ils disent ce qu'ils auraient fait s'ils avaient eu plus de temps. Qu'est-ce qu'ils disent?

> EXEMPLE je / rendre visite à mes amis
> **Si j'avais eu plus de temps, j'aurais rendu visite à mes amis.**

1. nous / rester plus longtemps à Paris
2. tu / aller à Chamonix
3. nous / visiter les châteaux de la Loire
4. vous / passer deux semaines en Provence
5. je / se promener dans les rues
6. Robert / faire l'ascension du Mont Blanc

E. Si . . . Imaginez ce qui se serait passé si les événements suivants avaient eu lieu.

1. Si vous étiez né(e) il y a deux cents ans . . .
2. Si la guerre de Sécession (la guerre civile) avait été gagnée par le Sud plutôt que par le Nord . . .
3. Si Christophe Colomb n'avait pas découvert l'Amérique . . .
4. Si on n'avait pas inventé l'automobile . . .
5. Si vous n'aviez pas décidé de faire vos études ici . . .
6. Si vous n'aviez pas choisi cette université . . .

F. Réactions. Nous avons tous des réactions différentes. Qu'est-ce que vous auriez fait si vous aviez été à la place des personnes suivantes?

1. Paulette Dufour, une dame de soixante ans, se promenait dans la rue quand un jeune garçon lui a volé (*stole*) son sac. Elle a réussi à attraper le voleur et elle l'a emmené au poste de police. Et vous, qu'est-ce que vous auriez fait si vous aviez été à sa place?
2. Giselle avait besoin de faire réparer sa voiture. Elle a pris rendez-vous chez le garagiste pour sept heures et demie. Elle y est arrivée à sept heures et demie précises. Elle a attendu pendant plus d'une heure. Furieuse, elle a finalement quitté le garage pour aller à son travail. Si vous aviez été dans la même situation, qu'est-ce que vous auriez fait?
3. Les Duroc conduisaient sur une petite route de campagne quand ils ont vu un jeune homme dont la voiture était apparemment tombée en panne. Monsieur Duroc ne voulait pas s'arrêter mais Madame Duroc a insisté. Qu'est-ce que vous auriez fait à leur place?
4. Quand Monsieur et Madame Rochefort ont gagné vingt mille francs à la loterie nationale, ils ont mis tout cet argent à la banque. Si vous aviez gagné cet argent, qu'est-ce que vous auriez fait?
5. Robert vient de s'acheter un magnétoscope. Il paie et le vendeur lui rend la monnaie. En sortant du magasin, il vérifie sa monnaie et il réalise que le vendeur lui a rendu cinquante francs de trop. «C'est mon jour de chance,» pense-t-il. Qu'est-ce que vous auriez fait à sa place?

C'est la vie!

Situation: À l'hôtel

Les Verdier vont passer quelques jours au Pays Basque où ils ont une petite propriété. Ils ont l'habitude de s'arrêter pour passer la nuit dans un petit hôtel qu'ils connaissent.

MME VERDIER   Bonjour, Madame Duchêne. Nous voici encore une fois!
Vous avez quelque chose pour la nuit?

MME DUCHÊNE	Non, je regrette. Il n'y a plus rien. *Si vous nous aviez prévenus* de votre arrivée, j'aurais pu vous *garder* quelque chose.
M. VERDIER	*Je te l'avais bien dit!*
MME VERDIER	Oui, mais si tu n'avais pas insisté pour qu'on déjeune en route, nous ne serions pas arrivés si tard.
M. VERDIER	On ne peut jamais compter sur toi. Si j'avais su, je me serais occupé de tout ça moi-même.
MME VERDIER	Ç'aurait été une excellente idée!

Mots et structures à noter

si vous nous aviez prévenus *if you had let us know ahead;* **garder** *save, keep;* **Je te l'avais bien dit!** *I told you so!*

C'est votre tour. Vous voyagez avec des amis français (joués par d'autres étudiants). Vos amis devaient s'occuper de tous les préparatifs: réservations de chambres, achat des billets, etc., mais ils ne l'ont pas fait. Imaginez la conversation (à l'aéroport, à la gare, à l'hôtel).

Comment relier deux idées
Les pronoms relatifs

When we speak, we usually connect several ideas together. One way to connect a main idea with a secondary idea in the same sentence is by using relative pronouns (who, that, which, etc.). They may not be omitted in French as they often are in English (*This is the book that I read. This is the book I read*).

A. **Qui** and **que** (*who, that, which*) refer to both persons and things. Use **qui** as the subject of the dependent clause and **que** as the direct object.

> Voilà un étudiant **qui** parle espagnol.
> Avez-vous vu le match **qui** a eu lieu dimanche?
> Voici les championnes **que** nous avons interviewées.
> Où est le journal **que** j'ai acheté?

B. **Dont** (*of whom, of which, whose*) replaces **de** plus a noun. It can refer to people or things.

> Voici l'équipement **dont** vous aurez besoin.
> J'ai rencontré la femme **dont** vous m'avez parlé.
> Voici les gens **dont** le fils a gagné le marathon.

C. **Ce qui**, **ce que**, and **ce dont** refer to ideas that do not have number or gender.

> Je ne comprends pas **ce qui** est arrivé.
> **Ce qui** m'impressionne le plus, c'est son style.
> Il dit toujours **ce qu'**il pense.
> Nous ne savons pas **ce que** les autres vont faire.
> **Ce dont** vous parlez est intéressant.
> Je te donnerai tout **ce dont** tu as besoin.

Ce qui and **ce que** are often used to answer questions beginning with **qu'est-ce qui** and **qu'est-ce que**.

Qu'est-ce qui intéresse les jeunes?
Je ne sais pas **ce qui** les intéresse.
Qu'est-ce que tu penses de cette équipe?
Je préfère ne pas dire **ce que** j'en pense.

Premiers pas

A. Un amoureux bien malheureux. Votre ami Bruno n'a pas de chance. Il aime Natacha mais elle n'a pas les mêmes goûts que lui. Qu'est-ce qu'il dit?

> EXEMPLE   J'ai écrit des chansons.
> **Elle n'aime pas les chansons que j'ai écrites.**

1. J'ai acheté des disques.
2. Je lui ai apporté des fleurs.
3. J'ai composé des poèmes.
4. Je lui ai donné un cadeau.
5. Je lui ai écrit une lettre.
6. J'ai pris des photos.
7. Je lui ai envoyé une carte.
8. J'ai acheté de nouveaux vêtements.

B. Elle a bon goût. Brigitte a répondu à un questionnaire au sujet de ses préférences dans différents domaines. Dites ce qu'elle aime et ce qu'elle n'aime pas.

> EXEMPLES   les chanteurs / Ils ont quelque chose à dire.
> **Elle aime les chanteurs qui ont quelque chose à dire.**
>
> les chanteurs / Ils imitent les chanteurs anglais.
> **Elle n'aime pas les chanteurs qui imitent les chanteurs anglais.**

Les domaines	Traits positifs	Traits négatifs
1. les chanteurs	Ils ont quelque chose à dire.	Ils imitent les chanteurs anglais.
2. les hommes	Ils ont l'esprit ouvert.	Ils sont trop «machos.»
3. les femmes	Elles savent ce qu'elles veulent.	Elles ne sont jamais contentes.
4. les vêtements	Ils sont de bonne qualité.	Ils ne sont pas bien coupés.
5. les gens	Ils s'intéressent aux sports.	Ils passent leur temps à regarder les matchs à la télé.

C. Vos opinions. Indiquez les types de gens et de choses que vous appréciez et ceux que vous n'appréciez pas du tout.

> EXEMPLE   **J'apprécie les cours qui sont intéressants même s'ils sont un peu difficiles.**

1. les chansons	5. les livres	8. les professeurs
2. les hommes	6. les amis	9. les voitures
3. les femmes	7. les vêtements	10. les sports
4. les chanteurs/chanteuses		

D. J'ai suivi tes conseils. Vous avez suivi les conseils que votre amie Bernadette vous a donnés. Qu'est-ce que vous dites?

> EXEMPLE   écouter les disques
> **J'ai écouté les disques dont tu m'as parlé.**

1. aller au concert
2. lire le livre
3. consulter le médecin
4. aller chez le dentiste
5. acheter le disque
6. assister au spectacle

E. Snobisme. Vous avez des voisins qui sont très fiers de connaître, même indirectement, des gens célèbres. Qu'est-ce qu'ils disent?

> EXEMPLE   leur fils est champion de ski
> **Nous avons des amis dont le fils est champion de ski.**

1. leur fille est journaliste
2. leur petit-fils a participé au Tour de France
3. leur mère connaissait Édith Piaf
4. leur cousin a acheté un château
5. leur famille était noble

F. On invite des copains. Vous avez décidé d'inviter des copains et vous demandez conseil à votre amie Geneviève qui n'a pas de suggestions à vous donner. Qu'est-ce qu'elle répond?

> EXEMPLE   Qu'est-ce qu'on va faire s'il pleut?
> **Je ne sais pas ce qu'on va faire.**

1. Qu'est-ce qu'on va faire ce soir?
2. Qui est-ce qu'on va inviter?
3. Qu'est-ce qu'on va manger?
4. Qu'est-ce qu'on va boire?
5. Qui va acheter les provisions?
6. Qu'est-ce que tu vas porter?
7. Qu'est-ce qui va arriver si personne ne vient?

G. Enrichissez votre style. Quand on ne connaît pas très bien une langue, on a souvent tendance à s'exprimer d'une façon un peu trop simple. Pensez aux mots, expressions, et constructions que vous pourriez utiliser pour enrichir les phrases suivantes.

> EXEMPLE   C'était un bon match.
> **Je viens de voir un match qui m'a beaucoup impressionné(e).**

1. J'ai aimé cette plage.
2. Les Alpes sont très belles.
3. Nous avons fait une randonnée intéressante.

4. Il faut protéger les animaux.
5. On doit recycler.
6. La pollution est un problème sérieux.

C'est la vie!

Situation: C'est sérieux?

Xavier passe des vacances en Bretagne chez sa grand-mère. Il vient de faire la connaissance d'une jeune fille qui l'intéresse.

XAVIER	Regarde la fille là-bas, devant la vitrine de la librairie.
GRAND-MÈRE	La fille qui porte des jeans?
XAVIER	Oui, c'est la fille dont je t'ai parlé.
GRAND-MÈRE	La jeune fille dont les parents ont une villa près d'ici?
XAVIER	Oui, la fille avec qui j'ai déjeuné la semaine dernière.
GRAND-MÈRE	Ah, oui! Je me souviens! La jeune fille que tu as rencontrée chez Corinne . . . et dont tu es tombé follement amoureux!
XAVIER	Mais non, mémé. Ce n'est pas ce que je t'ai dit! Je t'ai dit que je la trouvais sympa. *Un point, c'est tout.*
GRAND-MÈRE	Si elle te plaît, c'est tout ce qui compte!

Mots et structures à noter

un point, c'est tout *that's all, period*

C'est votre tour. Vous désirez présenter un(e) ami(e)—joué(e) par un(e) autre étudiant(e)—à une personne qu'il / elle ne connaît pas. Expliquez lui qui est cette personne.

Intégration et perspectives: Le Saguenay à la rame

Vacances en canot

Voyager en canot sur le Saguenay, préparer ses repas sur un bon *feu de bois*, écouter la chanson des oiseaux dans les arbres, dormir sous les étoiles comme le faisaient autrefois les Indiens . . . Est-ce une expérience dont vous rêvez mais que vous croyiez impossible à notre *époque*? Rassurez-vous, tout cela est possible, même de nos jours, *grâce à* un groupe de jeunes que vous trouverez à Tadoussac, une petite localité située à la jonction du Saint-Laurent et du Saguenay. C'est de Tadoussac aussi que vous partirez pour une des longues et heureuses randonnées qu'ils organisent.

C'est Daniel Roche qui a eu l'idée d'organiser ces randonnées. Depuis longtemps, il cherchait un moyen de naviguer le Saguenay, un moyen qui serait adapté à la rapidité de son courant et à ses *rives* sauvages. Il ne voulait pas *se servir d'*un gros bateau, ni d'un canot en *fibre de verre*, et encore moins d'un canot motorisé. Après plusieurs années de recherches, Daniel a réussi à mettre la main sur des *barques* qu'on utilisait autrefois dans la région pour transporter les voyageurs, les sacs de *courrier*, et presque tout ce dont on avait besoin pour vivre dans ces îles isolées. Ces «canots d'hiver» ainsi appelés parce qu'ils pouvaient aussi naviguer en hiver, mesurent une vingtaine de pieds de *longueur*. Pointus aux deux bouts, ils sont construits du meilleur bois et ils sont équipés d'une *plaque* de métal qui leur permet de glisser sur la glace.

Au début, Daniel et quelques amis qui travaillaient avec lui ne proposaient à leurs clients que de petits voyages sur le Saguenay. Comme ces vieilles barques donnaient de très bons résultats, ils ont peu à peu *allongé* la *durée* de leurs voyages et multiplié les *escales* dans les sites sauvages qu'ils découvraient au cours de leurs expéditions.

Aujourd'hui, leur groupe *accueille* pour une somme très modeste tous les gens qui sont tentés par ce genre d'aventure et qui veulent redécouvrir le plaisir de vivre en harmonie avec la nature. Chaque expédition dure cinq jours et se compose de dix personnes, cinq dans chaque barque. Même si personne ne se connaît au début, on devient vite amis quand on partage les mêmes *tâches* et les mêmes joies. Les barques glissent *côte à côte*, sans faire de bruit, et pénètrent une nature qui respire encore. En plus de la beauté naturelle du paysage, ces expéditions donnent aux voyageurs modernes l'occasion de découvrir des plaisirs uniques: des bains de *glaise* à *marée basse* près de Gagnon; l'exploration de grottes qui, il y a trois cents ans, servaient de refuge aux Amérindiens. Souvent, on a même la chance d'être escorté par des *marsouins*. Ils jouent autour des barques mais ils n'essaient jamais de les *renverser*.

Daniel et ses compagnons envisagent maintenant de plus longs séjours où les voyageurs pourront étudier les nombreuses espèces d'oiseaux qui habitent le Saguenay ou *faire de l'escalade* dans les montagnes voisines.

Ces barques ne naviguent pas seulement pendant l'été, mais aussi au printemps et en automne quand le rouge des *feuilles* offre au regard un spectacle inoubliable. Et en hiver . . . ? Eh bien, on répare les barques et les *rames*, on rêve aux expéditions futures, et on commence à préparer la saison suivante. Et quelquefois Daniel et ses amis partent sur le Saguenay *gelé*, comme le faisaient autrefois les voyageurs et les habitants des îles.

Mots et structures à noter

feu de bois *wood fire;* **époque** *time;* **grâce à** *thanks to;* **rives** *banks;* **se servir de** *use;* **fibre de verre** *fiberglass;* **barques** *boats;* **courrier** *mail;* **longueur** *length;* **plaque** *plate;* **allongé** *lengthened;* **durée** *duration;* **escales** *stops;* **accueille** *receives, welcomes;* **tâches** *tasks;* **côte à côte** *side by side;* **glaise** *clay;* **marée basse** *low tide;* **marsouins** *porpoises;* **renverser** *tip over;* **faire de l'escalade** *go climbing;* **feuilles** *leaves;* **rames** *oars;* **gelé** *frozen*

Compréhension. Répondez aux questions suivantes selon les renseignements donnés dans le texte.

1. Quelle sorte de randonnée Daniel et ses compagnons offrent-ils aux voyageurs?
2. Dans quelle région du Canada ces randonnées ont-elles lieu et comment est cette région?
3. Pour quel type de personnes ce genre d'expérience a-t-il un attrait particulier et pourquoi?
4. Qu'est-ce qu'on peut faire et voir d'intéressant pendant ces randonnées?
5. À quel moment de l'année Daniel et ses compagnons organisent-ils ces randonnées et que font-ils le reste du temps?
6. Quelle sorte d'équipement Daniel a-t-il choisi pour ces randonnées et pourquoi?
7. Quels sont les projets de Daniel et de ses compagnons?

Vie et culture:
Le Québec en bref

Voici quelques dates importantes dans l'histoire du Canada et plus particulièrement du Canada français.

1497	Jean Cabot découvre le Canada.
1535	Jacques Cartier découvre le golfe du Saint-Laurent et remonte le Saint-Laurent jusqu'à Montréal.
1608	Samuel de Champlain crée le premier établissement à Québec et s'allie avec les tribus indiennes.
1630	Le cardinal Richelieu envoie des missionnaires jésuites pour convertir les «sauvages.»
1663	La Nouvelle-France est proclamée une province royale par Louis XIV.
1759	Les Français sont battus par les Anglais à la bataille des plaines d'Abraham et abandonnent toute la Nouvelle-France à l'Angleterre. À la suite de cette défaite, un grand nombre d'Acadiens doivent s'exiler. Ils finissent par s'installer en Louisiane (les Cajuns).
1960	Formation du Front pour la Libération du Québec (FLQ).
1970	Le gouvernement établit le bilinguisme: le français et l'anglais.

L'Hôtel du Gouvernement à Québec

1974   Le gouvernement du Québec établit le français comme la seule langue officielle de cette province.

1979   Le Parlement canadien rejette un projet de loi visant à donner son indépendance au Québec.

1990   Deux des dix provinces canadiennes refusent de ratifier l'Accord Constitutionel du Lac Meach, qui aurait donné au Québec le statut de «société distincte» à l'intérieur du Canada.

Communication et vie pratique

A. Description. Imaginez que vous avez participé à une randonnée sur le Saguenay ou dans une autre région intéressante. Décrivez ce que vous avez fait et ce que vous avez vu.

 B. Une militante écologique. Hélène parle avec son amie Martine qui a décidé de devenir membre d'un groupe d'action écologique. Écoutez leur conversation et ensuite répondez aux questions suivantes.

1. Selon Hélène, qui est responsable de la pollution?
2. Selon Martine, qu'est-ce qui va arriver si on ne fait rien?
3. Qu'est-ce que Martine voudrait qu'on fasse?

C. Si on avait commencé plus tôt . . . À votre avis, qu'est-ce qui serait différent si on avait commencé plus tôt à protéger l'environnement? Ensuite indiquez ce qu'il faudrait faire maintenant.

> **EXEMPLE** **Si on avait fait quelque chose plus tôt, les lacs et les rivières ne seraient pas dans l'état où ils sont maintenant.**

D. Si j'étais né(e) en France . . . Comment aurait été votre vie si vous étiez né(e) en France? Décrivez comment auraient été les différentes étapes de votre vie. Basez votre description sur ce que vous avez appris jusqu'ici sur la culture française.

E. C'est interdit . . . Parmi les inscriptions suivantes, quelles sont celles qu'on pourrait voir dans les endroits suivants? Ensuite pensez aux affiches que vous pourriez (ou que vous aimeriez) mettre dans la salle de classe, dans les résidences, ou dans les restaurants universitaires.

1. dans un parc
2. sur une porte
3. dans une pièce ou dans un bâtiment
4. dans la rue
5. dans un train ou dans un autobus

Tirez

pull

Prière de ne pas déranger

please do not disturb

Il est interdit de marcher sur les pelouses

forbidden / lawns

Sortie obligatoire

this way out

Propriété privée

private

Laissez la forêt propre

Défense de parler au chauffeur

Stationnement réservé aux taxis

parking

Prière de trier vos déchets

Chien méchant

Défense de jeter des papiers

Prière de laisser ces lieux dans l'état de propreté où vous auriez désiré les trouver

places / cleanliness

Vocabulary

La nature et l'environnement (voir pp. 368–370)

Noms

le **brouillon**......*rough draft*
le **compte rendu**......*report*
le **conte de fée**......*fairy tale*
le **courrier**......*mail*
la **dissertation**......*term paper*
la **durée**......*duration*
l'**époque** (*f*)......*epoch, era*
la **feuille**......*leaf*
la **longueur**......*length*
la **manifestation**
  (manif)......*demonstration, protest*
le **mensonge**......*lie*
le **moyen**......*means*
la **nouvelle**......*piece of news, short story*
le **poème**......*poem*
le **point**......*period*
la **rive**......*bank (of a river)*
le **roman**......*novel*
la **tâche**......*task*
la **vérité**......*truth*

Verbes

accueillir......*to greet*
dire......*to say, tell*
écrire......*to write*
envisager......*to consider*
garder......*to save, keep*
lire......*to read*
prévenir......*to warn*
renverser......*to overturn, upset*
se servir......*to use*

Adjectifs

gelé......*frozen*

Divers

côte à côte......*side by side*
dis donc......*hey*
grâce à......*thanks to*

CHAPITRE 16

Les loisirs

Fonctions

Point de départ

Pour indiquer les rapports entre deux
   actions

Pour exprimer votre opinion ou vos
   désirs

Pour exprimer votre opinion sur des
   faits passés

Pour préciser la personne ou l'objet
   dont on parle

Structures

Le sport et les loisirs

Le participe présent et l'infinitif

Le subjonctif

Le subjonctif passé

Les pronoms démonstratifs

Point de départ: Le sport et les loisirs

Comme les statistiques l'indiquent, le sport et les loisirs occupent une place de plus en plus grande dans la vie et dans le budget des Français. Que peut-on faire pendant ses loisirs?

Les sports

- jouer . . .

au tennis au football au base-ball

au golf   à la pétanque / aux boules   au hockey sur glace (*ice hockey*)   au basket-ball

au volley-ball   au rugby   au squash

- faire . . .

du ski   du ski nautique   du patinage sur glace

de la gymnastique (*exercise or gymnastics*)   de la marche à pied (*walking*)   du cheval

du vélo / de la bicyclette   de la natation
                               (*swimming*)   de la voile (*sailing*)

de l'alpinisme (*mountain climbing*)   de la course automobile
du patinage (*roller skating*)   du bateau (*boating*)
de l'athlétisme (*track and field*)   de la planche à voile (*wind surfing*)
de la boxe   du surfing
de la lutte (*wrestling*)   du karaté
de la course à pied (*running*)   de la danse aérobique

• aller . . .

à la chasse (*hunting*)   à la pêche (*fishing*)

Les activités culturelles

• aller à . . . un concert   un festival
               un récital   l'opéra

• aller voir . . . une exposition (*exhibit*)
                   un ballet / un concert de danse moderne
                   un spectacle
                   une pièce de théâtre
                   un film (un film policier, un film d'aventure, un film de science-
                   fiction, un film X, etc.)

Les activités artistiques

• faire de la peinture (*to paint*)
  (un tableau, un peintre)

- dessiner (*to draw*)
  (un dessin, un dessinateur)

- faire de la sculpture
  (une statue, un sculpteur)

- faire de la danse classique
  ou de la danse moderne

- faire de la photographie
- faire du cinéma
- faire du théâtre

- jouer d'un instrument de musique (un musicien, une musicienne)

- Jouer . . .
  de la guitare
  du piano
  du violon
  du violoncelle
  de la trompette
  du tambour
  du trombone
  de la clarinette
  de la flûte
  du saxophone

Communication et vie pratique

A. Sports et sportifs. Donnez le nom d'un(e) athlète. Les autres étudiants diront quel sport cette personne pratique (ou pratiquait).

> EXEMPLE   Babe Ruth
> **Babe Ruth jouait au base-ball.**

B. Quels sports pratiquez-vous? Indiquez si vous pratiquez régulièrement, de temps en temps, rarement, ou jamais les sports mentionnés dans le **Point de départ.**

> EXEMPLE   **Je joue souvent au tennis, mais je fais rarement du cheval. Je ne vais jamais à la pêche ou à la chasse.**

C. Activités et préférences artistiques. Répondez aux questions suivantes ou utilisez-les pour interviewer un(e) autre étudiant(e).

1. Quelles sont vos activités artistiques préférées?
2. Quels sont vos peintres et vos musiciens préférés?
3. De quel instrument de musique jouez-vous? Est-ce qu'il y a d'autres instruments dont vous aimeriez apprendre à jouer?
4. Quel genre de musique préférez-vous? Quels sont vos chanteurs et vos chanteuses préférés?
5. À quels événements artistiques avez-vous assisté récemment?
6. Allez-vous souvent au théâtre? Et à l'opéra?
7. Avez-vous déjà composé un morceau de musique ou écrit une chanson?

D. Connaissez-vous la musique? Préparez des questions que vous poserez aux autres étudiants de votre classe ou à votre professeur pour savoir s'ils connaissent bien la musique et les musicien(ne)s.

> EXEMPLES   **De quel instrument joue-t-il?**
> **Qui est Aretha Franklin?**
> **Quelle est la chanson la plus populaire en ce moment?**

E. Activités de loisirs. Regardez d'abord la liste d'activités de loisirs proposées par l'université d'Angers et faites votre choix. Ensuite essayez de trouver d'autres étudiants qui aimeraient participer aux mêmes activités.

ACTIVITES HEBDOMADAIRES

Aérobic :
Lundi 12 h 30 – 13 h 30
Mercredi 17 h 30 – 18 h 30
Mercredi 20 h – 21 h

Athlétisme :
Mardi 13 h 30 – 16 h

Badminton :
Mardi 12 h – 13 h 30
Mercredi 18 h – 19 h 30
Mercredi 19 h 30 – 21 h

Basket-ball :
Lundi 17 h 30 –19 h
Lundi 21 h 15 – 22 h 30
Mercredi 19 h 30 – 21 h

Danse contemporaine :
Lundi   18 h 30 – 20 h
Mardi   11 h – 12 h 30
Mercredi 16 h – 17 h 30
               18 h 30 – 20 h
Jeudi   12 h – 13 h 30
               18 h – 19 h 30

Danses Folkloriques :
Jeudi 19 h 30 – 21 h

Foot Ball :
Mardi 20 h – 21 h 30

Footing :
10 h 30 – 11 h 30

Gym d'entretien :
Lundi   12 h – 13 h 30
              18 h – 19 h
Mercredi 18 h – 19 h 30
Vendredi 12 h – 13 h 30
Mercredi 12 h – 13 h 30

Gym sportive :
Lundi 17 h 30 – 19 h
Mardi 12 h – 13 h 30

Hand Ball : Lundi 19 h – 20 h 30
               20 h – 21 h 15

Judo : Mercredi 14 h 30 – 16 h 30
          Vendredi 18 h – 20 h

Natation : Horaires en suspens

Plongée : mardi 20 h – 22 h
Nage avec palmes : mardi 21 h – 22 h

Rugby : Lundi 19 h – 21 h

Stretching : Lundi 17 h – 18 h 30

Taiji Quan : Mardi 12 h – 13 h 30

Musculation : Lundi 12 h –13 h 30
               Mardi 18 h – 19 h 30
               Jeudi 18 h – 19 h 30

Tennis de table : Lundi 20 h 30 –21h 30
               21 h 30 – 22 h 30

Tennis : **débutant**
Lundi 12 h – 13 h 30
Jeudi 16 h 15 – 17 h 15

Perf 1
Lundi 19 h – 20 h
Mercredi 12 h – 13 h 30
Jeudi 17 h 15 – 18 h 15
Vendredi 17 h 30 – 18 h 30

Perf 2
Mardi 16 h – 17 h 30
        17 h 30 – 18 h 30
Mercredi 17 h – 18 h
Vendredi 19 h 30 – 20 h 30

Entrainement
Mardi 18 h 30 – 19 h 30
Jeudi 12 h – 13 h 30
Vendredi 12 h – 13 h 30
Vendredi 18 h 30 – 19 h 30

Volley ball : Mardi 12 h –13 h 30
               19 h 30 – 21 h
          Mercredi 18 h–19 h 30

Karaté : Mercredi 19 h 30 – 21 h
          Lundi 20 h – 21 h

Yoga : Mardi 18 h – 19 h
          19 h – 20 h
        Jeudi 12 h – 13 h 30

Vie et culture:
La vie culturelle

Le jardin des Tuileries

Même si les Français ne s'intéressent pas tous à l'art, d'une façon générale, on accorde une assez grande importance à l'art en France. Ce respect de l'art est évident dans les institutions mêmes du pays; il existe un ministère de la Culture dont le rôle est de protéger et de développer le *patrimoine* culturel national et d'intéresser le public à l'art.

Le gouvernement accorde aussi d'assez généreuses subventions aux différentes entreprises culturelles: théâtres, musées, salles de concert, expositions, maisons de la culture, etc. Chaque année, on organise aussi des festivals qui attirent des artistes et des spectateurs du monde entier: le festival d'art dramatique d'Avignon, le festival de Cannes (cinéma), le festival d'Aix (musique), par exemple.

Pour les Français, l'art est aussi dans la rue. À Paris, *ainsi que* dans la plupart des villes françaises, il y a partout de magnifiques exemples d'architecture ancienne, des jardins et des places ornées de statues, des galeries d'art, et même des artistes qui travaillent dans la rue sous les yeux des curieux. On peut passer quelques minutes (ou quelques heures) à regarder les *gravures* des *bouquinistes* installés sur les quais de la Seine; on peut aller faire un tour au marché aux fleurs et si on est fatigué, on peut se reposer tranquillement à l'*ombre* de Notre Dame, dans le jardin des Tuileries, ou sur les *bancs* des jardins et des parcs publics.

Un certain nombre de musiciens et compositeurs français ont leur place parmi les grands noms de la musique. Par exemple, le *Boléro* de Maurice Ravel (1875–1937) et le *Prélude à l'après-midi d'un faune* de Claude Debussy (1862–1918) sont des classiques de l'impressionnisme. À l'époque moderne, le groupe des

heritage

as well as

prints / outdoor booksellers
shade
benches

Six, fondé en 1918 et qui comprenait Francis Poulenc, Darius Milhaud, et Arthur Honegger, un Suisse—ainsi que des compositeurs comme Olivier Messiaen, Érik Satie, et plus récemment Pierre Boulez—ont beaucoup contribué à l'évolution de la musique classique moderne.

Les amateurs d'opéra ont probablement eu l'occasion d'entendre *Carmen, Les Pêcheurs de perles,* ou *L'Arlésienne* de Georges Bizet (1838–1875) ou un opéra de Charles Gounod (1818–1893) *tel que Faust* ou *Mireille.* Même le jazz, dont les origines sont typiquement américaines, occupe une place importante dans la vie musicale française. Au jazz américain *s'ajoute* le jazz européen que des musiciens comme Stéphane Grappelli et Jean-Luc Ponty ont beaucoup contribué à développer.

La France a aussi joué un rôle important dans l'histoire du cinéma, souvent appelé «le septième art.» Cette histoire a commencé en 1895 quand Louis Lumière a présenté ses premières projections animées à une assemblée de 120 personnes. C'est seulement deux ans plus tard que Georges Méliès a construit le premier studio du monde et a commencé à inventer des *truquages.* À partir de ce moment-là, la vogue du cinéma *s'est répandue* dans le monde entier. Les Français moyens sont loin d'être tous des *cinéphiles.* Beaucoup vont au cinéma surtout pour se distraire, et un grand nombre d'entre eux préfèrent rester à la maison pour regarder la télévision. Mais il existe aussi un assez large public bien informé qui *recherche* la qualité. Les ciné-clubs, groupés en sept fédérations nationales, contribuent beaucoup à éduquer le public et attirent chaque année cinq millions de spectateurs. Les critiques des films occupent une place importante dans les principales revues françaises et il existe plusieurs revues spécialisées telles que *Les Cahiers du cinéma.*

Marginal glosses:
- such as
- is added
- special effects
- spread
- film lovers
- seeks

Pour indiquer les rapports entre deux actions
Le participe présent et l'infinitif

In French, as in English, when we relate two ideas, we can use phrases rather than complete clauses. Present participles and infinitives can be used for two types of these phrases.

A. The present participle functions much like English forms ending in *ing* such as *speaking, walking, finding.* In French it is formed by adding **ant** to the stem of the present tense **nous** form of the verb.

nous parlons → **parlant**   nous faisons → **faisant**
nous finissons → **finissant**   nous commençons → **commençant**
nous attendons → **attendant**   nous mangeons → **mangeant**

Only three verbs have irregular present participles:

être → **étant**   savoir → **sachant**   avoir → **ayant**

Sachant cela, nous avons pris la décision de rester.
L'avion **arrivant** de Paris aura un retard de trente minutes.
Étant étudiant, je n'avais pas beaucoup d'argent.

B. The most common use of the present participle is after the preposition **en.** It indicates:

1. That two actions are taking place at the same time (similar to *while* or *upon* plus the *ing* form of the verb).

J'écoute de la musique **en faisant** du jogging.	*I listen to music while jogging.*
En entrant nous avons remarqué qu'il y avait peu de spectateurs.	*Upon entering (as we entered), we noticed that there were few spectators.*
Elle s'est cassé la jambe **en faisant** du ski.	*She broke her leg skiing.*

2. The manner in which an action is done or the means by which an end is achieved (similar to using *by, in* or *through* plus the *ing* form of a verb). Sometimes no preposition is used in English.

C'est **en jouant** tous les jours qu'on apprend à bien jouer.	*It is by playing every day that one learns to play well.*
Je me détends **en écoutant** de la musique classique.	*I relax by listening to classical music.*

C. Present participles are occasionally used as adjectives. In this case, they agree with the nouns modified.

Ils ont gagné le match **suivant**.	*They won the next game.*
Les réactions du public sont **encourageantes**.	*The reactions of the public are encouraging.*
C'est un événement **intéressant**.	*That's an interesting event.*

D. When prepositions other than **en** are used with verb forms, the verb is always in the infinitive.

Venez me voir **avant de partir**.	*Come to see me before leaving.*
Lisez lentement **pour** bien **comprendre**.	*Read slowly in order to understand well.*
Ne décidez pas **sans réfléchir**.	*Don't decide without thinking.*

E. After the preposition **après**, the past infinitive must be used.

Après avoir joué au tennis, tout le monde était fatigué.	*After playing (having played) tennis, everyone was tired.*
Elle a fait la connaissance de Jean-Claude **après être revenue** d'Europe.	*She met Jean-Claude after returning (having returned) from Europe.*
Nous avons fini le match **après nous être reposés**.	*We finished the game after resting (having rested).*

Premiers pas

A. Activités. On peut facilement écouter de la musique en faisant autre chose. Quand vos amis écoutent-ils de la musique?

> **EXEMPLE**   moi / quand je fais de la gymnastique
> **Moi, j'écoute de la musique en faisant de la gymnastique.**

1. nous / quand nous préparons le dîner
2. mon père / quand il lit son journal
3. moi / quand je m'habille
4. nous / quand nous prenons notre petit déjeuner
5. mes amis / quand ils font du jogging
6. toi / quand tu fais le ménage
7. moi / quand je reviens de mon travail
8. vous / quand vous faites de la marche à pied

B. Assez d'excuses. Madame Lebrun est fatiguée d'entendre des excuses. Qu'est-ce qu'elle dit aux différents membres de sa famille?

> EXEMPLE   Rangez votre chambre. Vous écouterez vos disques après.
>
> **Rangez votre chambre avant d'écouter vos disques.**

1. Vous jouerez après.
2. Tu iras à la piscine après.
3. Tu joueras au tennis après.
4. Vous vous reposerez après.
5. Tu sortiras après.
6. Tu feras du vélo après.
7. Vous irez à l'exposition après.
8. Tu iras à la pêche après.

C. Plus tard. Vous voulez savoir quand vos amis pourront sortir

> EXEMPLE   Monique doit d'abord faire ses devoirs.
>
> **Elle sortira après avoir fait ses devoirs.**

1. Judith doit laver sa voiture.
2. Mireille a besoin de se reposer.
3. Joël veut faire du sport.
4. Gérard voudrait regarder la fin du film.
5. Yves doit aller à sa leçon de trompette.
6. Édouard est en train de préparer le dîner.
7. François veut lire le journal.
8. Karine est en train d'écrire une lettre.

D. Différences. Vos amis ont des habitudes très différentes. Laurent aime écouter de la musique en faisant autre chose. Colette préfère finir son travail pour pouvoir mieux se concentrer. Quant à Nadine, elle est trop impatiente pour attendre. Quand Laurent, Colette, et Nadine écoutent-ils de la musique?

> EXEMPLES   faire ses devoirs
> - **Laurent écoute de la musique en faisant ses devoirs.**
> - **Colette écoute de la musique après avoir fait ses devoirs.**
> - **Nadine écoute de la musique avant de faire ses devoirs.**

1. lire le journal
2. aller à l'université
3. se préparer le matin
4. manger
5. faire la cuisine
6. s'habiller
7. faire le ménage
8. finir ses devoirs

E. Avant, pendant, ou après? Quelles sont les choses que vous aimez faire en même temps ou l'une après l'autre? Faites des phrases qui expriment vos préférences personnelles.

> **EXEMPLES** regarder la télévision
> **Je n'aime pas manger en regardant la télévision.**
> ou: **Je préfère regarder la télévision après avoir mangé.**
> ou: **La plupart du temps, je ne peux pas regarder la télévision avant de manger parce que je rentre trop tard.**

1. regarder la télévision
2. faire ses devoirs
3. lire le journal
4. se détendre
5. écouter de la musique
6. faire du sport
7. faire le ménage
8. faire du jogging
9. ?

F. Votre emploi du temps. Indiquez ce que vous allez faire demain ou pendant le week-end et dans quel ordre vous allez le faire.

> **EXEMPLE** **Après avoir pris ma douche, je vais déjeuner et je vais partir à l'université.**

C'est la vie!

Situation: Vacances de ski

Comme beaucoup de Français, Véronique a passé ses vacances d'hiver dans une station de ski. Mais elle n'a pas eu de chance et elle est revenue avec une jambe cassée. Ses camarades de bureau la *taquinent.*

CAROLINE	Qu'est-ce qui t'est arrivé? Tu t'es cassé la jambe en faisant du ski?
VÉRONIQUE	Non. Je me suis fait ça en sortant de l'hôtel.
JOSETTE	Tu *plaisantes,* non?
VÉRONIQUE	Non. Après être arrivée à Albertville, je suis montée dans ma chambre pour me changer. Après avoir fait cinq heures de route, j'étais très fatiguée et je voulais me reposer un peu avant d'aller sur les *pistes.*
CAROLINE	Et alors?
VÉRONIQUE	Quand je suis sortie, il faisait déjà noir. Ne sachant pas qu'il y avait du *verglas,* je n'ai pas fait attention en descendant l'escalier. J'ai *glissé* et je me suis cassé la jambe en tombant, comme ça, tout bêtement.
CAROLINE	Ça, alors! Tu n'as vraiment pas de chance, toi!

Mots et structures à noter

taquinent *tease;* **plaisantes** *are joking;* **pistes** *trails;* **verglas** *frost, ice;* **l'escalier** *stairway;* **glissé** *slipped.*

C'est votre tour. Racontez un accident (réel ou imaginaire) qui vous est arrivé. Expliquez quand et comment cet accident est arrivé.

Pour exprimer votre opinion ou vos désirs
Le subjonctif

You have already seen that the subjunctive is used in clauses following **il faut que** and **il vaut mieux que**. It is also used with verbs and phrases expressing the following:

A. Judgment or opinion

Il vaut mieux que . . .
Il vaudrait mieux que . . .
Il est (c'est) dommage que . . .
Il est important que . . .

Il vaudrait mieux qu'ils **attendent**.	*It would be better for them to wait.*
Il est important que tu **répondes** à sa lettre.	*It's important that you answer his letter.*

B. Necessity

Il faut (faudra, faudrait) que . . .
Il ne faut pas que . . .
Il (n') est (pas) nécessaire que . . .

Il ne faut pas que tu oublies de faire tes devoirs.	*You must not forget to do your homework.*
Il faudra aussi que tu lises cette histoire, mais **il n'est pas nécessaire** que tu comprennes tous les mots.	*You will also have to read this story, but it is not necessary for you to understand every word.*

Note that **il n'est pas nécessaire que** has a meaning similar to *it's not necessary,* or *one doesn't have to,* but **il ne faut pas** means *one must not.*

C. Imposing one's will

Je veux (voudrais) que . . .
J'aimerais (mieux) que . . .
Je préfère que . . .
J'exige (*demand*) que . . .

Ils ne **veulent** pas que je **sorte** seule le soir.

They don't want me to go out alone at night.

Jeannette et Daniel **préfèrent** que nous les **accompagnions**.

Jeannette and Daniel prefer that we accompany them.

D. Emotion

J'ai peur que . . .
Je regrette que . . .
Je suis content que . . .
Je suis surpris que . . .
Je suis triste que . . .

J'**ai peur** qu'ils ne **comprennent** pas.

I'm afraid that they don't understand.

Tout le monde **est content** que vous vous **sentiez** mieux.

Everyone is happy that you are feeling better.

E. Doubt

Je doute que . . .
Je ne pense pas que . . .
Je ne suis pas sûr que . . .
Je ne crois pas que . . .
Il est possible que . . .
Il est peu probable que . . .

Ne penses-tu pas que la situation **soit** grave?

Don't you think the situation is serious?

Je **ne suis pas sûr** qu'ils **puissent** venir.

I'm not sure they can come.

Croire and **penser** are followed by the subjunctive only when used in the negative and interrogative—that is, when doubt is implied. Compare:

Je crois qu'ils viendront.
Tu penses qu'il pourra se débrouiller.

Je **ne crois pas** qu'ils **viennent**.
Penses-tu qu'il **puisse** se débrouiller?

F. Several irregular French verbs have irregularities in the subjunctive. The stem of **pouvoir** is **puiss** (que je **puisse**, que tu **puisses**, etc.) and the stem of **savoir** is **sach** (que je **sache**, que tu **saches**, etc.). Other verbs are irregular only in some persons.

venir	
que je vienne	que nous venions
que tu viennes	que vous veniez
qu'il/elle/on vienne	qu'ils/elles viennent

prendre	
que je prenne	que nous prenions
que tu prennes	que vous preniez
qu'il/elle/on prenne	qu'ils/elles prennent

avoir	
que j'aie	que nous ayons
que tu aies	que vous ayez
qu'il/elle/on ait	qu'ils/elles aient

vouloir	
que je veuille	que nous voulions
que tu veuilles	que vous vouliez
qu'il/elle/on veuille	qu'ils/elles veuillent

Remember that the subjunctive is only used when the subject of the verb in the dependent clause is different from that of the main clause. Compare:

Mon père veut que **je** finisse mes études.   **Je** veux finir mes études.

Elle est contente que **nous** partions.   **Elle** est contente de partir.

Premiers pas

A. Un étudiant à l'École des Beaux-Arts. Marcel, qui est étudiant à l'École des Beaux-Arts, vous parle de ce qu'il doit faire. Qu'est-ce qu'il vous dit?

> EXEMPLE   aller aux expositions
> **Il est important que nous allions aux expositions.**

1. assister aux conférences
2. étudier beaucoup
3. apprendre à dessiner
4. prendre le temps de réfléchir
5. visiter beaucoup d'expositions
6. participer à la vie culturelle de l'école
7. choisir bien nos cours
8. s'amuser un peu

B. Vous venez au match cet après-midi? Vous essayez de persuader des amis d'aller au match avec vous aujourd'hui. Mais ils ont tous quelque chose d'autre à faire. Qu'est-ce qu'ils vous disent?

> EXEMPLE   Véronique / aller chez le dentiste.
> **Il faut que Véronique aille chez le dentiste.**

1. nous / écrire un rapport
2. Gérard / être de retour à cinq heures
3. je / aller voir ma grand-mère
4. vous / lire plusieurs articles
5. tu / finir ton travail
6. je / prendre ma leçon de piano
7. Marcel et Robert / faire le marché
8. nous / rendre visite à des amis

C. Invitations. Imaginez que vous invitez des amis (joués par d'autres étudiants) à sortir avec vous. Vos amis vous expliquent pourquoi ils/elles ne peuvent pas le faire (e.g., aller au ciné, faire une randonnée, jouer au tennis, faire de la voile, etc.).

> EXEMPLE   **Est-que tu aimerais aller à l'exposition avec moi?**
> **Oui, mais il vaudrait mieux que je finisse d'abord mon travail.**

D. Opinions. Paul Lefranc vous donne ses opinions sur les activités de loisirs de sa famille. Qu'est-ce qu'il dit?

> EXEMPLE   Nous allons si rarement au théâtre. (je regrette)
> **Je regrette que nous allions si rarement au théâtre.**

Je regrette que . . .

1. Nous allons rarement au musée.
2. Nous n'avons pas de magnétoscope.
3. Ma femme ne partage pas mes goûts.
4. Mes enfants n'aiment pas la musique classique.

Je suis content que . . .

1. Mon fils apprend à jouer du saxophone.
2. Nous allons au concert ce soir.
3. Ma fille fait régulièrement du sport.
4. Ma femme peut aller voir cette exposition.

Il est important que . . .

1. Nous regardons moins souvent la télé.
2. Nous prenons le temps de nous détendre.
3. Mes enfants ont leurs propres activités.
4. Nous sortons quelquefois ensemble.

E. Et vous? Indiquez votre degré de satisfaction en ce qui concerne vos loisirs: vos activités de loisirs, le temps que vous y passez, ce que vous aimeriez faire, etc. Comparez vos idées avec celles des autres étudiants de la classe.

> EXEMPLE   **Je suis content d'avoir un peu de temps libre, mais il faudrait que je fasse plus de sport.**

1. Il est important que . . .
2. Je suis content(e) que . . .
3. Je regrette que . . .
4. Il vaudrait mieux que . . .
5. Il faut que . . .

F. Différences d'opinion. Votre ami Jean-Luc et ses parents ne sont pas toujours d'accord. Quelles sont les préférences de Jean-Luc et celles de ses parents? Jouez leurs rôles respectifs.

EXEMPLE   Ses préférences : aller à l'université de Nice
Il voudrait aller à l'université de Nice.
Les préférences de ses parents : aller à l'université de Lille
Ils voudraient qu'il aille à l'université de Lille.

Ses préférences	Les préférences de ses parents
1. louer un appartement	1. habiter dans une résidence universitaire
2. acheter une moto	2. utiliser son vieux vélo
3. jouer de la guitare électrique	3. apprendre à jouer du piano
4. être musicien	4. être comptable
5. étudier la musique	5. faire des études de droit
6. sortir tous les soirs	6. sortir moins souvent
7. choisir des cours intéressants	7. suivre des cours plus pratiques
8. s'amuser	8. être plus sérieux

G. Seul contre tous. Vous aimeriez faire certaines choses, mais il y a d'autres personnes (joués par d'autres étudiants) qui voudraient que vous fassiez autre chose.

EXEMPLE   Vous:
Je voudrais sortir ce soir.
Les autres (profs, parents, frères, sœurs, amis, camarades de chambre, etc.):
Je regrette, mais je veux que que tu fasses la vaisselle et que tu m'aides à ranger l'appartement.

H. Opinions. Les Petitjean iront-ils au concert ou non? Il y a autant d'opinions que de personnes. Qu'est-ce que chaque personne dit?

EXEMPLES   je crois
Je crois qu'ils iront au concert.
ou: je ne crois pas
Je ne crois pas qu'ils aillent au concert.

1. je doute
2. je voudrais
3. je suis surpris
4. je suis sûr(e)
5. je ne suis pas sûr(e)
6. je ne crois pas
7. il vaudrait mieux
8. je crois
9. je suis content(e)
10. je ne pense pas
11. ce n'est pas sûr
12. je regrette
13. je pense
14. croyez-vous

I. Êtes-vous d'accord? Êtes-vous d'accord avec les opinions exprimées? Indiquez votre opinion en commençant la phrase avec **je crois, je suis sûr(e), je ne suis pas sûr(e),** ou **je doute,** etc.

> EXEMPLES   On peut être à la fois riche et heureux.
> ou: **Je crois qu'on peut être à la fois riche et heureux.**
> ou: **Je doute qu'on puisse être à la fois riche et heureux.**

1. Nous accordons beaucoup d'importance aux arts et à la culture.
2. Nous nous intéressons plus au sport qu'à l'art.
3. Tout le monde peut apprendre à jouer d'un instrument de musique.
4. Les jeunes sont bien préparés pour la vie.
5. Les parents donnent trop de liberté à leurs enfants.
6. Les vieilles traditions sont en train de disparaître.
7. Les journalistes disent toujours la vérité.
8. Les Français sont plus cultivés que les Américains.

C'est la vie!

Situation: Il faut retenir nos places

Jean-Pierre Rampal, le célèbre flûtiste, va donner un concert. Sébastien et Nathalie voudraient bien y aller, mais ils ont oublié de *retenir* leurs *places* suffisamment à l'avance.

NATHALIE	Téléphone vite, j'ai peur qu'il n'y ait plus de places.
SÉBASTIEN	J'aimerais mieux que tu le fasses toi-même. Je ne sais jamais quelle place choisir.
NATHALIE	Je doute que nous ayons beaucoup de choix! J'espère qu'il reste encore quelque chose. Allô, allô. Nous voudrions retenir deux places pour le concert de Jean-Pierre Rampal.
L'EMPLOYÉ	À l'orchestre ou au balcon?
NATHALIE	Au premier *rang* du balcon de préférence.
L'EMPLOYÉ	Je ne crois pas que ce soit possible. Non, tout est pris. Il ne nous reste que deux places au quinzième rang.
NATHALIE	Sébastien, il ne reste que deux places au quinzième rang. Tu veux que je les prenne *quand même*?

Mots et structures à noter

retenir *reserve*; **places** *seats*; **rang** *row*; **quand même** *anyway*

C'est votre tour. Essayez de persuader un(e) autre étudiant(e) de prendre le temps d'aller voir une pièce de théâtre (ou si vous préférez un film, un concert, une exposition, ou un spectacle de ballet) que vous jugez important. Utilisez la **Situation** comme guide.

Pour exprimer votre opinion sur des faits passés

Le subjonctif passé

The reasons to use the subjunctive may apply to events happening in the past and therefore require using the past subjunctive tense. It is composed of the present subjunctive of **avoir** or **être** plus the past participle.

Le subjonctif passé de parler	
que j'**aie parlé**	que nous **ayons parlé**
que tu **aies parlé**	que vous **ayez parlé**
qu'il/elle/on **ait parlé**	qu'ils/elles **aient parlé**

Le subjonctif passé d'aller	
que je **sois allé(e)**	que nous **soyons allé(e)s**
que tu **sois allé(e)**	que vous **soyez alle(é)s**
qu'il/elle/on **soit allé(e)**	qu'ils/elles **soient allé(e)s**

Je regrette que vous **ne soyez pas venu**.

I'm sorry that you didn't come.

Je suis content qu'elles **aient réussi**.

I'm happy that they have succeeded.

Il est possible que je **me sois trompé**.

It's possible that I made a mistake.

Premiers pas

A. Réactions. Olivier donne son opinion sur ce qui est arrivé récemment à ses amis. Qu'est-ce qu'il dit?

> EXEMPLE Pierre a réussi à tous ses examens. (je suis heureux)
> **Je suis heureux que Pierre ait réussi à tous ses examens.**

Je suis content que . . .

1. Michel a été accepté à Polytechnique.
2. Tu as pu trouver du travail.
3. Béatrice fait partie de l'équipe de tennis.
4. Nous avons vu le dernier film de Godard.

C'est dommage que . . .

1. Notre équipe n'a pas gagné le match.
2. André n'a pas participé au marathon.
3. Nous n'avons pas pu aller à l'exposition.
4. Marcelle a abandonné ses leçons de piano.

Je ne crois pas que . . .

1. Pascale a joué au golf le week-end passé.
2. Ils se sont bien amusés au concert.

3. Corinne a beaucoup aimé ce film.
4. Pierre est allé à la pêche.

B. Réactions. Exprimez vos réactions ou opinions vis-à-vis des événements suivants en utilisant des expressions telles que **je suis content(e) que, je regrette que, c'est dommage que,** etc.

> EXEMPLE   On a inventé l'ordinateur.
>
> **Je suis très heureux qu'on ait inventé l'ordinateur parce que ça simplifie bien mon travail.**

1. Alexander Graham Bell a inventé le téléphone.
2. On a inventé la bombe atomique.
3. On a construit beaucoup de centrales nucléaires.
4. On a ouvert beaucoup de restaurants «self-service.»
5. On a dépensé beaucoup d'argent pour l'exploration de l'espace.
6. Les frais d'inscription de l'université ont augmenté.
7. Beaucoup de gens ont commencé à s'intéresser à l'environnement.
8. On a inventé l'ordinateur.

C. En fin de compte . . . En fin de compte (*everything considered*) quelles sont vos raisons d'être satisfait(e) et quels sont vos regrets quand vous pensez à la situation présente—ou passée—dans votre pays?

> EXEMPLE   **Je regrette qu'on ait pollué tant de lacs et de rivières.**

C'est la vie!

Situation: Regrets
Un groupe d'amis avaient l'intention de se réunir pour passer la soirée ensemble, mais plusieurs personnes n'ont pas pu venir.

PIERRE	On a passé une soirée formidable. Mais c'est dommage que tu n'aies pas pu venir.
PHILIPPE	Oui, c'est dommage; mais je suis content que vous vous soyez bien amusés.
JEAN-CLAUDE	Annick *a demandé de tes nouvelles.* Elle était déçue que tu ne sois pas venu.
PHILIPPE	Ah oui? Moi aussi, ça m'aurait fait plaisir de la revoir. Et Chantal, elle était là?
JEAN-CLAUDE	Non, je ne l'ai pas vue. Mais il est possible qu'elle soit partie avant notre arrivée.
PIERRE	J'ai peur qu'elle *se soit trompée de jour.*
JEAN-CLAUDE	Tu sais, il est possible qu'*elle ait eu un empêchement* à la dernière minute.

Mots et structures à noter

a demandé de tes nouvelles *asked about you*; **se soit trompée de jour** *got the dates confused*; **elle ait eu un empêchement** *something came up*

C'est votre tour. Vous aussi, vous aviez l'intention de passer une soirée avec des amis, mais vous avez eu un empêchement à la dernière minute. Le jour suivant vous rencontrez des amis qui étaient à la soirée. Imaginez la conversation.

Pour préciser la personne ou l'objet dont on parle

Les pronoms démonstratifs

As you know, **ce**, **cet**, **cette**, and **ces** are used to point out specific items. Nouns modified by these demonstrative adjectives can be replaced by demonstrative pronouns.

	masculin	féminin
singulier	**celui**	**celle**
pluriel	**ceux**	**celles**

A. Demonstrative pronouns are frequently followed by prepositions, particularly **de** to show possession.

Il prend l'avion pour Strasbourg, et moi, je prends **celui** pour Lyon. | *He's taking the plane for Strasbourg, and I'm taking the one for Lyon.*
À qui est cette guitare? C'est **celle** de Jacques? Non, c'est **celle** de Josyanne. | *Whose guitar is this? Is it Jacques's? No, it's Josyanne's.*

B. They can also be followed by dependent clauses.

Je préfère cette affiche à **celle** que Paul a achetée. | *I prefer this poster to the one that Paul bought.*
Ces tableaux et **ceux** qu'il y avait à l'exposition l'année passée sont très beaux. | *These paintings and those that were shown last year are very beautiful.*

C. Demonstrative pronouns can be used with the suffixes **-ci** and **-là**.

Je ne sais pas quel dessin choisir. **Celui-ci** est moins cher, mais **celui-là** est plus joli. | *I don't know which drawing to choose. This one is less expensive, but that one is prettier.*

D. **Ceci** (*this*) and **cela** (*that*) and the more informal **ça** (*that*) are used to refer to ideas or unspecified things rather than to specifically named items. Thus they do not indicate gender and number.

Ceci va vous intéresser. | *This is going to interest you.*
Je ne comprends pas **cela**. | *I don't understand that.*
Ça, c'est formidable! | *That's great.*

Premiers pas

A. Contradictions. Vos goûts sont très différents de ceux de votre amie Julie. Chaque fois qu'elle donne son opinion sur quelque chose, vous dites le contraire.

EXEMPLE Cette reproduction est très jolie.
Ah non, celle-ci est beaucoup plus jolie.

1. Cette exposition est très bien organisée.
2. Ce peintre est très célèbre.
3. Ces tableaux sont très beau.
4. Ces photos sont très belles.
5. Cet article est passionnant.
6. Cette affiche est amusante.
7. Cette danseuse a beaucoup de talent.
8. Ce château est très beau.

B. La nostalgie du bon vieux temps. Il y a des gens qui pensent toujours que le passé était bien plus agréable que le présent. Honoré Regret est une de ces personnes. Qu'est-ce qu'il dit?

EXEMPLES Je n'aime pas ma nouvelle maison. (la maison où nous habitions autrefois)
J'aime mieux celle où nous habitions autrefois.
ou: Je n'aime pas ma nouvelle maison. (la maison de mes parents)
J'aime mieux celle de mes parents.

1. Je n'aime pas les cours que je suis ce trimestre. (les cours que je suivais le trimestre passé)
2. Je n'aime pas mes professeurs. (les professeurs que j'avais au lycée)
3. Je n'aime pas la mode d'aujourd'hui. (la mode d'il y a dix ans)
4. Je n'aime pas ma nouvelle chambre. (la chambre où j'habitais l'année dernière)
5. Je n'aime pas mon nouveau camarade de chambre. (le camarade de chambre que j'avais l'année dernière)
6. Je n'aime pas la musique qu'on entend à la radio. (la musique qu'on entendait autrefois)
7. Je n'aime pas les vêtements d'aujourd'hui. (les vêtements qu'on portait autrefois)
8. Je n'aime pas les jeux qu'on joue aujourd'hui. (les jeux de mon enfance)

C. Préférences. Répondez aux questions suivantes selon vos préférences personnelles.

1. Quels romans préférez-vous? Les romans d'aventure ou ceux de science-fiction?
2. Quel type de musées préférez-vous? Ceux où il y a seulement des tableaux ou ceux où on peut voir toutes sortes d'objets d'art?
3. Préférez-vous les films d'aventure ou ceux de science-fiction?
4. Quelle musique préférez-vous? La musique d'aujourd'hui ou celle des années 60?
5. Quel type de vie préférez-vous? La vie d'aujourd'hui ou celle d'autrefois?
6. Quel type de vêtements préférez-vous? Les vêtements d'aujourd'hui ou ceux d'il y a dix ans?

C'est la vie!

Situation: Confusion

Françoise et Christophe ont un peu de difficulté à communiquer. La conversation porte sur certaines reproductions. Mais de quelles reproductions est-ce qu'*il s'agit?*

FRANÇOISE	Qu'est-ce que tu penses de mes nouvelles reproductions?
CHRISTOPHE	Quelles reproductions? Celles que tu as achetées à la galerie d'art?
FRANÇOISE	Non, celles que mon cousin m'a envoyées.
CHRISTOPHE	Quel cousin? Celui de Lyon ou celui de Dijon?
FRANÇOISE	Mais non! Celui dont je t'ai parlé. Tu sais, celui qui est peintre.
CHRISTOPHE	Ah oui! Je me souviens! Ses tableaux ressemblent à ceux de Monet.
FRANÇOISE	Mais non! *Tu n'y connais rien!* Son style ressemble beaucoup plus à celui de Pissarro qu'à celui de Monet.

Mots et structures à noter

il s'agit de *it is about;* **tu n'y connais rien** *you don't know anything about it*

C'est votre tour. Vous parlez de certains objets ou de certaines personnes (livres, disques, peintres, écrivains, etc.) mais la personne avec qui vous parlez ne sait jamais exactement de quel objet ou de quelle personne vous parlez. Utilisez la **Situation** comme guide.

Intégration et perspectives: Les plaisirs de la marche à pied

Quel est le sport le plus populaire en France? Est-ce que c'est le football? Le ski? Le cyclisme? Peut-être . . . , si on considère seulement les reportages sportifs à la télévision. Mais si on parle du sport que les Français pratiquent vraiment, c'est peut-être tout simplement la marche à pied. Même les gens qui ne pratiquent aucun sport régulièrement se détendent en faisant une petite promenade à pied en famille le dimanche après-midi.

De plus en plus, la marche devient un sport. Sa popularité correspond à un désir général de retour à la nature et à la simplicité, et à un besoin d'effort physique. Il y a en France un Comité national des *sentiers* qui est responsable de l'*entretien* de 22.000 kilomètres de sentiers. Il y a soixante-trois itinéraires qui traversent la France, et parmi les cinq sentiers européens, il y en a trois qui passent par la France.

Une randonnée en famille

Le Comité national organise aussi des conférences et des présentations du film *La France et ses sentiers*. Il a même organisé un marathon de 4000 kilomètres qui a duré d'avril à octobre. Chaque équipe de *randonneurs* marchait pendant quinze jours avant d'être remplacée par une autre équipe. À chaque *ville-étape*, il y avait des activités et des jeux organisés par les municipalités locales.

L'*ouverture* de ces sentiers est due non seulement aux services publics mais aussi à des initiatives privées. Certains individus, et même dans certains cas des familles entières, qui sont tombés amoureux d'une région, passent leur temps libre à créer de nouveaux *réseaux* de sentiers. Chaque week-end ils emportent leurs pots de peinture et installent les *pancartes* qui montreront le *chemin* à d'autres randonneurs.

Pour pratiquer ce sport, on n'a pas besoin d'avoir beaucoup d'argent ni d'être très jeune. Les jeunes randonneurs peuvent passer la nuit dans des auberges de jeunesse qui sont très bon marché. L'équipement dont vous aurez besoin n'est ni très cher ni très compliqué non plus. Une bonne paire de chaussures, des chaussettes, un pantalon, une chemise, un pull-over, un *anorak*, et un *sac à dos* suffisent. Mais pour être un bon randonneur, il ne suffit pas d'être bien équipé, il faudra aussi que vous soyez très prudent et que vous connaissiez vos possibilités et vos limites. Et surtout, il faut que vous respectiez la nature. Voici les dix commandements du randonneur:

1. Tu porteras de bonnes chaussures.
2. Tu seras en bonne condition physique.
3. Tu étudieras ton itinéraire sur la carte.
4. Tu t'informeras sur la nature du terrain.
5. Tu éviteras les randonnées qui sont *au-dessus de* tes forces.
6. Tu ne partiras jamais seul au-dessus de 1000 mètres d'altitude.
7. Tu emporteras des vêtements chauds; les nuits sont froides en toute saison dans les montagnes.
8. Tu feras attention aux *vipères*.
9. Tu n'oublieras pas que tu es toujours sur la propriété de quelqu'un d'autre.
10. Tu respecteras la nature.

Mots et structures à noter

sentiers *trails;* **entretien** *maintenance;* **randonneurs** *hikers;* **ville-étape** *stopover;* **ouverture** *opening;* **réseaux** *systems;* **pancartes** *signs;* **chemin** *road, way;* **anorak** *ski jacket, windbreaker;* **sac à dos** *backpack;* **au-dessus de** *beyond;* **vipères** *poisonous snakes*

A. **Compréhension.** Répondez aux questions suivantes selon les renseignements donnés dans le texte.

1. Quel est le sport qu'on pratique le plus en France?
2. Pourquoi est-ce que les Français marchent beaucoup?
3. Qu'est-ce que beaucoup de Français font le dimanche après-midi?
4. Quelles sont les raisons principales de la popularité de la marche à pied en France?
5. Est-ce que la France est bien équipée en sentiers?
6. Comment est organisé le marathon qui dure d'avril à octobre?
7. Selon les dix commandements du randonneur, quelles sont les principales choses qu'il faut emporter?
8. Quelles sont les précautions qu'il faut prendre avant de partir?

B. **Les dix commandements.** Prenez les «dix commandements du randonneur» comme modèle et écrivez (1) les dix commandements pour rester en bonne condition physique, (2) les dix commandements de l'étudiant, (3) ? .

Vie et culture:
Les Français et le sport

La Coupe du Monde de football: un match France-Italie

Les Français s'intéressent beaucoup au sport et, comme les Américains, ils aiment regarder les compétitions sportives à la télévision ou les écouter à la radio. Le football (ce que nous appelons le «soccer» aux États-Unis) est très populaire, et les Français regardent avec intérêt, et même passion, les matchs de leurs équipes favorites. Les équipes des grandes villes comme Saint-Étienne, Clermont-Ferrand et Lille jouent non seulement dans des compétitions régionales mais aussi dans des compétitions nationales et internationales comme la Coupe de France et le Championnat d'Europe.

Le cyclisme est un sport très populaire aussi. Parmi les différentes courses cyclistes, c'est le Tour de France qui est suivi avec le plus de passion par les Français. Le Tour de France, comme son nom l'indique, fait le tour de presque toute la France *y compris* les régions montagneuses comme les Alpes ou les Pyrénées. Les Français s'intéressent aussi aux courses automobiles—surtout aux Vingt-Quatre Heures du Mans et au rallye de Monte-Carlo. *En plus de* ces sports internationaux, il y a des sports typiquement français: la pétanque qui se joue surtout dans le sud de la France, et la pelote basque (ce que nous appelons «jai alai») qui se joue au Pays Basque, dans le sud-ouest de la France.

including

in addition to

Communication et vie pratique

A. Interview. Imaginez que vous êtes un reporter et que vous allez interviewer des athlètes ou des artistes célèbres (joués par d'autres étudiants de la classe).

D'abord, décidez quelles questions vous allez leur poser et ensuite interviewez ces célébrités.

B. Vous et le cinéma. Les questions suivantes font partie d'un sondage sur le cinéma. Répondez à ces questions et ensuite discutez vos réponses avec les autres étudiants de la classe. Quelles sont les préférences de la classe?

1. Allez-vous au cinéma . . .

   ☐ plusieurs fois par semaine

   ☐ une fois par semaine

   ☐ une fois par mois

   ☐ moins souvent

   ☐ jamais

2. Parmi les genres de films suivants, quels sont ceux que vous préférez et ceux que vous détestez?

   ☐ les films comiques

   ☐ les films policiers

   ☐ les films de science-fiction

   ☐ les films d'aventure

   ☐ les comédies dramatiques

   ☐ les films d'épouvante (*horror*)

   ☐ les grands classiques

   ☐ les westerns

   ☐ les dessins animés

   ☐ les comédies musicales

   ☐ les films historiques

   ☐ les films politiques

   ☐ autres

3. Préférez-vous les films étrangers . . .

☐ en version originale avec sous-titres

☐ en version anglaise

☐ pas de préférence

4. Comment choisissez-vous les films que vous allez voir? Qu'est-ce qui vous influence le plus dans vos choix?

☐ le sujet du film

☐ la vedette

☐ les commentaires de vos amis

☐ les critiques des journaux

☐ les émissions à la télévision

☐ le metteur en scène (*director*)

☐ le titre

☐ la proximité de la salle

☐ les prix (*prizes*) obtenus pour le film

☐ sans raison

5. Quels sont vos acteurs et actrices préférés? Donnez trois noms et expliquez pourquoi vous les avez choisis.

_____

_____

_____

_____

_____

6. Quel est votre metteur en scène préféré?

_____

C. **On va au cinéma?** Thierry voudrait que Maryse aille avec lui voir un film qu'on joue en ce moment. Écoutez leur conversation et répondez aux questions qui suivent.

Compréhension

1. Qu'est-ce que Thierry voudrait que Maryse fasse?
2. Pourquoi est-ce qu'elle hésite à accepter son invitation?
3. Pourquoi est-ce qu'il insiste?
4. Maryse est-elle libre ou non vendredi soir? Pourquoi?
5. Qui est Chantal et que savez-vous au sujet de son cousin?

D. Testez vos connaissances. Pouvez-vous répondre aux questions suivantes? Si non, consultez les réponses à la fin du test.

1. Parmi les trois architectes français suivants, quel est celui qui a dessiné les plans de la ville de Washington?
   a. Le Corbusier   b. Pierre L'Enfant   c. André Le Nôtre
2. Parmi les peintres suivants, quel est celui qui est considéré comme le principal représentant de l'école impressionniste?
   a. Auguste Renoir   b. Eugène Delacroix   c. Bernard Buffet
3. C'est un musicien du début du vingtième siècle dont l'œuvre la plus connue est le *Boléro*.
   a. Pierre Boulez   b. Camille Saint-Saëns   c. Maurice Ravel
4. Parmi les trois artistes suivants, quel est celui qui a peint le tableau intitulé *Guernica?*
   a. Édouard Manet   b. Paul Gauguin   c. Pablo Picasso
5. Cet auteur d'origine roumaine est un des principaux représentants du théâtre de l'absurde. Qui est-ce?
   a. Jean Cocteau   b. Jean Anouilh   c. Eugène Ionesco
6. Il est généralement considéré comme un des plus grands poètes de l'époque romantique. Qui est-ce?
   a. Victor Hugo   b. Jean de la Fontaine c. Pierre de Ronsard
7. Parmi les trois villes suivantes, quelle est celle où il y a chaque année un festival d'art dramatique qui attire des jeunes du monde entier?
   a. Avignon   b. Cannes   c. Strasbourg
8. Un des trois peintres suivants a décoré l'Opéra de Paris et celui de New York. Qui est-ce?
   a. Henri Matisse   b. Marc Chagall   c. Vincent Van Gogh
9. Auteur de nombreux livres, cette femme a aussi écrit des scénarios de films et dirigé ses propres films. Qui est-ce?
   a. Simone de Beauvoir b. Marguerite Duras   c. George Sand
10. Parmi les trois villes suivantes, quelle est celle où il y a chaque année un festival de cinéma de réputation internationale?
    a. Cannes   b. Paris   c. Aix-en-Provence

Réponses: 1. b; 2. a; 3. c; 4. c; 5. c; 6. a; 7. a; 8. b; 9. b; 10. a.

E. Votre culture. Chaque pays et même chaque génération a sa propre culture. Pensez aux artistes et aux œuvres que les gens de votre génération connaissent et apprécient et composez un petit test culturel que vous présenterez au reste de la classe.

Vocabulaire

Le sport et les loisirs (voir pp. 392–396)

Noms

le **chemin**......*road, way*
l'**escalier** (*m*)......*stairway*
l'**ouverture** (*f*)......*opening*
la **pancarte**......*sign*
la **piste**......*trail*
la **place**......*seat*
le **rang**......*row*
le/la **randonneur/se**......*hiker*
la **reproduction**......*reproduction*
le **sac à dos**......*backpack*
le **verglas**......*frost, ice*
la **vipère**......*poisonous snake*

Verbes

s'agir de......*to be a question of*
glisser......*to slip*
plaisanter......*to joke*
retenir......*to reserve, retain*
taquiner......*to tease*
se tromper de......*to be wrong about*

Divers

au-dessus......*above*
ceci......*this*
cela......*that*
ça......*that (informal)*

CHAPITRE 17

Invitation à la lecture

You have now learned most of the structures and the basic vocabulary of French. You will be able to read longer authentic French materials, though you will still have to look up occasional words in a dictionary. Reading is a skill that you can continue to develop on your own. In reading the following interview, notice that you are able to guess the meaning of many new words. New vocabulary is not glossed as it has been in earlier chapters, but it is found in the **Vocabulaire** at the end of the book.

Les Français et les Américains

L'Express a interviewé Laurence Wylie, professeur de civilisation française à Harvard et auteur de plusieurs livres sur les Français. Voici quelques-unes des conclusions auxquelles il est arrivé après avoir passé plusieurs années en France.

LE REPORTER	Vous vous intéressez beaucoup à la communication non verbale, au langage du corps et des gestes. Qu'avez-vous découvert en nous regardant vivre?
WYLIE	Beaucoup de choses. Parlons d'abord de l'aspect physique.

Les Français peuvent reconnaître un Américain simplement à sa façon de marcher. Un Américain a besoin de plus d'espace qu'un Français. La démarche d'un Français est beaucoup plus contrôlée que celle d'un Américain. Le buste doit être droit, les épaules immobiles, les bras près du corps. D'ailleurs, ne dit-on pas toujours aux enfants «Tiens-toi droit!» «Ne traîne pas les pieds!»? Bien que votre éducation vous enseigne à ne pas faire de gestes, vous ne pouvez pas résister à en faire pour amplifier l'effet de la parole. Mais ce sont essentiellement des gestes des mains et de l'avant-bras. Les Français expriment beaucoup avec leur bouche, le plus souvent arrondie, sans cesse en mouvement: le mépris (Peuh!), le doute (Bof!), l'admiration (Au poil!).

LE REPORTER	Quels sont, à votre avis, les principaux aspects de notre tempérament national?
WYLIE	Si vous m'aviez posé cette question il y a vingt-cinq ans, je vous aurais dit: l'attachement au passé. Les Français pensaient toujours au passé comme à une époque idéale. Aujourd'hui, je crois qu'ils vivent davantage dans le présent. Mais malgré tout, vous restez beaucoup plus tournés vers le passé que les Américains, pour lesquels seul le présent existe.

Un autre trait fondamental de la culture française, à mon avis, est le besoin de définir. Les Français ont un besoin esthétique de définitions claires et rigoureuses. Cela vous conduit à créer des catégories rigides, des divisions, des subdivisions, des différentiations subtiles. Prenez par exemple l'enseignement de la géographie: vous partez du tout—le monde—et vous le divisez en continents, à l'intérieur desquels vous étudiez successivement chacun des pays qui le composent. L'enfant américain, lui, fera des études de cas: comment vit un petit Argentin d'aujourd'hui, en quoi il ressemble à un petit Américain malgré les différences régionales.

LE REPORTER	En somme, vous insistez sur les ressemblances; nous insistons sur les différences.

WYLIE	Oui, moi, j'aime les généralisations. Mais dans une conversation avec des Français, il y a toujours quelqu'un pour me dire: «Je ne suis pas du tout de votre avis. Vous simplifiez beaucoup trop.»
LE REPORTER	Mais les Français adorent généraliser! Même sur des sujets qu'ils ne connaissent pas!
WYLIE	C'est vrai que les Français aiment bien avoir leur petite idée sur tout . . . Si on rencontre un médecin américain, il voudra toujours parler de médecine. Un médecin français vous parlera de musique, de littérature, de tout, sauf de médecine!
LE REPORTER	Parlez-nous de vos idées sur l'éducation des enfants français.

Repas en famille au restaurant

WYLIE	Je crois qu'il faut commencer par la famille. On a souvent dit que la famille était en train de se désintégrer. Je dirais exactement le contraire. Mais la différence est qu'elle repose aujourd'hui sur des liens plus affectifs, plus ouverts, moins autoritaires, mais tout

aussi solides que dans le passé. Les familles françaises sont beaucoup plus unies que les familles américaines. Vous ne verriez pas aux États-Unis des mères et des filles se promener bras-dessus, bras-dessous. Ni des enfants qu'on tient par la main pour les conduire à l'école. Ni ces dimanches et ces vacances en famille. Cette unité-là n'existe pas chez nous. Il y a en France un effort réel de compréhension des enfants alors qu'en Amérique on se contente généralement de les traiter comme des copains.

Les liens familiaux

Ce qui, en revanche, choque souvent les Américains, c'est le côté négatif de l'éducation des petits Français. La base de l'éducation française, c'est le «non.» «Non, on ne fait pas cela. Non, c'est dangereux. Non, ce n'est pas comme ça que ça se fait!» On empêche l'enfant de faire des erreurs, d'apprendre par lui-même. Chez nous, c'est le contraire: l'enfant est encouragé, stimulé: «C'est bien!» «Continue!» L'enfant américain est plus entreprenant. En revanche, il dépend davantage des autres. La méthode française a, bien sûr, des avantages. Elle forme des enfants plus riches intérieurement, des personnalités plus fortes, qui ne comptent que sur elles-mêmes.

LE REPORTER Est-ce vrai aussi pour les adultes?

WYLIE Dans une certaine mesure. Vous êtes habitués à vous protéger contre les autres. Vous entourez vos maisons d'un mur aussi haut que possible. Le soir, vous fermez vos volets. Ça se voit même dans le langage. Quand on demande à quelqu'un comment il va, il est fréquent qu'il réponde: «Je me défends.»

Vous, Français, vous vivez à l'intérieur d'un système de cercles, chaque cercle étant entouré d'un mur: le cercle de la personnalité, le cercle de la famille, le cercle des amis, le cercle des relations du travail . . . Cette importance du cercle se traduit dans le langage. Le pronom «nous» s'applique à ceux qui sont à l'intérieur du cercle; le «ils» s'applique à tous ceux qui sont à l'extérieur. «Ils», c'est toujours «l'ennemi»—c'est-à-dire, «les autres.» Ces cercles n'existent pas aux États-Unis. En Amérique on change d'amis et de relations quand on change de maison ou de travail. Prenez un cas typique: Un Américain rencontre un Français qui vient d'arriver aux États-Unis. Immédiatement, il l'invite à dîner chez lui. Le Français pense: «Comme les Américains sont ouverts et accueillants!» La semaine suivante, il reverra cet Américain qui ne le reconnaîtra peut-être pas. Ou il verra cet Américain tous les jours pendant deux ans et leurs relations resteront au même point. Les Français ne comprennent pas ça. En France, il est difficile de pénétrer dans un de ces cercles, mais une fois accepté, c'est pour la vie!

Extrait et adapté d'un article de L'Express.

A. Compréhension. Répondez aux questions suivantes, selon les renseignements donnés dans le text.

1. Selon Wylie, comment est-ce que les Français peuvent reconnaître un Américain dans la rue?
2. Selon Wylie, quels sont deux des principaux aspects du caractère français?
3. Qu'est-ce qui caractérise la conversation des Français? En quoi est-ce que les Américains sont différents?
4. Quels changements récents Wylie a-t-il observés dans la structure de la famille française?
5. Selon Wylie, les familles françaises sont plus unies que les familles américaines. Donnez quelques exemples de cette unité.
6. En quoi l'éducation d'un petit Français est-elle différente de celle d'un petit Américain?

7. Quels sont les avantages de chaque système d'éducation?
8. Selon Wylie, les Français ont tendance à se protéger contre les autres. Donnez quelques exemples de cette attitude.
9. Décrivez le système de cercles qui existe dans la société française.
10. Les Américains sont assez ouverts et accueillants dès qu'ils font la connaissance de quelqu'un. En quoi les Français sont-ils différents?

You can now also enjoy literary works in their original form. To read literature and other kinds of formal writing, a knowledge of the **passé simple** tense is often necessary. The **passé simple** often replaces the more conversational **passé composé** in these types of writing.

A. Here are the forms of the **passé simple** for regular verbs:

er verbs and **aller**	
je parl**ai**	nous parl**âmes**
tu parl**as**	vous parl**âtes**
il/elle/on parl**a**	ils/elles parl**èrent**

ir verbs and those like **partir**	
je chois**is**	nous chois**îmes**
tu chois**is**	vous chois**îtes**
il/elle/on chois**it**	ils/elles chois**irent**

re verbs	
je perd**is**	nous perd**îmes**
tu perd**is**	vous perd**îtes**
il/elle/on perd**it**	ils/elles perd**irent**

Un grand nombre de gens **perdirent** leur vie pendant la guerre.
Charles de Gaulle **organisa** la Résistance française.

B. The following endings are added to the stems of irregular verbs: **s**, **s**, **t**, **^mes**, **^tes**, **rent**. The third-person singular of each verb is given as an illustration.

Verb	Stem	Verb	Stem	Verb	Stem	Verb	Stem
avoir	**il eu**t	écrire	**il écrivi**t	mourir	**il mouru**t	suivre	**il suivi**t
boire	**il bu**t	être	**il fu**t	naître	**il naqui**t	valoir	**il valu**t
connaître	**il connu**t	faire	**il fi**t	pouvoir	**il pu**t	venir	**il vin**t
croire	**il cru**t	lire	**il lu**t	prendre	**il pri**t	vivre	**il vécu**t
devoir	**il du**t	mettre	**il mi**t	rire	**il ri**t	voir	**il vi**t
dire	**il di**t			savoir	**il su**t	vouloir	**il voulu**t

Benjamin Franklin **vécut** à Paris pendant plusieurs années.
Lafayette **se mit** au service de la Révolution américaine.

Un grand nombre d'Acadiens qui **furent** exilés du Canada **trouvèrent** refuge en Louisiane.

Les premiers Jeux Olympiques modernes **eurent** lieu en 1896.

Activités

A. Personnages et événements historiques. Les phrases suivantes décrivent certains personnes ou événements qui sont importants dans l'histoire de la France. Mettez les verbes au **passé composé.**

1. Madame Marie Curie obtint le prix Nobel de chimie en 1911.
2. Jacques Cartier découvrit le Saint-Laurent.
3. La France envoya une armée commandée par le comte de Rochambeau pour aider le général Washington.
4. Les États-Unis achetèrent la Louisiane à Napoléon en 1803.
5. Marcel Proust écrivit *À la recherche du temps perdu.*
6. Les Anglais furent battus par les Américains à la bataille de Yorktown.
7. Henri IV établit la liberté de religion en France en 1598.
8. Après la défaite de Waterloo, Napoléon fut exilé à l'île de Sainte-Hélène où il mourut.
9. Albert Camus, auteur du célèbre roman *La Peste,* naquit à Mondovi en Algérie.
10. Les Romains colonisèrent tout le sud de la France et construisirent des villes, des routes, et des monuments.

B. Connaissez-vous l'histoire? Avec quel fait historique les personnages de la colonne de gauche sont-ils associés?

1. *Ferdinand de Lesseps*	a. *composa l'opéra intitulé* Carmen
2. *Sarah Bernhardt*	b. *découvrit l'oxygène*
3. *Antoine-Laurent de Lavoisier*	c. *sculpta la statue du Penseur*
4. *Frédéric Bartholdi*	d. *construisit le canal de Suez*
5. *Louis XIV*	e. *sculpta la Statue de la Liberté*
6. *Auguste Rodin*	f. *vécut une partie de sa vie à Tahiti*
7. *Georges Bizet*	g. *fut le rénovateur des Jeux Olympiques*
8. *Paul Gauguin*	h. *fit construire le château de Versailles*
9. *Jean-François Champollion*	i. *devint la plus grande actrice de son temps*
10. *Claude-Joseph Rouget de Lisle*	j. *fut un des fondateurs de l'école impressionniste*
11. *Claude Monet*	k. *traduisit les hiéroglyphes égyptiens*
12. *Pierre de Coubertin*	l. *écrivit l'hymne national français*

Réponses: 1. d, 2. i, 3. b, 4. e, 5. h, 6. c, 7. a, 8. f, 9. k, 10. l, 11. j, 12. g.

Lectures

Présence française en Amérique du Nord

Il y a aujourd'hui plus de 130 millions de francophones. Le français est donc loin d'être une simple langue de culture littéraire comme on le croit souvent. Il est utilisé à travers le monde, non seulement par plusieurs peuples mais également par de nombreux organismes internationaux et diplomatiques. Ainsi, à l'UNESCO, les chefs de délégation qui s'expriment en français sont aussi nombreux que ceux qui s'expriment en anglais. Et aux Nations-Unies, une délégation sur trois utilise régulièrement le français.

Sur le continent américain, c'est le Québec qui constitue le cœur de la francophonie avec ses cinq millions de francophones et son *réseau* d'institutions politiques, économiques, sociales, et culturelles. Les États-Unis eux-mêmes comptent plusieurs millions de gens qui sont d'origine canadienne française.

*Samuel de Champlain,
fondateur du Québec*

Bien que ce soit à New York que les Français mirent *pied à terre* pour la première fois en Amérique, c'est du Québec que partirent la plupart des explorateurs du Canada et des États-Unis. La ville de Québec elle-même fut fondée en 1608 par Samuel de Champlain. Mais avant de fonder le premier établissement permanent en Amérique, Champlain avait *parcouru* les côtes de la Nouvelle-Angleterre jusqu'à la *Nouvelle-Écosse*. Il avait exploré ce qui est aujourd'hui Boston. C'est lui aussi qui découvrit les montagnes du Vermont et le lac qui porte maintenant son nom.

C'est du Québec aussi qu'Étienne Brûlé partit à la découverte du lac Supérieur en 1628. Et à Red Banks dans le Wisconsin se trouve un monument qui commémore la découverte du lac Michigan par Jean Nicolet en 1634. Ce sont deux missionnaires canadiens, les pères Galinée et Dollier de Casson, qui établirent les premières cartes de l'Érie. Jolliet et Marquette explorèrent le Mississippi jusqu'à l'Arkansas, et un monument dans le Wyalusing State Park dans le Wisconsin honore encore leur mémoire. L'Ohio fut découvert par Cavelier de La Salle, dont la mémoire est honorée à South Bend dans l'Indiana. C'est lui aussi qui explora le Mississippi jusqu'à son *embouchure* et qui construisit le premier *navire* qui navigua sur Les Grands Lacs.

On pourrait mentionner beaucoup d'autres explorateurs encore: Daniel Duluth, dont une ville du Minnesota porte le nom; Jean-Baptiste Le Moyne de Bienville, qui fonda La Nouvelle-Orléans et qui traça les plans du *Vieux Carré*; son frère Pierre Le Moyne d'Iberville, qui fonda les villes de Biloxi et de Mobile et qui fut le premier colonisateur de la Louisiane. Il y eut aussi Longueuil qui explora le Tennessee et le Kentucky; Pierre LeSueur qui découvrit la rivière Minnesota; les frères La Vérendrye qui explorèrent le Dakota, le Montana, et le Wyoming où beaucoup de localités portent encore des noms français; et beaucoup d'autres qu'il serait trop long d'énumérer.

La colonisation du Nouveau Monde a donc été fortement marquée par la présence française. Et on peut *se demander* ce que seraient les États-Unis aujourd'hui si Napoléon n'avait pas vendu la Louisiane en 1803.

Extrait et adapté d'un discours prononcé par Gilles La Montagne, ancien maire de la ville de Québec. Le texte a paru dans le AATF National Bulletin.

Mots et structures à noter

à travers *throughout;* **réseau** *network;* **mirent pied à terre** *set foot;* **parcouru** *traveled;* **côtes** *coasts;* **Nouvelle-Écosse** *Nova Scotia;* **embouchure** *mouth;* **navire** *ship;* **Vieux Carré** *French Quarter;* **se demander** *wonder*

Compréhension. Répondez aux questions suivantes selon les renseignements donnés dans le texte. Bien que le texte soit au passé simple, utilisez le **passé composé** dans vos réponses là où il convient de l'utiliser.

1. Pourquoi peut-on dire que le français n'est pas seulement une langue de culture et qu'il garde une importance internationale?
2. Quel rôle le Québec joue-t-il en Amérique du Nord?
3. Est-ce qu'il y a beaucoup de gens d'origine française aux États-Unis?

4. Quel a été le point de départ de la plupart des explorateurs du Canada et des États-Unis?
5. Qui a fondé la ville de Québec et en quelle année?
6. Qui a découvert le lac Supérieur et en quelle année?
7. Pourquoi y a-t-il à South Bend un monument qui honore la mémoire de Cavelier de La Salle?
8. Quelle a été la contribution des deux frères Le Moyne?
9. Quelle partie des États-Unis les frères La Vérendrye ont-ils explorée?

Les Français et la Guerre d'Indépendance

L'influence française aux États-Unis ne se limite pas à celle des explorateurs et des pionniers. Une partie des principes démocratiques sur lesquels la nation américaine est fondée ont leur origine dans les idées que les philosophes français du dix-huitième siècle—Montesquieu, Rousseau, Voltaire, Diderot, d'Alembert, et d'autres—avaient exprimées dans leurs écrits. Les idées des philosophes français furent ainsi mises en pratique aux États-Unis avant même que la Révolution française de 1789 puisse imposer ces mêmes principes sur le *sol* français.

Au temps de la Guerre d'Indépendance, d'autre part, les Français apportèrent une aide à la fois économique et militaire aux treize colonies qui luttaient pour leur indépendance. Une des premières missions politiques de Benjamin Franklin fut d'obtenir l'aide financière de la France. Le marquis de LaFayette, de son côté, se passionna immédiatement pour la cause américaine, et après avoir équipé à ses propres *frais* un navire baptisé *La Victoire,* il vint se mettre au service de la Révolution américaine.

Il faut dire *cependant* que l'aide de la France n'était pas uniquement motivée par la générosité et par l'amour de la liberté car le gouvernement français voyait là un moyen de combattre indirectement les Anglais. Il *cédait* aussi dans une certaine mesure à la pression de l'intelligentsia française qui se passionnait pour les idées des philosophes et qui voyait dans la Révolution américaine l'espoir d'une victoire des idées nouvelles.

Mots et structures à noter

sol *soil;* **frais** *expenses;* **cependant** *however;* **cédait** *gave in*

Compréhension. Selon les renseignements donnés dans le texte, comment la France a-t-elle aidé les États-Unis pendant la Guerre d'Indépendance et pourquoi est-elle venue à l'aide des Américains?

Le lion et le rat

Il faut autant qu'on peut, obliger tout le monde:
On a souvent besoin d'un plus petit que soi.
De cette vérité deux fables feront foi,   **will attest**
   Tant la chose en preuves abonde.   **proofs**
   Entre les pattes d'un lion   **paws**
Un rat sortit de terre assez à l'étourdie.   **dazed**

Le marquis de Lafayette pendant la bataille de Monmouth

Le roi des animaux, en cette occasion,
Montra ce qu'il était, et lui donna la vie.
   Ce bienfait ne fut pas perdu.   **good deed**
   Quelqu'un aurait-il jamais cru
   Qu'un lion d'un rat eut affaire?   **had any need**

Le lion et le rat (gravure de Gustave Doré)

Cependant il advint qu'au sortir des forêts   come to pass/at the exit
 Ce lion fut pris dans des rets   net
Dont ses rugissements ne le purent défaire.   roars
Sire Rat accourut, et fit tant par ses dents   came running
Qu'une maille rongée emporta tout l'ouvrage.   mesh/gnawed
  Patience et longueur de temps
  Font plus que force ni que rage.

Jean de La Fontaine (1621–1695)

Compréhension. Répondez aux questions suivantes selon les renseignements donnés dans la fable.

1. Quel conseil La Fontaine donne-t-il aux gens importants et puissants?
2. Quel conseil donne-t-il aux gens qui sont toujours pressés?
3. Qu'est-ce que le lion a fait quand le rat est apparu entre ses pattes?
4. Qu'est-ce qui est arrivé au lion quelque temps plus tard?
5. Qu'est-ce que le rat a fait pour l'aider?

International phonetic alphabet

Vowels		Consonants		Semivowels	
a	la	b	beau	j	famille, métier, crayon
ɑ	pâte	d	danger	w	Louis, voici
e	été	f	fin	ɥ	lui, depuis
ɛ	fête	g	gare		
ə	le	k	quand		
i	midi	l	livre		
o	dos	m	maman		
ɔ	votre	n	non		
ø	deux	p	petit		
œ	leur	r	rêve		
u	nous	s	sa		
y	du	t	tête		
ɑ̃	dans	v	victoire		
ɛ̃	vin	z	zéro		
ɔ̃	mon	ʃ	chien		
œ̃	un	ʒ	juge		
		ɲ	montagne		

adjective   a word used to modify, qualify, define, or specify a noun or noun equivalent (*intricate* design, *volcanic* ash, *medical* examination)

    demonstrative adjective designates or points out a specific item (*this* area)

    descriptive adjective provides description (*narrow* street)

    interrogative adjective asks or questions (*Which* page?)

    possessive adjective indicates possession (*our* house)

In French, the adjective form must agree with, or show the same gender and number as, the noun it modifies.

adverb   a word used to qualify or modify a verb, adjective, another adverb, or some other modifying phrase or clause (soared *gracefully*, *rapidly* approaching train)

agreement   the accordance of forms between subject and verb, in terms of person and number, or between tenses of verbs (The *bystander witnessed* the accident but *failed* to report it.)

In French, the form of the adjective must conform in gender and number with the modified noun or noun equivalent.

article   one of several types of words used before a noun

    definite article limits, defines, or specifies (*the* village)

    indefinite article refers to a nonspecific member of a group or class (*a* village, *an* arrangement)

    partitive article refers to an indefinite quantity of an item (*some* coffee, *any* tea).

In French, the article takes different forms to indicate the gender and number of a noun.

auxiliary   a verb or verb form used with other verbs to construct certain tenses, voices, or moods (He *is* leaving. She *has* arrived. You *must* listen.)

clause   a group of words consisting of a subject and a predicate and functioning as part of a complex or compound sentence rather than a complete sentence

    subordinate clause modifies and is dependent upon another clause (*Since the rain has stopped,* we can have a picnic.)

    main clause is capable of standing independently as a complete sentence (If all goes well, *the plane will depart in twenty minutes.*)

cognate   a word resembling a word in another language (*university* and *université* in French)

command   *See* **mood (imperative).**

comparative   level of comparison used to show an increase or decrease of quantity or quality or to compare or show inequality between two items (*higher* prices, the *more* beautiful of the two mirrors, *less* diligently, *better* than)

comparison   modification of the form of an adjective or adverb to show change in the quantity or quality of an item or to show the relation between the items

As you learn French, you may come across grammar terms in English with which you are not familiar. The following glossary is a reference list of grammar terms and definitions with examples. You will find that these terms are used in the grammar explanations of this and other textbooks. If the terms are unfamiliar to you, it will be helpful to refer to this list.

conditional	a verb construction used in a contrary-to-fact statement consisting of a condition or an *if*-clause and a conclusion (If you had told me you were sick, *I would have offered* to help.)
conjugation	the set of forms a verb takes to indicate changes of person, number, tense, mood, and voice
conjunction	a word used to link or connect sentences or parts of sentences (*and, but*)
contraction	an abbreviated or shortened form of a word or word group (*can't, we'll*)
gender	the classification of a word by sex. In English, almost all nouns are classified as masculine, feminine, or neuter according to the biological sex of the thing named; in French, however, a word is classified as feminine or masculine (there is no neuter classification) primarily on the basis of its linguistic form or derivation.
idiom	an expression that is grammatically or semantically unique to a particular language (*I caught a cold. Happy birthday.*)
imperative	*See* **mood.**
indicative	*See* **mood.**
infinitive	the basic form of the verb, and the one listed in dictionaries, with no indication of person or number; it is often used in verb constructions and as a verbal noun, usually with ''to'' in English or with **-er, -ir,** or **-re** in French.
inversion	*See* **word order (inverted).**
mood	the form and construction a verb assumes to express the manner in which the action or state takes place
	imperative mood used to express commands (*Walk* to the park with me.)
	indicative mood the form most frequently used, usually expressive of certainty and fact (My neighbor *walks* to the park every afternoon.)
	subjunctive mood used in expression of possibility, doubt, or hypothetical situations (I wish he *were* here.)
noun	a word that names something and usually functions as a subject or an object (*lady, country, family*)
number	the form a word or phrase assumes to indicate singular or plural (*light/lights, mouse/mice, he has/they have*)
	cardinal number used in counting or expressing quantity (*1, 23, 6,825*)
	ordinal number refers to sequence (*second, fifteenth, thirty-first*)
object	a noun or noun equivalent
	direct object receives the action of the verb (The boy caught a *fish.*)
	indirect object affected by the action of the verb (Please do *me* a favor.)
participle	a verb form used as an adjective or adverb and in forming tenses
	past participle relates to the past or a perfect tense and takes the appropriate ending (*written* proof, the door has been *locked*)
	present particple assumes the progressive ''-ing'' ending in English (*protesting* loudly; *seeing* them)

In French, a participle used as an adjective or in an adjectival phrase must agree in gender and number with the modified noun or noun equivalent.

passive	*See* **voice (passive).**
person	designated by the personal pronoun and/or by the verb form
	first person the speaker or writer (*I, we*)
	second person the person(s) addressed (*you*)

In French, there are two forms of address: the familiar and the polite.

	third person the person or thing spoken about (*she, he, it they*)
phrase	a word group that forms a unit of expression, often named after the part of speech it contains or forms
prefix	a letter or letter group added at the beginning of a word to alter the meaning (*non*committal, *re*discover)
preposition	a connecting word used to indicate a spatial, temporal, causal, affective, directional, or some other relation between a noun or pronoun and the sentence or a portion of it (We waited *for* six hours. The article was written *by* a famous journalist.)
pronoun	a word used in place of a noun
	demonstrative pronoun refers to something previously mentioned in context (If you need hiking boots, I recommend *these*.)
	indefinite pronoun denotes a nonspecific class or item (*Nothing* has changed.)
	interrogative pronoun asks about a person or thing (*Whose* is this?)
	object pronoun functions as a direct, an indirect, or a prepositional object (Three people saw *her*. Write *me* a letter. The flowers are for *you*.)
	possessive pronoun indicates possession (The blue car is *ours*.)
	reflexive pronoun refers back to the subject (They introduced *themselves*.)
	subject pronoun functions as the subject of a clause or sentence (*He* departed a while ago.)
reflexive construction	*See* **pronoun (reflexive).**
sentence	a word group, or even a single word, that forms a meaningful complete expression
	declarative sentence states something and is followed by a period (*The museum contains many fine examples of folk art.*)
	exclamatory sentence exhibits force or passion and is followed by an exclamation point (*I want to be left alone!*)
	interrogative sentence asks a question and is followed by a question mark (*Who are you?*)
subject	a noun or noun equivalent acting as the agent of the action or the person, place, thing, or abstraction spoken about (*The fishermen drew in their nets. The nets were filled with the day's catch.*)
suffix	a letter or letter group added to the end of a word to alter the meaning or function (like*ness*, transport*ation*, joy*ous*, love*ly*)

superlative   level of comparison used to express the utmost or lowest level or to indicate the highest or lowest relation in comparing more than two items (*highest* prices, the *most* beautiful, *least* diligently)

tense   the form a verb takes to express the time of the action, state, or condition in relation to the time of speaking or writing

imparfait relates to an action that continued over a period of time in the past (It *was existing. We were learning.*)

futur antérieur relates to something that has not yet occurred but will have taken place and be complete by some future time (It *will have* existed. We *will have* learned.)

future tense relates to something that has not yet occurred (It *will exist. We will learn.*)

passé composé relates to an occurrence that began at some point in the past but was finished by the time of speaking or writing (It *has existed. We have learned.*)

present tense relates to now, the time of speaking or writing, or to a general, timeless fact (It *exists. We learn. Fish swim.*)

verb   a word that expresses action or a state or condition (*walk, be, feel*)

intransitive verb no receiver is necessary. (The light *shines.*)

orthographic-changing verb undergoes spelling changes in conjugation (infinitive: *buy*; past indicative: *bought*)

transitive verb requires a receiver or an object to complete the predicate (He *throws* the ball.)

voice   the form a verb takes to indicate the relation between the expressed action or state and the subject

active voice indicates that the subject is the agent of the action (The child *sleeps.* The professor *lectures.*)

passive voice indicates that the subject does not initiate the action but that the action is directed toward the subject (I *was contacted* by my attorney. The road *got slippery* from the rain.)

word order   the sequence of words in a clause or sentence

inverted word order an element other than the subject appears first (*If the weather permits,* we plan to vacation in the country. *Please* be on time. *Have* you met my parents?)

Appendix C

Verbs

Regular Verbs

Infinitif Participes	Indicatif				
	Présent	Imparfait	Passé composé	Passé simple	Plus-que-parfait
parler parlant parlé	parle parles parle parlons parlez parlent	parlais parlais parlait parlions parliez parlaient	ai parlé as parlé a parlé avons parlé avez parlé ont parlé	parlai parlas parla parlâmes parlâtes parlèrent	avais parlé avais parlé avait parlé avions parlé aviez parlé avaient parlé
finir finissant fini	finis finis finit finissons finissez finissent	finissais finissais finissait finissions finissiez finissaient	ai fini as fini a fini avons fini avez fini ont fini	finis finis finit finîmes finîtes finirent	avais fini avais fini avait fini avions fini aviez fini avaient fini
rendre rendant rendu	rends rends rend rendons rendez rendent	rendais rendais rendait rendions rendiez rendaient	ai rendu as rendu a rendu avons rendu avez rendu ont rendu	rendis rendis rendit rendîmes rendîtes rendirent	avais rendu avais rendu avait rendu avions rendu aviez rendu avaient rendu
partir (dormir, s'endormir, mentir, sentir, servir, sortir) partant parti	pars pars part partons partez partent	partais partais partait partions partiez partaient	suis parti(e) es parti(e) est parti(e) sommes parti(e)s êtes parti(e)(s) sont parti(e)s	partis partis partit partîmes partîtes partirent	étais parti(e) étais parti(e) était parti(e) étions parti(e)s étiez parti(e)(s) étaient parti(e)s

		Conditionnel		Impératif	Subjonctif	
Futur	**Futur antérieur**	**Présent**	**Passé**		**Présent**	**Passé composé du subjonctif**
parlerai	aurai parlé	parlerais	aurais parlé		parle	aie parlé
parleras	auras parlé	parlerais	aurais parlé	parle	parles	aies parlé
parlera	aura parlé	parlerait	aurait parlé		parle	ait parlé
parlerons	aurons parlé	parlerions	aurions parlé	parlons	parlions	ayons parlé
parlerez	aurez parlé	parleriez	auriez parlé	parlez	parliez	ayez parlé
parleront	auront parlé	parleraient	auraient parlé		parlent	aient parlé
finirai	aurai fini	finirais	aurais fini		finisse	aie fini
finiras	auras fini	finirais	aurais fini	finis	finisses	aies fini
finira	aura fini	finirait	aurait fini		finisse	ait fini
finirons	aurons fini	finirions	aurions fini	finissons	finissions	ayons fini
finirez	aurez fini	finiriez	auriez fini	finissez	finissiez	ayez fini
finiront	auront fini	finiraient	auraient fini		finissent	aient fini
rendrai	aurai rendu	rendrais	aurais rendu		rende	aie rendu
rendras	auras rendu	rendrais	aurais rendu	rends	rendes	aies rendu
rendra	aura rendu	rendrait	aurait rendu		rende	ait rendu
rendrons	aurons rendu	rendrions	aurions rendu	rendons	rendions	ayons rendu
rendrez	aurez rendu	rendriez	auriez rendu	rendez	rendiez	ayez rendu
rendront	auront rendu	rendraient	auraient rendu		rendent	aient rendu
partirai	serai parti(e)	partirais	serais parti(e)		parte	sois parti(e)
partiras	seras parti(e)	partirais	serais parti(e)	pars	partes	sois parti(e)
partira	sera parti(e)	partirait	serait parti(e)		parte	soit parti(e)
partirons	serons parti(e)s	partirions	serions parti(e)s	partons	partions	soyons parti(e)s
partirez	serez parti(e)(s)	partiriez	seriez parti(e)(s)	partez	partiez	soyez parti(e)(s)
partiront	seront parti(e)s	partiraient	seraient parti(e)s		partent	soient parti(e)s

Spelling-Changing Verbs

Infinitif Participes	Indicatif				
	Présent	Imparfait	Passé composé	Passé simple	Plus-que-parfait
acheter (lever, mener, promener) achetant acheté	achète achètes achète achetons achetez achètent	achetais achetais achetait achetions achetiez achetaient	ai acheté as acheté a acheté avons acheté avez acheté ont acheté	achetai achetas acheta achetâmes achetâtes achetèrent	avais acheté avais acheté avait acheté avions acheté aviez acheté avaient acheté
préférer (considérer, espérer, exagérer, inquiéter, répéter) préférant préféré	préfère préfères préfère préférons préférez préfèrent	préférais préférais préférait préférions préfériez préféraient	ai préféré as préféré a préféré avons préféré avez préféré ont préféré	préférai préféras préféra préférâmes préférâtes préférèrent	avais préféré avais préféré avait préféré avions préféré aviez préféré avaient préféré
manger (arranger, changer, corriger, déranger, diriger, encourager, nager) mangeant mangé	mange manges mange mangeons mangez mangent	mangeais mangeais mangeait mangions mangiez mangeaient	ai mangé as mangé a mangé avons mangé avez mangé ont mangé	mangeai mangeas mangea mangeâmes mangeâtes mangèrent	avais mangé avais mangé avait mangé avions mangé aviez mangé avaient mangé
payer (essayer) payant payé	paie paies paie payons payez paient	payais payais payait payions payiez payaient	ai payé as payé a payé avons payé avez payé ont payé	payai payas paya payâmes payâtes payèrent	avais payé avais payé avait payé avions payé aviez payé avaient payé
commencer commençant commencé	commence commences commence commençons commencez commencent	commençais commençais commençait commencions commenciez commençaient	ai commencé as commencé a commencé avons commencé avez commencé ont commencé	commençai commenças commença commençâmes commençâtes commencèrent	avais commencé avais commencé avait commencé avions commencé aviez commencé avaient commencé
appeler (rappeler) appelant appelé	appelle appelles appelle appelons appelez appellent	appelais appelais appelait appelions appeliez appelaient	ai appelé as appelé a appelé avons appelé avez appelé ont appelé	appelai appelas appela appelâmes appelâtes appelèrent	avais appelé avais appelé avait appelé avions appelé aviez appelé avaient appelé

		Conditionnel		Impératif	Subjonctif	
Futur	**Futur antérieur**	**Présent**	**Passé**		**Présent**	**Passé composé du subjonctif**
achèterai	aurai acheté	achèterais	aurais acheté		achète	aie acheté
achèteras	auras acheté	achèterais	aurais acheté	achète	achètes	aies acheté
achètera	aura acheté	achèterait	aurait acheté		achète	ait acheté
achèterons	aurons acheté	achèterions	aurions acheté	achetons	achetions	ayons acheté
achèterez	aurez acheté	achèteriez	auriez acheté	achetez	achetiez	ayez acheté
achèteront	auront acheté	achèteraient	auraient acheté		achètent	aient acheté
préférerai	aurai préféré	préférerais	aurais préféré		préfère	aie préféré
préféreras	auras préféré	préférerais	aurais préféré	préfère	préfères	aies préféré
préférera	aura préféré	préférerait	aurait préféré		préfère	ait préféré
préférerons	aurons préféré	préférerions	aurions préféré	préférons	préférions	ayons préféré
préférerez	aurez préféré	préféreriez	auriez préféré	préférez	préfériez	ayez préféré
préféreront	auront préféré	préféreraient	auraient préféré		préfèrent	aient préféré
mangerai	aurai mangé	mangerais	aurais mangé		mange	aie mangé
mangeras	auras mangé	mangerais	aurais mangé	mange	manges	aies mangé
mangera	aura mangé	mangerait	aurait mangé		mange	ait mangé
mangerons	aurons mangé	mangerions	aurions mangé	mangeons	mangions	ayons mangé
mangerez	aurez mangé	mangeriez	auriez mangé	mangez	mangiez	ayez mangé
mangeront	auront mangé	mangeraient	auraient mangé		mangent	aient mangé
paierai	aurai payé	paierais	aurais payé		paie	aie payé
paieras	auras payé	paierais	aurais payé	paie	paies	aies payé
paiera	aura payé	paierait	aurait payé		paie	ait payé
paierons	aurons payé	paierions	aurions payé	payons	payions	ayons payé
paierez	aurez payé	paieriez	auriez payé	payez	payiez	ayez payé
paieront	auront payé	paieraient	auraient payé		paient	aient payé
commencerai	aurai commencé	commencerais	aurais commencé		commence	aie commencé
commenceras	auras commencé	commencerais	aurais commencé	commence	commences	aies commencé
commencera	aura commencé	commencerait	aurait commencé		commence	ait commencé
commencerons	aurons commencé	commencerions	aurions commencé	commençons	commencions	ayons commencé
commencerez	aurez commencé	commenceriez	auriez commencé	commencez	commenciez	ayez commencé
commenceront	auront commencé	commenceraient	auraient commencé		commencent	aient commencé
appellerai	aurai appelé	appellerais	aurais appelé		appelle	aie appelé
appelleras	auras appelé	appellerais	aurais appelé	appelle	appelles	aies appelé
appellera	aura appelé	appellerait	aurait appelé		appelle	ait appelé
appellerons	aurons appelé	appellerions	aurions appelé	appelons	appelions	ayons appelé
appellerez	aurez appelé	appelleriez	auriez appelé	appelez	appeliez	ayez appelé
appelleront	auront appelé	appelleront	auraient appelé		appellent	aient appelé

Auxiliary Verbs

Infinitif Participes	Indicatif				
	Présent	Imparfait	Passé composé	Passé simple	Plus-que-parfait
être étant été	*I* suis *You* es *he* *sh* est *we* sommes *you* êtes *Them* sont	étais étais était étions étiez étaient	ai été as été a été avons été avez été ont été	fus fus fut fûmes fûtes furent	avais été avais été avait été avions été aviez été avaient été
avoir ayant eu	ai as a avons avez ont	avais avais avait avions aviez avaient	ai eu as eu a eu avons eu avez eu ont eu	eus eus eut eûmes eûtes eurent	avais eu avais eu avait eu avions eu aviez eu avaient eu

		Conditionnel		**Impératif**	**Subjonctif**	
Futur	**Futur antérieur**	**Présent**	**Passé**		**Présent**	**Passé composé du subjonctif**
serai	aurai été	serais	aurais été		sois	aie été
seras	auras été	serais	aurais été	sois	sois	aies été
sera	aura été	serait	aurait été		soit	ait été
serons	aurons été	serions	aurions été	soyons	soyons	ayons été
serez	aurez été	seriez	auriez été	soyez	soyez	ayez été
seront	auront été	seraient	auraient été		soient	aient été
aurai	aurai eu	aurais	aurais eu		aie	aie eu
auras	auras eu	aurais	aurais eu	aie	aies	aies eu
aura	aura eu	aurait	aurait eu		ait	ait eu
aurons	aurons eu	aurions	aurions eu	ayons	ayons	ayons eu
aurez	aurez eu	auriez	auriez eu	ayez	ayez	ayez eu
auront	auront eu	auraient	auraient eu		aient	aient eu

Irregular Verbs

Each verb in this list is conjugated like the model indicated by number. See the table of irregular verbs for the models.

admettre 13	découvrir 17	paraître 4	reconnaître 4	satisfaire 11
(s')apercevoir 22	décrire 9	permettre 13	redire 8	souffrir 16
apprendre 21	devenir 27	poursuivre 25	relire 12	se souvenir 27
commettre 13	disparaître 4	prévoir 29	remettre 13	surprendre 21
comprendre 21	inscrire 9	produire 3	retenir 27	se taire 18
construire 3	introduire 3	promettre 13	revenir 27	tenir 27
couvrir 17	obtenir 27	reconduire 3	revoir 29	traduire 3
décevoir 22				

Infinitif Participes	Indicatif				
	Présent	**Imparfait**	**Passé composé**	**Passé simple**	**Plus-que-parfait**
1 **aller** allant allé	vais vas va allons allez vont	allais allais allait allions alliez allaient	suis allé(e) es allé(e) est allé(e) sommes allé(e)s êtes allé(e)(s) sont allé(e)s	allai allas alla allâmes allâtes allèrent	étais allé(e) étais allé(e) était allé(e) étions allé(e)s étiez allé(e)(s) étaient allé(e)s
2 **boire** buvant bu	bois bois boit buvons buvez boivent	buvais buvais buvait buvions buviez buvaient	ai bu as bu a bu avons bu avez bu ont bu	bus bus but bûmes bûtes burent	avais bu avais bu avait bu avions bu aviez bu avaient bu
3 **conduire** conduisant conduit	conduis conduis conduit conduisons conduisez conduisent	conduisais conduisais conduisait conduisions conduisiez conduisaient	ai conduit as conduit a conduit avons conduit avez conduit ont conduit	conduisis conduisis conduisit conduisîmes conduisîtes conduisirent	avais conduit avais conduit avait conduit avions conduit aviez conduit avaient conduit
4 **connaître** connaissant connu	connais connais connaît connaissons connaissez connaissent	connaissais connaissais connaissait connaissions connaissiez connaissaient	ai connu as connu a connu avons connu avez connu ont connu	connus connus connut connûmes connûtes connurent	avais connu avais connu avait connu avions connu aviez connu avaient connu

Futur	Futur antérieur	Conditionnel Présent	Passé	Impératif	Subjonctif Présent	Passé composé du subjonctif
irai	serai allé(e)	irais	serais allé(e)		aille	sois allé(e)
iras	seras allé(e)	irais	serais allé(e)	va	ailles	sois allé(e)
ira	sera allé(e)	irait	serait allé(e)		aille	soit allé(e)
irons	serons allé(e)s	irions	serions allé(e)s	allons	allions	soyons allé(e)s
irez	serez allé(e)(s)	iriez	seriez allé(e)(s)	allez	alliez	soyez allé(e)(s)
iront	seront allé(e)s	iraient	seraient allé(e)s		aillent	soient allé(e)s
boirai	aurai bu	boirais	aurais bu		boive	aie bu
boiras	auras bu	boirais	aurais bu	bois	boives	aies bu
boira	aura bu	boirait	aurait bu		boive	ait bu
boirons	aurons bu	boirions	aurions bu	buvons	buvions	ayons bu
boirez	aurez bu	boiriez	auriez bu	buvez	buviez	ayez bu
boiront	auront bu	boiraient	auraient bu		boivent	aient bu
conduirai	aurai conduit	conduirais	aurais conduit		conduise	aie conduit
conduiras	auras conduit	conduirais	aurais conduit	conduis	conduises	aies conduit
conduira	aura conduit	conduirait	aurait conduit		conduise	ait conduit
conduirons	aurons conduit	conduirons	aurions conduit	conduisons	conduisions	ayons conduit
conduirez	aurez conduit	conduiriez	auriez conduit	conduisez	conduisiez	ayez conduit
conduiront	auront conduit	conduiraient	auraient conduit		conduisent	aient conduit
connaîtrai	aurai connu	connaîtrais	aurais connu		connaisse	aie connu
connaîtras	auras connu	connaîtrais	aurais connu	connais	connaisses	aies connu
connaîtra	aura connu	connaîtrait	aurait connu		connaisse	ait connu
connaîtrons	aurons connu	connaîtrions	aurions connu	connaissons	connaissions	ayons connu
connaîtrez	aurez connu	connaîtriez	auriez connu	connaissez	connaissiez	ayez connu
connaîtront	auront connu	connaîtraient	auraient connu		connaissent	aient connu

Infinitif Participes	Indicatif				
	Présent	Imparfait	Passé composé	Passé simple	Plus-que-parfait
5 **courir** courant couru	cours cours court courons courez courent	courais courais courait courions couriez couraient	ai couru as couru a couru avons couru avez couru ont couru	courus courus courut courûmes courûtes coururent	avais couru avais couru avait couru avions couru aviez couru avaient couru
6 **croire** croyant cru	crois crois croit croyons croyez croient	croyais croyais croyait croyions croyiez croyaient	ai cru as cru a cru avons cru avez cru ont cru	crus crus crut crûmes crûtes crurent	avais cru avais cru avait cru avions cru aviez cru avaient cru
7 **devoir** devant dû	dois dois doit devons devez doivent	devais devais devait devions deviez devaient	ai dû as dû a dû avons dû avez dû ont dû	dus dus dut dûmes dûtes durent	avais dû avais dû avait dû avions dû aviez dû avaient dû
8 **dire** disant dit	dis dis dit disons dites disent	disais disais disait disions disiez disaient	ai dit as dit a dit avons dit avez dit ont dit	dis dis dit dîmes dîtes dirent	avais dit avais dit avait dit avions dit aviez dit avaient dit
9 **écrire** écrivant écrit	écris écris écrit écrivons écrivez écrivent	écrivais écrivais écrivait écrivions écriviez écrivaient	ai écrit as écrit a écrit avons écrit avez écrit ont écrit	écrivis écrivis écrivit écrivîmes écrivîtes écrivirent	avais écrit avais écrit avait écrit avions écrit aviez écrit avaient écrit
10 **envoyer** envoyant envoyé	envoie envoies envoie envoyons envoyez envoient	envoyais envoyais envoyait envoyions envoyiez envoyaient	ai envoyé as envoyé a envoyé avons envoyé avez envoyé ont envoyé	envoyai envoyas envoya envoyâmes envoyâtes envoyèrent	avais envoyé avais envoyé avait envoyé avions envoyé aviez envoyé avaient envoyé
11 **faire** faisant fait	fais fais fait faisons faites font	faisais faisais faisait faisions faisiez faisaient	ai fait as fait a fait avons fait avez fait ont fait	fis fis fit fîmes fîtes firent	avais fait avais fait avait fait avions fait aviez fait avaient fait

		Conditionnel		**Impératif**	**Subjonctif**	
Futur	**Futur antérieur**	**Présent**	**Passé**		**Présent**	**Passé composé du subjonctif**
courrai	aurai couru	courrais	aurais couru		coure	aie couru
courras	auras couru	courrais	aurais couru	cours	coures	aies couru
courra	aura couru	courrait	aurait couru		coure	ait couru
courrons	aurons couru	courrions	aurions couru	courons	courions	ayons couru
courrez	aurez couru	courriez	auriez couru	courez	couriez	ayez couru
courront	auront couru	courraient	auraient couru		courent	aient couru
croirai	aurai cru	croirais	aurais cru		croie	aie cru
croiras	auras cru	croirais	aurais cru	crois	croies	aies cru
croira	aura cru	croirait	aurait cru		croie	ait cru
croirons	aurons cru	croirions	aurions cru	croyons	croyions	ayons cru
croirez	aurez cru	croiriez	auriez cru	croyez	croyiez	ayez cru
croiront	auront cru	croiraient	auraient cru		croient	aient cru
devrai	aurai dû	devrais	aurais dû		doive	aie dû
devras	auras dû	devrais	aurais dû	dois	doives	aies dû
devra	aura dû	devrait	aurait dû		doive	ait dû
devrons	aurons dû	devrions	aurions dû	devons	devions	ayons dû
devrez	aurez dû	devriez	auriez dû	devez	deviez	ayez dû
devront	auront dû	devraient	auraient dû		doivent	aient dû
dirai	aurai dit	dirais	aurais dit		dise	aie dit
diras	auras dit	dirais	aurais dit	dis	dises	aies dit
dira	aura dit	dirait	aurait dit		dise	ait dit
dirons	aurons dit	dirions	aurions dit	disons	disions	ayons dit
direz	aurez dit	diriez	auriez dit	dites	disiez	ayez dit
diront	auront dit	diraient	auraient dit		disent	aient dit
écrirai	aurai écrit	écrirais	aurais écrit		écrive	aie écrit
écriras	auras écrit	écrirais	aurais écrit	écris	écrives	aies écrit
écrira	aura écrit	écrirait	aurait écrit		écrive	ait écrit
écrirons	aurons écrit	écririons	aurions écrit	écrivons	écrivions	ayons écrit
écrirez	aurez écrit	écririez	auriez écrit	écrivez	écriviez	ayez écrit
écriront	auront écrit	écriraient	auraient écrit		écrivent	aient écrit
enverrai	aurai envoyé	enverrais	aurais envoyé		envoie	aie envoyé
enverras	auras envoyé	enverrais	aurais envoyé	envoie	envoies	aies envoyé
enverra	aura envoyé	enverrait	aurait envoyé		envoie	ait envoyé
enverrons	aurons envoyé	enverrions	aurions envoyé	envoyons	envoyions	ayons envoyé
enverrez	aurez envoyé	enverriez	auriez envoyé	envoyez	envoyiez	ayez envoyé
enverront	auront envoyé	enverraient	auraient envoyé		envoient	aient envoyé
ferai	aurai fait	ferais	aurais fait		fasse	aie fait
feras	auras fait	ferais	aurais fait	fais	fasses	aies fait
fera	aura fait	ferait	aurait fait		fasse	ait fait
ferons	aurons fait	ferions	aurions fait	faisons	fassions	ayons fait
ferez	aurez fait	feriez	auriez fait	faites	fassiez	ayez fait
feront	auront fait	feraient	auraient fait		fassent	aient fait

Infinitif Participes	Indicatif				
	Présent	Imparfait	Passé composé	Passé simple	Plus-que-parfait
12	lis	lisais	ai lu	lus	avais lu
	lis	lisais	as lu	lus	avais lu
lire	lit	lisait	a lu	lut	avait lu
lisant	lisons	lisions	avons lu	lûmes	avions lu
lu	lisez	lisez	avez lu	lûtes	aviez lu
	lisent	lisaient	ont lu	lurent	avaient lu
13	mets	mettais	ai mis	mis	avais mis
	mets	mettais	as mis	mis	avais mis
mettre	met	mettait	a mis	mit	avait mis
mettant	mettons	mettions	avons mis	mîmes	avions mis
mis	mettez	mettiez	avez mis	mîtes	aviez mis
	mettent	mettaient	ont mis	mirent	avaient mis
14	meurs	mourais	suis mort(e)	mourus	étais mort(e)
	meurs	mourais	es mort(e)	mourus	étais mort(e)
mourir	meurt	mourait	est mort(e)	mourut	était mort(e)
mourant	mourons	mourions	sommes mort(e)s	mourûmes	étions mort(e)s
mort	mourez	mouriez	êtes mort(e)(s)	mourûtes	étiez mort(e)(s)
	meurent	mouraient	sont mort(e)s	moururent	étaient mort(e)s
15	nais	naissais	suis né(e)	naquis	étais né(e)
	nais	naissais	es né(e)	naquis	étais né(e)
naître	naît	naissait	est né(e)	naquit	était né(e)
naissant	naissons	naissions	sommes né(e)s	naquîmes	étions né(e)s
né	naissez	naissiez	êtes né(e)(s)	naquîtes	étiez né(e)(s)
	naissent	naissaient	sont né(e)s	naquirent	étaient né(e)s
16	offre	offrais	ai offert	offris	avais offert
	offres	offrais	as offert	offris	avais offert
offrir	offre	offrait	a offert	offrit	avait offert
offrant	offrons	offrions	avons offert	offrîmes	avions offert
offert	offrez	offriez	avez offert	offrîtes	aviez offert
	offrent	offraient	ont offert	offrirent	avaient offert
17	ouvre	ouvrais	ai ouvert	ouvris	avais ouvert
	ouvres	ouvrais	as ouvert	ouvris	avais ouvert
ouvrir	ouvre	ouvrait	a ouvert	ouvrit	avait ouvert
ouvrant	ouvrons	ouvrions	avons ouvert	ouvrîmes	avions ouvert
ouvert	ouvrez	ouvriez	avez ouvert	ouvrîtes	aviez ouvert
	ouvrent	ouvraient	ont ouvert	ouvrirent	avaient ouvert
18	plais	plaisais	ai plu	plus	avais plu
	plais	plaisais	as plu	plus	avais plu
plaire	plaît	plaisait	a plu	plut	avait plu
plaisant	plaisons	plaisions	avons plu	plûmes	avions plu
plu	plaisez	plaisiez	avez plu	plûtes	aviez plu
	plaisent	plaisaient	ont plu	plurent	avaient plu

		Conditionnel		Impératif	Subjonctif	
Futur	Futur antérieur	Présent	Passé		Présent	Passé composé du subjonctif
lirai	aurai lu	lirais	aurais lu		lise	aie lu
liras	auras lu	lirais	aurais lu	lis	lises	aies lu
lira	aura lu	lirait	aurait lu		lise	ait lu
lirons	aurons lu	lirions	aurions lu		lisions	ayons lu
lirez	aurez lu	liriez	auriez lu	lisons	lisiez	ayez lu
liront	auront lu	liraient	auraient lu	lisez	lisent	aient lu
mettrai	aurai mis	mettrais	aurais mis		mette	aie mis
mettras	auras mis	mettrais	aurais mis	mets	mettes	aies mis
mettra	aura mis	mettrait	aurait mis		mette	ait mis
mettrons	aurons mis	mettrions	aurions mis		mettions	ayons mis
mettrez	aurez mis	mettriez	auriez mis	mettons	mettiez	ayez mis
mettront	auront mis	mettraient	auraient mis	mettez	mettent	aient mis
mourrai	serai mort(e)	mourrais	serais mort(e)		meure	sois mort(e)
mourras	seras mort(e)	mourrais	serais mort(e)	meurs	meures	sois mort(e)
mourra	sera mort(e)	mourrait	serait mort(e)		meure	soit mort(e)
mourrons	serons mort(e)s	mourrions	serions mort(e)s		mourions	soyons mort(e)s
mourrez	serez mort(e)(s)	mourriez	seriez mort(e)(s)	mourons	mouriez	soyez mort(e)(s)
mourront	seront mort(e)s	mourraient	seraient mort(e)s	mourez	meurent	soient mort(e)s
naîtrai	serai né(e)	naîtrais	serais né(e)		naisse	sois né(e)
naîtras	seras né(e)	naîtrais	serais né(e)	nais	naisses	sois né(e)
naîtra	sera né(e)	naîtrait	serait né(e)		naisse	soit né(e)
naîtrons	serons né(e)s	naîtrions	serions né(e)s		naissions	soyons né(e)s
naîtrez	serez né(e)(s)	naîtriez	seriez né(e)(s)	naissons	naissiez	soyez né(e)(s)
naîtront	seront né(e)s	naîtraient	seraient né(e)s	naissez	naissent	soient né(e)s
offrirai	aurai offert	offrirais	aurais offert		offre	aie offert
offriras	auras offert	offrirais	aurais offert	offre	offres	aies offert
offrira	aura offert	offrirait	aurait offert		offre	ait offert
offrirons	aurons offert	offririons	aurions offert		offrions	ayons offert
offrirez	aurez offert	offririez	auriez offert	offrons	offriez	ayez offert
offriront	auront offert	offriraient	auraient offert	offrez	offrent	aient offert
ouvrirai	aurai ouvert	ouvrirais	aurais ouvert		ouvre	aie ouvert
ouvriras	auras ouvert	ouvrirais	aurais ouvert	ouvre	ouvres	aies ouvert
ouvrira	aura ouvert	ouvrirait	aurait ouvert		ouvre	ait ouvert
ouvrirons	aurons ouvert	ouvririons	aurions ouvert		ouvrions	ayons ouvert
ouvrirez	aurez ouvert	ouvririez	auriez ouvert	ouvrons	ouvriez	ayez ouvert
ouvriront	auront ouvert	ouvriraient	auraient ouvert	ouvrez	ouvrent	aient ouvert
plairai	aurai plu	plairais	aurais plu		plaise	aie plu
plairas	auras plu	plairais	aurais plu	plais	plaises	aies plu
plaira	aura plu	plairait	aurait plu		plaise	ait plu
plairons	aurons plu	plairions	aurions plu		plaisions	ayons plu
plairez	aurez plu	plairiez	auriez lu	plaisons	plaisiez	ayez plu
plairont	auront plu	plairaient	auraient plu	plaisez	plaisent	aient plu

Infinitif Participes	Indicatif				
	Présent	Imparfait	Passé composé	Passé simple	Plus-que-parfait
19 **pleuvoir** pleuvant plu	pleut	pleuvait	a plu	plut	avait plu
20 **pouvoir** pouvant pu	peux peux peut pouvons pouvez peuvent	pouvais pouvais pouvait pouvions pouviez pouvaient	ai pu as pu a pu avons pu avez pu ont pu	pus pus put pûmes pûtes purent	avais pu avais pu avait pu avions pu aviez pu avaient pu
21 **prendre** prenant pris	prends prends prend prenons prenez prennent	prenais prenais prenait prenions preniez prenaient	ai pris as pris a pris avons pris avez pris ont pris	pris pris prit prîmes prîtes prirent	avais pris avais pris avait pris avions pris aviez pris avaient pris
22 **recevoir** recevant reçu	reçois reçois reçoit recevons recevez reçoivent	recevais recevais recevait recevions receviez recevaient	ai reçu as reçu a reçu avons reçu avez reçu ont reçu	reçus reçus reçut reçûmes reçûtes reçurent	avais reçu avais reçu avait reçu avions reçu aviez reçu avaient reçu
23 **rire** riant ri	ris ris rit rions riez rient	riais riais riait riions riiez riaient	ai ri as ri a ri avons ri avez ri ont ri	ris ris rit rîmes rîtes rirent	avais ri avais ri avait ri avions ri aviez ri avaient ri
24 **savoir** sachant su	sais sais sait savons savez savent	savais savais savait savions saviez savaient	ai su as su a su avons su avez su ont su	sus sus sut sûmes sûtes surent	avais su avais su avait su avions su aviez su avaient su
25 **suivre** suivant suivi	suis suis suit suivons suivez suivent	suivais suivais suivait suivions suiviez suivaient	ai suivi as suivi a suivi avons suivi avez suivi ont suivi	suivis suivis suivit suvîmes suivîtes suivirent	avais suivi avais suivi avait suivi avions suivi aviez suivi avaient suivi

		Conditionnel		Impératif	Subjonctif	
Futur	**Futur antérieur**	**Présent**	**Passé**		**Présent**	**Passé composé du subjonctif**
pleuvra	aura plu	pleuvrait	aurait plu		pleuve	ait plu
pourrai	aurai pu	pourrais	aurais pu		puisse	aie pu
pourras	auras pu	pourrais	aurais pu	(pas d'impératif)	puisses	aies pu
pourra	aura pu	pourrait	aurait pu		puisse	ait pu
pourrons	aurons pu	pourrions	aurions pu		puissions	ayons pu
pourrez	aurez pu	pourriez	auriez pu		puissiez	ayez pu
pourront	auront pu	pourraient	auraient pu		puissent	aient pu
prendrai	aurai pris	prendrais	aurais pris		prenne	aie pris
prendras	auras pris	prendrais	aurais pris	prends	prennes	aies pris
prendra	aura pris	prendrait	aurait pris		prenne	ait pris
prendrons	aurons pris	prendrions	aurions pris	prenons	prenions	ayons pris
prendrez	aurez pris	prendriez	auriez pris	prenez	preniez	ayez pris
prendront	auront pris	prendraient	auraient pris		prennent	aient pris
recevrai	aurai reçu	recevrais	aurais reçu		reçoive	aie reçu
recevras	auras reçu	recevrais	aurais reçu	reçois	reçoives	aies reçu
recevra	aura reçu	recevrait	aurait reçu		reçoive	ait reçu
recevrons	aurons reçu	recevrions	aurions reçu	recevons	recevions	ayons reçu
recevrez	aurez reçu	recevriez	auriez reçu	recevez	receviez	ayez reçu
recevront	auront reçu	recevraient	auraient reçu		reçoivent	aient reçu
rirai	aurai ri	rirais	aurais ri		rie	aie ri
riras	auras ri	rirais	aurais ri	ris	ries	aies ri
rira	aura ri	rirait	aurait ri		rie	ait ri
rirons	aurons ri	ririons	aurions ri	rions	riions	ayons ri
rirez	aurez ri	ririez	auriez ri	riez	riiez	ayez ri
riront	auront ri	riraient	auraient ri		rient	aient ri
saurai	aurai su	saurais	aurais su		sache	aie su
sauras	auras su	saurais	aurais su	sache	saches	aies su
saura	aura su	saurait	aurait su		sache	ait su
saurons	aurons su	saurions	aurions su	sachons	sachions	ayons su
saurez	aurez su	sauriez	auriez su	sachez	sachiez	ayez su
sauront	auront su	sauraient	auraient su		sachent	aient su
suivrai	aurai suivi	suivrais	aurais suivi		suive	aie suivi
suivras	auras suivi	suivrais	aurais suivi	suis	suives	aies suivi
suivra	aura suivi	suivrait	aurait suivi		suive	ait suivi
suivrons	aurons suivi	suivrions	aurions suivi	suivons	suivions	ayons suivi
suivrez	aurez suivi	suivriez	auriez suivi	suivez	suiviez	ayez suivi
suivront	auront suivi	suivraient	auraient suivi		suivent	aient suivi

Infinitif Participes		Indicatif				
	Présent	Imparfait	Passé composé	Passé simple	Plus-que-parfait	
26	vaux	valais	ai valu	valus	avais valu	
	vaux	valais	as valu	valus	avais valu	
valoir	vaut	valait	a valu	valut	avait valu	
valant	valons	valions	avons valu	valûmes	avions valu	
valu	valez	valiez	avez valu	valûtes	aviez valu	
	valent	valaient	ont valu	valurent	avaient valu	
27	viens	venais	suis venu(e)	vins	étais venu(e)	
	viens	venais	es venu(e)	vins	étais venu(e)	
venir	vient	venait	est venu(e)	vint	était ven(e)	
venant	venons	venions	sommes venu(e)s	vînmes	étions venu(e)s	
venu	venez	veniez	êtes venu(e)(s)	vîntes	étiez venu(e)(s)	
	viennent	venaient	sont venu(e)s	vinrent	étaient venu(e)s	
28	vis	vivais	ai vécu	vécus	avais vécu	
	vis	vivais	as vécu	vécus	avais vécu	
vivre	vit	vivait	a vécu	vécut	avait vécu	
vivant	vivons	vivions	avons vécu	vécûmes	avions vécu	
vécu	vivez	viviez	avez vécu	vécûtes	aviez vécu	
	vivent	vivaient	ont vécu	vécurent	avaient vécu	
29	vois	voyais	ai vu	vis	avais vu	
	vois	voyais	as vu	vis	avais vu	
voir	voit	voyait	a vu	vit	avait vu	
voyant	voyons	voyions	avons vu	vîmes	avions vu	
vu	voyez	voyiez	avez vu	vîtes	aviez vu	
	voient	voyaient	ont vu	virent	avaient vu	
30	veux	voulais	ai voulu	voulus	avais voulu	
	veux	voulais	as voulu	voulus	avais voulu	
vouloir	veut	voulait	a voulu	voulut	avait voulu	
voulant	voulons	voulions	avons voulu	voulûmes	avions voulu	
voulu	voulez	vouliez	avez voulu	voulûtes	aviez voulu	
	veulent	voulaient	ont voulu	voulurent	avaient voulu	

		Conditionnel		Impératif	Subjonctif	
Futur	**Futur antérieur**	**Présent**	**Passé**		**Présent**	**Passé composé du subjonctif**
vaudrai	aurai valu	vaudrais	aurais valu		vaille	aie valu
vaudras	auras valu	vaudrais	aurais valu	vaux	vailles	aies valu
vaudra	aura valu	vaudrait	aurait valu		vaille	ait valu
vaudrons	aurons valu	vaudrions	aurions valu	valons	valions	ayons valu
vaudrez	aurez valu	vaudriez	auriez valu	valez	valiez	ayez valu
vaudront	auront valu	vaudraient	auraient valu		vaillent	aient valu
viendrai	serai venu(e)	viendrais	serais venu(e)		vienne	sois venu(e)
viendras	seras venu(e)	viendrais	serais venu(e)	viens	viennes	sois venu(e)
viendra	sera venu(e)	viendrait	serait venu(e)		vienne	soit venu(e)
viendrons	serons venu(e)s	viendrions	serions venu(e)s	venons	venions	soyons venu(e)s
viendrez	serez venu(e)(s)	viendriez	seriez venu(e)(s)	venez	veniez	soyez venu(e)(s)
viendront	seront venu(e)s	viendraient	seraient venu(e)s		viennent	soient venu(e)s
vivrai	aurai vécu	vivrais	aurais vécu		vive	avais vécu
vivras	auras vécu	vivrais	aurais vécu	vis	vives	avais vécu
vivra	aura vécu	vivrait	aurait vécu		vive	avait vécu
vivrons	aurons vécu	vivrions	aurions vécu	vivons	vivions	avions vécu
vivrez	aurez vécu	vivriez	auriez vécu	vivez	viviez	aviez vécu
vivront	auront vécu	vivraient	auraient vécu		vivent	avaient vécu
verrai	aurai vu	verrais	aurais vu		voie	aie vu
verras	auras vu	verrais	aurais vu	vois	voies	aies vu
verra	aura vu	verrait	aurait vu		voie	ait vu
verrons	aurons vu	verrions	aurions vu	voyons	voyions	ayons vu
verrez	aurez vu	verriez	auriez vu	voyez	voyiez	ayez vu
verront	auront vu	verraient	auraient vu		voient	aient vu
voudrai	aurai voulu	voudrais	aurais voulu		veuille	aie voulu
voudras	auras voulu	voudrais	aurais voulu	veuille	veuilles	aies voulu
voudra	aura voulu	voudrait	aurait voulu		veuille	ait voulu
voudrons	aurons voulu	voudrions	aurions voulu	veuillons	voulions	ayons voulu
voudrez	aurez voulu	voudriez	auriez voulu	veuillez	vouliez	ayez voulu
voudront	auront voulu	voudraient	auraient voulu		veuillent	aient voulu

Abbreviations
adj adjective
f feminine
m masculine
pl plural

à in, at, to; **— bord** aboard; **— côté de** beside, next to; **— deux lits** with two beds; **— la carte** choosing from menu; **— la mode** in fashion; **— la portée** within reach; **— l'heure** on time; **— mi-temps** part time; **— mon avis** in my opinion; **— partir de** from; **— pied** on foot; **— plein temps** full time; **— son sujet** about him; **— ta guise** as you wish; **— temps partiel** part time; **— travers** throughout

abonné *m,* **abonnée** *f* subscriber

abandonner to abandon

abri *m* shelter

abus *m* abuse, grievance, misuse

accepter to accept

accident *m* accident

accompagner to accompany

accomplir to accomplish

accord *m* agreement; **d'—** ok

accourir to come running

accueil *m* reception, welcome

accueillant friendly, hospitable

accueillir to greet

accusé *m,* **accusée** *f* accused, prisoner, defendant

achat *m* purchase; **faire des —s** to go shopping

acheter to buy

acide *m* acid; *adj* acid, sour, tart, sharp

acquitté acquitted

acteur *m* actor

actif (-ive) active

activité *f* activity

actrice *f* actress

actualités *f pl* news

addition *f* bill

adieu good-bye

admettre to admit

administration *f* administration

admiration *f* admiration

adolescence *f* adolescence

adorer to adore

adresse *f* address

adulte *m, f* adult

advenir to come to pass

aéroport *m* airport

affaires *f pl* things, belongings; **d'—** business

affectif (-ive) affective

affection *f* affection

affiche *f* poster

Afrique *f* Africa

âge *m* age

agence *f* agency **— de voyages** travel agency

agent de police *m* policeman

agent publicitaire *m, f* advertising agent, publicity agent

s'agir de to be a question of, to be a matter of; **s'agit-il** is it about

agréable pleasant

agriculture *f* agriculture

ailleurs elsewhere

aimer to love; **s'—** to like, to love each other

ainsi thus; **— que** as well as

air: avoir l'— to appear, to look (seem)

ajouter to add

alcool *m* alcohol

Algérie *f* Algeria

alimentation *f* nourishment

Allemagne *f* Germany

allemand German

aller to go; **comment allez-vous?** how are you?

allergique (à) allergic (to)

allô hello (on the phone)

allocations familiales *f pl* government money given to families based on number of children

allongé lengthened

allumé turned on, lighted

allumer to light, turn on

alors so, well, then; **— que** while, when, whereas

alpinisme *m* mountain climbing

amaigrissement *m* weight loss
ambassade *f* embassy
ambitieux (-euse) ambitious
américain American
Amérique du Nord *f* North America
Amérique du Sud *f* South America
amidon *m* starch
ami(e) *m, f* friend
amitié *f* friendship, friendliness
amour *m* love
amoureux: tomber — to fall in love
amplifier to amplify, increase
amusant amusing
s'amuser to have a good time; **—
    comme des fous** have a great time
ancien(ne) ancient, former
angine *f* strep throat
anglais English
Angleterre *f* England
angoissé frightened
animateur *m*, **animatrice** *f* talk show
    host
année *f* year; **cette —** this year
anniversaire *m* birthday
annonce *f* announcement
anorak *m* ski jacket, windbreaker
an *m* year
Antarctique *f* Antarctica
août August
apéritif *m* before-dinner drink
appareil *m* device, machine
appareil-photo *m* camera
apparence *f* appearance
appartement *m* apartment
appeler to call; **s'—** to be named;
    appelez-vous call yourself; **je
    m'appelle** my name is
appréciation *f* appreciation
apprendre to learn, teach
après after
après-midi *m* afternoon
arbre *m* tree
architecte *m, f* architect
argent *m* money; **— liquide** cash
armée *f* army
armoire *f* wardrobe, closet
arrêt d'autobus *m* bus stop
arrêter to stop; **s'—** to stop (oneself)
arrière-grand-mère *f* great-grand-
    mother
arrivée *f* arrival
arriver to happen; **— à** to succeed,
    manage

arrondi rounded
arrondissement *m* administrative
    division
artichaut *m* artichoke
artisan(e) *m, f* craftsman
ascenseur *m* elevator
ascension *f* ascent, climbing
Asie *f* Asia
asperge *f* asparagus
aspiration *f* desire, aspiration
assez enough, rather; **— de** enough
assis seated
assistant(e) social(e) *m, f* social
    worker
assister à to attend
assurance *f* insurance
assuré assured
athlétisme *m* track and field
atmosphère *f* atmosphere
attachement *m* attachment
atteindre to reach
attendre to wait for, expect
attirant attractive
attirer to attract
au in, at, to; **— chômage** unem-
    ployed; **— fait** by the way; **—
    mètre carré** by the square meter;
    — milieu de in the middle of; **—
    moins** at least; **— sortir** at the exit;
    — sujet de about, on the subject of
au-dessus de beyond, above
auberge de jeunesse *f* youth hostel
aucun(e) no, none; **ne . . . —** none,
    not any
audio-visuel(le) audio-visual
augmentation *f* increase; **— de
    salaire** *f* pay raise
aujourd'hui today
auquel to whom, to which
aussi also, too
aussitôt que as soon as
Australie *f* Australia
autant de as much, as many; **— . . .
    que** as much (many) . . . as
auto-école *f* driving school
automne *m* autumn
autoroute *f* expressway, freeway
autour de around
autre other, another; **— chose** *f*
    another thing, anything else;
    d'—s others
autrefois formerly, once
Autriche *f* Austria

avance: en — early
avant before
avant-bras *m* forearm
avantage *m* advantage; **—s** *m pl*
    benefits
avec with
avenir *m* future
aventure *f* adventure
aventureux (-euse) adventurous
avenue *f* avenue
averse *f* rain shower
avion *m* plane
avis *m* opinion
avocat(e) *m, f* lawyer
avoir to have; **— besoin de** to need;
    — bon caractère to be easy to get
    along with; **— chaud** to be hot;
    — de la chance to be lucky; **—
    envie de** to want, to feel like; **— faim**
    to be hungry; **— froid** to be cold; **—
    l'air** to appear, to look (seem); **—
    l'habitude de** to be in the habit of;
    — lieu to take place; **— l'intention
    de** to intend; **— l'occasion de** to
    have the chance, to have the oppor-
    tunity; **— mal** to hurt; **en — marre**
    to be fed up; **— peur** to be afraid;
    — raison to be right; **— soif** to be
    thirsty; **— sommeil** to be sleepy; **—
    tort** to be wrong
avouer to confess
avril April

bac (baccalauréat) *m* national exami-
    nation taken by French students in
    last year of high school
baccalauréat *m* French high school di-
    ploma
baguette *f* long loaf of bread
bain de soleil *m* sunbath; **prendre
    un —** to sunbathe
balcon *m* balcony
baleine *f* whale
ballet *m* ballet
banane *f* banana
banc *m* bench
banlieue *f* suburb
banque *f* bank; **— de donnée** *f* data
    bank
baptême *m* baptism
baptisé baptised
barque *f* small boat
barrage *m* dam

bas *m pl* hose (stockings)
base: de — basic
basé based
base-ball *m* baseball
basket-ball *m* basketball
bateau (x) *m* boat
bâtiment *m* building
beau, bel, belle, beaux, belles beautiful, handsome
beaucoup a great deal, much, many; **— de** much, many
beige beige
belge Belgian
Belgique *f* Belgium
belle-mère *f* mother-in-law
belle saison *f* spring or summer
ben well (*colloquial*)
berceau *m* cradle
besoin: avoir — de to need
bête *adj* stupid
bête *f* animal; **— sauvage** *f* wild animal
beurre *m* butter
bibliothèque *f* library
bicyclette *f* bicycle
bien well, fine; **— des** many; **— sûr!** of course!
bienfait *m* good deed
bienvenue *f* welcome
bière *f* beer
bijouterie *f* jewelry store
bijoux *m pl* jewelry
bilingue bilingual
billard *m* billiards
billet *m* banknote, bill, ticket
biologie *f* biology
biscotte *f* melba toast
blanc(he) white
blé *m* wheat
bleu blue
blond blond
bœuf *m* beef
boire to drink
bois *m* wood
boisson *f* drink
bon, bonne good; **avoir — caractère** to be easy to get along with; **bonne chance** good luck; **bonne occasion** *f* bargain; **bonnes vacances** have a good vacation; **de — goût** in good taste; **être en bonne forme** to be in good shape; **— marché** cheap, a good buy, inexpensive

bonheur *m* happiness
bonjour hello
botte *f* boot
bouche *f* mouth
boucherie *f* butcher shop
bouclé curly
bouger to move
boulangerie *f* bakery
boule *f* ball
boulevard *m* boulevard
bouquiniste *m* dealer in second-hand books
bourré de fric loaded with money
bouteille *f* bottle
boxe *f* boxing
braderie *f* discount counter
branche *f* branch
bras *m* arm
bras-dessus, bras-dessous arm in arm
brasserie *f* bar, pub
Brésil *m* Brazil
brillamment brilliantly
bronches *f pl* respiratory system
bronchite *f* bronchitis
bronzé suntanned, tanned
brosse à dents *f* toothbrush
se brosser to brush
brouillard *m* fog
brouillon *m* rough draft
brousse *f* bush
bruit *m* noise
brûler to burn
brun dark, brown
bûcheron *m* logger
bulletin météorologique *m* weather bulletin
bureau (-x) *m* desk, office
buste *m* upper body

ça that (informal); **— fait** that makes (result in mathematics); **— me va bien** it fits nicely, it looks good on me; **— ne fait rien** it doesn't matter; **— ne se fait pas** that's not done
ça va things are fine
câble *m* cable
cabossé dented
cadeau (-x) *m* gift
cadre d'entreprise *m* business executive

café *m* coffee, café; **— au lait** *m* coffee with hot milk; **— crème** *m* coffee with cream; **— noir** *m* black coffee
cahier *m* notebook
calculatrice *f* calculator
calme calm
camarade de chambre *m, f* roommate
cambrioler to burglarize
caméscope *m* camcorder
campagne *f* country
camper to camp out
camping *m* campground; **faire du —** to go camping
campus *m* campus
Canada *m* Canada
canadien(ne) Canadian
canapé *m* sofa
cancer *m* cancer
candidat(e) *m, f* candidate
capitale *f* capital
car *m* inter-city bus
caractère *m* character; **avoir bon —** to be easy to get along with
carafe *f* carafe
carotte *f* carrot
carré square
carte *f* map, card; **— de crédit** *f* credit card; **— postale** *f* postcard; **—s à mémoire** *f* "smart cards"; **—s de séjour** *f* residence permits
se casser to break
casserole *f* pan
cassette *f* cassette
catastrophe *f* catastrophe
catégorie *f* category
cathédrale *f* cathedral
catholique Catholic
cauchemar *m* nightmare
causerie *f* talk show
ce it, that, he, she, they
ce(t), cette, ces this, that, these, those
ce que what, that which
ce qui what, that which
ceci this
céder to give up, yield, surrender
cela that
célèbre famous
célibataire single
celui, celle, ceux, celles this (that) one, these, those; the one(s)

cendre *f* ash
cendrier *m* ashtray
cent hundred
centaine *f* about a hundred
centimètre *m* centimeter
centre *m* center
centre-ville *m* downtown area
cependant however
cercle *m* circle
céréale *f* grain
cerise *f* cherry
certain certain
sans cesse constantly
c'est it is; **c'est dommage** it's too
    bad
c'est-à-dire that is, that is to say
chacun(e) each (one)
chaîne *f* channel
chaîne-stéréo *m* stereo
chaise *f* chair
chambre *f* bedroom; **faire sa —** to
    clean one's room
champ *m* field
champignon *m* mushroom
championnat *m* championship
chance *f* luck; **avoir de la —** to be
    lucky
changer to change
chanson *f* song
chanteur *m,* **chanteuse** *f* singer
chapeau (-x) *m* hat
chaque each
charbon *m* coal, charcoal
charcuterie *f* pork shop, deli
charpentier *m* carpenter
chasse *f* hunting
chat *m* cat
châtain brown (hair)
château (-x) *m* castle
chaud hot, warm; **avoir —** to be hot
chaussette *f* sock
chaussure *f* shoe; **— de tennis**
    tennis shoe
chef d'entreprise *m* company head
chemin *m* road, way
chemise *f* shirt; **— de nuit** *f* night-
    shirt, nightgown
chemisier *m* blouse
cher, chère dear; expensive
chercher to look for
chercheur scientifique *m,* **cher-**
    cheuse scientifique *f* scientific re-
    searcher

cheval *m* horse
cheveux *m pl* hair
chez at the home of, at the business of
chic stylish; **sois —** be nice
chien *m* dog
chiffre d'affaires *m* turnover
    (financial)
chimie *f* chemistry
chimique chemical
Chine *f* China
chinois Chinese
chirurgien *m,* **chirurgienne** *f*
    surgeon
chocolat *m* chocolate
choisir to choose
choix *m* choice
chômage *m* unemployment
choqué shocked
chose *f* thing; **autre —** something
    else
chrysanthème *m* chrysanthemum
chute *f* waterfall
ciel *m* sky
cinéma *m* movie theater
cinq five
cinquante fifty
cité ouvrière *f* housing development
citoyen *m,* **citoyenne** *f* citizen
citron pressé *m* lemonade
civilisation *f* civilization
clair light, pale
clarinette *f* clarinet
classe *f* class
classique classic
clavier *m* keyboard
clé *m* key
client *m,* **cliente** *f* customer
climat *m* climate
cochon *m* pig
cœur *m* heart
colère *f* anger; **se mettre en —** to
    get angry
collant *m* panty hose
colline *f* hill
colonie de vacances *f* summer camp
combien how much, how many; **—**
    de temps how much time
comédien *m,* **comédienne** *f*
    comedian
comme like, as; **— d'habitude** as
    usual; **— tout** as anything
commencer to start
comment how

commentaire *m* commentary
commerçant(e) *m, f* small business
    person, shopkeeper
commerce *m* business, commerce
commercial commercial
commettre to commit
commissariat de police *m* police
    station
commode *f* chest of drawers
compact dense
comparaison *f* comparison
compétent competent
complément familial *m* government
    subsidy for families with more than
    three children or with a very young
    child
complet (-ète) full, complete
complet *m* men's suit
compliqué complicated
comportement *m* behavior
comporter to include
compréhensif (-ive) comprehensive,
    understanding
comprendre to understand; to
    include
comprimé d'aspirine *m* aspirin tablet
compris included; **y —** including
comptabilité *f* accounting
comptable *m, f* accountant
compte *m* count, tally; **pour son —**
    for oneself
compte-chèque *m* checking account
compte rendu *m* report
compter to count, expect; **il faut —**
    combien how much do you have to
    pay?
concerner to concern
concert *m* concert
concierge *m, f* building caretaker
condamné condemned, convicted
condition *f* condition
condoléances *f pl* condolences, sym-
    pathy
conduire to conduct; to drive
conférence *f* lecture
confirmer to confirm
conflit *m* conflict
confortable comfortable
congé *m* leave, vacation
congélateur *m* freezer
connaître to know, become ac-
    quainted with; **tu n'y connais rien**
    you don't know anything about it

connu known

consacré consecrated, devoted, established; **— au** devoted to

conscience *f* realization

conseil *m* advice, counsel, council

conseiller *m*, **conseillère** *f* counselor

conseiller to advise

conserve *f* preserve; canned food

conserver to preserve; to keep

considérer to consider

constater to notice

constituer to constitute

constitution *f* constitution

consulter to consult

contagieux (-euse) contagious, infectious

contaminer to contaminate

conte *m* short story

contenir to contain

content content

se contenter to be satisfied, to be content

continent *m* continent

contraste *m* contrast

contre against; **par —** on the other hand

contremaître *m* foreman

contrôle *m* control

copain *m*, **copine** *f* pal, buddy

corps *m* body

correspondre to correspond

cosmopolite cosmopolitan

costume *m* costume, suit

côte *f* coast; **— à —** side by side

côté *m* side, direction, way; coast; **à — de** beside, next to

se coucher to go to bed

coucher du soleil *m* sunset

coude *m* elbow

couler to flow

coup *m* blow; **— de foudre** *m* love at first sight; **— de pompe** *m* sudden feeling of exhaustion; **— de soleil** *m* sunburn

coupable *m* guilty person; **être —** to be guilty

couper to cut; **se —** to cut oneself

courageux (-euse) courageous

courir to run

couronne *f* loaf of bread

courrier *m* mail

cours *m* course

course *f* race; **— à pied** *f* running; **faire des —s** to run errands

court short

cousin *m*, **cousine** *f* cousin

couteau (-x) *m* knife

coûter to cost

coutume *f* custom, habit

couvert covered, cloudy

craie *f* chalk

craindre to fear, be afraid (of)

cravate *f* tie

crayon *m* pencil

crèche *f* day-care center

créer to create

crème *f* cream; **— fraîche** *f* fresh cream

creuser leur sillage to leave their marks

crevé tired out

crime *m* crime

crise cardiaque *f* heart attack

crispé tense

croire to believe

croisière *f* tour, trip, cruise

croissant *m* crescent roll

cruauté *f* cruelty

cruel(le) cruel

cuiller (or cuillère) *f* spoon; **— à soupe** *f* tablespoon

cuire to cook

cuisine *f* kitchen; **faire la —** to cook, to do the cooking

cuisine minceur *f* lean cuisine

cuisinier *m*, **cuisinière** *f* cook

cuisinière *f* stove

cuit cooked

culte *m* cult, worship

cultivateur *m*, **cultivatrice** *f* farmer

cultiver to cultivate

culturel(le) cultural

d'abord first

d'accord ok

d'affaires business

Danemark *m* Denmark

danger *m* danger

dans in

danse aérobique *f* aerobics

danser to dance

date *f* date

dauphin *m* dolphin

d'autres others

davantage more

de of, from, by; (*as partitive*) some, any; **— base** basic; **— bon goût** in good taste; **— mauvais goût** in bad taste; **— mon mieux** my best

débouché *m* job opening, opportunity

déboucher to pull out, to clear

débrouillard smart, resourceful

se débrouiller to manage, to get along

début *m* beginning

décembre December

déchets *m pl* wastes

décider decide

décision *f* decision

découvert discovered

décrire to describe

dedans inside

défendre to defend, to protect

définir to define

déforestation *f* deforestation

dehors outside

déjà already

déjeuner *m* lunch; **petit —** breakfast

délégation *f* delegation

demain tomorrow

demander to ask; **— de tes nouvelles** to ask about you; **demandez donc** why don't you ask; **se —** to wonder

démarche *f* walk, gait

demeurer to remain

demi *m* mug of beer; one half

démocratie *f* democracy

démodé out of style

dent *f* tooth

dentifrice *m* toothpaste

dentiste *m, f* dentist

déodorant *m* deodorant

départ *m* departure

se dépêcher (de) to hurry

dépense *f* expense

dépenser to spend

déposer to drop off, set down

déprimé depressed

depuis since

dernier (ère) last

derrière behind

des some, any

dès que as soon as

désagréable unpleasant

descendre to go down

désertification *f* over-use of land resulting in desert-like soil

désintégrer to disintegrate
désir *m* desire, wish, longing
désolé sorry, distressed
desquels of whom, of which
dessert *m* dessert
dessin animé *m* cartoon
dessiner to design, draw
se détendre to relax
détester to hate
dette *f* debt
deuil *m* mourning
deux two
devant in front of
devenir to become
deviner to guess
devise *f* motto
devoir to have to, must
devoirs *m pl* duties; homework; **faire ses —** to do one's homework
d'habitude usually
diarrhée *f* diarrhea
dictionnaire *m* dictionary
dicton *m* saying
dieu *m* god
différenciation *f* differentiation
difficile difficult
diffuser to broadcast
digestif *m* after-dinner drink
dimanche Sunday
dîner *m* dinner
diplôme *m* diploma
dire to say, tell; **c'est-à- —** that is to say
dirigé directed
diriger to direct
dis donc hey
discrimination *f* discrimination
disparaître to disappear
disparition *f* disappearance
dispute *f* quarrel
se disputer to fight, quarrel
disque *m* record; **— compact** *m* compact disc
dissertation *f* term paper
distances *f pl* distances
distraction *f* entertainment
divertissement *m* enjoyment, entertainment
divisé divided; **— par** divided by (in mathematics)
divorcé divorced
divorcer to divorce
dix ten

dix-huit eighteen
dix-neuf nineteen
dix-sept seventeen
dizaine *f* about ten
d'occasion secondhand, used
doctorat *m* doctorate
documentaire *m* documentary
doigt *m* finger
dommage, il est dommage, c'est dommage it's a pity, it's too bad
donc therefore, then, so
dont about which, whose
dormir to sleep
dos *m* back
dossier *m* record, file, dossier
douche *f* shower
doué gifted, talented
douleur *f* pain, suffering
doute *m* doubt
doux, douce sweet, mild
douzaine *f* dozen
douze twelve
drogue *f* drug (illegal)
droguerie *f* drugstore
droit *adj* right, straight
droit *m* law, right; **tout —** straight ahead
drôle funny
du of, from, by
duquel of whom, of which
dur difficult, hard
durée *f* duration
dynamique dynamic

eau *f* water; **— d'érable** *f* maple sap; **— minérale** *f* mineral water
échalote *f* shallot
école *f* school
économie *f* economy
économiser to save (money)
écouter to listen
écran *m* screen
écrire to write
éducation *f* education
effet de serre *m* greenhouse effect
efficace efficacious, effective
également also
égalité *f* equality
égal (pl -aux) equal
église *f* church
Égypte *f* Egypt
élection *f* election
électoral (pl -aux) electoral

électricien(ne) *m, f* electrician
électronique *f* electronics
élégance *f* elegance
éléphant *m* elephant
élevé high, raised
élever to raise
elle she, her, it
elles *f* they, them
élu elected
embaucher to hire
embêtant annoying
embouchure *f* mouth of a river
s'embrasser to kiss (each other)
émission *f* broadcast, program
emmener to take someone to a place
empêchement *m* delay; **elle a eu un —** something came up
empêcher to hinder, keep from
s'empiler to pile up
emploi *m* employment, job
employé(e) *m, f* employee
employeur *m* employer
emprunter to borrow
en in, to, at; of it, of them, some, any; **— avoir marre** to be fed up; **— entrant** upon entering; **— espèces** in cash; **— face de** facing, across from; **— fait** in fact; **— fin de compte** everything considered; **— plus de** beyond, in addition to; **— pratiquant** by practicing; **— route** on the way; **— solde** on sale; **— somme** in summary
enchanté delighted; pleased to meet you
encore more, still, yet, again
encourager to encourage
endroit *m* place, spot
endurance *f* endurance
énergie *f* energy
enfance *f* childhood
enfant *m, f* child
enfin finally, at last, after all
ennemi *m* enemy, foe
ennui *m* trouble, difficulty
ennuyeux (-euse) boring
enseignement *m* teaching
enseigner to teach
ensemble together
ensuite afterwards, then
entendre to hear; **s'— (avec)** to get along (with)
enterrement *m* burial, funeral

entier (-ère) entire
entourer to surround
s'entraîner to train
entraînement training (athletic)
entre between
entrée *f* first course
entreprise *f* business, company
entrer to enter, to go in
entretien *m* upkeep, maintenance
enveloppe *f* envelope
envie: avoir — de to want, to feel like
environ about, around
environnement *m* environment
envisager to consider
envoyer to send
épaule *f* shoulder
épicerie *f* grocery store
époque *f* epoch, era, time
épouvante *f* horror
éprouver to feel, experience
épuiser to exhaust
équilibré balanced, well-balanced
équipe *f* team
équipement *m* equipment
érable *m* maple
escalade: faire de l'— to go climbing
escale *f* intermediate stop
espace *m* space
Espagne *f* Spain
espagnol Spanish
espèce *f* species, type; **en —s** in cash; **— en voie d'extinction** *f* endangered species
espérance *f* hope
espérer to hope
espoir *m* hope
essayer to try, to try on
est (he, she, it) is
est *m* east
esthétique aesthetic
estomac *m* stomach
et and
étagère *f* shelf
étape *f* stage
état *m* state
États-Unis *m pl* United States
été *m* summer
étendu extensive
étoile *f* star
étourdi dazed
étranger *m,* **étrangère** *f* foreigner, stranger

être to be, exist; **— à** to belong to; **— coupable** to be guilty; **— en avance** to be early; **— en bonne forme** to be in good shape
étude de cas *f* case study
études *f pl* studies
étudiant *m,* **étudiante** *f* student
étudier to study
Europe *f* Europe
eux *m* they, them
événement *m* event
éviter to avoid
exact exact
exagérer to exaggerate
examen *m* test, exam
excellent excellent
exceptionnel(le) exceptional
excursion *f* excursion, tour
excusez-moi excuse me
exiger to demand
exil *m* exile
expliquer to explain
explorateur *m,* **exploratrice** *f* explorer
exploration *f* exploration
exposition *f* exhibition, exhibit
exprès on purpose
exprimer to express
extérieur *m* exterior
extra extra, special, super, excellent

face: en — de facing, across from
fâché angry (with)
se fâcher to get angry
facile easy
facilement easily
facture *f* bill (of sale)
faim *f* hunger; **avoir —** to be hungry
faire to do, make; **— cuire** to cook; **— de la gymnastique** to exercise; **— de la peinture** to paint; **— de la sculpture** to sculpt; **— de l'escalade** to go climbing; **— de son mieux** to do one's best; **— des achats** to go shopping; **— des courses** to run errands; **— du camping** to go camping; **— du cinéma** to act in the movies; **— du ski** to go skiing; **se — du souci** to worry; **— du sport** to participate in sports; **— du théâtre** to act in plays; **— foi** to attest; **faire jour** to become light; **— la cuisine** to cook,

to do the cooking; **— sa toilette** to wash, groom; **— la vaisselle** to do the dishes; **— le marché** to go grocery shopping; **— le ménage** to do the housework; **— le tour** to go around; **— plaisir** to please; **— sa chambre** to clean one's room; **— ses devoirs** to do one's homework; **— son lit** to make one's bed; **— une promenade** to go for a walk; **— un voyage** to take a trip; **ça ne se fait pas** that's not done; **ça ne fait rien** it doesn't matter
fait *m* fact; **au —** by the way; **en —** in fact
famille *f* family
fascinant fascinating
fascisme *m* fascism
fatigant tiring
fatigué tired, fatigued
fauché broke, out of money
faut: il— one needs, it is necessary
fauteuil *m* armchair
faux, fausse false
félicitations *f pl* congratulations
femme *f* woman
fenêtre *f* window
fermé locked, closed
fermer to close
festival *m* festival
fête *f* holiday, patron saint's day, holiday celebration
feu de bois *m* wood fire
feu rouge *m* red light
feu vert *m* green light
feuille *f* leaf
feuilleton *m* soap opera
février February
fibre de verre *f* fiberglass
fidèle faithful
fidélité *f* fidelity, faithfulness, loyalty
fier (-ère) proud
fierté *f* pride
fièvre *f* fever
figuré figurative; figured
fille *f* daughter, girl
film *m* movie, film
fils *m* son
fin *f* end; **en — de compte** everything considered
finir to finish
flatter to flatter
fleur *f* flower

fleuriste *m, f* florist
fleuve *m* major river
flûte *f* flute
foie *m* liver
fois *f* time; times (in mathematics);
 une — once
foncé dark
fonctionnaire *m* civil servant, government worker
fondamental (*pl* -**aux**) fundamental, essential
football *m* soccer
football américain *m* football
forêt *f* forest
forme *f* shape; **être en bonne —** to be in good shape
former to form
formidable great, wonderful
fort strong
fou, folle crazy
fourchette *f* fork
frais, fraîche fresh
fraise *f* strawberry
franc(he) frank
français French
France *f* France
franchement frankly
francophone French-speaking
freiner to apply the brakes
frère *m* brother
fric *m* money (slang)
froid *m* cold; **avoir —** to be cold
froid cold
fromage *m* cheese
front *m* forehead
fruit *m* fruit
fumée *f* smoke
fumer to smoke

gagner to earn, win; **— sa vie** to earn a living
garage *m* garage
garçon *m* boy
garde-robe *f* wardrobe
garder to keep, watch over
gardien *m,* **gardienne** *f* guard, warden; **— d'enfants** *m, f* baby-sitter
gare *f* train station
gaspiller to waste
gâteau (-**x**) *m* cake
gauche left
gaz *m* gas
gelé frozen

général (*pl* -**aux**) general
généralisation *f* generalization
généreux (-euse) generous
générosité *f* generosity
genou (-**x**) *m* knee
gens *m pl* people
gentil(le) nice, kind
gentillesse *f* kindness
géographie *f* geography
geste *m* gesture
gibier *m* wild game
girafe *f* giraffe
glace *f* ice cream, ice
glacier *m* glacier
glaise *f* clay
glisser to slide, slip
glucide *m* carbohydrate
golf *m* golf
gorge *f* throat
goût *m* taste; **de mauvais —** in bad taste; **de bon —** in good taste
goûter *m* after-school snack
grâce à thanks to
graisse *f* fat
gramme *m* gram
grand big, tall, great, large, grown-up
grand magasin *m* department store
grand-mère *f* grandmother
grand-père *m* grandfather
grande école *f* one of the most prestigious institutions of higher education
grandir to grow, grow up
grands-parents *m pl* grandparents
gravure *f* engraving, print
Grèce *f* Greece
grève *f* strike
grippe *f* flu
gris gray
gros(se) large
gros lot *m* jackpot
groupe *m* group
guerre *f* war
guise: à sa — as one wishes
guitare *f* guitar
gymnastique *f* exercise, gymnastics;
 faire de la — to exercise

H. L. M. (habitation à loyer modéré) *f* government-subsidized apartment building
habillé dressy, dressed
s'habiller to get dressed

habitation à loyer modéré (H. L. M.) *f* government-subsidized apartment building
habiter to live
habitude *f* habit, custom; **avoir l'— de** to be in the habit of; **d'—** usually
habituellement usually
s'habituer to become accustomed to
haine *f* hatred
haricots verts *m pl* green beans
haute couture *f* high fashion
haut high
hein equivalent of **n'est-ce pas,** Hey
herbe *f* grass, herb
héroïne *f* heroine
héros *m* hero
heure *f* hour; **à l'—** on time
heureusement fortunately
heureux (-euse) happy
hier yesterday
histoire *f* history
historique historical, historic
hiver *m* winter
hockey *m* hockey; **— sur glace** *m* ice hockey
Hollande *f* Holland
homme *m* man; **— d'affaires** *m* businessman
honnête honest
honnêteté *f* honesty
hôpital *m* hospital
horizon *m* horizon
hors-d'œuvre *m pl* appetizers
hôte *m,* **hôtesse** *f* host, hostess
hôtel *m* hotel
huile *f* oil
huit eight
huit jours *m pl* one week
hygiène *f* hygiene
hypermarché *m* hyperstore

ici here
idée *f* idea
il he
il faut one needs, it is necessary, it requires; **— compter combien** how much do you have to pay?; **— ne — pas manquer** one must not miss
il y a there is, there are
île *f* island
illuminé illuminated
ils *m* they
immeuble *m* apartment building

immobilier *m* real estate
impatient impatient
imperméable *m* raincoat
important important
impossible impossible
impulsif (-ive) impulsive
incluant including
inconnu unknown
inconvénient *m* disadvantage, inconvenience
Inde *f* India
indépendant independent
indien(ne) Indian
indiquant indicating, showing
indiqué indicated
individuel(le) individual
industrie *f* industry
inégalité *f* inequality
infection *f* infection
infirmier *m*, **infirmière** *f* nurse
inflation *f* inflation
informaticien(ne) *m, f* computer scientist, analyst, programmer
informations *f pl* news
informatique *f* computer science
infraction *f* infraction, violation
ingénieur *m* engineer
initiative *f* initiative
injuste unfair
injustice *f* injustice
inquiet (-ète) worried, uneasy, anxious
inquiétude *f* anxiety, worry
insecte *m* insect
insister to insist, stress
installation *f* installation
instant *m* instant, moment
instituteur *m*, **institutrice** *f* elementary school teacher
instrument *m* instrument, tool
intellectuel(le) intellectual
intelligemment intelligently
intelligent intelligent
intention *f* intention; **avoir l'— de** to intend
intéressant interesting
s'intéresser à to be interested in
intérêt *m* interest
intérieur *m* interior
intolérance *f* intolerance
inutile useless; **— de** no need to
invité *m*, **invitée** *f* guest
Irlande *f* Ireland

irrésistible irresistible
Italie *f* Italy
italien(ne) Italian

jalousie *f* jealousy, envy
jaloux (-ouse) jealous
jamais ever; **ne . . . —** never
jambe *f* leg
jambon *m* ham
janvier January
Japon *m* Japan
japonais Japanese
jardin *m* garden
jaune yellow
je (j') I; **— suis de** I come from; **— te présente** Let me introduce . . . to you.
jeans *m pl* jeans
jeter to throw away
jeu (-x) *m* game
jeudi Thursday
jeune young
jeunesse *f* youth; **auberge de —** *f* youth hostel
jeux télévisés *m pl* game shows
jogging *m* jogging
joie *f* joy
joli pretty
joue *f* cheek
jouer to play
jouet *m* toy
joueur *m*, **joueuse** *f* player
jour *m* day; **huit jours** *m pl* one week; **il faisait encore —** it was still daylight; **neuf fois par —** nine times a day; **— orange** *m* peak traffic day; **quinze —** *m pl* two weeks; **se tromper de —** to get the dates confused
journal (*pl* **-aux**) *m* newspaper
journaliste *m, f* journalist
journée continue *f* nonstop workday
juge *m* judge
juger to judge
juillet July
juin June
jupe *f* skirt
jus *m* juice
jusqu'à up to, as far as, until
juste fair, exact; close, tight
justice *f* justice; fairness

karaté *m* karate

kilogramme (kilo) *m* kilogram
kilomètre *m* kilometer
kiosque *m* kiosk

là-bas over there
laboratoire *m* laboratory
lac *m* lake
laid ugly
laissé left
laisser to let, leave
lait *m* milk
laitier (-ière) pertaining to milk, dairy
laitue *f* lettuce
lampe *f* lamp
langage *m* language
langue *f* language; **— maternelle** *f* native language
lapin *m* rabbit
latin *m* Latin
lave-vaisselle *m* dishwasher
laver to wash; **se —** to wash (oneself)
le it
le *m* the
leçon *f* lesson
lecteur *m*, **lectrice** *f* reader
légume *m* vegetable
lesquel(le)s which ones, those which
lettre *f* letter
leur, leurs their
lever du soleil *m* sunrise
se lever to get up
librairie *f* bookstore
libre free
lien *m* tie
lieu *m* place; **avoir —** to take place
lion *m* lion
lipide *m* fat (in foods)
lire to read
lit *m* bed; **à deux —s** with two beds; **faire son —** to make one's bed
litre *m* liter
littérature *f* literature
livre *f* approximately a pound
livre *m* book
logement *m* housing
loi *f* law
loin (de) far, far away from
loisirs *m pl* leisure activities, recreation
longueur *f* length
longtemps a long time
lorsque when
louer to rent
loyer *m* rent

lui he, him, her, it
lundi Monday
lune *f* moon
lunettes *f pl* glasses
lutte *f* wrestling
lycée *m* French high school; — **d'enseignement professionnel** *m* technical school

ma *f* my
machine à laver *f* washing machine
madame Mrs., Ma'am
mademoiselle Miss, Ma'am
madère *m* sweet wine
magasin *m* store
magnétophone *m* tape recorder
magnétoscope *m* video recorder
mai May
maigrir to lose weight
maille *f* mesh
maillot de bain *m* bathing suit
main *f* hand
maintenant now
mairie *f* city hall
mais but
maïs *m* maize, corn
maison *f* house
mal badly; **avoir** — to hurt
malade ill; **tomber** — to get sick
maladie *f* illness
malgré in spite of
malheureusement unfortunately
malhonnête dishonest
mandat *m* money order
manger to eat
manière *f* manner, way, style
manif (manifestation) *f* demonstration, protest
manquer to lack, miss; **il ne faut pas** — one must not miss
manteau *m* coat
maquillage *m* make-up
marathon *m* long-distance race, marathon
marchander to bargain
marche *f* walking; — **à pied** *f* walking, hiking
marché *m* market; — **aux puces** *m* flea market; **faire le** — to go grocery shopping
marcher to walk
mardi Tuesday

marée *f* tide; — **basse** *f* low tide; — **noire** *f* oil spill
mari *m* husband
mariage *m* marriage
marié married
se marier (avec) to get married (to)
marine *f* navy
Maroc *m* Morocco
maroquinerie *f* leather goods store
marque *f* mark, imprint, trade name, brand name
marquer to mark; to stamp
marraine *f* godmother
marre: en avoir — to be fed up
marron *(invariable)* brown
mars March
marsouin *m* porpoise
match *m* game, match
maternel(le) native
maternité *f* maternity
maths *f pl* mathematics
matin *m* morning
mauvais(e) bad; **de** — **goût** in bad taste
mauve mauve
me me, myself
mécanicien(ne) *m, f* mechanic
méchanceté *f* meanness
méchant bad, wicked, naughty
médecin *m* doctor
médecine *f* medicine
médical *(pl* **-aux***)* medical
médicaments *m pl* medicine, drugs
se méfier to mistrust, distrust
meilleur best, better
même same, even, very
menacer to threaten
ménage *m* household; housework; **faire le** — to do the housework
ménager to be sparing of, to protect
mener to lead
meneur du jeu *m* master of ceremonies
mensonge *m* lie
menton *m* chin
menu à prix fixe *m* complete meal with choices in each category for a set price
mépris *m* contempt
mer *f* sea
merci thank you
mercredi Wednesday
mère *f* mother

mes *pl* my
messe *f* mass
météo *f* weather report
métier *m* trade, occupation, profession
mètre *m* meter; **au** — **carré** by the square meter
métro *m* subway
métro-boulot-dodo *m* subway-work-sleep
métropole *f* metropolis, capital, home country
metteur en scène *m* director
mettre to put, place, put on; — **à terre** to set foot; — **la table** to set the table; **se** — **à** to start; **se** — **à table** to sit down to eat; **se** — **en colère** to get angry
meublé furnished
meubles *m pl* furniture
Mexique *m* Mexico
mi-temps part-time
micro-ordinateur *m* microcomputer
midi *m* noon
mieux better; **il vaut** — it's better; **de mon** — my best
mignon(ne) cute
mijoter to simmer
milieu *m* middle, environment; **au** — **de** in the middle of
militaire *m, f* soldier
militaire *adj* military
mille *m* one thousand
milliard *m* billion
millier *m* thousand (approximately)
million *m* million
mimer to mimic
mince thin
minceur *f* slenderness
minuit *m* midnight
mode *f* fasion, style; **à la** — in fashion
moderne modern
modeste modest
moi I, me
moins less; minus (in mathematics); **au** — at least; — **de** less, fewer; — **de . . . que** less . . . than
mois *m* month
moisson *f* harvest
moitié *f* half
mon, ma, mes my
monde *m* world; — **du spectacle** *m* show-business world; — **du travail** *m* work world

monnaie *f* change, coins
monsieur (*m pl* **messieurs**) Mr., sir
montagne *f* mountain
montagneux (-euse) mountainous
monter to go up, to climb, to get on
montre *f* watch
monument *m* monument
morceau (-x) *m* chunk, piece, lump; cube
mort *adj* dead
mort *f* death
mot *m* word
moto *f* motor bike
mourir to die
mouton *m* sheep
moyen(ne) *adj* average
moyenne *f* average
moyens *m pl* means
mur *m* wall
mûr ripe
musculation *f* muscle building
musée *m* museum
musicien *m* **musicienne** *f* musician
mystérieux (-euse) mysterious

nager to swim
naïf (-ïve) naive
naissance *f* birth
naître to be born
natation *f* swimming
national (*pl* **-aux**) national
nationalité *f* nationality
naturel(le) natural
navire *m* ship
ne no, not; — . . . **aucun(e)** none, not any; — . . . **jamais** never; — . . . **ni . . . ni** neither . . . nor; — . . . **pas du tout** not at all; — . . . **pas** not; — . . . **personne** no one; — . . . **plus** no more, no longer; — . . . **que** only; — . . . **rien** nothing
né born
négatif (-ive) negative
neige *f* snow
neuf brand new
neuf nine; — **fois par jour** nine times a day
neveu (-x) *m* nephew
nez *m* nose
niveau (-x) *m* level
Noël *m* Christmas
noir black
nom *m* name, noun

nombre *m* number
non no
nord *m* north
Norvège *f* Norway
note *f* grade, note
notre, nos *m, f* our
nourriture *f* nourishment, food
nous we, us
nouveau (-x), nouvel, nouvelle new
nouveau-venu *m* newly arrived person, newcomer
nouvelle *f* piece of news
Nouvelle-Écosse *f* Nova Scotia
nouvelles *f pl* news; **demander des** — to ask about
novembre November
nuage *m* cloud
nuageux cloudy
nucléaire nuclear
nuit *f* night
numéro *m* number

obligé obligated; **être** — **de** to have to
occasion *f* opportunity; **avoir l'** — **de** to have the chance, to have the opportunity; **bonne** — *f* bargain; **d'** — secondhand, used
occupé busy
occuper to occupy; **s'** — **de** to be busy with, to take care of
océan *m* ocean
octobre October
œil (yeux) *m* eye
œuf *m* egg
œuvre *f* (literary, art) work
offrir to offer, give
oignon *m* onion
oiseau (-x) *m* bird
ombre *f* shadow
on one, they, we
oncle *m* uncle
onze eleven
opéra *m* opera
opération *f* operation
opinion *f* opinion
optimiste optimistic
option *f* option
or *m* gold
orage *m* storm
orange *f* orange
orange *(invariable)* orange
ordinaire ordinary

ordinateur *m* computer
ordonnance *f* prescription
oreille *f* ear
oreillons *m pl* mumps
origine *f* origin
ou or
où where
oublier to forget
ouest *m* west
oui yes
ours *m* bear
ouvert open
ouverture *f* opening
ouvrier *m*, **ouvrière** *f* blue-collar worker
ouvrir to open

pain *m* bread
paix *f* peace
palmes *f pl* flippers
pancarte *f* sign
panier *m* basket
panne *f*; **tomber en** — to break down
pantalon *m* pants
papier *m* paper
Pâques *m* Easter
paquet *m* package
par by, through; — **contre** on the other hand
paradis *m* paradise
paraître to appear, look, seem
paralysé paralyzed
parapluie *m* umbrella
parc *m* park
parce que because
parcourir to travel, cover (a distance)
pardon pardon me
pardonner to forgive
parents *m pl* parents
paresseux (-euse) lazy
parfait perfect
parfum *m* perfume
parfumerie *f* perfume seller or manufacturer
parisien(ne) Parisian
parking public *m* public parking
parlementaire parliamentary
parler to speak
parole *f* (spoken) word
paroles *f pl* lyrics
parrain *m* godfather
partager to share

parti *m* party; **— québécois** Quebec political party
partiel(le) partial
partir to depart, to leave
partout everywhere
pas *m* step
pas no, not; **ne . . . —** not; **ne . . . — du tout** not at all; **— vraiment** not really
passé *m* past
passeport *m* passport
passer to spend, to pass; **se —** to happen
passetemps *m* pastime
passionnant exciting
passionné(e) *m, f* fan, enthusiast
pâté *m* paté
pater noster *m* Lord's Prayer
patiemment patiently
patient patient
patinage *m* skating
pâtisserie *f* pastry shop
patrimoine *m* patrimony, inheritance
patron *m,* **patronne** *f* proprietor, boss
patte *f* paw, leg (of an animal)
pause *f* pause
pauvre poor
pauvreté *f* poverty
pays *m* country
Pays-Bas *m pl* Netherlands
paysage *m* countryside
peau *f* skin
pêche *f* fishing; peach
se peigner to comb one's hair
peine de mort *f* capital punishment
peintre *m* painter
pelouse *f* lawn
pendant during; **— les vacances** during vacation
penser to think
perdre to lose, waste
père *m* father
période *f* period
permettre to allow, permit; **vous permettez?** may I?
permis permitted
personnage *f* character
personnalité *f* personality
personne *f* person; **ne . . . —** no one
personnel(le) personal
persuader to persuade
pessimiste pessimistic

pétanque *f* game of balls
petit little, small
petit déjeuner *m* breakfast
petit gâteau *m* cookie
petits pois *m pl* peas
pétrole *m* oil, petroleum
peu de little, few; **un — ** *m* a little of
peuplé populated, populous
peur *f* fear; **avoir —** to be afraid
peut-être maybe
phare *m* headlight
pharmacie *f* pharmacy
pharmacien(ne) *m, f* pharmacist
phénomène *m* phenomenon
philosophie *f* philosophy
photo *f* photograph
photographie *f* photography
physique *f* physics
piano *m* piano
pièce *f* room
pièce de théâtre *f* play, drama
pied *m* foot; **à —** on foot
piéton *m* pedestrian
pilule *f* pill
piqûre *f* shot
piscine *f* swimming pool
piste *f* trail, track
place *f* city or town square; seat
plage *f* beach
plaindre to pity; **se —** to complain
plaine *f* plain
plaisanter to joke
plaisir *m* pleasure; **faire —** to please; **qui lui plaît** whom he likes; **s'il vous plaît** please
plan *m* plan, map
planche à voile *f* wind surfing
planète *f* planet
plantation *f* plantation
plante *f* plant
plaque *f* plate
plat flat, straight
plat cuisiné *m* ready-to-eat dish
plateau *m* plateau; tray
plein full; **à — temps** full time; **— temps** full-time
pleuvoir to rain
plombier *m,* **plombière** *f* plumber
plongé plunged, diving
pluie *f* rain
plupart *f* most; **la — de** the majority
plus more; plus (in mathematics); **— de** more, more . . . than; **ne . . . —**

no more, no longer; **— . . . que** more than; **sans —** nothing more
plusieurs several
plutôt rather
pneumonie *f* pneumonia
poème *m* poem
poids *m* weight
point *m* period; **un —** period, that's all
pointure *f* size (shoes and gloves)
poire *f* pear
poisson *m* fish
poli polite
policier *m* police, detective
poliment politely
politesse *f* politeness
politique *f* politics
polluer to pollute
pollution *f* pollution
Pologne *f* Poland
pomme *f* apple
pomme de terre *f* potato
porc *m* pork
porte *f* door
portée: à la — within reach
portefeuille *m* wallet
porter to wear; **prêt-à- —** *m* ready-to-wear; **se —** to be worn
Portugal *m* Portugal
positif (-ive) positive, certain
posséder to possess
possibilité *f* possibility
possible possible
poste *f* post office
poste *m* job, position
poubelle *f* trashcan
pouce: sur le — on the run
poulet *m* chicken
pour for; **— son compte** for oneself
pour cent percent
pourcentage *m* percentage
pourquoi why
pourtant however, yet
pouvoir to be able, can
précédent preceding, former
préférences *f pl* choices
préférer to prefer
préjugé *m* prejudice
premier (-ière) first
prendre to take; **— sa retraite** to retire; **— un bain de soleil** to sunbathe
prénom *m* first name

se préoccuper de to be concerned with

préparatif *m* preparation

préparer to prepare; **se — à** to get ready

près de near

présent present

présentateur *m*, **présentatrice** *f* anchor person

présenter to introduce, present

presque almost

prestige *m* prestige

prêt ready

prêt-à-porter *m* ready-to-wear

prétentieux (-euse) pretentious, assuming

prêter to lend

preuve *f* proof

prévenir to warn

prière *f* prayer

principal chief, most important

printemps *m* spring

prise de conscience *f* awareness

prisonnier *m*, **prisonnière** *f* prisoner

privé private

prix *m* price; award, prize

prochain next

produit *m* product; **—s d'entretien** *m pl* household products

professeur *m* professor, instructor

profession *f* profession

profiter to profit, to take advantage; **— de** to take advantage of

progrès *m* progress

promenade *f* walk; **faire une —** to go for a walk

promettre to promise

promotion *f* promotion

propriétaire *m, f* owner

protéger to protect

province *f* province

provinciaux *m pl* provincials

provisions *f pl* groceries, supplies

prudent prudent

psychologie *f* psychology

psychologue *m, f* psychologist

public (-ique) public

publicité *f* commercial, advertising

puis then

pull-over *m* pullover sweater

pur pure

pyjama *m* pajamas

qualité *f* good quality

quand when

quarante forty

quart *m* one-fourth, quarter

quartier *m* neighborhood

quatorze fourteen

quatre four

quatre-vingt-dix ninety

quatre-vingts eighty

que that, what; **— pensez-vous de . . .** what do you think of . . .

quel what

quelque some, any

quelquefois sometimes

quelques a few, some

quelqu'un someone

querelle *f* quarrel

qu'est-ce que what

qu'est-ce qui what

qui who

quinze fifteen

quinze jours *m pl* two weeks

quitter to leave

quotidien(ne) daily

racial (*pl* **-aux**) racial

racisme *m* racism

radio *f* radio

raisin *m* grapes

raison *f* reason; **avoir —** to be right

rame *f* oar

randonnée *f* hike

randonneur *m*, **randonneuse** *f* hiker

rang *m* row

rapport *m* relationship; report

rarement rarely

rasoir *m* razor; **— électrique** *m* electric razor

ravi delighted

rayon *m* department

réalisation *f* accomplishment

réaliser to achieve, realize

réaliste realist

réalité *f* reality

recette *f* recipe

recevoir to receive

récital *m* recital, performance

réclamer to demand

recommander to recommend

se réconcilier to make up

reconnaître to recognize

se recoucher go back to bed

recycler to recycle

rédaction *f* composition

réduire to reduce

réfrigérateur *m* refrigerator

regarder to watch, look at

régime *m* diet

région *f* region

règle *f* rule; **— d'or** *f* golden rule

regretter to be sorry, to regret

régulier (-ière) regular

régulièrement regularly

rein *m* kidney

relief *m* relief

remède *m* treatment, remedy

remercier to thank

remettre to hand in, postpone

remonter to go back in, on, up

remplir to fill

rencontrer to encounter, to meet; **se —** to meet, to run into each other (by accident)

rendre to hand back, return; to make; **— visite à** to visit (a person)

renseignements *m pl* information

rentrer to return; **rentrer dedans** to run into me

renverser to overturn, upset, tip over

repas *m* meal; **— de fête** *m*; holiday meal

repasser to pass back, to iron

répondre (à) to answer

reportage *m* news report

reposant restful

reposer to put back down; **se —** to rest

repousser to postpone, put off, push back, push away

reproduction *f* reproduction

réputation *f* reputation

réseau (-x) *m* system, network

résidence universitaire *f* residence hall, dormitory

résister to resist

respect *m* respect, regard

respirer to breathe

ressembler to resemble, look like; **se —** to be like each other, to look alike

ressource *f* resource

restaurant *m* restaurant; **— universitaire** *m* university restaurant

rester to stay, remain

résultat *m* result

retenir to reserve

retirer to pull back, withdraw

retourner to go back; **— en arrière** to turn back

retraite *f* retirement; **prendre sa —** to retire

se retrouver to meet each other (by prior arrangement)

réunion *f* meeting

réussir to succeed, pass (a test)

revanche: en — on the other hand

rêve *m* dream

se réveiller to wake up

revenir to return, to come back again

rêver to dream

revoir to see again, good-bye

revue *f* magazine

rhinocéros *m* rhinoceros

rhume *m* cold

riche rich

ride *f* wrinkle

rien nothing, anything; **ça ne fait —** it doesn't matter; **ne . . . —** nothing; **tu n'y connais —** you don't know anything about it

rigide rigid, stiff

rigoureux (-euse) rigorous

rire to laugh

risque *m* risk

rive *f* bank (of a river)

rivière *f* river

robe *f* dress

robotique *f* robotics

roi *m* king

rôle *m* role, part

roman *m* novel

rond *m* ring, smoke ring

rongé gnawed

rose pink

rouge red

rougeole *f* measles

rouler to drive, ride, roll

route: en — on the way

roux, rousse red (of hair)

rue *f* street

rugby *m* rugby

rugissement *m* roaring, roar

russe Russian

Russie *f* Russia

sa his, her, its, one's

sable *m* sand

sac à dos *m* back pack

sac à main *m* purse

sage well-behaved

saison *f* season

salaire *m* salary

salarié salaried, paid

salle *f* room; **— à manger** *f* dining room; **— de bains** *f* bathroom; **— de séjour** *f* living room

salut hi, hello

samedi Saturday

sandale *f* sandal

sans without; **— cesse** constantly; **— plus** nothing more

sans-abri *m* homeless person

santé *f* health

satisfaire to satisfy

saucisse *f* salami

saucisson *m* large sausage

sauf except

sauvage wild

sauver to save

savoir to know

savonnette *f* bar of soap

saxophone *m* saxophone

sceptique skeptical

science *f* science; **— fiction** *f* science fiction **—s politiques** *f pl* political science

scientifique scientific

scolaire pertaining to school

sculpteur *m* sculptor

séance *m* showing, session

sec, sèche dry

sèche-cheveux *m* hair dryer

séchoir *m* dryer

secrétaire *m, f* secretary

secteur *m* sector

sécurité sociale *f* health insurance

seize sixteen

séjour *m* stay

selon according to

semaine *f* week; **— prochaine** *f* next week

Sénégal *m* Senegal

sensationnel(le) sensational

sensibilité *f* sensitivity

sensible sensitive

sentier *m* trail, path

sentiment *m* feeling

sentir to smell; to feel; **se —** to feel; **se sentir bien dans sa peau** to feel good

séparation *f* separation, parting

séparer to separate

sept seven

septembre September

série *f* series

sérieux (-euse) serious

serpent *m* snake

serré tight

se serrer to sit, lie or stand close together

service *m* service

servir to serve

session *f* session

seul alone, only

seulement only

sévère strict

sexisme *m* sexism

shampooing *m* shampoo

short *m* shorts

si so, what if; yes

SIDA *m* AIDS

siècle *m* century

signalement *m* description

s'il vous plaît please

simple simple

simplifier to simplify

situation *f* situation

situé located

six six

ski *m* skiing, ski; **faire du —** to go skiing; **— nautique** *m* water-skiing

snob snob

snobisme *m* snobism

social (pl -aux) social

sœur *f* sister

soi oneself

soif *f* thirst; **avoir —** to be thirsty

soigner to take care of; **se —** to take care of oneself

soin *m* care, treatment

soir *m* evening

soirée *f* party, evening

sois chic be nice

soixante sixty

soixante-dix seventy

sol *m* soil

solaire solar

solde: en — on sale

soleil *m* sun, sunshine; **prendre un bain de —** to sunbathe; **coup de —** *m* sunburn

somme *m* nap, snooze

sommeil *m* sleep; **avoir —** to be sleepy

sommet *m* top, summit

son, sa, ses his, her, its, one's
sondage *m* poll
sorte *f* kind, sort, type
sortir to go out, take out
souci *m* worry, care; **se faire du —** to worry
souffler to blow
soulier *m* shoe
soupçonner to suspect
soupe *f* soup
sourire *m* smile
sous below, under
sous-marin undersea
sous-sol *m* basement
sous-vêtements *m pl* underwear
souvenir *m* souvenir, memory
se souvenir de to remember
souvent often
spatial (*pl* **-aux**) space
spécialisé specialized
spectacle *m* show
spectateur *m* spectator
sport *m* sport; **faire du —** to participate in sports
sportif (-ive) athletic
squash *m* squash
stade *m* stadium, athletic field
stage *m* summer camp
station de métro *f* subway station
station de ski *f* ski resort
station thermale *f* spa
statue *f* statue
statut *m* status
stéréo *f* stereo
stimuler to stimulate
studieux (-euse) studious
stylo *m* pen
subtil subtle
succession *f* succession
sucre *m* sugar
sud *m* south
Suède *f* Sweden
suffisant sufficient
Suisse *f* Switzerland
suisse *adj* Swiss
suivant *m* next one
suivant *adj* next, following
suivre to follow, to take (a course)
sujet *m* subject; **au — de** on the subject of
supérieur higher, superior
superlatif (-ive) superlative
supermarché *m* supermarket

supporter to put up with; **ne peut pas — ça** can't stand that
sur on; **sur le pouce** on the run
sûr sure, certain
surfing *m* surfing
surfiste *m* surfer
surgelé frozen
surmonter to surmount
surpopulation *f* overpopulation
surprise *f* surprise
sursis *m* deferment
surtout especially
suspect *m* suspect
symbole *m* symbol
sympathique, sympa nice
syndicat d'initiative *m* tourist information office

ta *f* your
tabac *m* tobacco
table *f* table; **mettre la —** to set the table; **se mettre à —** to sit down to eat
tableau (-x) *m* chalkboard, painting
tâche *f* task, duty
taille *f* size (clothing)
tailleur *m* women's suit
tambour *m* drum
tandis que whereas
tant de so much, so many
tante *f* aunt
taquiner to tease
tard late
tarte *f* pie, tart
tartine *f* buttered French bread
tasse *f* cup
technicien(ne) *m, f* technician
technologie *f* technology
tee-shirt *m* tee-shirt
télé *f* TV
télégramme *m* telegram
téléphone *m* telephone
téléphoner to telephone
téléviseur *m* television set
télévision (télé) *f* television
tel(le) que such as
témoin *m* witness
tempérament *m* temperament
temps *m* time; weather; **à mi-temps** part time; **à plein —** full time; **— d'antenne** *m* broadcasting hours
tenir to keep, hold; **se —** to hold fast,

to remain; **se — droit** to stand up straight
tennis *m* tennis; **chaussures de —** *f* tennis shoes
terrasse *f* terrace
terre *f* land, earth
Terre-Neuve *f* Newfoundland
tête *f* head
texte *m* text
TGV (train à grande vitesse) *m* high-speed train
thé *m* tea
tiens say (*interjection*)
tiers *m* third
Tiers Monde *m* Third World
tigre *m* tiger
timbre *m* stamp
timide shy
tissu *m* fabric
toi you
toilette: faire sa — to wash, groom, get ready
tomate *f* tomato
tomber to fall; **— amoureux** to fall in love; **— en panne** to break down; **— malade** to get sick
ton, ta, tes your
tort *m* wrong; **avoir —** to be wrong
tôt early
toucher to touch; **— un chèque** to cash a check
toujours always
tour: faire le — to go around
tourner to turn; **— au ralenti** to idle
tousser to cough
tout *m* whole thing
tout, toute, tous, toutes all, every; quite; **— à coup** suddenly; **— à fait** quite, entirely, altogether; **— comme** just as; **— droit** straight ahead
toxique *adj* toxic, poisonous
train *m* train
train à grande vitesse (TGV) *m* high-speed train
traîneau *m* sled, sleigh
traîner to drag, hand around
trait *m* feature
trajet *m* commute, distance
tranche *f* slice
tranquille calm, peaceful
transféré transferred
transférer to transfer
transfert *m* transfer

travail (*pl* **-aux**) *m* work
travailler to work
travaux dirigés *m pl* lab practicum
travaux pratiques *m pl* lab practicum
traverser to cross
treize thirteen
trente thirty
très very
tribu *f* tribe
tricot *m* jersey, jumper, knitting
trier to sort out
triste sad
tristesse *f* sadness
trois three
trombone *m* trombone
se tromper to be wrong, to make a mistake; **— de jour** to get the dates confused
trompette *f* trumpet
trop too much; **— de** too much, too many
tropical (*pl* **-aux**) tropical
trouver to find; **vous ne trouvez pas** don't you think?
tu you (sing.)
Tunisie *f* Tunisia
tutoyer to address someone with **tu**
type *m* character, chap, guy

un, une a, an; one; **une fois** once
uni united
universitaire pertaining to university
université *f* university
usine *f* factory
utilisé used

vacances *f pl* vacation; **bonnes —** have a good vacation; **pendant les —** during vacation
vache *f* cow
vachement really, very (slang)
vague *f* wave
vaisselle: faire la — to do the dishes
valise *f* suitcase
vallée *f* valley
vanille *f* vanilla
vanité *f* conceit

varicelle *f* chicken pox
varié varied
varier to vary
veau (**-x**) *m* veal
vedette *f* star
végétation *f* vegetation
vélo *m* bicycle
vendeur *m* **vendeuse** *f* salesman, saleswoman
vendre to sell
vendredi Friday
venir to come; **— de . . .** to have just . . .
vent *m* wind
ventre *m* belly, abdomen
verglas *m* ice, frost (on the road)
vérité *f* truth
verre *m* glass
verres de contact *m* contact lenses
vers toward, around
vert green
veste *f* jacket
vêtement *m* item of clothing; **vêtements** *m pl* clothes
vétérinaire *m, f* veterinarian
viande *f* meat
vidéo-cassette *f* video cassette
vidéoclip *m* music video
vie *f* life; **— active** *f* work world; **gagner sa —** to earn a living
vieillesse *f* old age
Viêt-nam *m* Viet Nam
Vieux Carré *m* French Quarter
vieux, vieil, vieille old; **mon vieux** old buddy
village *m* village
ville *f* city
ville-étape *f* stop-over city
vin *m* wine; **carafe de —** *f* carafe of wine
vingt twenty
violent violent
violon *m* violin
violoncelle *m* cello
vipère *f* poisonous snake, viper
virgule *f* comma
visite *f* visit; **rendre — à** to visit (*a person*)

vite quickly
vitesse *f* speed
vitre *f* window pane
vitrine *f* display window
vivant alive, lively
Vive le Québec libre Long live a free Quebec
vœux *m pl* wishes
voici here is
voie: en — d'extinction endangered (species)
voile *f* sail, sailing; **planche à —** wind surfing
voir to see; **se —** to see oneself, to see each other
voisin *m*, **voisine** *f* neighbor
voiture *f* car
volcan *m* volcano
volet *m* shutter
volley-ball *m* volleyball
volonté *f* will, will power, willingness
vomir to vomit
vos *pl* your
voter to vote
votre, vos *pl* your
vouloir to want, wish
vous you
voyage *m* journey, trip; **— d'affaires** business trip; **faire un —** to take a trip; **— scolaire** school trip
voyager to travel
voyons let's see; for goodness' sake
vrai true
vraiment really, truly; **pas —** not really

W-C *m* toilet; **W.-C. publics** *m pl* public restrooms
week-end *m* weekend; **— prochain** next weekend

y in it, at it, to it, there; **— compris** including; **il — a** there is, there are
yeux *m pl* eyes
Yougoslavie *f* Yugoslavia

Zaïre *m* Zaire
zéro *m* zero

Abbreviations

adj adjective
f feminine
m masculine
pl plural
pron pronoun
v verb

a(n) un, une
abandon abandonner
abdomen ventre *m*
able: to be pouvoir
aboard à bord
about au sujet de; **— (approximately)** environ
abuse abus *m*
accident accident *m*
accompany accompagner
accomplish accomplir
accomplishment réalisation *f*
according to selon
accountant comptable *m, f*
accustom habituer
achieve réaliser
acid acide *adj*; acide *m*
across from en face de
active actif (-ive)
activity activité *f*
actor acteur *m*
actress actrice *f*
accused accusé *m*, accusée *f*
add ajouter
address adresse *f*
administration administration *f*
admiration admiration *f*
admit admettre
adolescence adolescence *f*
adoration culte *m* adoration *f*
adore adorer
adult adulte *m, f*
advantage avantage *m*; **take —** profiter; **take — of** profiter de
adventure aventure *f*
adventurous aventureux (-euse)
advertising agent agent publicitaire *m, f*
advice conseil *m*
advise conseiller
aerobics danse aérobique *f*
aesthetic esthétique
affection affection *f*

afraid: to be avoir peur; **be — of** craindre
Africa Afrique *f*
after après
after-dinner drink digestif *m*
afternoon après-midi *m*
afterwards ensuite
again encore
against contre
age âge *m*
agency agence *f*
agreement accord *m*
agriculture agriculture *f*
AIDS SIDA *m*
airport aéroport *m*
alcohol alcool *m*
Algeria Algérie *f*
alive vivant
all tout
allergic allergique
allow permettre
almost presque
alone seul
get along with s'entendre (avec)
already déjà
also aussi; également
altogether tout à fait
always toujours
ambitious ambitieux (-euse)
American américain
amplify amplifier
amusing amusant
anchor person présentateur *m*, présentatrice *f*
ancient ancien(ne)
and et
anger colère *f*; **angry (with)** fâché; **get angry** se fâcher, se mettre en colère
animal bête *f*, animal *m*; **wild —** bête sauvage *f*
animator animateur *m*, animatrice *f*
announcement annonce *f*

annoying embêtant
another thing autre chose *f*
answer répondre; réponse *f*
Antarctica Antarctique *f*
anxiety inquiétude *f* anxiété *f*
anxious inquiet (-iète); anxieux (-euse)
any du, de la, de l', des; quelque(s)
apartment appartement *m*
apartment building immeuble *m*
appear avoir l'air; paraître
appearance apparence *f*
appetizers hors-d'œuvre *m pl*
apple pomme *f*
apply the brakes freiner
appreciation appréciation *f*
April avril
architect architecte *m*
arm bras *m*
arm in arm bras-dessus, bras-dessous
armchair fauteuil *m*
army armée *f*
around autour de; environ; vers; **go
— ** faire le tour
arrival arrivée *f*
art work œuvre d'art *f*
artichoke artichaut *m*
as comme; **— far as** jusqu'à; **—
many** autant de; **— much** autant
de; **— much (many) . . . as** autant
de . . . que; **— soon as** aussitôt que,
dès que
ascent ascension *f*
ash cendre *f*
ashtray cendrier *m*
Asia Asie *f*
ask demander; **— about someone** demander des nouvelles de quelqu'un;
why don't you — demandez donc
asparagus asperges *f pl*
aspiration aspiration *f*
aspirin tablet comprimé d'aspirine *m*
assuming prétentieux (-euse)
assured assuré
at à, au; en
at least au moins
athletic sportif (-ive)
athletic field stade *m*
atmosphere atmosphère *f*
attachment attachement *m*
attract attirer
attractive attirant
audio-visual audio-visuel(le)
August août

aunt tante *f*
Australia Australie *f*
Austria Autriche *f*
autumn automne *m*
avenue avenue *f*
average *adj* moyen(ne);
moyenne *f*
avoid éviter
award prix *m*
awareness prise de conscience *f*

baby-sitter gardien(ne) d'enfants *m, f*
back *m* dos
back pack sac à dos *m*
bad mauvais; **it's too —** dommage,
c'est dommage, il est dommage; **in
— taste** de mauvais goût
badly mal
bakery boulangerie *f*
balanced, well-balanced équilibré
balcony balcon *m*
ball boule *f*; balle *f*; bal *m*
ballet ballet *m*
banana banane *f*
bank banque *f*
banknote billet *m*
baptised baptisé
baptism baptême *m*
bar brasserie *f*; bar *m*
bargain bonne occasion *f*; *v* marchander
baseball base-ball *m*
based basé
basement sous-sol *m*
basic de base
basket panier *m*
basketball basket-ball *m*
bathing suit maillot de bain *m*
bathroom salle de bains *f*
be être; **— able** pouvoir; **— afraid**
avoir peur; **— cold** avoir froid; **—
early** être en avance; **— hot** avoir
chaud; **— hungry** avoir faim; **— in
the habit of** avoir l'habitude de; **—
lucky** avoir de la chance; **— named**
s'appeler; **— right** avoir raison; **—
sleepy** avoir sommeil; **— thirsty**
avoir soif; **— wrong** avoir tort
beach plage *f*
bear ours *m*
beautiful beau, bel, belle
because parce que
become devenir; **— acquainted with**
connaître

bed lit *m*; **go back to —** se recoucher; **go to —** se coucher; **make
one's —** faire son lit; **with two —s**
à deux lits
bedroom chambre *f*
beef bœuf *m*
beer bière *f*; **mug of —** demi *m*
before avant
before-dinner drink apéritif *m*
beginning début *m*; commencement
m
behavior comportement *m*
behind derrière
beige beige
being étant
Belgian belge
Belgium Belgique *f*
believe croire
belly ventre *m*
belong to être à; appartenir à
belongings affaires *f pl*
below sous
bench banc *m*
benefits avantages *m pl*; bénéfices *m
pl*
beside à côté de
best meilleur; **to do one's —** faire de
son mieux
better *adj* meilleur(e); *adv* mieux; **it's
—** il vaut mieux
between entre
beyond au-dessus de, en plus de
bicycle bicyclette *f*, vélo *m*
big grand
bilingual bilingue
bill (in a restaurant) addition *f*, billet *m*;
— (of sale) facture *f*
billiards billard *m*
billion milliard *m*
biology biologie *f*
bird oiseau *m*
birth naissance *f*
birthday anniversaire *m*
black noir
blond blond
blouse chemisier *m*
blow coup *m*
blue bleu
blue-collar worker ouvrier *m*, ouvrière *f*
boat bateau *m* barque *f*
body corps *m*
book livre *m*

bookstore librairie *f*
boot botte *f*
boring ennuyeux (-euse)
born né; **be —** naître
borrow emprunter
boss patron *m*
bottle bouteille *f*
boulevard boulevard *m*
boxing boxe *f*
boy garçon *m*
brakes: to apply the freiner
branch branche *f*
brand new neuf
Brazil Brésil *m*
bread pain *m*; **long loaf of —**
   baguette *f*
break (se) casser
break down tomber en panne
breakfast petit déjeuner *m*
breathe respirer
broadcast émission *f*; *v* diffuser
broadcasting hours temps d'antenne
m
broke (out of money) fauché
bronchitis bronchite *f*
brother frère *m*
brown marron *(invariable)*; châtain
brush se brosser
buddy copain *m*, copine *f*; **old —**
   mon vieux
building bâtiment *m*
building caretaker concierge *m, f*
burglarize cambrioler
burial enterrement *m*
burn brûler *v*
bus: inter-city car *m*
bus stop arrêt d'autobus *m*
bush brousse *f*
business affaires *f pl*; commerce *m*;
   entreprise *f*; **at the — of** chez;
   small — person commerçant(e)
   m, f
business executive cadre d'entreprise
m
business trip voyage d'affaires
businessman homme d'affaires *m*
busy occupé; **be — with** s'occuper de
but mais
butter beurre *m*
buy acheter
by de, par; **— the way** au fait

cable câble *m*

café café *m*
cake gâteau *m*
calculator calculatrice *f*
calm calme; tranquille
camera appareil-photo *m*
camp out camper; **go camping** faire
   du camping
campground camping *m*
campus campus *m*
can pouvoir
Canada Canada *m*
Canadian canadien(ne)
cancer cancer *m*
candidate candidat *m*; candidate *f*
canned food conserves *f pl*
capital capitale *f*
car voiture *f*
carafe carafe *f*
carbohydrate glucide *m*
card carte *f*
care soin *m*, souci *m*; ; **take — of**
   s'occuper de; **take — of oneself** se
   soigner
carpenter charpentier *m*
carrot carotte *f*
cartoon dessin animé *m*
cash argent liquide *m*; **— a check** toucher un chèque; **in —** en espèces
cassette cassette *f*
castle château *m*
cat chat *m*
catastrophe catastrophe *f*
category catégorie *f*
cathedral cathédrale *f*
Catholic catholique
cello violoncelle *m*
center centre *m*
centimeter centimètre *m*
century siècle *m*
certain certain, positif (-ive), sûr
chair chaise *f*
chalk craie *f*
chalkboard tableau *m*
championship championnat *m*
chance: have the avoir l'occasion de
change *v* changer
change (coins) monnaie *f*
channel chaîne *f*
chap type *m*
character caractère *m*, personnage *f*,
   type *m*
charcoal charbon de bois *m*
cheap bon marché

cheek joue *f*
cheese fromage *m*
chemical chimique
chemistry chimie *f*
cherry cerise *f*
chest of drawers commode *f*
chicken poulet *m*
chicken pox varicelle *f*
chief principal; chef *m*
child enfant *m, f*
childhood enfance *f*
chin menton *m*
China Chine *f*
Chinese chinois
chocolate chocolat *m*
choice choix *m*, préférence *f*
choose choisir
Christmas Noël *m*
chrysanthemum chrysanthème *m*
chunk morceau *m*
church église *f*
circle cercle *m*
citizen citoyen *m*, citoyenne *f*
city ville *f*
city hall mairie *f*
civil servant fonctionnaire *m*
civilization civilisation *f*
clarinet clarinette *f*
class classe *f*
classic classique
clean one's room faire sa chambre
climate climat *m*
climb monter
climbing: go — faire de l'escalade,
   faire l'ascension de
close *v* fermer
close juste
closed fermé
closet armoire *f*; placard *m*
clothes vêtements *m pl*; **— (item of)**
   vêtement *m*
clothing size taille *f*
cloud nuage *m*
cloudy couvert; nuageux
coal charbon *m*
coast côte *f*
coat manteau *m*
coffee café *m*; **black —** café noir *m*;
   — with cream café crème *m*; **—
   with milk** café au lait *m*
coin pièce de monnaie *f*
cold rhume *m*; *adj* froid; **be —** *(person)* avoir froid

comb one's hair se peigner
come venir; **— running** accourir; **— to pass** advenir; **something came up** elle a eu un empêchement
comedian comédien *m*, comédienne *f*
comfortable confortable
comma virgule *f*
commentary commentaire *m*
commerce commerce *m*
commercial publicité *f*; *adj* commercial
commit commettre
commute trajet *m*
compact disc disque compact *m*
company entreprise *f*; compagnie *f*
company head chef d'entreprise *m*
comparison comparaison *f*
competent compétent
complain se plaindre
complete complet (-ète)
complicated compliqué
composition rédaction *f*
comprehensive compréhensif (-ive)
computer ordinateur *m*
computer analyst informaticien(ne) *m, f*
computer programmer informaticien(ne) *m, f*
computer science informatique *f*
computer scientist informaticien(ne) *m, f*
conceit vanité *f*
concern concerner; **be —ed with** se préoccuper de
concert concert *m*
condemned condamné
condition condition *f*
condolences condoléances *f pl*
conduct conduire; conduite *f*
confess avouer
confirm confirmer
conflict conflit *m*
congratulations félicitations *f pl*
consider considérer, envisager
constantly sans cesse
constitute constituer
constitution constitution *f*
consult consulter
contagious contagieux (-euse)
contain contenir
contaminate contaminer
contempt mépris *m*
content content; **be —** se contenter

continent continent *m*
contrast contraste *m*
convicted condamné
cook cuisinier *m*, cuisinière *f*
cook, do the cooking faire la cuisine
cooked cuit
cookie petit gâteau *m*
corn maïs *m*
correspond correspondre
cosmopolitan cosmopolite
cost coûter
costume costume *m*
cough tousser
council conseil *m*
counsel conseil *m*
counselor conseiller *m*, conseillère *f*
count compte *m*; *v* compter
country campagne *f*; pays *m*
countryside paysage *m*
courageous courageux (-euse)
course cours *m*
cousin cousin *m*, cousine *f*
cover enveloppe *f*; couverture *f*
covered couvert
cow vache *f*
cradle berceau *m*
craftsman artisan(e) *m, f*
crazy fou, folle
cream crème *f*; **fresh —** crème fraîche *f*
create créer
credit card carte de crédit *f*
crescent roll croissant *m*
crime crime *m*
cross traverser
cruel cruel(le)
cruelty cruauté *f*
cruise croisière *f*
cubes morceaux *m pl*
cultivate cultiver
cultural culturel(le)
cup tasse *f*
curly bouclé
custom coutume *f*
customer client *m*, cliente *f*
cut couper, se couper
cute mignon(ne)

dairy, pertaining to laitier (-ère)
dam barrage *m*
dance danser; danse *f*
danger danger *m*
dark brun; foncé

data bank banque de donnée *f*
date date *f*; **get the —s confused** se tromper de jour
daughter fille *f*
day jour *m*; **nine times a —** neuf fois par jour
day-care center crèche *f*
daylight: it was still il faisait encore jour
dazed étourdi
dead mort
dear cher, chère
death mort *f*
debt dette *f*
December décembre
decision décision *f*
defend défendre
defendant accusé *m*, accusée *f*
deferment sursis *m*
define définir
deforestation déforestation *f*
delay empêchement *m*
delegation délégation *f*
delighted enchanté, ravi
demand réclamer, exiger
democracy démocratie *f*
demonstration manif (manifestation) *f*
Denmark Danemark *m*
dense compact
dentist dentiste *m, f*
deodorant déodorant *m*
depart partir
department rayon *m*; département *m*
department store grand magasin *m*
departure départ *m*
depressed déprimé
describe décrire
description description *f*, signalement *m*
design dessiner
desire aspiration *f*; désir *m*
desk bureau *m*
dessert dessert *m*
detective détective
device appareil *m*
devoted consacré; **— to** consacré à
diarrhea diarrhée *f*
dictionary dictionnaire *m*
die mourir
diet régime *m*
differentiation différenciation *f*
difficult difficile, dur
difficulty difficulté *f*

dining room salle à manger *f*
diploma diplôme *m*
direct diriger *v*
directed dirigé
direction côté *m*; direction *f*
director metteur en scène *m*
disappear disparaître
disappearance disparition *f*
discount counters braderies *f pl*
discovery découverte *f*
discrimination discrimination *f*
dishwasher lave-vaisselle *m*
dishes: do the faire la vaisselle
dishonest malhonnête
disintegrate désintégrer
display window vitrine *f*
distance distance *f*; trajet *m*
distressed désolé
distrust se méfier
divided divisé; **— by (in mathematics)** divisé par
diving plongée *f*
divorce divorcer *v*
divorced divorcé
do faire; **— one's homework** faire ses devoirs; **— the cooking** faire la cuisine; **— the dishes** faire la vaisselle; **— the housework** faire le ménage; **that's not done** ça ne se fait pas
doctor médecin *m*
doctorate doctorat *m*
documentary documentaire *m*
dog chien *m*
dolphin dauphin *m*
door porte *f*
dormitory résidence universitaire *f* dortoir *m*
dossier dossier *m*
doubt doute *m*
down: go descendre
downtown area centre-ville *m*
drag traîner
drama pièce de théâtre *f*
draw dessiner
dream rêve *m*; *v* rêver
dress robe *f*; costume *m*, **get dressed** s'habiller
dressy habillé
drink boisson *f*; *v* boire; **after-dinner —** digestif *m*; **before-dinner —** apéritif *m*
drive conduire, rouler

driving school auto-école *f*
drop off déposer
drug (illegal) drogue *f*
drugstore droguerie *f*
drum tambour *m*
dry sec, sèche
dryer séchoir *m*
duration durée *f*
during pendant
duty devoirs *m pl*; tâche *f*
dynamic dynamique

each chaque
ear oreille *f*
early tôt; **be —** être en avance
earn gagner; **earn a living** gagner sa vie
earth terre *f*
easily facilement
east est *m*
Easter Pâques *m*
easy facile; **be — to get along with** avoir bon caractère
eat manger; **sit down to —** se mettre à table
economy économie *f*
education éducation *f*
effective efficace
egg œuf *m*
Egypt Égypte *f*
eight huit
eighteen dix-huit
eighty quatre-vingts
elbow coude *m*
elected élu
election élection *f*
electoral électoral (*pl* -aux)
electrician électricien(ne) *m, f*
electronics électronique *f*
elegance élégance *f*
elementary school teacher instituteur *m*, institutrice *f*
elephant éléphant *m*
elevator ascenseur *m*
eleven onze
elsewhere ailleurs
embassy ambassade *f*
employee employé(e)
employer employeur *m*
employment emploi *m*; **— opportunities** débouchés *m pl*
enchanted enchanté
encounter rencontrer

encourage encourager
end fin *f*
endangered species espèces en voie d'extinction *f*
endurance endurance *f*
enemy ennemi *m*
energy énergie *f*
engineer ingénieur *m*
England Angleterre *f*
English anglais
engraving gravure *f*
enjoyment divertissement *m*
enough assez, assez de
enter entrer; **upon —ing** en entrant
entertainment distraction *f*, divertissement *m*
entire entier (-ière)
entirely tout à fait; complètement
envelope enveloppe *f*
environment environnement *m*
envy jalousie *f*; envie *f*
epoch époque *f*
equal égal (*pl* -aux)
equality égalité *f*
equipment équipement *m*
era époque *f*
errands: to run faire des courses
especially surtout
essential fondamental; essentiel
established établi
Europe Europe *f*
even même
evening soir *m*
event événement *m*
ever jamais
everything considered en fin de compte
everywhere partout
exact exact, juste
exaggerate exagérer
exam examen *m*
excellent excellent
except sauf
exceptional exceptionnel(le)
exciting passionnant
excursion excursion *f*
excuse me excusez-moi
exercise exercice *m*; *v* faire de la gymnastique
exhaust épuiser
exhibit exposition *f*
exhibition exposition *f*
exile exil *m*

exit sortie *f*
expect attendre, compter sur
expense dépense *f*
expensive cher, chère
experience éprouver *v*; expérience *f*
explain expliquer
exploration exploration *f*
explorer explorateur *m*, exploratrice *f*
express exprimer
expressway autoroute *f*
extensive étendu
exterior extérieur *m*
extra extra
eye œil (yeux) *m*

fabric tissu *m*
facing en face de
fact fait *m*; **in —** en fait
factory usine *f*
fair juste
fairness justice *f*
faithful fidèle
faithfulness fidélité *f*
fall tomber
fall in love (with) tomber amoureux
family famille *f*
famous célèbre
far, far away from loin de; **as — as** jusqu'à
farmer cultivateur *m*, cultivatrice *f*
fascinating fascinant
fascism fascisme *m*
fashion: in à la mode
fat graisse *f*; lipide
father père *m*
fatigued fatigué
fear craindre; peur *f*
feature trait *m*
February février
fed up: to be en avoir marre
feel éprouver, se sentir ; **— good** se sentir bien; **— like** avoir envie de
feeling sentiment *m*
festival festival *m*
fever fièvre *f*
few peu de, quelques
fewer moins de
fiberglass fibre de verre *f*
fidelity fidélité *f*
field champ *m*
fifteen quinze
fifty cinquante
fight se disputer; lutter *v*

figurative figuré
figured figuré
file dossier *m*
fill remplir
find trouver
finger doigt *m*
finish finir
first premier (-ière); **— course** entrée *f*; **— name** prénom *m*
fish poisson *m*
fishing pêche *f*
fitness center gym d'entretien *m*
fits nicely: it Ça (me) va bien
five cinq
flat plat
flatter flatter
flea market marché aux puces *m*
flippers palmes *f pl*
florist fleuriste *m, f*
flow couler
flower fleur *f*
flu grippe *f*
flute *f* flûte
foe ennemi *m*
fog brouillard *m*
follow suivre
following suivant
food nourriture
foot pied *m*; **on —** à pied
football football américain *m*
for pour
forearm avant-bras *m*
forehead front *m*
foreigner étranger *m*, étrangère *f*
foreman contremaître *m*
forest forêt *f*
forget oublier
forgive pardonner
fork fourchette *f*
form former *v*; forme *f*
former ancien(ne), précédent
formerly autrefois
fortunately heureusement
forty quarante
four quatre
fourteen quatorze
fourth (*fraction*) quart *m*
France France *f*
frank franc(he)
frankly franchement
free libre
freeway autoroute *f*
freezer congélateur *m*

French français
French-speaking francophone
fresh frais, fraîche
Friday vendredi
friend ami(e) *m, f*
friendly accueillant
friendship amitié *f*
from de, à partir de
front: in — of devant
frost (*on the road*) verglas *m*
frozen gelé, surgelé
fruit fruit *m*
full complet (-ète); plein; **— time** à plein temps
fundamental fondamental
funeral enterrement *m*
funny drôle; amusant
furnished meublé
furniture meubles *m pl*
future avenir *m*; futur *m*

gait démarche *f*
game match *m*
game show jeu télévisé *m*
garage garage *m*
garden jardin *m*
gas gaz *m*
general général
generalization généralisation *f*
generosity générosité *f*
generous généreux (-euse)
geography géographie *f*
German allemand
Germany Allemagne *f*
gesture geste *m*
get: — along se débrouiller, s'entendre; **— along with** s'entendre (avec); **— angry** se fâcher, se mettre en colère; **— on** monter; **— ready** faire sa toilette, se préparer; **— sick** tomber malade; **— up** se lever
gift cadeau *m*
gifted doué
giraffe girafe *f*
girl fille *f*
give donner; offrir
give up céder
glacier glacier *m*
glass verre *m*
glasses lunettes *f pl*
gnawed rongé
go aller; **— around** faire le tour; **— back** retourner; **— back to bed** se

recoucher; — **camping** faire du camping; — **climbing** faire de l'escalade — **down** descendre; — **for a walk** faire une promenade; — **grocery shopping** faire le marché; — **in** entrer; — **out** sortir; — **shopping** faire des achats; — **skiing** faire du ski; — **to bed** se coucher; — **to the movies** aller au cinéma; — **to the theater** aller au théâtre; — **up** monter
godfather parrain *m*
godmother marraine *f*
gold or *m*
golden rule règle d'or *f*
golf golf *m*
good bon, bonne; — **buy** bon marché; — **deed** bienfait *m*; — **luck** bonne chance; — **quality** qualité *f*; **be in — shape** être en bonne forme; **feel —** se sentir bien; **have a — time** s'amuser; **in — taste** de bon goût
good-bye adieu, au revoir
government gouvernement *m*
government worker fonctionnaire *m*
grade note *f*
grain céréale *f*
gram gramme *m*
grandfather grand-père *m*
grandmother grand-mère *f*
grandparents grands-parents *m pl*
grass herbe *f*
gray gris
great formidable; grand; — **deal** beaucoup
great-grandmother arrière-grand-mère *f*
Greece Grèce *f*
green vert
green beans haricots verts *m pl*
green light feu vert *m*
greenhouse effect effet de serre *m*
greet accueillir
groceries provisions *f pl*
grocery shopping: go faire le marché
grocery store épicerie *f*
groom faire sa toilette
group groupe *m*
grow, grow up grandir
grown-up grand
guard gardien *m*, gardienne *f*
guess deviner

guilty coupable; **be —** être coupable
guilty person coupable *m, f*
guitar guitare *f*
gymnastics gymnastique *f*

habit coutume *f*; **be in the — of** avoir l'habitude de
hair cheveux *m pl*; **comb one's —** se peigner
hair dryer sèche-cheveux *m*
half demi *m*; moitié *f*
ham jambon *m*
hand main *f*; — **back** rendre; — **in** remettre
handsome beau, bel, belle
happen arriver, se passer
happiness bonheur *m*
happy heureux (-euse)
hard dur
harvest moisson *f*
hat chapeau *m*
hate détester
hatred haine *f*
have avoir; — **a good time** s'amuser; — **just . . .** venir de; — **the chance** avoir l'occasion de; — **the opportunity** avoir l'occasion de; — **to** devoir
he il, lui
head tête *f*
headlight phare *m*
health santé *f*
health insurance assurance maladie *f*
hear entendre
heart cœur *m*
heart attack crise cardiaque *f*
hello bonjour, salut; — **(on phone)** allô
her (*dir obj*) la; (*ind obj*) lui; (*after prep*) elle; *adj* son, sa, ses
herb herbe *f*
here ici; — **is** voici
hero héros *m*
heroine héroïne *f*
hey dis donc
hi salut
high élevé, haut
high fashion haute couture *f*
high school lycée *m*
high school diploma baccalauréat *m*
higher supérieur; plus haut
hike randonnée *f*
hiker randonneur *m*, randonneuse *f*

hiking marche à pied *f*
hill colline *f*
him lui; **about —** à son sujet
hinder empêcher
hire embaucher
his son, sa, ses
historic historique
historical historique
history histoire *f*
hockey *m* hockey; **ice —** hockey sur glace *m*
hold tenir; — **fast** tenir bon
holiday fête *f*
Holland Hollande *f*
home: at the — of chez
homeless sans-abri *m*
homework devoirs *m pl*; **do one's —** faire ses devoirs
honest honnête
honesty honnêteté *f*
hope espérance *f*; espoir *m*; *v* espérer
horizon horizon *m*
horror épouvante *f*; horreur *f*
horse cheval *m*
hose (stockings) bas *m pl*
hospitable accueillant
hospital hôpital *m*
host, hostess hôte *m*, hôtesse *f*
hostel: youth auberge de jeunesse *f*
hot chaud; **be —** avoir chaud; faire chaud
hotel hôtel *m*
hour heure *f*
house maison *f*
household ménage *m*
household products produits d'entretien *m pl*
housework ménage *m*; **do the —** faire le ménage
housing logement *m*
housing development cité ouvrière *f*
how comment; combien de; — **much** combien de; — **much do you have to pay** il faut compter combien
however cependant, pourtant
hundred cent; — **(approximately)** centaine *f*
hunger faim *f*; **be hungry** avoir faim
hunting chasse *f*
hurry se dépêcher (de)
hurt avoir mal
husband mari *m*
hygiene hygiène *f*

I je, moi
ice verglas *m*; glace *f*
ice cream glace *f*
ice hockey hockey sur glace *m*
idea idée *f*
idle tourner au ralenti *v*
illness maladie *f*
illuminated illuminé
impatient impatient
important important; **most —** principal
impossible impossible
imprint marque *f*
impulsive impulsif (-ive)
in à, au; dans; en; **— addition to** en plus des; **— fact** en fait; **— front of** devant; **— spite of** malgré; **— summary** en somme; **— the middle of** au milieu de
include comporter; comprendre
included compris
including incluant, y compris
inconvenience inconvénient *m*
increase augmentation *f*; *v* amplifier
independent indépendant
India Inde *f*
Indian indien(ne)
indicated indiqué
indicating indiquant
individual individuel(le)
industry industrie *f*
inequality inégalité *f*
inexpensive bon marché
infection infection *f*
infectious contagieux (-euse)
inflation inflation *f*
information renseignements *m pl*
infraction infraction *f*
initiative initiative *f*
injustice injustice *f*
insect insecte *m*
inside dedans
insist insister
installation installation *f*
instant instant *m*
instructor professeur *m*
instrument instrument *m*
intellectual intellectuel(le)
intelligent intelligent
intend avoir l'intention de
interest intérêt *m*; **be interested in** s'intéresser à
interesting intéressant

interior intérieur *m*
intolerance intolérance *f*
introduce présenter; **let me — ... to you** je vous présente
Ireland Irlande *f*
irresistible irrésistible
is est
island île *f*
it il, elle, ce, lui; (*dir obj*) le, la
it doesn't matter ça ne fait rien
it is c'est
Italian italien(ne)
Italy Italie *f*
its son, sa, ses
it's better il vaut mieux

jacket veste *f*
jackpot gros lot *m*
January janvier
Japan Japon *m*
Japanese japonais
jealous jaloux (-ouse)
jealousy jalousie *f*
jeans jeans *m pl*
jersey tricot *m*
jewelry bijoux *m pl*
jewelry store bijouterie *f*
job emploi *m*, poste *m*; **— opening** débouché *m*
jogging jogging *m*
joke plaisanter *v*
journalist journaliste *m, f*
journey voyage *m*
joy joie *f*
judge juge *m*; *v* juger
juice jus *m*
July juillet
jumper tricot *m*
June juin
just as tout comme
justice justice *f*

karate karaté *m*
keep garder, conserver, tenir; **— from** empêcher
key clé *f*
keyboard clavier *m*
kidney rein *m*
kilogram kilogramme (kilo) *m*
kilometer kilomètre *m*
kind sorte *f*
kindness gentillesse *f*

king roi *m*
kiosk kiosque *m*
kiss (each other) s'embrasser
kitchen cuisine *f*
knee genou *m*
know connaître, savoir; **you don't — anything about it** tu n'y connais rien
known connu

laboratory laboratoire *m*
lack manquer
lake lac *m*
lamp lampe *f*
land terre *f*
language langage *m*, langue *f*; **native —** langue maternelle *f*
large grand; gros (se)
last dernier (-ière)
late tard
Latin latin *m*
law droit *m*, loi *f*
lawn pelouse *f*
lawyer avocat(e) *m, f*
lazy paresseux (-euse)
lead mener
leaf feuille *f*
lean cuisine cuisine minceur *f*
learn apprendre
least: at au moins
leather goods store maroquinerie *f*
leave congé *m*; *v* quitter
lecture conférence *f*
left (side) gauche; **— (behind)** laissé
leg jambe *f*
lemonade citron pressé *m*
lend prêter
length longueur *f*
lengthened allongé
less moins, moins de; **— ... than** moins de ... que
lesson leçon *f*
let laisser
let's see voyons
letter lettre *f*
lettuce laitue *f*
level niveau *m*
library bibliothèque *f*
lie mensonge *m*
life vie *f*
light *adj* clair, léger; *v* allumer
light: green — feu vert *m*; **red —** feu rouge *m*

lighted allumé
like comme; aimer *v*; **be — each other** se ressembler
like each other s'aimer
lion lion *m*
list liste *f*
listen écouter
liter litre *m*
literary work œuvre littéraire *f*
literature littérature *f*
little *adj* petit; *adv* peu de; **a — (of)** un peu (de) *m*
live habiter
lively vivant; animé
liver foie *m*
living room salle de séjour *f*
located situé
locked fermé à clé
logger bûcheron *m*
long time longtemps
longing désir *m*
look paraître *v*; **— alike** se ressembler; **— at** regarder; **— for** chercher; **— like** ressembler; **— (seem)** avoir l'air; **it looks** ça a l'air; **it — good on me** ça me va bien
lose perdre; **— weight** maigrir
love amour *m*; *v* aimer; **— at first sight** coup de foudre *m*; **— each other** s'aimer; **to fall in — (with)** tomber amoureux (de)
loyalty fidélité *f*; loyauté *f*
luck chance *f*; **be lucky** avoir de la chance
lump morceau *m*
lunch déjeuner *m*
lyrics paroles *f pl*

Ma'am madame, mademoiselle
machine machine *f*; appareil *m*
magazine revue *f*
mail courrier *m*
maintenance entretien *m*
maize maïs *m*
majority la plupart de
make faire, rendre; **— one's bed** faire son lit; **— up** se réconcilier *v*
make-up maquillage *m*
man homme *m*
manage arriver à, se débrouiller
manner manière *f*; façon *f*
many bien des, beaucoup (de); **as —**

autant de; **so —** tant de; **too —** trop de
map carte *f*; plan *m*
maple érable *m*; **— sap** eau d'érable *f*
marathon marathon *m*
March mars
mark marque *f*; *v* marquer
marriage mariage *m*
married marié; **get — (to)** se marier (avec)
master of ceremonies meneur du jeu *m*
masterpiece chef d'œuvre *m*
match match *m*
maternity maternité *f*
mathematics maths *f pl*
matter: be a — of s'agir de; **it doesn't —** ça ne fait rien
mauve mauve
May mai
maybe peut-être
me me, moi
meal repas *m*
meanness méchanceté *f*
means moyens *m pl*
measles rougeole *f*
meat viande *f*
mechanic mécanicien(ne) *m, f*
medical médical (*pl* -aux)
medicine médecine *f*, médicament *m*
meet rencontrer; **— each other (by accident)** se rencontrer; **— each other (by prior arrangement)** se retrouver; **pleased to — you** enchanté
meeting réunion *f*
memory souvenir *m*; mémoire *f*
men's suit complet *m*
menu menu *m*
meter mètre *m*; **by the square —** au mètre carré
Mexico Mexique *m*
microcomputer micro-ordinateur *m*
middle millieu *m*; **in the — of** au milieu de
midnight minuit *m*
mild doux, douce
military militaire
milk lait *m*; **pertaining to —** laitier (ère)
million million *m*
mineral water eau minérale *f*
minus (in mathematics) moins

Miss mademoiselle, Mlle
miss manquer; **one must not —** il ne faut pas manquer
mistake faute *f*; **make a —** se tromper
mistrust se méfier
misuse abus *m*
modern moderne
modest modeste
moment instant *m*
Monday lundi
money argent *m*; **(slang)** fric *m*; **loaded with —** bourré de fric; **out of —** fauché
money order mandat *m*
monument monument *m*
moon lune *f*
more davantage; encore; plus (de); **— . . . than** plus de; **— than** plus . . . que; **nothing —** sans plus
morning matin *m*
Morocco Maroc *m*
most plupart *f*
mother mère *f*
motor bike moto *f*
motto devise *f*
mountain montagne *f*
mountain climbing alpinisme *m*
mountainous montagneux (-euse)
mourning deuil *m*
mouth bouche *f*; **— of a river** embouchure *f*
move bouger
movie film *m*; **go to the —** aller au cinéma
movie theater cinéma *m*
Mr. monsieur, M.
Mrs. madame, Mme
much beaucoup (de); **as —** autant de; **as — (many) . . . as** autant de . . . que; **how —** combien de; **how — do you have to pay** il faut compter combien; **so —** tant de; **too —** trop (de)
mug of beer demi *m*
mumps oreillons *m pl*
muscle building musculation *f*
museum musée *m*
mushroom champignon *m*
music video vidéoclip *m*
musician musicien *m*, musicienne *f*
must devoir
my mon, ma, mes

myself me; moi-même
mysterious mystérieux (-euse)

naive naïf (-ive)
name nom *m*; **be —d** s'appeler; **first — ** prénom *m*; **my — is** je m'appelle
nap somme *m*
national national (*pl* -aux)
nationality nationalité *f*
native maternel(le)
natural naturel(le)
navy marine *f*
near près de
necessary: it is il faut
need avoir besoin de; **no — to** inutile de; **one —s** il faut
negative négatif (-ive)
neighbor voisin *m*, voisine *f*
neighborhood quartier *m*
neither . . . nor ne . . . ni . . . ni
nephew neveu *m*
Netherlands Pays-Bas *m pl*
network réseau (-x) *m*
never ne . . . jamais
new nouveau, nouvel, nouvelle; **brand — ** neuf
Newfoundland Terre-Neuve *f*
news actualités *f pl*, nouvelles *f pl*; **piece of — ** nouvelle *f*
news broadcast informations *f pl*
newspaper journal *m* (*pl* -aux)
next prochain, suivant; **— one** suivant *m*; **— to** à côté de; **— week** semaine prochaine *f*; **— weekend** week-end prochain *m*
nice gentil; sympathique, sympa (*short for* sympathique); **be — ** sois chic
night nuit *f*
nightmare cauchemar *m*
nightshirt, nightgown chemise de nuit *f*
nine neuf
nineteen dix-neuf
ninety quatre-vingt-dix
no pas; non; aucun(e); **— longer** ne . . . plus; **— more** ne . . . plus; **— need to** inutile de; **no one** ne . . . personne
noise bruit *m*
none aucun(e), ne . . . aucun(e)
noon midi *m*
north nord *m*

North America Amérique du Nord *f*
Norway Norvège *f*
nose nez *m*
not pas, ne . . . pas; **— any** ne . . . aucun(e); **— at all** ne . . . pas du tout; **— really** pas vraiment
notebook cahier *m*
nothing rien, ne . . . rien; **— more** sans plus, rien de plus
notice constater
noun nom *m*
nourishment alimentation *f*, nourriture *f*
Nova Scotia Nouvelle-Écosse *f*
novel roman *m*
November novembre
now maintenant
nuclear nucléaire
number nombre *m*, numéro *m*
nurse infirmier *m*, infirmière *f*

oar rame *f*
obligated obligé
occupation métier *m*, occupation *f*
occupy occuper
ocean océan *m*
October octobre
of de
of course! bien sûr!
offer offrir
office bureau *m*
often souvent
oil huile *f*, pétrole *m*
oil spill marée noire *f*
ok d'accord
old vieux, vieil, vieille; **— age** vieillesse *f*; **— buddy** mon vieux
on sur; **— foot** à pied; **— purpose** exprès; **— sale** en solde; **— the other hand** en revanche, par contre; **— the way** en route; **— time** à l'heure
once autrefois, une fois
one un(e); on, soi; **no — ** ne . . . personne
one half demi *m*
one's son, sa, ses
oneself soi-même; **for** pour son compte
only *adj* seul; *adv* seulement; ne . . . que
open *adj* ouvert; *v* ouvrir
opening ouverture *f*
opera opéra *m*

operation opération *f*
opinion opinion *f*; avis *m*; **in my — ** à mon avis
opportunity occasion *m*; **have the — ** avoir l'occasion de
optimistic optimiste
option option *f*
or ou
orange orange *f*; *adj* orange (*invariable*)
ordinary ordinaire
origin origine *f*
other hand: on the en revanche, par contre
others autres
our notre, nos
outside dehors
over there là-bas
overpopulation surpopulation *f*
overturn renverser
owner propriétaire *m, f*; patron(ne)

package paquet *m*
pain douleur *f*
paint faire de la peinture; peindre
painter peintre *m*
pajamas pyjama *m*
pal copain *m*, copine *f*
pale clair
pan casserole *f*
pants pantalon *m*
panty hose collant *m*
paper papier *m*
paradise paradis *m*
paralyzed paralysé
parasailing planche à voile *f*
pardon pardon *m*
parents parents *m pl*
Parisian parisien(ne)
park parc *m*
part rôle *f*
part time (à) mi-temps, à temps partiel
partial partiel (-le)
participate in sports faire du sport
parting séparation *f*
party parti *m*; soirée *f*
pass passer; **— (a test)** réussir à
passionate passionné
passport passeport *m*
past passé *m*
pastime passetemps *m*
pastry shop pâtisserie *f*
paté pâté *m*

patient patient
pause pause *f*
paw patte *f*
pay payer
pay raise augmentation de salaire *f*
peace paix *f*
peaceful tranquille
peach pêche *f*
pear poire *f*
peas petits pois *m pl*
pedestrian piéton *m*
pen stylo *m*
pencil crayon *m*
people gens *m pl*
percent pour cent
percentage pourcentage *m*
perfect parfait
performance performance *f*
perfume parfum *m*
perfumery parfumerie *f*
period période *f*; point *m*
permit permettre
permitted permis
person personne *f*
personal personnel(le)
personality personnalité *f*
persuade persuader
pessimistic pessimiste
petroleum pétrole *m*
pharmacist pharmacien(ne) *m, f*
pharmacy pharmacie *f*
phenomenon phénomène *m*
philosophy philosophie *f*
photograph photo *f*
photography photographie *f*
physics physique *f*
piano piano *m*
pie tarte *f*
piece morceau *m*
pig cochon *m*
pile up (s')empiler
pill pilule *f*
pink rose
pity pitié *f*, **it's a —** dommage, il est dommage, c'est dommage
place endroit *m*, lieu *m*; *v* mettre
plain *f* plaine
plan plan *m*
plane avion *m*
planet planète *f*
plant plante *f*
plantation plantation *f*
plate plaque *f*

plateau plateau *m*
play *v* jouer; pièce de théâtre *f*
player joueur *m*, joueuse *f*
pleasant agréable
please s'il vous plaît; *v* faire plaisir; **pleased to meet you** enchanté
pleasure plaisir *m*
plumber plombier *m*
plunged plongé
plus (in mathematics) plus
pneumonia pneumonie *f*
poem poème *m*
poison poison *m*
poisonous toxique
Poland Pologne *f*
police police *f* policier *m*, policière *f*
police station commissariat de police *m*
policeman agent de police *m*
polite poli
politely poliment
politeness politesse *f*
political politique
political party parti politique
political science sciences politiques *f pl*
poll sondage *m*
pollute polluer
pollution pollution *f*
poor pauvre
populated peuplé
pork porc *m*
porpoise marsouin *m*
Portugal Portugal *m*
position (*job*) poste *m*
positive positif (-ive)
possess posséder
possibility possibilité *f*
possible possible
post office poste *f*; bureau de poste *m*
postcard carte postale *f*
poster affiche *f*
postpone remettre, repousser
potato pomme de terre *f*
pound (approximately) livre *f*
poverty pauvreté *f*
prayer prière *f*
preceding précédent
prefer préférer
prejudice préjugé *m*
preparation préparation *f*, préparatif *m*
prepare préparer

prescription ordonnance *f*
present *v* présenter; *adj* présent
preserve conserver
prestige prestige *m*
pretentious prétentieux (-euse)
pretty joli
price prix *m*
pride fierté *f*
print gravure *f*
prisoner prisonnier *m*, prisonnière *f*
private privé
prize prix *m*
product produit *m*
profession métier *m*, profession *f*
professor professeur *m*
profit profiter *v*; profit *m*
program (television) émission *f*; programme *m*
progress progrès *m*
promise *v* promettre; promesse *f*
promotion promotion *f*
proof preuve *f*
proprietor patron(ne) *m, f*; propriétaire
protect défendre, protéger
protest manif (manifestation) *f*; protester *v*
proud fier, fière
province province *f*
provincial provincial
prudent prudent
psychologist psychologue *m, f*
psychology psychologie *f*
pub brasserie *f*; bar *m*; café *m*
public public (-ique); **— parking** parking public *m*; **— restrooms** W.-C. publics *m pl*
publicity agent agent publicitaire *m*
pull back retirer
pull out déboucher
pullover sweater pull-over *m*
purchase achat *m*
pure pur
purpose: on exprès
purse sac à main *m*
push, push back repousser
put, put on mettre
put off repousser
put up with supporter

quality qualité *f*
quarrel dispute *f*, querelle *f*; *v* se disputer

quarter quart *m*
quickly vite
quite tout(e); tout à fait

rabbit lapin *m*
race course *f*; **long-distance —** marathon *m*
racial racial (*pl* -aux)
racism racisme *m*
radio radio *f*
rain *v* pleuvoir; pluie *f*
raincoat imperméable *m*
raise élever; lever
raised élevé
rarely rarement
rather assez, plutôt
razor rasoir *m*; **electric —** rasoir électrique *m*
reach *v* atteindre; **within —** à la portée
read lire
reader lecteur *m*, lectrice *f*
ready prêt; **get —** se préparer
ready-to-wear prêt-à-porter
real estate immobilier *m*
realist réaliste
reality réalité *f*
realize réaliser; accomplir
really vraiment, vachement
receive recevoir
reception accueil *m*
recette recipe *f*
recital récital *m*
recognize reconnaître
recommend recommander
record disque *m*
recycle recycler
red rouge; **— light** feu rouge *m*; **— (of hair)** roux, rousse
reduce réduire
refrigerator réfrigérateur *m*
regard respect *m*
region région *f*
regret regretter *v*; regret *m*
regular régulier (-ière)
regularly régulièrement
relationship rapport *m*
relax se détendre
remain demeurer, rester, se tenir
remedy remède *m*
remember se souvenir
rent loyer *m*; *v* louer
report compte rendu *m*, reportage *m*

reproduction reproduction *f*
reputation réputation *f*
require exiger; **it —s** il faut
reserve retenir
residence hall résidence universitaire *f*
residence permit carte de séjour *f*
resist résister
resource ressource *f*
resourceful débrouillard
respect respect *m*
rest se reposer
restaurant restaurant *m*; **university —** restaurant universitaire *m*
restful reposant
result résultat *m*
retire prendre sa retraite
retirement retraite *f*
return rendre, rentrer, revenir
rhinoceros rhinocéros *m*
rich riche
ride rouler
right (*direction*) droite *f*; **right** droit *m*; *adj* droit; **be —** avoir raison
rigid rigide
rigorous rigoureux (-euse)
ripe mûr
risk risque *m*
river rivière *f*; **— bank** rive *f*; **major — ** fleuve *m*
road chemin *m*
robotics robotique *f*
role rôle *m*
room pièce *f*; salle *f*
roommate camarade de chambre *m*, *f*
rough draft brouillon *m*
rounded arrondi
row rang *m*
rugby rugby *m*
rule règle *f*
run courir; **— errands** faire des courses; **— into each other (by accident)** se rencontrer; **come running** accourir; **on the —** sur le pouce
running course à pied *f*
Russia Russie *f*
Russian russe

sad triste
sadness tristesse *f*
sailing voile *f*
salaried salarié

salary salaire *m*
sale: on en solde
salesman, saleswoman vendeur *m*, vendeuse *f*
same même; **in the — way (as)** ainsi que
sand sable *m*
sandal sandale *f*
satisfy satisfaire; **be satisfied** se contenter
Saturday samedi
sausage saucisse *f*
save sauver; **— (money)** économiser
saxophone saxophone *m*
say dire; (*interjection*) tiens; **that is to —** c'est-à-dire
saying dicton *m*
school école *f*; *adj* scolaire; **secondary —** lycée *m*; **— trip** voyage scolaire *m*
science science *f*
science fiction science fiction *f*
scientific scientifique
scientific researcher chercheur scientifique *m*, chercheuse scientifique *f*
screen écran *m*
sculpt faire de la sculpture; sculpter
sculptor sculpteur *m*, sculpteuse *f*
sea mer *f*
season saison *f*
seat place *f*
seated assis
secondhand d'occasion
secondary school lycée *m*
secretary secrétaire *m*, *f*
sector secteur *m*
see voir; **— oneself, see each other** se voir; **let's —** voyons
seem avoir l'air, paraître; sembler
sell vendre
send envoyer
Senegal Sénégal *m*
sensational sensationnel(le)
sensitive sensible
sensitivity sensibilité *f*
separate séparer
separation séparation *f*
September septembre
series série *f*
serious sérieux (-euse)
serve servir
service service *m*
session séance *m*, session *f*

set the table mettre la table
seven sept
seventeen dix-sept
seventy soixante-dix
several plusieurs
sexism sexisme *m*
shadow ombre *f*
shallot échalote *f*
shampoo shampooing *m*
shape forme *f*
share partager
she elle
sheep mouton *m*
shelf étagère *f*
shelter abri *m*
ship navire *m*; bateau *m*
shirt chemise *f*
shocked choqué
shoe chaussure *f*, soulier *m*; **tennis —**
chaussure de tennis *f*
shoe size pointure *f*
shopkeeper commerçant(e) *m, f*
shopping: go faire des achats
short court
short story conte *m*; nouvelle *f*
shorts short *m*
shot piqûre *f*
shoulder épaule *f*
show spectacle *m*
shower douche *f*
shower averse *f*
showing indiquant; séance *f*
shutter volet *m*
shy timide
sick malade; **get —** tomber malade
side côté *m*; **side by side** côte à côte
sign pancarte *f*
simmer mijoter
simple simple
simplify simplifier
since depuis
singer chanteur *m*, chanteuse *f*
single célibataire
Sir monsieur
sister sœur *f*
sit close together se serrer
sit down to eat se mettre à table
situation situation *f*
six six
sixteen seize
sixty soixante
size (clothing) taille *f*; **— (shoes and gloves)** pointure *f*

skeptical sceptique
ski, skiing ski *m*; **water-skiing** ski nautique; **go skiing** faire du ski
ski jacket anorak *m*
ski resort station de ski *f*
skirt jupe *f*
sky ciel *m*
sled traîneau *m*
sleep dormir; **be sleepy** avoir sommeil
sleigh traîneau *m*
slice tranche *f*
slide glisser
slip glisser
small petit
small business person commerçant(e) *m, f*
smart débrouillard; intelligent
"smart cards" cartes à mémoire *f*
smoke fumée *f*
smoke ring rond *m*
snack, after-school goûter *m*
snake serpent *m*
snob snob
snobishness snobisme *f*
snow neige *f*
so alors; si; **— many** tant de; **— much** tant de
soap savonnette *f*
soap opera feuilleton *m*
soccer football *m*
social social (*pl* -aux)
social worker assistant(e) social(e) *m, f*
sock chaussette *f*
sofa canapé *m*; sofa *m*
soil sol *m*
solar solaire
soldier soldat *m*
some des; quelque(s)
someone quelqu'un
sometimes quelquefois
son fils *m*
song chanson *f*
soon bientôt; **as — as** aussitôt que, dès que
sort sorte *f*; **sort out** trier
soup soupe *f*
sour acide
south sud *m*
South America Amérique du Sud *f*
souvenir souvenir *m*
spa station thermale *f*

space espace *m*; spatial (*pl* -aux)
Spain Espagne *f*
Spanish espagnol
speak parler
special spécial; extra
specialized spécialisé
species espèce *f*
spectator spectateur *m*, spectatrice *f*
speed vitesse *f*
spend dépenser; passer
spite: in — of malgré
spoon cuillère *f*, cuiller *f*
sport sport *m*; **participate in sports** faire du sport
spot endroit *m*
spring printemps *m*
square *adj* carré; **city or town —** place *f*
squash (sport) squash *m*
stadium stade *m*
stage étape *f*, stage *m*
stamp timbre *m*
star étoile *f*
star (television) vedette *f*
starch (food) amidon *m*
start commencer, se mettre à
state état *m*
statue statue *f*
status statut *m*
stay *v* rester; séjour *m*
step pas *m*
stereo chaîne-stéréo *f*, stéréo *f*
stiff rigide
still encore
stimulate stimuler
stockings bas *m pl*
stomach estomac *m*
stop arrêter, s'arrêter
store magasin *m*
storm orage *m*
stove cuisinière *f*
straight plat; **— ahead** tout droit
stranger étranger *m*, étrangère *f*
strawberry fraise *f*
street rue *f*
strep throat angine *f*
stress insister
strict sévère
strike grève *f*
strong fort
student étudiant *m*, étudiante *f*
studies études *f pl*
studious studieux (-euse)

study étudier
stupid bête
style style *m*; **out of —** démodé
stylish chic
subject sujet *m*; **on the — of** au sujet de
subscriber abonné *m*, abonnée *f*
subtle subtil
suburb banlieue *f*
subway métro *m*
subway station station de métro *f*
succeed arriver à, réussir
succession succession *f*
such as tel(le) que
suddenly tout à coup
suffering douleur *f*
sufficient suffisant
sugar sucre *m*
suit: men's — complet *m*; **women's — ** tailleur *m*
suitcase valise *f*
summer été *m*
summer camp colonie de vacances *f*, stage *m*
summit sommet *m*
sun soleil *m*
sunbath bain de soleil *m*; **sunbathe** prendre un bain de soleil
sunburn coup de soleil *m*
Sunday dimanche
sunrise lever du soleil *m*
sunset coucher du soleil *m*
sunshine soleil *m*
suntanned bronzé
super extra; super
superlative superlatif (-ive)
supermarket supermarché *m*
supper dîner *m*
supplies provisions *f pl*
sure sûr
surfer surfiste *m*
surfing surfing *m*
surgeon chirurgien *m*, chirurgienne *f*
surmount surmonter
surprise surprise *f*
surrender céder
surround entourer
suspect suspect *m*; *v* soupçonner
Sweden Suède *f*
sweet doux, douce
swim nager
swimming natation *f*
swimming pool piscine *f*

Swiss suisse
Switzerland Suisse *f*
symbol symbole *m*
sympathy sympathie *f*
system réseau (-x) *m*; système *m*

table table *f*; **set the —** mettre la table
tablespoon cuillère à soupe *f*
take prendre; **— (a course)** suivre; **— a trip** faire un voyage; **— advantage** profiter; **— care of oneself** se soigner; **— care of** s'occuper de, soigner; **— out** sortir; **— place** avoir lieu; **— someone to a place** emmener
talented doué
talk show causerie *f*
tall grand
tally compte *m*
tanned bronzé
tape recorder magnétophone *m*
tart tarte *f*; *adj* acide
task tâche *f*
taste goût *m*; **in bad —** de mauvais goût; **in good —** de bon goût
tea thé *m*
teach apprendre, enseigner
teacher professeur *m*; **elementary school** instituteur *m*, institutrice *f*
teaching enseignement *m*
tease taquiner
technical school lycée d'enseignement professionnel *m*
technician technicien(ne) *m*, *f*
technology technologie *f*
tee-shirt tee-shirt *m*
telegram télégramme *m*
telephone téléphone *m*; *v* téléphoner
television télévision (télé) *f*
television set téléviseur *m*
tell dire
temperament *m* tempérament
ten dix
tennis tennis *m*
tennis shoes chaussures de tennis *f*
tense crispé
term paper dissertation *f*
terrace terrasse *f*
test examen *m*
text texte *m*
thank *v* remercier; **— you** merci
thanks to grâce à

that cela, (*informal*) ça, que; *adj* ce(t), cette, ces; *pron* celui, celle; **— is, — is to say** c'est-à-dire; **— makes (result in mathematics)** ça fait; **— which** ce que; **—'s not done** ça ne se fait pas
theater: go to the aller au théâtre
their leur, leurs
them eux *m*, elles *f*
then alors, ensuite, puis
there is, are il y a; **over there** là-bas
these ce(t), cette, ces
they eux, ils, elles, on
thin mince
thing chose *f*; **another —** autre chose *f*; **whole —** tout *m*
things affaires *f pl*
think penser; **don't you —?** vous ne trouvez pas?; **what do you — of** que pensez-vous de . . .
third tiers *m*
Third World Tiers Monde *m*
thirsty: be avoir soif
thirteen treize
thirty trente
this *adj* ce(t), cette; celui, celle; ceci
those ces
thousand mille *m*
thousands (approximately) milliers *m pl*
three trois
throat gorge *f*
through par; a travers
throughout à travers
throw away jeter
Thursday jeudi
thus ainsi
ticket billet *m*; ticket *m*
tide marée *f*; **low —** marée basse *f*
tie cravate *f*, lien *m*
tiger tigre *m*
tight juste, serré
time époque *f*, temps *m*, fois *f*; **on —** à l'heure; **part —** à mi-temps, à temps partiel; **full —** à plein temps; **have a good —** s'amuser
times (in mathematics) fois
tip over renverser
tired fatigué; **— out** crevé (*slang*)
tiring fatigant
to à, au, en
tobacco tabac *m*
today aujourd'hui

together ensemble
toilet WC *m*; toilettes *f pl*
tomato tomate *f*
tomorrow demain
too aussi; **— many** trop de; **— much** trop (de)
tool instrument *m*
tooth dent *f*
toothbrush brosse à dents *f*
toothpaste dentifrice *m*
top sommet *m*
touch toucher
tour excursion *f*
tourist information office syndicat d'initiative *m*
toward vers
toxic toxique
toy jouet *m*
track piste *f*
track and field athlétisme *m*
trade métier *m*
trail piste *f*, sentier *m*
train train *m*
train s'entraîner
train station gare *f*
training (athletic) entraînement *m*
transfer *v* transférer; transfert *m*
transport transporter
trashcan poubelle *f*
travel voyager
tray plateau *m*
treatment remède *m*, soin *m*, traitement *m*
tree arbre *m*
tribe tribu *f*
trip excursion *f*, voyage *m*; **take a —** faire un voyage
trombone trombone *m*
tropical tropical
trouble ennui *m*
true vrai
truly vraiment
trumpet trompette *f*
truth vérité *f*
try, try on essayer
Tuesday mardi
Tunisia Tunisie *f*
turn tourner; **— on** allumer
turned on allumé
turnover (financial) chiffre d'affaires *m*
TV télé *f*
twelve douze

twenty vingt
two deux; **— weeks** quinze jours *m pl*
type espèce *f*
type sorte *f*

ugly laid
umbrella parapluie *m*
uncle oncle *m*
under sous
undersea sous-marin
understand comprendre
underwear sous-vêtements *m pl*
uneasy inquiet (-ète)
unemployed au chômage
unemployment chômage *m*
unfair injuste
unfortunately malheureusement
united uni
United States États-Unis *m pl*
university université *f*; *adj* **pertaining to —** universitaire; **— restaurant** restaurant universitaire *m*
unpleasant desagréable
until jusqu'à
up: go monter
up to jusqu'à
upkeep entretien *m*
upper body buste *m*
upset renverser
us nous
used d'occasion, utilisé
useless inutile
usual: as comme d'habitude
usually d'habitude, habituellement

vacation congé *m*, vacances *f pl*; **during —** pendant les vacances; **have a good —** bonnes vacances
valley vallée *f*
vanilla vanille *f*
varied varié
vary varier
veal veau *m*
vegetable légume *m*
vegetation végétation *f*
very très, même
veterinarian vétérinaire *m*, *f*
video cassette vidéo-cassette *f*
video recorder magnétoscope *m*
Viet Nam Viêt-nam *m*
village village *m*
violation infraction *f*
violent violent

violin violon *m*
visit visite *f*; **(a person)** rendre visite à
volcano volcan *m*
volleyball volley-ball *m*
vomit vomir
vote voter

wait (for) attendre
waiting: — room salle d'attente *f*
wake up se réveiller
walk marche *f*; *v* marcher; **go for a —** faire une promenade
walking marche à pied *f*
wall mur *m*
wallet portefeuille *m*
want vouloir, avoir envie de
war guerre *f*
warden gardien *m*, gardienne *f*
wardrobe armoire *f*, garde-robe *f*
warm chaud
warn prévenir
wash laver, faire sa toilette; **— (oneself)** se laver
washing machine machine à laver *f*
waste gaspiller, perdre
wastes déchets *m pl*
watch montre *f*; *v* regarder; **— over** garder, surveiller
water eau *f*; **mineral —** eau minérale *f*
waterfall chute *f*; cascade *f*
water-skiing ski nautique *m*
wave vague *f*
way chemin *m*, côté *m*, manière *f*; **by the —** au fait; **on the —** en route
we nous, on
wear porter
weather temps *m*
weather bulletin bulletin météorologique *m*
weather report météo *f*
Wednesday mercredi
week semaine *f*; huit jours *m pl*; **next —** semaine prochaine *f*
weekend week-end *m*; **next —** week-end prochain *m*
weight poids *m*; **lose —** maigrir; **— loss** amaigrissement *m*
welcome accueil *m*; bienvenue *f*
well alors; bien
well-balanced équilibré
well-behaved sage

west ouest *m*

whale baleine *f*

what que; ce que, ce qui; qu'est-ce que; qu'est-ce qui; **—** **do you think of . . .** que pensez-vous de . . .; **— if** si

wheat blé *m*

when alors que, lorsque, quand

where où

whereas alors que, tandis que

which ce qui, ce que; **about —** dont; **of —** dont, duquel, desquels; **to —** auquel; **— ones** lesquels

while alors que

white blanc(he)

who qui; **of whom** dont, duquel, desquels; **to whom** auquel

whole tout *m*; entier (-ére)

whose dont

why pourquoi

wild *adj* sauvage; **— animal** bête sauvage *f*; **— game** gibier *m*

willpower volonté *f*

win gagner

wind vent *m*

windbreaker anorak *m*

window fenêtre *f*

wine vin *m*

winter hiver *m*

wish désir *m*; *v* vouloir; **as you —** à votre guise

wishes vœux *m pl*

with avec

withdraw retirer

within reach à la portée

without sans

woman femme *f*

women's suit tailleur *m*

wonder se demander

wonderful formidable; merveilleux

wood bois *m*; **— fire** feu de bois *m*

word mot *m*; **spoken —** parole *f*

work *v* travailler; travail *m*; **literary, art work** œuvre d'art *f*

work world monde du travail *m*

worker ouvrier *m*, ouvrière *f*

world monde *m*

worried inquiet (-ète)

worry souci *m*; *v* se faire du souci

worship culte *m*

wrapper enveloppe *f*

wrestling lutte *f*

wrinkle ride *f*

write écrire

wrong: be avoir tort, se tromper

year an *m*, année *f*; **this —** cette année

yellow jaune

yes oui, si

yet encore, pourtant

yield céder

you vous, tu; te; toi

your votre, vos, ton, ta, tes

youth jeunesse *f*

youth hostel auberge de jeunesse *f*

Yugoslavia Yougoslavie *f*

Zaire Zaïre *m*

zero zéro *m*

Realia Credits